Österreichische Zeitschrift für Soziologie
Sonderheft 14/2016

Herausgegeben von
Vorstand der Österreichischen Gesellschaft für Soziologie:
K. Scherke, Graz, Österreich
A. Bogner, Wien, Österreich
H. Staubmann, Innsbruck, Österreich
A. Ploder, Graz, Österreich
C. Daye, Klagenfurt, Österreich
T. Boczy, Innsbruck, Österreich
J. D. D. Heinz, Salzburg, Österreich
B. Frühwirth, Linz, Österreich

Frank Adloff
Alexander Antony
Gerd Sebald (Hrsg.)

Handlungs- und Interaktionskrisen

 Springer VS

Österreichische Zeitschrift für Soziologie

Vierteljahresschrift der Österreichischen Gesellschaft für Soziologie

41. Jahrgang, Sonderheft 14, Juli 2016   **www.oezs-digital.de**

Herausgeber: Vorstand der Österreichischen Gesellschaft für Soziologie: Katharina Scherke (Präsidentin, Universität Graz), Alexander Bogner (Vizepräsident, Österreichische Akademie der Wissenschaften), Helmut Staubmann (Vizepräsident, Universität Innsbruck), Andrea Ploder (Finanzreferentin, Universität Graz), Christian Daye (Schriftführer, Alpen-Adria-Universität Klagenfurt), Tatjana Boczy (Studentisches Mitglied, Universität Innsbruck), Janine Dominique Denise Heinz (Studentisches Mitglied, Universität Salzburg), Bernhard Frühwirth (Studentisches Mitglied, Universität Linz)

Redaktion: Eva Buchinger, Hubert Eichmann, Franz Höllinger, Heinz-Jürgen Niedenzu, Hemma Mayerhofer, Franz Ofner, Otto Penz, Elisabeth Scheibelhofer, Larissa Schindler, Nadia Steiber, Martin Weichbold

Wissenschaftlicher Beirat: Marek Czyzewski (Lodz), Kurt Imhof (Zürich)†, Stephen Kalberg (Boston), Karin Knorr Cetina (Chicago), Richard Münch (Bamberg), William Outhwaite (Newcastle), Jan Spurk (Paris), Frédéric Vandenberghe (Rio de Janeiro), Loïc Wacquant (Berkeley), Claire Wallace (Aberdeen)

Redaktionssprecher: Franz Ofner (Universität Klagenfurt, franz.ofner@uni-klu.ac.at) und Heinz-Jürgen Niedenzu für die eingehenden Manuskripte (Universität Innsbruck, heinz-juergen.niedenzu@uibk.ac.at).

Rezensionsredakteur: Otto Penz; otto.penz@aon.at

Heftredaktion: Roswitha Breckner, Andreas Pribersky

Redaktionelle Zuschriften bitte nur an die Redaktion senden. Unverlangt eingesandte Rezensionsexemplare können nicht zurückgeschickt werden.

Springer VS | Springer Fachmedien Wiesbaden GmbH
Abraham-Lincoln-Straße 46 | 65189 Wiesbaden
Amtsgericht Wiesbaden, HRB 9754 | USt-IdNr. DE811148419
www.springer-vs.de

Kundenservice: Springer Customer Service Center GmbH, Springer VS-Service, Tiergartenstr. 15–17, 69121 Heidelberg
Telefon +49 (0)6221/345-4303; Telefax: +49 (0)6221/345-4229, Montag bis Freitag 8.00 Uhr bis 18.00 Uhr
E-Mail: springervs-service@springer.com

Anzeigenleitung: Volker Hesedenz, Telefon +49 (0)611/7878-2 69; Telefax +49 (0)611/78 78-4 30;
E-Mail: volker.hesedenz@springer.com

Anzeigendisposition: Nicole Frohnweiler, Telefon +49 (0)611/7878-147; Telefax +49 (0)611/7878-4 43;
E-Mail: Nicole.Frohnweiler@springer.com
Es gilt die Sammelpreisliste vom 01. 01. 2012.

Produktion: Volker Gotzmann, Telefon +49 (0)6221/48 78-896; E-mail: volker.gotzmann@springer.com
Den Bezugspreis können Sie beim Kundenservice Zeitschriften erfragen:
E-Mail: customerservice@springer.com

Alle Bezugspreise und Versandkosten unterliegen der Preisbindung. Kündigungen der Abonnements müssen spätestens 6 Wochen vor Ablauf des Bezugszeitraumes schriftlich mit Nennung der Kundennummer erfolgen. Jährlich können Sonderhefte erscheinen, die nach Umfang berechnet und den Abonnenten des laufenden Jahrgangs mit einem Nachlass von 25 % Rabatt des jeweiligen Ladenpreises geliefert werden. Bei Nichtgefallen können die Sonderhefte innerhalb einer Frist von 3 Wochen zurückgegeben werden.

ISSN 1011-0070

41. Jahrgang   Sonderheft 14/2016

¡ÖzS_

Herausgegeben von der Österreichischen Gesellschaft für Soziologie

INHALT

Österreich Z Soziol (2016) (Suppl) 41:1–15
DOI 10.1007/s11614-016-0209-7

Handlungs- und Interaktionskrisen

Eine Annäherung in systematisierender Absicht

Alexander Antony · Gerd Sebald · Frank Adloff

Zusammenfassung Der Beitrag führt in die Thematik des Sonderhefts ein und schlägt eine idealtypische Systematisierung von Handlungs- und Interaktionskrisen vor. Ausgehend von einer Arbeitsdefinition werden exemplarisch Ansätze aufgegriffen und skizziert, in denen krisenhaften Situationen eine theoriesystematisch relevante Bedeutung zukommt. Auf dieser Grundlage und der Zusammenschau der im Sonderheft versammelten Beiträge werden drei analytische Perspektiven auf Handlungs- und Interaktionskrisen ausbuchstabiert: die Akteur_innenperspektive, die „distanzierte" Beobachter_innenperspektive und die Darstellungsperspektive. Abschließend wird dafür votiert, Handlungs- und Interaktionskrisen jenseits der dichotomen Unterscheidung von Mikro- und Makro-Phänomenen in den Blick zu nehmen.

Schlüsselwörter Handlungskrise · Interaktionskrise · Heuristik · soziologische Theorie · Sozialtheorie

InterAction crises
Toward a systematization

Abstract The article introduces the special issue's subject-matter and suggests a working definition and systematization of action and interaction crises. Based on

A. Antony (✉)
Institut für Soziologie, Universität Wien, Rooseveltplatz 2, 1090 Wien, Österreich
E-Mail: alexander.antony@univie.ac.at

G. Sebald (✉)
DFG-Graduiertenkolleg „Präsenz und implizites Wissen", FAU Erlangen-Nürnberg,
Henkestraße 9–11, 91054 Erlangen, Deutschland
E-Mail: gerd.sebald@fau.de

F. Adloff (✉)
Institut für Soziologie, FAU Erlangen-Nürnberg, Kochstraße 4, 91054 Erlangen, Deutschland
E-Mail: frank.adloff@fau.de

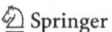

the volume's contributions as well as an outline of selected approaches to crises as theoretically relevant phenomena, it identifies three distinct analytical perspectives: that of the actor(s), that of the detached observer, and one that focuses on the crisis's representation. Any productive analysis of action and interaction crises, the authors argue, must move beyond the traditional micro-macro dichotomy.

Keywords Action crisis · Interaction crisis · Heuristics · Sociological theory · Social theory

1 Von „großen" und „kleinen" Krisen in der Soziologie

Krisen sind die Geburtshelfer der Soziologie. Die durch die Modernisierung verursachten Umbrüche im neunzehnten Jahrhundert – z. B. im ökonomischen und im politischen Feld, in der Medien- und Transporttechnik, in der fortschreitenden sozialen Differenzierung – ließen die eingelebten Muster vormals traditionaler Gesellschaften problematisch und ungültig werden. Damit wurde das Problem einer Erklärung dieser Transformationen und Disruptionen virulent. Antworten kamen, neben den Geisteswissenschaften, auch aus den sich entwickelnden Sozialwissenschaften, seien es Karl Marx' Analysen des Kapitalismus und seiner Krisen, Émile Durkheims Untersuchung der Anomien in zunehmend arbeitsteilig organisierten Gesellschaften oder Max Webers Analysen des sich verselbständigenden Geists des Kapitalismus. Es waren die großen Verwerfungen, Friktionen und Spaltungen, die von den Gründervätern der Soziologie untersucht und aus denen heraus die Grundlegungen der soziologischen Theorie und Methode entwickelt wurden.

Unbestritten ist, dass wir uns auch jetzt, mehr als hundert Jahre später, in einer Zeit teils weltumspannender Krisen bewegen. Allerdings wollen wir mit dem vorliegenden Sonderheft den soziologischen und nicht-soziologischen Krisendiagnosen und -erklärungen oder der Untersuchung der Auswirkungen von gesellschaftlichen Krisen kein weiteres Kapitel hinzufügen. Vielmehr ist der vorliegende Band von dem Grundgedanken inspiriert, dass es lohnen könnte, den soziologisch informierten Blick auf die „kleinen", alltäglichen, aber oftmals nicht minder existenziellen Krisen zu richten. Denn obwohl die Soziologie durch diese zweifellos produktive theoretische sowie methodologische Impulse beziehen konnte, wurden sie kaum zum Gegenstand einer systematischen Beschäftigung.

Das vorliegende Sonderheft versteht sich insofern als ein Beitrag zur soziologischen Analyse und theoretischen Durchdringung dieser „kleinen" Krisen. Die enthaltenen Aufsätze behandeln – mit unterschiedlichen Zielsetzungen und aus verschiedenen theoretischen Perspektiven – *Handlungs-* und *Interaktions*krisen. Sie blicken auf Prozesse der Entstehung von Krisen, auf deren Vermeidung, wie auch auf Versuche zu deren Bewältigung. Die untersuchten Phänomene reichen vom Umgang mit Demenzkranken bis hin zu Formen künstlerischer und politischer Praxis.

Wir möchten die Einleitung dazu nutzen, verschiedene Perspektivierungen und zentrale analytische Bestimmungselemente von Handlungs- und Interaktionskrisen, wie sie auch in unterschiedlichen Konstellationen in den einzelnen Beiträgen aufscheinen, in kondensierter Form herauszuarbeiten. Unsere Zielsetzung besteht dabei

 Springer

nicht primär darin, abstrakte theoretische Kategorien anzubieten. Vielmehr können die folgenden Ausführungen als ein Systematisierungsvorschlag verstanden werden, der darauf zielt, theoretische Heuristiken von Handlungs- und Interaktionskrisen, die ihre Funktion letztlich in der forschungspraktischen Arbeit finden, ein Stück weit voranzubringen.

2 Von gesellschaftlichen Krisen zu Handlungs- und Interaktionskrisen – eine Arbeitsdefinition

Der Begriff der Krisis bezeichnet im Griechischen eine Entscheidung oder entscheidende Wendung, sei es juristischer oder medizinischer Art. Bis in die Neuzeit wurde er vor allem in einem medizinischen Sinne gebraucht, seit dem 18. Jahrhundert fungierte er metaphorisch als „Ausdruck einer neuen Zeiterfahrung, Faktor und Indikator eines epochalen Umbruchs" (Koselleck 1982, S. 617). Krise bezeichnete damit eine zeitlich begrenzte Situation der Unsicherheit und Unentschiedenheit, die mit einer Entscheidung, einer Lösung beendet wird. In der soziologischen wie in der alltagssprachlichen Verwendung des Begriffes scheint sich die Konnotation aber tendenziell auf den Zeitraum vor der Lösung, auf die Situation der Unsicherheit, ja der Bedrohung zu verschieben. So bestimmt etwa Niklas Luhmann Krisen als „unerwartete (thematisch nicht vorbereitete) Bedrohungen nicht nur einzelner Werte, sondern des Systembestands in seinem eingelebten Anspruchsniveau. Sie stimulieren und sammeln Aufmerksamkeit dadurch, dass sie den Erfüllungsstand zahlreicher Werte diffus, unbestimmt und unter Zeitdruck gefährden" (2007 [1971], S. 16).

Krisen werden diesem Verständnis nach nicht im Hinblick auf krisenbewältigende Wendungen bestimmt, sondern es geraten insbesondere die Bedingungen ihres Auftretens in den Blick: Was jeweils als „Krise" gelten kann, wird dementsprechend *ex negativo* vor dem Hintergrund eines theoretisch zu spezifizierenden Gegenbegriffs her gedacht. Dieser Theorielogik folgend, lassen sich Krisen nur im Hinblick auf *nicht*-krisenhafte Zustände konkretisieren. Gesellschaftliche Krisen sind demnach als Phänomene zu bestimmen, deren Auftreten dazu führt, dass „ein etablierter, gesichert oder verlässlich erscheinender Sachverhalt fraglich oder instabil zu werden droht" (Friedrichs 2007, S. 14).

Für die Thematik des vorliegenden Sonderhefts ist nun die Beobachtung relevant, dass eine solche Argumentationsfigur, die analytisch auf die „Unordnung des Sozialen" als kleinsten gemeinsamen Nenner zielt, sich keineswegs nur in gesellschaftstheoretischen Fassungen, d. h. etwa im Hinblick auf das Brüchig-Werden institutioneller oder systemischer Ordnungen, findet. Krisenhafte Phänomene haben stets auch das Interesse handlungs- und interaktionstheoretisch orientierter Soziolog_innen auf sich gezogen. So unterscheiden etwa Peter L. Berger und Thomas Luckmann „zwei Möglichkeiten subjektiver Wirklichkeitsabsicherung [...]: Routine und die Bewältigung von Krisen" (Berger und Luckmann 2007 [1969], S. 158). Es sind „Grenzsituationen" (ebd., S. 159), wie der Tod, oder „Wirklichkeitskrisen", die durch „Kontakte mit einer alternativen Wirklichkeit" entstehen, welche die „routinemäßige [...] Wirklichkeitssicherung" (ebd., S. 166) gefährden. Sie rufen entsprechende Bewältigungsstrategien (etwa Riten) und Gegenmaßnahmen auf den

Plan. Erving Goffman hat, um ein zweites prominentes Beispiel zu nennen, in einer Vielzahl von ethnografischen Einzelstudien gezeigt, inwieweit situative Störungen (z. B. drohende Gesichtsverluste der Beteiligten) das Interaktionsgeschehen prägen, aber auch, wie derartige Interaktionsstörungen – oft auf subtile Art und Weise – bewältigt werden oder ihr Manifestwerden – etwa durch taktvolles Ignorieren – verhindert wird (Goffman 1967).

Auch wenn sich aus diesen Vorüberlegungen und Illustrationen freilich nicht umstandslos ein umfassendes Verständnis von Handlungs- und Interaktionskrisen ableiten lässt, so wollen wir doch auf der Grundlage des Gesagten eine vorläufige Arbeitsdefinition vorschlagen: Unter Handlungs- und Interaktionskrisen sind jene Situationen zu verstehen, die ein (zeitlich begrenztes) Versagen, eine situative Inadäquanz oder Unbrauchbarkeit von Handlungs- und Deutungsgewohnheiten im Hinblick auf die Gewährleistung des „normalen" – und damit antizipierbaren – Handlungs- bzw. Interaktionsverlaufs implizieren. Diese Minimaldefinition soll die folgenden Überlegungen anleiten, aber auch im Hinblick auf ihre analytische Tiefenschärfe hinterfragt und nach und nach konkretisiert werden. Informiert durch sie lässt sich in einem nächsten Schritt der Blick exemplarisch auf sozial- und handlungstheoretische Ansätze richten, in denen Handlungs- und Interaktionskrisen eine theoriesystematisch relevante Bedeutung zukommt.

3 Fragmente einer Theorie der Handlungs- und Interaktionskrisen

Im Pragmatismus, im phänomenologisch orientierten Ansatz von Alfred Schütz, der Ethnomethodologie Harold Garfinkels oder der objektiven Hermeneutik Ulrich Oevermanns wird dem Konzept der Krise bzw. dem Auftreten problematischer Situationen ein besonderer Stellenwert zugewiesen. Diesen Versuchen einer theoretischen Fassung der Genese, des Ablaufs und der Bewältigung von Handlungsproblemen kommt auch für die Konzeptualisierung von Handlungs- und Interaktionskrisen eine entscheidende Rolle zu.

Pragmatisch orientierte Sozialtheorien (Mead, Dewey, Heidegger, Wittgenstein) richten ihr Augenmerk auf die intersubjektiv geteilte Praxis von Lebensformen, auf den pragmatischen Vollzugscharakter von Handlungskoordination und Interaktion. Dabei rekurrieren die genannten Autoren immer wieder auf die fundamentale Rolle körperlicher, sensomotorischer und präreflexiver Dispositionen und Gewohnheiten (vgl. Dewey 1983 [1922]). Kognitive bzw. reflexive Formen der Handlungskoordination bleiben in diesen Theorieansätzen insofern theoretisch sekundär, als sie aus der praktischen Tätigkeit abgeleitet werden.

Im Hinblick auf Handlungs- und Interaktionskrisen ist dabei interessant, dass das Problematischwerden des primären Weltbezugs, d. h. eine wie auch immer geartete „Störung" habitueller Handlungskoordination, als Bedingung der Möglichkeit des Auftretens reflexiver Operationen fungiert: Dewey und Mead bestimmen auf Symbolverwendung beruhende mentale Phasen des Handelns als funktional im Hinblick auf die Lösung problematischer Situationen. D. h., reflexives Handeln hat seinen Ursprung in der situativen Inadäquanz gewohnheitsmäßigen Handelns und dient der *Bewältigung* von Handlungsproblemen. Derartige „verzögerte Reaktionen" (Mead

1973 [1934], S. 137 ff.), die sich durch eine symbolisch prozessierende Imagination alternativer Handlungsmöglichkeiten auszeichnen, lassen sich von routinierten „unmittelbaren Reaktion[en]" unterscheiden (ebd.; vgl. auch Dewey 1998 [1929], S. 152 ff., 223). Krisenhafte Situationen sind aus dieser Sicht konstitutiv für die Entstehung eines reflexiven Bewusstseins und auf Symbolverwendung basierender Wissenspraktiken, die sich durch eine (partielle) Abstraktion vom nicht-reflexiven Erfahren im Hier-und-Jetzt auszeichnen. Das pragmatistische Handlungsmodell lässt sich insofern (zumindest in groben Zügen) als Abfolge von Gewohnheit – Störung/ Krise – Reflexion – Gewohnheit rekonstruieren und bietet damit einen basalen handlungstheoretischen Ausgangspunkt für die Konzeptualisierung von Handlungs- und Interaktionskrisen (vgl. auch Oechsle und Reimer in diesem Band).

Ähnlich wie der Pragmatismus geht auch die pragmatische Lebenswelttheorie Schütz'scher Prägung von einer als selbstverständlich gegebenen Welt des alltäglichen Lebens aus. Bestimmte Aspekte dieser Welt sind durch subjektive oder auferlegte Selektionsleistungen als „problematische Möglichkeiten" hervorgehoben und werden im Modus des Handelns bearbeitet. Problematisch sind dabei für Schütz (mit Rückgriff auf Husserl) Möglichkeiten, die in Widerstreit bzw. Konkurrenz zueinander stehen (vgl. Schütz 2004 [1951], S. 267 ff.). Ein bestimmter Teil des vor- und zuhandenen intersubjektiven Wissensvorrats wird zweifelhaft, seine Gewissheit und Geltung schwinden und müssen wieder hergestellt werden. In die Krise geraten demnach die Typisierungen und Generalisierungen: „Die auf der Konstanz der Weltstruktur aufgebauten Erwartungen mögen ‚explodieren', das Gültige zweifelhaft, das Vermögliche undurchführbar werden. Das vordem als fraglos-gegeben Angesetzte wird dann zum Problem, einem theoretischen, praktischen oder emotionalen, das formuliert, analysiert und gelöst werden muss" (Schütz 2003 [1957], S. 327, vgl. auch Sebald 2014, S. 80 f.). Wenn diese „Explosionen" unsere Wissensstruktur, unsere „relativ-natürliche Weltanschauung", wie Schütz in Anlehnung an Scheler formuliert, als Ganzes und grundlegend in Frage stellen, dann spricht er von „Krise". Darunter versteht Schütz „alle Arten von religiösen, ehelichen, geschäftlichen, gesundheitlichen Schwierigkeiten im Einzelleben oder von Naturkatastrophen, Krieg, Zusammenbrüchen des ökonomischen oder sozialen Systems im Leben der Gruppe" (Schütz 2003 [1957], S. 343). Das in die Krise geratene Wissen bringt die bisherige „Weltanschauung" ins Wanken. Mit der Auflösung der Typisierungen und Erwartungen entsteht potenziell auch Neues, das vorher durch die gültigen Wissenselemente blockiert war.

Mit der Ethnomethodologie Harold Garfinkels liegt eine an Schütz anschließende Position vor (vgl. Eberle 2008), die moralische bzw. soziale Ordnung als fortlaufend durch die „rule governed activities of everyday life" generiert begreift: „A society's members encounter and know the moral order as perceivedly normal course of action – familiar scenes of everyday affairs, the world of daily life known in common with others and with others taken for granted" (Garfinkel 1967, S. 35). Die Ethnomethodologie geht von der Grundannahme aus, dass Regeln, Hintergrunderwartungen (*background expectancies*) und andere strukturelle Voraussetzungen alltäglicher Interaktionen in gelingenden bzw. routinehaften Interaktionssituationen latent (*seen but unnoticed*) bleiben. Sie stellen nach Garfinkel die „routine grounds of everyday activity" (ebd.) dar. Um die stillschweigenden Selbstverständlichkeiten alltäglicher

Handlungsvollzüge sichtbar zu machen, setzt die Ethnomethodologie – im Gegensatz zu den bereits genannten Ansätzen weniger theoretisch denn methodologisch orientiert – auf fingierte Störungen „normaler" Abläufe, die berühmten *breaching experiments* (vgl. dazu ausführlich Krämer in diesem Band). Insbesondere Interaktionskrisen sind für diesen Ansatz vor allem ein *methodisches* Mittel, um soziologische Erkenntnis zu generieren: Die kontrolliert erzeugte Unordnung gewährt einen Blick auf die im Alltagshandeln zumeist unhinterfragten und nicht problematisierungsbedürftigen praktischen Methoden der situativen Herstellung von sozialer Ordnung.

Schließlich liegt mit dem strukturtheoretischen Ansatz Ulrich Oevermanns eine Position vor, die Krisen, und ihren Komplementärbegriff Routine, als konstitutive Elemente des Sozialen überhaupt in den Blick nimmt (vgl. ausführlicher Garz und Raven 2015, S. 25–59). Schon die menschliche Erfahrung ist nach Oevermann grundlegend krisenhaft, weil sie sich einer prädikativen Bestimmung und damit einem routinehaften Vollzug immer wieder entzieht. Die „Dialektik von Krise und Routine" (Oevermann 2006, S. 95) ist in den menschlichen Erkenntnismöglichkeiten selbst angelegt als „ein dem Gebrauch von Sprache innewohnendes Grundverhältnis" (Oevermann 2008, S. 9). Das Auftreten von Krisen ist demnach abhängig von der anthropologischen Ausstattung des Menschen, dem vorhandenen sprachlich codierten Wissensvorrat sowie der kulturellen ebenso wie der individuellen Entwicklung (ebd., S. 11). Der daraus abgeleitete „Begriff der Lebenspraxis als Zentrum der Krisenfähigkeit und der Krisenbewältigung" (ebd., S. 18) dient Oevermann im Weiteren zu einer Typologisierung der Krisen in traumatische, ästhetische und Entscheidungskrisen. Krisen stellen in diesem strukturalistischen Ansatz vor allem einen Mechanismus dar, der einerseits die Entstehung von Neuem erklären kann, insofern alles Wissen als „Ergebnis einer Krisenlösung" (Oevermann 2006, S. 97) interpretiert wird: Wissen „gehört also zur Sphäre von Routinen, die sich entweder schon bewährt haben oder deren Bewährung aussichtsreich erwartet wird" (ebd.). Andererseits fragt Oevermann nach den gesellschaftlichen „Orten" und Weisen der Krisenbewältigung (etwa im professionalisierten Handeln) und eröffnet damit ein weites soziologisches Feld.

Ersichtlich wird, dass die exemplarisch besprochenen Ansätze ein starkes Interesse an problematischen Situationen bzw. Handlungs- und Interaktionskrisen erkennen lassen. In den Blick gerät die Frage nach einer handlungstheoretischen Fassung des Nicht-Krisenhaften als notwendigem Komplementärbegriff zum Krisenhaften. In systematischer Hinsicht relevant ist einerseits, dass die jeweiligen ins Treffen geführten Konzepte des Nicht-Krisenhaften (Gewohnheiten, Typisierungen, Hintergrunderwartungen, Routinen) allesamt auf die *Wissens*dimension sozialen Handelns abstellen und Wissen andererseits, sei es nun verkörpert und implizit oder propositional „verfasst", als sozial geteilt und distribuiert charakterisiert wird. Darüber hinaus weisen die Ansätze unterschiedliche Möglichkeiten aus, Krisenbewältigungsstrategien handlungstheoretisch zu fassen – etwa im Hinblick auf die Funktionalität symbolischer Abstraktionsleistungen – und beschreiben Krisensituationen als „Generatoren" der Entstehung von Neuem, das sich z. B. in modifizierten Gewohnheiten, neu etablierten Routinen oder Deutungen manifestiert. Festhalten lässt sich allerdings auch, dass, obwohl die behandelten Ansätze zweifelsohne einen systematisch

relevanten Beitrag zu einer theoretischen Konzeptualisierung von Handlungs- und Interaktionskrisen leisten können, sie nichtsdestoweniger – sieht man von Oevermann ab – keinen verbindlichen Krisenbegriff explizieren bzw. Krisen (mitunter) nicht systematisch von Handlungsproblemen im Allgemeinen unterscheiden.

4 Drei Perspektiven auf Handlungs- und Interaktionskrisen

Dies führt unmittelbar zur Notwendigkeit, Handlungs- und Interaktionskrisen insofern weiter zu spezifizieren, als nicht jede „Bagatellstörung" (Bergmann 2013, S. 286), nicht jedes Handlungsproblem sinnvollerweise als „Krise" zu definieren ist. Der Blick ist dementsprechend auf „größere Rupturen des Sozialen" (ebd.) auf der Handlungs- und Interaktionsebene zu richten. Soziologische Begriffe von Handlungs- und Interaktionskrisen drohen ansonsten ihr heuristisches Potenzial einzubüßen und zu „all inclusive"-Konzepten zu verkommen. In dieser Hinsicht ist Martin Endreß und Nicole Zillien zuzustimmen, dass „Vorbehalte[n] gegen die analytische Trennschärfe der Krisenbegrifflichkeit" – und dies gilt sowohl für gesellschaftliche als auch für Handlungs- und Interaktionskrisen – nur dann beizukommen ist, „wenn die Disziplin *erstens* die als krisenhaft bezeichneten Situationen empirisch ausleuchtet, *zweitens* in komparativer Perspektive mögliche Besonderheiten aktueller Szenarien herausarbeitet und [...] *drittens* die Frage nach Angemessenheit und Deutungspotential der Krisensemantik stellt" (2013, S. 416).

Die Beiträge des vorliegenden Sonderhefts kommen anhand der Untersuchung spezifischer Gegenstandsbereiche der Aufforderung nach einer empirischen Ausleuchtung und/oder einer konzeptuellen Analyse nach. In ihrer Zusammenschau und im Vergleich der verwendeten Krisenkonzepte sowie unter Heranziehung des oben erarbeiteten theoretischen Überblicks bieten sie die Möglichkeit, drei unterschiedliche Perspektiven auf Handlungs- und Interaktionskrisen auszubuchstabieren. Diese sind als idealtypische Möglichkeiten zu verstehen, Handlungs- und Interaktionskrisen konzeptuell zu fassen. Die eine, „richtige" Lösung kann es schon allein deswegen nicht geben, weil es sich bei Konzepten von Handlungs- und Interaktionskrisen um allgemeintheoretische Heuristiken, um *sensitizing concepts* (vgl. Blumer 1986 [1969], S. 147 f.) handelt, die den Forschungs- und Analyseprozess zwar anleiten und die gegebenenfalls auch empirisch irritierbar, aber eben nicht falsifizierbar sind. Im empirischen Forschungsprozess, das zeigt sich auch in den Beiträgen, sind vielfältige Überschneidungen als auch parallele Verwendungsweisen unterschiedlicher Krisenbegriffe denkbar.

4.1 Die Akteur_innenperspektive: Krisen als Sinnzusammenbrüche bzw. als Erfahrungen der Unbewältigbarkeit

Die erste Perspektivierung, die Krisen – je nach theoretischer Tradition, an die angeschlossen wird – als Situationen des Sinnzusammenbruchs bzw. als Erfahrungen der Unbewältigbarkeit auffasst, setzt analytisch konsequent beim Standpunkt bzw. der Perspektive der Handelnden an. Handlungsprobleme bzw. problematische Situationen stellen theoretisch die Bedingung der Möglichkeit von Sinnzusammenbrüchen

bzw. Erfahrungen der Unbewältigbarkeit dar. Da aber nicht jedes Handlungsproblem *per se* krisenhaft sein kann, stellt sich die Frage, was problematische Situationen für die Handelnden zu krisenhaften macht. In der Tradition des Pragmatismus, der phänomenologisch orientierten Soziologie Schütz', aber auch in der Ethnomethodologie kann davon ausgegangen werden, dass Bedeutung bzw. Sinn Situationen im Allgemeinen und problematischen Situationen im Besonderen nicht gleichsam inhärent ist, sondern sich erst – „strikt korrelativ und gleichzeitig" (Dewey 2003 [1896], S. 244) – durch die „Reaktionen" bzw. Haltungen (Mead) oder Deutungen (Schütz) der Handelnden konstituiert.[1] D. h., problematische Situationen werden dann zu Krisen, wenn sich Handelnde in spezifischer Art und Weise gegenüber diesen Situationen *verhalten*.[2]

Will man zu einem theoretisch gehaltvollen Begriff von Handlungs- und Interaktionskrisen vorstoßen, dann kann das entsprechende problemauslösende Ereignis nicht für sich – isoliert – in den Blick genommen werden. Es besteht die Notwendigkeit, in der Reaktion der Handelnden auf problematische Sachverhalte (die streng genommen erst durch die Reaktion zu solchen werden) nach einem theoretischen Bestimmungsgrund des Krisenhaften zu fahnden.

Bei Krisen aus der Akteursperspektive handelt es sich also nicht um im Alltag gleichsam omnipräsent vorkommende Situationen, die, obwohl sie z. B. Routinebrüche darstellen, nach einer gewissen Zeit für die Handelnden bewältig-, ausleg- oder normalisierbar sind (vgl. beispielhaft Schubert und Rammert 2006 und Meyer in diesem Band). Krisen liegen, so unser Vorschlag, vielmehr dann vor, wenn Handlungs- und Deutungsmöglichkeiten bzw. Normalisierungsstrategien (zumindest temporär) nicht mehr greifen. Man ist gewissermaßen mit seinem Latein am Ende, das habituelle Handeln (Dewey, Mead), die natürliche Einstellung (Schütz) oder die *background expectancies* (Garfinkel) sind in einem Ausmaß problematisch geworden, dass sozial approbierte Handlungsanschlüsse und Deutungsversuche schlicht nicht mehr möglich sind. Aus der Perspektive der Handelnden manifestiert sich eine derartige Situation in einer Erfahrung der Unbewältigbarkeit bzw. eines Sinnzusammenbruchs.

Die Krise bzw. das Krisenhafte stellt nach dieser ersten Perspektivierung demnach eine spezifische *Qualität* des bedeutungsvollen Erfahrens bzw. Erlebens von Handlungs- oder Interaktionssituationen dar, deren Bedeutungshaftigkeit sich paradoxerweise in ihrer *senselessness* (vgl. Garfinkel 1967, S. 54 f.) manifestiert. Anders ausgedrückt werden problematische Situationen zu Krisen, wenn die Antwort, die betroffene Handelnde darauf zu geben im Stande sind, sich in einer praktischen Nicht-Beantwortbarkeit manifestiert: Man weiß oder kann nicht mehr weiter. Eine derartige krisenhafte Qualität bezieht ihre subjektive Evidenz und Unausweichlichkeit (gegebenenfalls auch Ausweglosigkeit), wie Garfinkel anschaulich gezeigt hat,

---

[1] Die Betonung dieses ko-konstitutiven Verhältnisses zwischen problematischer Situation und Verhalten bzw. Deutung schließt die Zurkenntnisnahme der Sequenzialität von Krisenentstehungsprozessen keineswegs aus. In manchen Fällen mag der Sinnzusammenbruch sofort eintreten, in anderen erst nach einer Reihe von Normalisierungs-, Deutungs- oder praktischen Bewältigungsversuchen.

[2] Ähnlich Bergmann im Hinblick auf Interaktionsstörungen: „Nicht das ‚störende Ereignis' ist schon die Unterbrechung [der Interaktion; die Hg.], sondern erst die Unterbrechung macht aus einem konkurrierenden Ereignis eine Störung" (2013, S. 288).

 Springer

oftmals durch eine starke Affiziertheit der Handelnden – wie etwa Ärger, Angst oder, man denke an Helmuth Plessner (2003 [1941], S. 275 f.), Schwindel, Lachen und Weinen.[3] Man wird gewissermaßen auf sich und seine Unzulänglichkeit, die problematische Situation praktisch zu bewältigen oder sinnhaft auszulegen, zurückgeworfen.[4]

4.2 Die „distanzierte" Beobachter_innenperspektive: Krisen als Abweichungen

Bei der zweiten Perspektivierung handelt es sich um eine Krisenkonzeption, die nicht „direkt" beim Standpunkt der Handelnden, deren Erfahrungen etc. ansetzt, sondern Handlungs- und Interaktionskrisen aus einer „distanzierten" soziologischen Beobachter_innenperspektive heraus bestimmt. Dabei besteht die Notwendigkeit der Angabe (oder der Unterstellung) einer „Normalfolie" – d. h. Vorstellungen darüber, wie spezifische Handlungen und Interaktionen „normalerweise" ablaufen oder abzulaufen haben – und eines empirisch zu erbringenden Nachweises, *in welcher Art und Weise* bzw. gegebenenfalls auch in welchem *Ausmaß* von dieser Normalfolie abgewichen wird. Die Antwort auf die Frage danach, was als signifikante Abweichung gelten kann und damit die Verwendung des „Krisen"-Etiketts rechtfertigt, ist von den soziologischen Beobachter_innen zu erbringen und in einem doppelten Sinne relativ – relativ zur verwendeten Normalfolie und relativ zu den in Anschlag gebrachten Kriterien, anhand derer darüber entschieden wird, unter welchen Bedingungen eine *krisenhafte* und nicht bloß eine „normale" bzw. „im Rahmen" bleibende Abweichung vorliegt.

Derartige Normalfolien mögen – je nach Fall – mehr oder weniger stark konkretisiert werden und sie variieren hinsichtlich ihrer Spezifität. So können sie sich etwa auf alltagsweltliche Interaktionen im Allgemeinen beziehen, wonach Krisen sich folgerichtig durch eine Außeralltäglichkeit auszeichnen würden (vgl. etwa Brichzin in diesem Band). Sie können aber z. B. auch Handlungsverläufe und Interaktionsprozesse in bestimmten sozialen Feldern, institutionellen Settings, Sub-Kulturen, Szenen oder etwa spezifische Interaktionsformate (wie journalistische Interviews

---

[3] Aufschlussreich sind in diesem Zusammenhang auch die von Garfinkel angegebenen – im Falle der *breaching experiments* idealerweise herzustellenden – Bedingungen, die das Auftreten derartiger Sinnzusammenbrüche begünstigen: „(a) making it difficult for the person to interpret his situation as a game, an experiment, a deception, a play, *i. e.*, as something other than the one known according to the attitude of daily life as a matter of enforcable morality and action [Uneinordenbarkeit; die Hg.], (b) making it necessary that he reconstruct the ‚natural facts‘ but giving him insufficient time to manage the reconstruction with respect to required mastery of practical circumstances for which he must call upon his knowledge of the ‚natural facts.‘ [Zeitmangel; die Hg.] and (c) requiring that he manage the reconstruction of the natural facts by himself and without consensual validation" [mangelnde soziale Anerkennung; die Hg.] (1967, S. 54). Zum letzten Aspekt vgl. auch Berger und Luckmann 2007 [1969], S. 160 ff.

[4] Insofern könnte man Krisensituationen im Anschluss an Meads Definition von Subjektivität, die er auf das Auftreten problematischer Situationen bezieht (vgl. 1987 [1903], S. 122 ff.), als „Situationen gesteigerter Subjektivität" charakterisieren. Vgl. auch Oevermann 2006, S. 111 f.

oder politische Debatten) zum Gegenstand haben.[5] Ohne an dieser Stelle Anspruch auf Vollständigkeit erheben zu wollen, lassen sich beispielhaft Normalfolien benennen, die in den Beiträgen dieses Bandes Verwendung finden:

- Idealtypische, nicht notwendig im engeren Sinne empirisch fundierte Vorstellungen darüber, wie funktionierende Handlungs- und Interaktionssituationen – etwa im Hinblick auf interaktionstheoretische Grundannahmen (vgl. Radvanszky in diesem Band) oder Konventionen der Redeübergabe (vgl. Schmidtke in diesem Band) – sich „normalerweise" ausgestalten.
- Das *common sense knowledge* der Forschenden, das es, als Kontrastfolie fungierend, erlaubt, abweichende Fälle zu identifizieren (vgl. Brichzin in diesem Band).
- Empirische Studien über gelingende Interaktionen als Vergleichsmaßstab, auf dessen Grundlage nicht gelingende, krisenhafte bestimmt werden können (vgl. Meyer in diesem Band).
- Handlungen und Zuschreibungen der an Krisensituationen Beteiligten, die z. B. ihren Unmut zum Ausdruck bringen und derart auf der Grundlage wirksamer Relevanzsysteme über Abweichungen „Auskunft" geben.

4.3 Die Darstellungsperspektive: Krisen als Teilnehmer_innen-Konstruktionen

Der zuletzt genannte Punkt stellt bereits einen Grenzfall zur dritten Perspektivierung dar. Diese begreift Handlungs- und Interaktionskrisen als Teilnehmer_innen-Konstruktionen. Entsprechend setzt man zwar bei den Akteursperspektiven an, doch Handlungs- und Interaktionskrisen werden hier, im Unterschied zum ersten Definitionsvorschlag, nicht *per se* in der Erfahrung der Unbewältigbarkeit bzw. des Sinnzusammenbruchs identifiziert – ein gleichsam „absolutes" Kriterium. Es wird vielmehr danach fragt, auf welche Art und Weise Handelnde Krisensituationen als solche für Mithandelnde anzeigen und kommunizieren bzw. wie diese sich in ihrem Tun dokumentieren. Mit Garfinkel ließe sich fragen: Wie werden Handlungs- und Interaktionskrisen durch die Teilnehmer_innen *accountable* und damit „observable-and-reportable" (1967, S. 1) gemacht?

Ein derartiger Zugriff stellt dementsprechend nicht nur auf die von den Handelnden verwendeten Semantiken, Kategorien etc. ab, sondern auch auf die Art und Weise, wie sich Krisenkonstruktions-, aber auch Krisenbewältigungsprozesse sequenziell und interaktiv im Detail vollziehen, sowie auf die Frage, welche (gegebenenfalls impliziten) Sozio-Logiken derartigen Prozessen zugrunde liegen (vgl.

---

[5] Damit ist freilich impliziert, dass das, was in manchen Handlungsbereichen als „normal", „rational", „schön" usw. etikettiert wird, in anderen keinesfalls als solches gelten muss. Während etwa die Musik-Form „Noise", der sich Kai Ginkel in diesem Band widmet, Uneingeweihte vor erhebliche Deutungsprobleme stellt und das Gehörte gegebenenfalls als „Krach" etikettieren lässt (eine Normalisierungsstrategie), sehen Angehörige der Community darin eine künstlerisch wertvolle Praxis.

Pfadenhauer und Dukat; Kissmann; Schröder in diesem Band).[6] Der wohl eindeutigste (vielleicht auch simpelste) Fall eines solchen Krisenkonstruktionsprozesses ist in der Verwendung der Krisensemantik durch beteiligte Handelnde zu identifizieren – d. h., wenn spezifische Ereignisse explizit als „Krise" bezeichnet werden. Allerdings ist davon auszugehen, dass ein derartiger Zugriff allein der Heterogenität von Krisenkonstruktionsprozessen nicht gerecht werden würde.

Dementsprechend besteht unser Vorschlag darin, Handlungs- und Interaktionskrisen als Teilnehmer_innenkonstruktionen auf einem *Kontinuum* zwischen der expliziten Verwendung der Krisensemantik einerseits und andererseits jenen Fällen zu situieren, in denen sich krisenhafte Situationen auf vielfältige andere Art und Weise dokumentieren. Je weiter weg man sich freilich von expliziten sprachlichen Krisenzuschreibungen bewegt, desto unbestimmter wird auch der Bezugsrahmen und damit umso „offener" die Möglichkeiten der soziologischen Beobachter_innen, Handlungs- und Interaktionskrisen zu identifizieren. Das heißt, das Problem, das bereits bei der zweiten Krisenheuristik ausgemacht wurde – die Relativität und Kontingenz der Bestimmung von Handlungs- und Interaktionskrisen – besteht auch bei der dritten Perspektivierung: Letztlich bleibt es der/m soziologischen Beobachter_in überlassen, zu bestimmen, ob eine Krisensituation vorliegt oder nicht. Die Herausforderung besteht darin, nicht der Beliebigkeit Vorschub zu leisten, sondern plausibel und nachvollziehbar zu machen, auf der Grundlage welcher Kriterien man operiert. Unabhängig von konkreten Gegenstandsbereichen und entsprechenden Methodenrepertoires und Analysestrategien lässt sich aber theoretisch nicht vorschreiben, was als praktikabelster Weg anzusehen ist.

Wir wollen an dieser Stelle lediglich darauf hinweisen, dass interessanterweise gerade die forschungspraktische Kombination der unterschiedlichen vorgeschlagenen Perspektivierungen eine Möglichkeit bietet, mit derartigen Unbestimmtheitsproblemen umzugehen. Um dies am Beispiel der Verschränkung der ersten mit der dritten Krisenheuristik festzumachen: Man könnte etwa, mit der Darstellungsperspektive operierend, unter Hinzuziehung der ersten Krisendefinition, die ein „starkes" Kriterium für die Identifikation von Handlungs- und Interaktionskrisen ins Treffen führt (Sinnzusammenbruch, Erfahrung der Unbewältigbarkeit), solche Situationen als Krisen beschreiben, die von den beteiligten Handelnden *selbst*, als unbewältigbar markiert bzw. kommuniziert werden. Eine derartige Perspektive erlaubt es z. B., Interaktionen, die von den Beteiligten als nahe dem Abbruch stehend angezeigt oder tatsächlich abgebrochen werden, als Interaktionskrisen zu charakterisieren: Die interaktive Bewältigung der Situation gelingt nicht oder wird zumindest von den Handelnden in Frage gestellt (vgl. Schmidtke in diesem Band). Dass sich ein solcher analytisch-kombinatorischer Zugriff als heuristisch produktiv erweisen könnte, zeigt sich auch darin, dass ganze Berufszweige (wie z. B. die Ärzteschaft, Psychotherapie, Sozialarbeit etc.) auf die stellvertretende Bewältigung individuell unbewältigbarer

---

[6] Theoretisch *a priori* gesetzt ist bei einer derartigen Perspektive überdies nicht, dass es sich dabei um im engeren Sinne intendierte Prozesse bzw. absichtsvolles Tun handeln muss. Gerade wenn man in Rechnung stellt, dass sich Handlungs- und Interaktionskrisen oftmals auch affektiv-leiblich „dokumentieren" (vgl. etwa Kissmann; Krämer; Schmidtke in diesem Band) ist vielmehr an eine *fungierende* Intentionalität zu denken (vgl. Merleau-Ponty 1966 [1945], S. 474 ff.).

 Springer

Handlungsprobleme spezialisiert sind. Dabei fungiert das Eingeständnis einer derartigen Unbewältigbarkeit durch die Betroffenen oftmals auch als praktische Voraussetzung für die Inanspruchnahme professioneller Hilfeleistung. Professionalisierte Expert_innen erweisen sich in dieser Hinsicht nicht nur als assistierendes „Personal" bei der Krisenbewältigung, sondern auch als Krisen*konstruktions*personal (vgl. Pfadenhauer und Dukat; Schröder in diesem Band).

Gerade in der Kombination unterschiedlicher Perspektivierungen zeigt sich nicht nur, dass sich diese gegenseitig forschungspraktisch informieren können, sondern auch, dass die idealtypischen Definitionen als Reflexionsinstrumente dienen können, wenn es darum geht, unterschiedliche Probleme bei der Identifikation von Handlungs- und Interaktionskrisen zu explizieren und diese entsprechend forschungspraktisch zu bewältigen.

5   Jenseits von „Mikro" und „Makro"

Abschließend bleibt festzuhalten, dass die hier vorgeschlagene Fokussierung auf Handlungs- und Interaktionskrisen als eigenständiges Thema der Soziologie keineswegs eine dichotome Gegenüberstellung von „Mikro"- und „Makro"-Phänomenen impliziert.[7] Was vielmehr in allen Beiträgen dieses Bandes deutlich wird, ist, dass auch (und gerade) beim Auftreten von Handlungs- und Interaktionskrisen unterschiedliche „Ebenen des Sozialen", unterschiedliche Kontexte und ausdifferenzierte Ordnungsbereiche wirksam werden (vgl. Giddens 1984, S. 61, Oechsle und Reimer sowie Schatzki in diesem Band). Sie fungieren sowohl als unmittelbare oder intervenierende Bedingungen des Auftretens als auch des Bewältigens von krisenhaften Situationen. Das gilt für Aspekte, die gemeinhin eher dem Mikro-Bereich zugerechnet werden, wie z. B. körperliche Routinen, auftretende Emotionen, das subjektive Bewusstsein oder das material-gegenständliche Umfeld, ebenso wie für semantische Ordnungsstrukturen (etwa Leitbilder oder Diskurse), für Institutionen oder Organisationen sowie für verschiedene gesellschaftliche Funktionsbereiche (etwa die Politik, die Kunst oder die für Dysfunktionalitäten besonders anfällige Ökonomie). Gerade im Auftreten von Handlungs- und Interaktionskrisen, so könnte aus diesem Befund abgeleitet werden, zeigen sich – je nach Fall – die Wirksamkeit, der Antagonismus oder das Zusammenwirken von gesellschaftlichen Strukturierungen in der alltäglichen Lebenswelt. Von daher ist die Annahme zurückzuweisen, dass der Blick auf Handlungs- und Interaktionskrisen lediglich einen Mikrokosmos des Sozialen vor-

---

[7] Versteht man unter Makrophänomenen eine eigene gesellschaftliche Ebene *sui generis*, die nicht auf Mikrosituationen zurückzuführen ist, dann mag eine Mikro-Makro-Dichotomie zutreffend sein. Wenn man diese Sichtweise jedoch ablehnt und mit Schatzki und Latour von einer *flat ontology of the social* ausgeht (Schatzki 2015, S. 12 ff.; Latour 2005, S. 176), ohne zugleich dem methodologischen Individualismus zu folgen, verändert sich der Blickwinkel deutlich. Dann stehen Makrophänomene nicht mehr „über" den Mikrosituationen, sondern sind aus weiteren spezifischen sozialen (räumlich und zeitlich entfernten) Situationen zu rekonstruieren, die auf der gleichen sozialontologischen Ebene angesiedelt sind. Hier ist nicht der Ort, ausführlich auf die Debatte um den Mikro-Makro-Link einzugehen. Wir gehen heuristisch von der Idee der flachen Ontologie aus; von hier aus wäre nach der Konstitution von Momenten der Inter- und Transsituativität zu fragen (zum Überblick vgl. Hirschauer 2014).

fände. Oder noch deutlicher formuliert: Es kann keine Makrokrise geben, die sich nicht auch auf der Ebene von Handlungs- und Interaktionskrisen zeigt.

So notwendig uns eine „mikroskopische Inspektion" von Handlungs- und Interaktionskrisen erscheint, so wichtig ist es uns auch, die Notwendigkeit zu betonen, die an den Horizonten von Krisensituationen stets sichtbar werdenden gesellschaftlichen bzw. transsituativen Ordnungskonstellationen zur Kenntnis zu nehmen (vgl. Knorr-Cetina 1981). Welche der die unmittelbare Krisensituation transzendierenden und „rahmenden" Ordnungen dabei in den Blick geraten, hängt einerseits wesentlich von den theoretischen – um im Bild zu bleiben – Sehinstrumenten und andererseits von der methodischen Perspektive auf den Gegenstand ab. Die Beiträge legen ein vielfältiges Zeugnis davon ab, in welcher Art und Weise Handlungs- und Interaktionskrisen methodisch beobachtbar und erforschbar gemacht werden können. Insofern möchten wir die Leser_innen an dieser Stelle direkt auf die Artikel des Sonderhefts verweisen. Sie reichen methodisch von konzeptuellen Analysen, über Interviewstudien bis hin zu ethnografischen und videointeraktionsanalytischen Ansätzen.

Zuletzt möchten wir darauf hinweisen, dass eine zentrale *methodologische* Ressource der forschungspraktischen „Nutzung" von Handlungs- und Interaktionskrisen, seien diese nun fingiert oder „natürlich" auftretend, in einem basalen Akt der Befremdung des Unhinterfragten und Unproblematischen besteht. Krisen eröffnen in dieser Hinsicht, auch wenn sie als *Gegenstand* empirischer Untersuchungen fungieren, nicht nur einen Blick auf die unthematisierten und von den Handelnden oftmals nicht-explizierbaren „praktischen Hintergründe" von Handlungsvollzügen und Interaktionen (etwa in Form impliziten Wissens, eingelebter Routinen oder *background expectancies*). Sie erlauben es auch, ja machen es sogar notwendig, den soziologisch informierten Blick auf die historisch-kulturell variierende Geltung verschiedener Ordnungsniveaus, Normalitäten und Rationalitäten zu richten (vgl. Adloff et al. 2015). Die Frage nach dem Nicht-Krisenhaften als notwendigem Komplementärbegriff jedweder begrifflichen Fassung von Krisen stellt in diesem Sinne nicht bloß eine Herausforderung für theoretisch-konzeptuelle Analysen dar. Sie zeigt auch insofern immenses soziologisches Potenzial an, als Handlungs- und Interaktionskrisen sowohl den Teilnehmer_innen als auch den soziologischen Beobachter_innen Einsicht in die Relativität und Kontingenz von oftmals als „natürlich" gegeben erfahrenen Ordnungen gewähren.

Danksagung Wir danken Björn Bosserhoff für das gewissenhafte Lektorieren der Aufsätze und Tilo Grenz für Anregungen zum vorliegenden Text. Die Gutachter_innen haben maßgeblich zum Zustandekommen des vorliegenden Sonderheftes beigetragen. Ihnen sei für ihre kritischen Hinweise und Anregungen herzlich gedankt.

Literatur

Adloff, Frank, David Kaldewey, und Katharina Gerund (Hrsg.). 2015. *Revealing tacit knowledge: Embodiment and explication.* Bielefeld: transcript.

Berger, Peter L., und Thomas Luckmann. 2007. *Die gesellschaftliche Konstruktion der Wirklichkeit. Eine Theorie der Wissenssoziologie.* Frankfurt: Fischer.

Bergmann, Jörg. 2013. Die Trivialität der Katastrophe – Situationen als Grenzobjekte. In *Grenzobjekte. Soziale Welten und ihre Übergänge*, Hrsg. Reinhard Hörster, Stefan Köngeter, und Burkhard Müller, 285–299. Wiesbaden: Springer VS.

Blumer, Herbert. 1986. *Symbolic Interactionism. Perspective and method*. Berkeley: University of California Press.

Dewey, John. 1983. *Human nature and conduct. An introduction to social psychology. The middle works*. Bd. 14, 1988–1924. Carbondale: Southern Illinois University Press.

Dewey, John. 1998. *Die Suche nach Gewißheit. Eine Untersuchung des Verhältnisses von Erkenntnis und Handeln*. Frankfurt: Suhrkamp. Übers. Suhr, Martin.

Dewey, John. 2003. Die Elementareinheit des Verhaltens. In *Philosophie und Zivilisation*, 230–244. Frankfurt: Suhrkamp. Übers. Martin Suhr.

Eberle, Thomas S. 2008. Phänomenologie und Ethnomethodologie. In *Phänomenologie und Soziologie. Theoretische Positionen, aktuelle Problemfelder und empirische Umsetzungen*, Hrsg. Jürgen Raab, et al., 151–161. Wiesbaden: VS Verlag.

Endreß, Martin, und Nicole Zillien. 2013. Routinen der Krise – Krise der Routinen. Themenpapier zum 37. Kongress der Deutschen Gesellschaft für Soziologie in Trier vom 6. bis 10. Oktober 2014. *Soziologie* 42:414–422.

Friedrichs, Jürgen. 2007. Gesellschaftliche Krisen. Eine soziologische Analyse. In *Die Wahrnehmung von Krisenphänomenen. Fallbeispiele von der Antike bis in die Neuzeit*, Hrsg. Helga Scholten, 13–26. Köln: Böhlau.

Garfinkel, Harold. 1967. *Studies in Ethnomethodology*. Englewood Cliffs: Prentice Hall.

Garz, Detlef, und Uwe Raven. 2015. *Theorie der Lebenspraxis. Einführung in das Werk Ulrich Oevermanns*. Wiesbaden: Springer VS.

Giddens, Anthony. 1984. *The constitution of society. Outline of the theory of structuration*. Cambridge: Polity Press.

Goffman, Erving. 1967. *Interaction ritual. Essays on face-to-face behavior*. New York: Pantheon Books.

Hirschauer, Stefan. 2014. Intersituativität. Teleinteraktionen und Koaktivitäten jenseits von Mikro und Makro. In *Interaktion – Organisation – Gesellschaft revisited. Anwendungen, Erweiterungen, Alternativen*, Hrsg. Bettina Heintz, und Hartmann Tyrell. Stuttgart: Lucius & Lucius. Sonderheft der *Zeitschrift für Soziologie* 45:109–133.

Knorr-Cetina, Karin. 1981. Introduction: The micro-sociological challenge of macro-sociology: Towards a reconstruction of social theory and methodology. In *Advances in social theory and methodology. Toward an integration of micro- and macro-sociologies*, Hrsg. Karin Knorr-Cetina, und Aaron V. Cicourel, 1–47. Boston: Routledge & Kegan Paul.

Koselleck, Reinhart. 1982. Krise. In *Geschichtliche Grundbegriffe*, Bd. 3, Hrsg. Otto Brunner, Werner Conze, und Reinhart Koselleck, 617–650. Stuttgart: Klett-Cotta.

Latour, Bruno. 2005. *Reassembling the social. An introduction to Actor-Network-Theory*. Oxford: Oxford University Press.

Luhmann, Niklas. 2007. Öffentliche Meinung. In *Politische Planung. Aufsätze zur Soziologie von Politik und Verwaltung*, 9–35. Wiesbaden: VS Verlag.

Mead, George Herbert. 1973. *Geist, Identität und Gesellschaft aus der Sicht des Sozialbehaviorismus*. Frankfurt: Suhrkamp. Übers. Ulf Pacher.

Mead, George Herbert. 1987. Die Definition des Psychischen. In *Gesammelte Aufsätze*, Bd. 1, 83–148. Frankfurt: Suhrkamp. Übers. Klaus Laermann et al.

Merleau-Ponty, Maurice. 1966. *Phänomenologie der Wahrnehmung*. Berlin: De Gruyter. Übers. Rudolf Boehm.

Oevermann, Ulrich. 2006. Wissen, Glauben, Überzeugung. Ein Vorschlag zu einer Theorie des Wissens aus krisentheoretischer Perspektive. In *Neue Perspektiven der Wissenssoziologie*, Hrsg. Dirk Tänzler, Hubert Knoblauch, und Hans-Georg Soeffner, 79–118. Konstanz: UVK.

Oevermann, Ulrich. 2008. „Krise und Routine" als analytisches Paradigma in den Sozialwissenschaften. Abschiedsvorlesung. https://www.agoh.de/lit/index.php?action=resource_RESOURCEVIEW_CORE&id=1686. Zugegriffen: 19. März 2016.

Plessner, Helmuth. 2003. Lachen und Weinen. Eine Untersuchung der Grenzen menschlichen Verhaltens. In *Ausdruck und menschliche Natur. Gesammelte Schriften*, Bd. VII, 201–387. Frankfurt: Suhrkamp.

Schatzki, Theodore. 2015. Spaces of practices and of large social phenomena. http://www.espacestemps.net/en/articles/spaces-of-practices-and-of-large-social-phenomena/. Zugegriffen: 18. März 2016.

Schubert, Cornelius, und Werner Rammert. 2006. Unsicherheit und Mehrdeutigkeit im Operationssaal. Routinen und Risiken verteilter Aktivitäten in Hightech-Arbeitssituationen. In *Technografie. Zur Mikrosoziologie der Technik*, Hrsg. Werner Rammert, und Cornelius Schubert, 313–339. Frankfurt: Campus.

Schütz, Alfred. 2003. Strukturen der Lebenswelt. In *Theorie der Lebenswelt 1. Die pragmatische Schichtung der Lebenswelt*. Alfred Schütz-Werkausgabe, Bd. V, Hrsg. Martin Endreß, und Ilja Srubar, 325–347. Konstanz: UVK.

Schütz, Alfred. 2004. Das Wählen zwischen Handlungsentwürfen. In *Relevanz und Handeln 1. Zur Phänomenologie des Alltagswissens*. Alfred Schütz-Werkausgabe, Bd. VI.1, Hrsg. Elisabeth List, 251–300. Konstanz: UVK.

Sebald, Gerd. 2014. *Generalisierung und Sinn. Überlegungen zur Formierung sozialer Gedächtnisse und des Sozialen*. Konstanz: UVK.

Alexander Antony M.A., ist wissenschaftlicher Mitarbeiter am Institut für Soziologie der Universität Wien. Forschungsschwerpunkte: Handlungs- und Praxistheorien, Wissenssoziologie, Körper- und Emotionssoziologie, Methodologie und Methoden interpretativer Sozialforschung. Ausgewählte Veröffentlichung: Tacit Knowledge and Analytic Autoethnography. Methodological Reflections on the Sociological Translation of Self-Experience. In: Revealing Tacit Knowledge. Embodiment and Explication, Hrsg. Frank Adloff, Katharina Gerund und David Kaldewey, 139–167. Bielefeld: transcript 2015.

Gerd Sebald PD Dr., ist Koordinator am Graduiertenkolleg 1718 „Präsenz und implizites Wissen" an der FAU Erlangen-Nürnberg. Seine Forschungsschwerpunkte sind soziologische Theorie, Wissens-, Kultur- und Mediensoziologie, soziale Gedächtnisse und die Geschichte der Soziologie. Ausgewählte Veröffentlichung: Generalisierung und Sinn. Überlegungen zur Formierung sozialer Gedächtnisse und des Sozialen. Konstanz: UVK 2014.

Frank Adloff Prof. Dr., hat den Lehrstuhl für Allgemeine und Kultursoziologie an der FAU Erlangen-Nürnberg inne. Seine Forschungsschwerpunkte liegen in den Bereichen soziologische Theorie, Zivilgesellschaft, Theorie der Gabe und Konvivialität, Kultursoziologie und Emotionssoziologie. Ausgewählte Veröffentlichungen: Gewohnheiten, Affekte und Reflexivität. Ein pragmatistisches Modell sozialer Kooperation im Anschluss an Dewey und Mead. In: Potentiale einer pragmatistischen Sozialtheorie. Beiträge anlässlich des 150. Geburtstags von George Herbert Mead, Hrsg. Frithjof Nungesser und Franz Ofner. Sonderheft der Österreichischen Zeitschrift für Soziologie 2013, 12:21–41 (mit Dirk Jörke); Gifts of Cooperation, Mauss and Pragmatism. London: Routledge 2016.

Österreich Z Soziol (2016) (Suppl) 41:17–33
DOI 10.1007/s11614-016-0204-z

Crises and adjustments in ongoing life

Theodore Schatzki

Abstract Everyday crises as colloquially understood are of questionable social theoretical significance. In contrast, crises as W. I. Thomas defines them – events that "interrupt the flow of habit and give rise to changed conditions of consciousness" – implicate a way of thinking about action that is prominent in 20th-century accounts of activity. This essay criticizes this way of thinking and offers an alternative. The way of thinking concerned – found in Dewey, Mead, Heidegger, Sartre, Merleau-Ponty, Garfinkel, Bourdieu, and Dreyfus – is the idea that the switch from coping, i. e., practical engagement with the world, to thinking, in particular, thinking about what to do, holds systematic significance for understanding human activity. The essay argues that this switch is actually just one form that people's responses to changes in the world can take. Its alternative account centers on the thesis that adjustments to circumstances mediated by or accompanied by explicit consciousness are ubiquitous in human life. This account holds that these adjustments occur within bundles of practices and material arrangements: they help compose practices and uphold the normative organization of practices.

Keywords Crises · Adjustment · Reflection · Social theory · Practice theory

Krisen und Anpassungen im täglichen Leben

Zusammenfassung Krisen des Alltags im umgangssprachlichen Sinne sind für die Sozialtheorie von geringer Relevanz. Ereignisse hingegen, die „den ‚Flow' der Gewohnheit unterbrechen und ein verändertes Bewusstsein hervorbringen" – so W. I. Thomas' Definition einer Krise – spielen in Handlungstheorien des 20. Jahr-

T. Schatzki (✉)
College of Arts and Sciences, University of Kentucky, 202 Patterson Office Tower Lexington, KY 40506-0027, USA
E-Mail: schatzki@uky.edu

hunderts eine wichtige Rolle. Der vorliegende Artikel setzt sich kritisch mit einer solchen Sichtweise auseinander, die den Übergang vom Coping, also der praktischen Auseinandersetzung mit der Welt, zum Denken, insbesondere dem Denken als Handlungsvorbereitung, als entscheidend für ein Verständnis menschlichen Handelns identifiziert. Diesem dualistischen Ansatz, wie er bei Dewey, Mead, Heidegger, Sartre, Merleau-Ponty, Garfinkel, Bourdieu oder Dreyfus zu finden ist, wird eine Alternative entgegengesetzt, die den Übergang vom Coping zum Denken lediglich als eine mögliche Form der Reaktion auf Veränderungen begreift. Bewusste Anpassungen an veränderte Bedingungen sind vielmehr alltagsweltlich omnipräsent. Solche Anpassungsleistungen treten innerhalb von „Bündeln" von Praktiken und materiellen Arrangements auf: Sie tragen zur Ausbildung von Praktiken bei und halten deren normative Ordnung aufrecht.

Schlüsselwörter Krisen · Anpassung · Reflexion · Sozialtheorie · Praxistheorie

Everyone knows crises in ongoing life. Checks bounce, deadlines loom, furnaces cease working, cars won't start, homework is left at home, broken pipes flood offices below, snow cancels school and daycare, and colleagues yell and practically come to blows. Crises of these sorts are familiar and frequent enough. Equally familiar are political, economic, and international crises that bear, more or less directly or perturbingly, on many people's lives, for example, oil crises, recessions, interstate hostilities, guerrilla insurgencies, and accelerating climate change. Crises of these sorts are the analytic fodder of economists, geographers, and political scientists, among others; they also appear in texts of social or cultural theory, especially those of a political economic bent. By contrast, crises in ongoing life – as this special issue's call for papers indicates – have received somewhat less attention. Such crises form a worthwhile object of empirical study, one that is explored, for example, in analyses sensitive to class and ethnic/racial inequalities that study the resources and responses of disadvantaged populations to adversity.[1] But they have not caught the attention of much social theory. Are crises in ongoing life material for theoretical analysis or of import for social thought?

I should be clear about the scope of the crises in question. They are crises that happen in people's ongoing moment-to-moment lives. Such lives encompass the activities people perform as well as the emotions and states of mind and consciousness – including experiences – they have over the course of the day as they occupy and move among venues such as home, workplace, and shops, or bedroom, kitchen, and living room, carrying on varied practices in and between these venues. The crises in question, moreover, occur *in* these venues, directly accessible to people there. Crises that occur elsewhere in time and space, regardless of how many or

---

[1] The above list enumerates crises that occur in fortunate parts of the world. In more unfortunate parts, crises in ongoing life concern the provision of food and clean water, personal safety and terror, getting to school ever, basic health care, and other more existential issues. Such crises are very much themes of empirical research and also of some theory. An essay on the applicability of the ideas discussed in this essay to ongoing lives in slums and other miserable locales would be a worthwhile sequel to it.

few people, practices, and venues they affect, or how directly or indirectly they do so, are not of concern – though the effects that distant crises have in ongoing lives qualify if these effects amount to crises in those lives. Thus, while a water utility labor dispute leading to the unavailability of water at certain hours does not qualify as a crisis in homeowners' ongoing lives, the unavailability of water at home at those times might. A crisis in ongoing life directly confronts people and demands some sort of response.

1 Crises

Characteristic of crises in ongoing life is that they are unexpected, unpredictable, and undesired. They are not usually unknown or unfamiliar. On the contrary, they can be very well-known and have occurred frequently in the past. It is their next occurrence that is unpredictable. Thus, while people might expect crises of a given type to recur (e. g., power losses), they don't know when to expect the next one. Another feature of crises is, as suggested, that they demand some sort of response. This feature follows from the fact that crises interrupt what is going on and threaten people's individual or collective projects, plans, and intended lines of action. When cars won't start, deadlines loom, and schools as well as daycare centers are closed, intended lines of action become difficult. Executing them or acceptable substitutes requires first taking rectifying actions that clear away the problem (e. g., calling the auto service to jump the car battery, staying late at work, making alternative arrangements).

What are familiarly described as crises in ongoing life are of uncertain social theoretical interest. As noted, little theoretical attention has been paid to them. Moreover, it is not obvious that they are central to the dynamics of contemporary societies, or are systematically related to large-scale social changes, or occur under particular structural conditions, or have implications for general theories of society. The range of crises is too varied, and their occurrence too haphazard, for them to have clear implications for general social theory. The status of an event as crisis also depends on the plans and intentions of actors. The question, then, is whether a more precise definition of crisis exists under which they promise to be of greater theoretical interest or import.

Consider the following widely-quoted definition of crisis due to W. I. Thomas: a crisis "interrupts the flow of habit and gives rise to changed conditions of consciousness and practice." (quoted in Schütz 1964, p. 96) This definition parallels the above remarks on crisis, though the class of crises as Thomas defines them is not the same as the class of crises in ongoing life as colloquially understood (see below). Might crises as Thomas defines them be of interest to social theory? I am skeptical that crises so defined hold import for theories of society, including theories of social dynamics and of large-scale social phenomena, though I will not presently justify my skepticism and am more than prepared to be shown the contrary. By contrast, it might be that such crises, together with responses to them, have methodological significance in revealing features of both the production/reproduction of ongoing lives and the contexts in which they proceed (à la Garfinkel's breaching experiments).

Relatedly, I believe, it is *entirely* plausible that Thomas-like crises – what Schütz called "problematic situations" – have implications for theories of small or so-called "micro" phenomena, especially those that theorize actions and interactions or use actions and interactions as the basis for analyzing social phenomena more broadly. The surmise is plausible because Thomas' analysis of crisis is not theoretically innocent. It at once is part of and itself implicates a way of thinking about action that is familiar from 20th-century accounts of human activity. As a result, regardless of their connection to what colloquially pass as crises in ongoing life, crises as Thomas defined them are pertinent to theories of activity and, thereby, to those social theories that grant human activity ontological, explanatory, or analogical centrality.

To get at this wider picture of action, consider Martin Heidegger's well-known description in *Being and Time* (1962 [1926], §16) of what commentators often call "breakdowns" in smooth, successful coping with the world. Heidegger claimed that the default everyday human mode of being is one in which people encounter objects as usable in and serviceable for their activities. Heidegger's archetypical example is a person hammering (say, nails and boards) with a hammer: while hammering, the hammerer encounters the hammer not as wooden-metallic object of such and such weight, shape, and color, but as something usable for hammering. What's more, the hammerer does not notice or attend to the hammer when hammering; he just uses it and is not conscious of it at all. These features characterize people's use of entities in the practical mode of being-in-the-world. As the default mode of existence, moreover, humans can and do persist in this practical mode of being so long as everything is working. Things, however, can go wrong. In some cases the flow of practical activity can be maintained through momentarily attending to some aspect of the situation. If the nail is hit askew, for instance, straightening it can maintain the flow of activity. Breakdowns, by contrast, occur when people must stop and think about what to do. When the head of the hammer loosens or flies off, for instance, the hammerer might stop what he is doing to consider what just happened and where another hammer can be found. Cases even exist – for example, when the hammerer hits his thumb with the hammer – when a "switch-over" occurs in the hammerer's way of being-in-the-world and he encounters and thinks about the hammer not as something usable for hammering, but as a weighty material thing made of wood and metal (on these possibilities, see Dreyfus 1995, ch. 4). It is easy to see the parallels between habit and the practical mode of being-in-the-world, and between Thomas' definition of crisis and Heidegger's depiction of breakdown: a flowing or continuous period of practical success is interrupted by some event, and the actor's mode of being changes. The "conditions of consciousness and practice" are altered: the actor has held up and can now think about the world before proceeding. The event involved is by definition a crisis or breakdown.

Thomas and Heidegger articulate a contrast that has informed many accounts of human activity in the 20th century: a contrast between continuity and flow, on the one hand, and suspension or hold-up on the other. This contrast appears, above all, in the work of pragmatists, phenomenologists, and ethnomethodologists, including John Dewey, G. H. Mead, Jean-Paul Sartre, Maurice Merleau-Ponty, and Harold Garfinkel. In their hands, this contrast is married to a second one between doing and thinking or carrying on and reflecting, such that the period of continuity or

 Springer

flow is understood as practical activity and engagement with the world whereas the period of hiatus and suspension is construed as thinking and reflection. Recent versions of this trope involve contrasts between habitus and consciousness/reflexion (Bourdieu 1990b) and between coping and thinking (Dreyfus 2007, Dreyfus and Dreyfus 2000). These theorists share (1) the picture that the default condition of human life is continuous, flowing habitual, skillful, or unreflective practical action and (2) the idea that this condition can in principle (though not in fact) continue indefinitely. This condition cannot in fact continue indefinitely because surprises, accidents, novelties, and encounters with others inevitably interrupt this smooth advance. Interruptions suspend the habitual, skillful, or unreflective and give rise to a changed situation or way of being – a changed condition of consciousness and practice – in which the actor can explicitly take stock of what has happened and ponder what to do next. This new situation or way of being is one of reflectivity, reflective consciousness, or deliberation and thought. Once reflection and thought have done their work, and the path forward is determined, the actor then returns to the condition of smooth, unreflective coping until the next interruption – the next crisis, breakdown, or problematic situation – occurs. With allowances made for variations in descriptions of the two stages, this picture of human action has had remarkable longevity (for pertinent sociological discussions of the pragmatists' and Bourdieu's models, see Dalton 2004; Emirbayer and Goldberg 2005; Joas 1996, for recent use of Heidegger's version, see Sandberg and Tsoukas 2011). Note that this picture by itself is neutral on the question of whether habits, routines, coping skills, and habitus are informed by some sort of rationality, logic, or conceptuality (e. g., Bourdieu 1990a; McDowell 2007; Kilpinen 2009; McGuirk 2014).

There is something suspicious about this dichotomizing view of human life. This picture supposes that ongoing lives exhibit distinct alternating periods of continuous practical coping and of explicit or discursive consciousness in the form of thought or reflection. Many versions, moreover, restrict continuousness and flow to the practical phase or explicit consciousness (or consciousness simpliciter) to the reflective one. It turns out, however, that continuousness and (explicit) consciousness are, respectively, ubiquitous or nearly ubiquitous in ongoing life; they are not consigned to distinct phases of it. The present essay focuses on the second of these phenomena, the near ubiquity of explicit consciousness. It does this because the near ubiquity of consciousness challenges the trope that looms large in 20th-century pragmatic, phenomenological, and ethnomethodological theories of human activity.

Regardless of what a person is doing at a given moment, she is almost always explicitly aware of something (for discussion, see Schatzki 2000). Explicit awareness often takes the form of attention, which comes in many forms: following something, concentrating on it, listening to it, watching it, looking it over, smelling it, and so on (on attention, see, e. g., Evans 1970). The things people attend to are often elements of their current settings of action: human activities, things going on, animate objects, and material set-ups. People can also attend to fictional events or to things happening at a distance from their current setting with the help of devices (binoculars, televisions, DVD players). Another form that explicit awareness takes is the self-awareness contained in thinking and imagining ("thinking" denotes thinking, inferring, pondering, interpreting, mulling over, wondering etc.): when people

think or imagine, they are aware of what they are thinking or imagining.[2] As noted, Heidegger claimed that the hammerer, while hammering, is not explicitly aware of the hammer he wields. At the same time, though Heidegger said nothing about this, he is explicitly aware of something, for instance, he could be concentrating on the nail between his fingers, pondering a conversation he had the evening before with his fiancée, worrying about a meeting scheduled for tomorrow, or listening to the neighbor's dog next door. He might also be focused on making sure that the hammer hits the nail squarely on the head. He is not, however, attending to or thinking about nothing at all.

Some accounts (see, e. g., Dreyfus and Dreyfus 2000) depict expert or masterful conduct as devoid of explicit consciousness. Examples include the behavior of fighter pilots in the midst of battle and that of athletes in the flow of play. These accounts also claim that the mundane everyday activities of people who have mastered them lack explicit awareness: tying shoes, crossing streets, using spoons, driving cars etc. It is true that explicit consciousness is absent when things happen so rapidly that there is no time for people to become explicitly aware of events and entities they engage or react to (on the role of speed in these accounts, see Gottlieb 2011). Examples are fighter pilots maneuvering in battle, hockey goalies stopping slap shots, and drivers swerving to avert a collision. The absence of consciousness in these situations, however, arises from the rapidity of events and is not a feature of masterful behavior as such. In almost all cases when people, including experts, are "in the flow" (cf. Csikszentmihalyi 1990) or "in the zone," they are explicitly aware of something or other, whether they are artists at work, academics writing or teaching, builders constructing, hockey players passing the puck, even dancers performing. This is also true of ongoing life generally.

I wrote that there are two basic forms of explicit awareness: attending and thinking. I repeat this because that to which the model of action under consideration contrasts periods of smooth practical coping is periods of thinking, not necessarily periods of explicit consciousness as such (though many versions of the model do in fact distinguish periods of coping from periods of explicit consciousness as such). It is important to point out, therefore, that vis-a-vis the adjustment of activity, attending and thinking are functionally parallel. Living in a constantly changing world whose detail can be relevant to activity requires people to monitor and to continually adjust what they do to changes in and specific features of the settings and situations in which they proceed. One important way that people monitor settings and situations is through their pervasive attention to them (people also do this through the flow of information and nonconsciously as well). Attention, in other words, plays a central role facilitating people's adjustment to the world. But so, too, does thinking. Adjusting to things on the basis of conscious monitoring of the world is the same general sort of thing as taking up a course of action after thinking about what to do consequent to an event interrupting activity. Each is a way in which

---

[2] This holds of so-called "propositional thinking," which is the kind of thinking that figures in the model of action under discussion. As Wittgenstein above all showed, thinking takes many forms with different relations to speech, bodily action, and self-awareness: much thinking is not propositional. See the example of the film of someone working in Wittgenstein 1970 § 100.

explicit awareness enables a person to alter what she is doing so that she continues acting sensibly and appropriately. Each, in other words, involves an adjustment that is mediated by explicit consciousness. The difference lies in the form explicit consciousness takes: listening, watching, observing, and smelling something etc. in the one case and thinking or reflecting about something in the other.

One important fact about this difference between attending and thinking is that it does not correlate with the "size," "severity," "familiarity," or any other reaction- or adjustment-independent categorical characterization of the significance or import of an event for the trajectory of current activity. It is not the case that a person always or only thinks when a "bigger", "more severe," or "less familiar" problem or issue arises, just as it is not the case that a person skillfully responds while looking, listening, or watching always or only when a "smaller", "less severe," or "more familiar" problem occurs. It can easily happen that a person responds without thought to a more severe or consequential matter or that she is stymied by a very small or familiar issue and has to give considerable thought to it before responding. Indeed, these things happen not infrequently. "Crises" are sometimes dealt with through immediate responses just as minor issues sometimes occasion great thought. One might reply that this disalignment reflects the divergence of crises colloquially understood from crises as Thomas defines them and, as a result, that it offers no reason to abandon his view that something is a crisis if it cannot be handled by habit and causes people to think about what to do. This response emphasizes that Thomas' definition relativizes status as crisis to individual capacities and responses. More crucial, this response undermines the general model of action bound up with the definition – for a given occurrence of the interruption of practical action followed by the commencement of thinking can no longer be attributed to the failure or limits of that which the model holds responsible for successful continuous coping (i. e., habit, routine, coping skills, habitus): After all, the problems that these mechanisms are supposedly not able to handle are those of the "bigger," "more severe," "less familiar" etc. sorts. This disjunction, in turn, robs the switchover from coping to thinking of general significance.

Another way of putting this point is that the model of action in question posits that the problems posed by the world for streams of activity fall into two categories: problems that habit, routine, coping skills, practical consciousness, or habitus deal with within the bounds of their inherent flexibility or innovativeness and problems that these mechanisms do not handle and that require thinking or reflection. The difficulty is that the problems that habit etc. handle and the problems that people think about do not line up with any particular categorization of problems such as small or large, familiar or unfamiliar, and pressing or not pressing. People sometimes get lost pondering the smallest details, just as they sometimes "intuitively" respond to what strikes others as complex or ponderous issues. So the phenomenon of leaving off skillfully responding and instead thinking about what to do does not have great systematic significance for human life. It is simply one possible form that people's responses to changes in the world can take. One *can*, of course, simply stipulate that a crisis or problematic situation occurs whenever an issue interrupts what someone is doing and causes him to think about what to do – but what thereby

counts as a crisis might neither be classified by him as one nor qualify as a crisis colloquially understood.

In reality, people's continual adjustments to the world exhibit a range of forms. Immediate responses to events and the combination of ceasing to intervene in the world, focusedly thinking, and subsequently re-engaging are just two possibilities. For example, if the hammerer bends a nail with a hammer blow, he might almost unthinkingly pull out the nail and proceed to produce a substitute that he begins pounding. Alternatively, he might consider using a stronger nail, rummage around his pouch for one, and upon finding it get back to hammering. Or he might look around for the source of the loud sound that distracted him, intently listen to see whether he should anticipate more of the same, and get back to work. He could also immediately extract the bent nail, pull out another, and begin to pound it, all the while wondering whether the new employee is up to her assigned tasks. Or he might stop what he is doing and ponder his building plans before throwing aside the boards and going to the computer to consult how-to sites. He might even start worrying about his daughter's concert that evening and stop hammering altogether. And so on. The sequence enshrined in Thomas' definition of crisis or Heidegger's analysis of breakdown is not the key to understanding this full spectrum. (And note the different roles that explicit consciousness plays in the examples.) This fact can also be seen from other considerations.

Thinking, as an activity event, can occur anytime; it does not happen only when a crisis or breakdown occurs or even only when a problem or obstacle arises. At any moment, for example, the hammerer can begin thinking about tomorrow's meeting, today's commute home, or the cogency of his plans. Crises however defined are obviously occasions when it might behoove a person to think and reflect, and it is true that people often avoid addressing problems until crises force them to. But people do not think or reflect only when it pays to do so or when the world corners them. Dewey, speaking for pragmatism, is wrong when he says that "Men do not, in the natural estate, think when they have no troubles to cope with, no difficulties to overcome." (1988 [1920], *p.* 160) People think at all sorts of time. In addition, prior activities need not cease when thinking occurs. The hammerer, for instance, can continue hammering even as he frets about the meeting or commute, though if he is too deeply absorbed in thinking his hammering might go awry. The general point is that activities can overlap: practical coping need not cease in order for thinking to begin. During the entire period he hammers, the hammerer can be fretting about his daughter's concert that evening.

In sum, people differ, both at a given time and over time, in whether they respond to any particular problem or issue, or any particular circumstance or situation, by stopping and thinking, deftly responding immediately, or something in between. The contrast between skillful responses and stopping and thinking does not line up with any categorization of problems and issues. Thinking and reflecting, moreover, are not systematically preceded by crisis: moments of thought and reflection can occur anytime, not just when successful coping breaks down or is stymied. And prior activities need not cease when thinking begins, just like ongoing activities do not cease only when interrupted by crisis (or brought to a conclusion). Hence, both crisis as the interruption of skillful coping and the alternation between unreflective

coping and thinking – "between habituality and creativity" (Gross 2009, *p.* 366) – do not have general significance for conceptualizing human activity. Thomas-like crises are just another thing that can happen.

2 Adjusting to Circumstances within Practices

The previous section was largely critical and sought to challenge a prominent model of action. The current section offers more constructive comments aimed at advancing understanding of ongoing life and its place in society.

Crises in the colloquial sense happen too often. Crises as Thomas defines them also occur often enough even if they do not enjoy the theoretical significance supposed by the model of action implicit in the definition. What is ubiquitous, however, are adjustments to circumstances mediated or accompanied by explicit consciousness. Curiously, the model of action examined in the previous section contrasts adjustment with acting after thinking and consigns it to the phase of continuously coping with the world. It does this because it treats "continual adjustment to changing circumstances" as another name for what happens when crises do not occur, people cope, and they do not think or reflect about what to do. Adjustment in this sense is also credited to the flexibility and innovation of whatever is posited as responsible for what people do when unreflectively proceeding: habit, routine, practical consciousness, coping skills, or habitus.

Commensurate with the ubiquity of adjustment, varied theorists have claimed that the stream of activity evinces a fundamental openness. Bourdieu is a recent prominent example: "[T]imes of crisis," he wrote, "in which the routine adjustment of subjective and objective structures is brutally disrupted, constitute a class of circumstances when [...] 'rational choice' may take over." (Bourdieu and Wacquant 1992, *p.* 131) These times of crisis "disrupt the immediate adjustment of habitus to field." (Bourdieu 1990b, *p.* 108) In Bourdieu's view, reflection in the form of rational thought can take over and determine what people do when the innovativeness inherent in habitus – which routinely and immediately deals with most contingencies – cannot handle some event. Bourdieu's account of openness thus upholds the two-phase model of action. As indicated, however, the strict separation of habitus and reflection, together with their strict alignment with routine versus crisis-constituting problems, badly jibes with the spectrum of forms assumed by adjustment to circumstances.

Another contemporary theorist who attributes openness to the stream of activity is Andreas Reckwitz. His position, however, accommodates the spectrum of adjustment. He writes that "praxis swings between a relative 'closedness' of repetition and a relative 'openness' for misfirings, new interpretations, and conflictual everyday proceedings." (2003, *p.* 294; my translation) "Acting," he continues, "is to be understood as a routinized stream of the reproduction of typical practices [... but] the logic of practice [...] also [...] has an interpretive and methodic indefiniteness, uncertainty, and agonality that requires context-specific reinterpretations of practices and that forces and facilitates an 'application,' which in its partial innovativeness represents more than pure reproduction." (ibid.) Putting aside the claim about rou-

tines, I believe that Reckwitz has hit the right tone. His formulation places no limits on the forms that the reinterpretations and applications he refers to can take. As a result, it accommodates as adjustments the full range of human responses to circumstances, from immediate deft responses to calculated responses chosen after careful reflection, and everything in between.

This is one of the lessons of section one: adjustments to the world form a spectrum that cannot be neatly segregated into unreflective or reflective, practical or cognitive, or acting or thinking (etc). Forms of adjustment also do not correlate with any attempted catalogue of circumstantial or situational features in the face of which people adjust what they are doing. In the remainder of this section, I want to discuss a dimension of adjustment that is underdeveloped in literature about it, namely, its embeddedness in bundles of practices and arrangements. I do this because practically all adjustments are components of one or more practices, thus of one or more bundles, and can be fully understood only if analyzed as such.

Elsewhere I have argued that social life, by which I mean human coexistence (the hanging-together of human lives), transpires in bundles of social practices and material arrangements (Schatzki 2002). A social practice is an open spatial-temporal manifold of doings and sayings that is organized by an array of understandings, rules, and teleoaffective structure, where a teleoaffective structure encompasses emotions and end-task-action combinations that are enjoined of or acceptable for participants. Practices thus embrace two dimensions: doings and sayings, on the one hand, and what organizes them on the other. Practices are more than simply open sets of actions. As a result, identifying what practices exist in a given space-time swath is a matter of determining which organized manifolds of action exist there, and doing this requires a grasp of organizational items. Moreover, this conception of practices contains an analysis of action that differs from those defended by individualisms and action theories (of prominent sorts). Whereas this conception treats most actions as elements of sets of possible and actual actions that are performed by indefinitely many people and joined by a common organization, individualisms and action theories treat actions as elements of sets of mental states and actions that belong to specific individuals and are only contingently related to other such sets (see Schatzki 1996, 2002, 2010 for elaboration). Examples of practices include religious practices, camping practices, practices of democracy, cooking practices, production practices, consumption practices, sports practices, and the like. Meanwhile, by "material arrangements" I mean interconnected human bodies, organisms, artifacts, and things. These entities are connected by such sinews as contiguity, causality, and physical structures.

The idea that social life transpires as part of bundles of practices and arrangements implies that practices and arrangements connect. While practices effect, use, react to, give meaning to, and are inseparable from arrangements, arrangements induce, channel, prefigure, and are essential to practices. For example, while auto repair, customer service, and entertainment practices effect, react to, give meaning to, and are inseparable from the arrangements of repair equipment, computers, coffee machines, televisions, and human bodies in auto repair garages, these arrangements induce, channel, prefigure, and are essential to these practices. To say that social life transpires as part of practice-arrangement bundles is to say that human lives

hang together through features and components of interconnected practices and arrangements.

Practices and arrangements link not just with each other. They are also linked to others of their same ilk: practices to practices and arrangements to arrangements. Indeed, practices and arrangements join together to form an overall nexus that has come, geohistorically, to cover much of the earth's surface and to extend into outer space. This nexus is a plenum in the sense of a finite plentitude that has no dimensions in addition to its elements. I call this plenum the "plenum of practices" (see Schatzki 2016). It is one immense nexus of practices and arrangements.

Ongoing life is not the same as social life. As I am using the term, "ongoing life" denotes the embodied activity-mentality continuum of an individual person. Social life, by contrast, is the coexistence of ongoing lives, the hanging-together of individual ongoing lives. As noted, lives hang together through practice-arrangement bundles. This implies that ongoing lives proceed through the practice plenum, through the bundles of practices and arrangements that make up this plenum.

Much happens *within* bundles. Among other things, people interact, knowledge and ideas disseminate, entities have meaning, the timespaces of activities interweave (see Schatzki 2010, ch. 2), and people propagate relations of power, dominance, and equality. To say that these things happen "within" bundles is to say that interactions, the dissemination of knowledge, the institution of meaning, the interweaving of timespaces, and relations of power, dominance, and equality are essentially (1) composed of or (2) dependent on components of the linked practices and arrangements that are bundles. Bundles form a constitutive context in which these phenomena transpire, though exactly what this involves varies among them (examples below). For instance, for interactions to transpire within bundles is for the action chains composing them both to uphold the organizations of the practices involved and to be performed in relation to the material arrangements involved, thus to be part of the bundle. By contrast, for knowledge to disseminate within bundles is for it to be transmitted and picked up through the actions and material arrangements that help compose them.

Another phenomenon that transpires within bundles are the continual adjustments that people make to circumstances. This follows from the fact that ongoing lives proceed through bundles of practices and arrangements: the continual adjustments that people make to circumstances transpire *while* they are carrying on practices, *amid* the material arrangements to which those practices are connected. To explore this phenomenon, consider the following four forms that adjustments can take; these forms illustrate and do not exhaust the possibilities.

In response to circumstances, a person can, first, alter what action she performs. A home cook making pesto might change gears and put together a tomato based sauce instead if she can't find the basil and isn't sure whether it made it home from the grocery store. If making pesto and making a red sauce alike are acceptable tasks in the cooking practices she carries on, her change of gears represents a shift *within* the practice/bundle; if they are not both acceptable, the cook has abandoned one cooking practice in favor of another – see below. Second, in response to circumstances a person can alter how she carries out an action. The cook who is making pesto, for instance, might take down the walnuts from the shelf if she

cannot find pine nuts and make her pesto sauce with this ingredient; or she might use a mortar and pestle to make the sauce if she discovers that her son broke the mixer. Again, these changes, if they are acceptable in the cooking practice she carries on, take place within it. In the face of circumstances, a person can, third, alter what tasks or projects, or even what ends, she pursues. Not finding the pine nuts, for instance, the cook, instead of using the walnuts, might give up making a sauce and instead prepare burritos. In this case, the cook alters the cooking project she pursues. Finally, in the face of circumstances a person might switch what practices she carries on (the bundles within which she acts). For instance, the cook might hear neighbors gathering outside and stop cooking altogether to join whatever they are up to. She thereby shifts from cooking practices to whatever practices her neighbors are carrying on. As indicated, all these adjustments occur either within or between some of the practice-arrangement bundles that at that time help compose the wider nexus of practices and arrangements in her locale. Examples of such bundles are those formed by cooking practices and the arrangements in her kitchen, by transportation practices and the road-sidewalk arrangements in her area, and by whatever the neighbors are doing and the arrangements that define the neighborhood streets, yards, and alcoves. All of these bundles, as indicated, connect in multiple ways with one another.

In section one I wrote about the moments of explicit consciousness – the moments of being conscious of something as such – that guide or accompany people's continual adjustment to circumstances. These moments, too, take place *within* the bundles that make up the practice plenum. This fact is apparent once one recalls that most of these moments are components of actions: that is, components of acts of watching, looking around, looking for, listening, and thinking. Other such moments are elements of phenomena such as noticing and hearing, which are not obviously actions and are better conceptualized as conditions. For present purposes, the actions involved, mental actions if you will, can be divided into two overall categories: perceptual acts such as watching, listening to, and looking for and acts of thinking and imagining. Actions of both categories number among the doings and sayings that compose practices if they uphold the normative organizations of the latter. This is the sense in which these actions, and the moments of explicit consciousness they contain, take place within bundles. In many cases, however, such actions, especially acts of perception, are not components of practices but instead accompaniments of the doings and sayings that compose these practices (as when the cook looks at the pasta in the pot while stirring it). Such acts of perception and thought accompany the actions that compose practices, as opposed to themselves helping to compose these practices, when they do not uphold the normative organizations of these practices but instead support and guide whatever actions people perform that do uphold these organizations; they accomplish this by keeping track of and analyzing the world, alerting people of the need for adjustment and coordinating as well as determining adjustments to it. Although these auxiliary perceptual activities do not help compose practices, they are nonetheless performed *within* bundles – in a different sense. For they mostly, though not exclusively, occur within the ken of what a person is up to; the perceptual acts that occur are generally ones that are *relevant* to a person's current actions, tasks, projects, and ends: they tee up and guide the adjustments

that people make both within specific bundles and between bundles. Of course, not all perceptual acts that people perform are directly relevant to what they are up to. A commotion, for instance, might cause someone to look at what is going on across the hall, just as someone making dinner might take note of an attractively dressed person who has entered her visual field. Parallel comments hold of acts of thinking. They, too, often occur within the ken of what a person is up to, though they can also occur independently of this and not support action.

Acts of perception are composed of both sense experiences and bodily actions (cf. Merleau-Ponty 2014 [1945], for a Wittgensteinian version see Schatzki 1996). I want to consider sense experiences for a moment because the moments of explicit consciousness that imbue perceptual acts are such experiences. Regarding the bodily doings and sayings involved (turning one's head, holding still, moving toward etc.), I will simply remark that they do not, except in unusual circumstances or in learning situations, number among the doings and sayings that compose practices. They are, instead, elements of what I call people's "bodily repertoires" (Schatzki 1996, 2010), through which they participate in practices.

By "sense experiences" I mean the presencing or encountering of phenomena that occurs when perception transpires, thus, when people see, observe, look, hear, listen, notice, attend to, feel, taste, smell, and so on. Sense experiences should be contrasted with the experiences that people have when other mental events and activities such as thinking or imagining (or being in pain) occur. The latter experiences are devilishly difficult to specify but can be construed, again for present purposes, as people's awareness of what they are thinking (propositionally) or imagining; this awareness is not tied to a presencing or encountering but is a kind of self-consciousness or self-knowledge. As noted, sense experience is the encountering-presencing of something seen, observed, looked at, heard, or smelled that occurs when someone sees, observes, looks, hears, or smells. When it occurs, the person having it is conscious of something as such. As discussed in section one, such encountering-presencing is key to the performance of adjustments (and actions more generally). This is because perception subtends all interventions in the world: it is through perception that people monitor and learn about changes in the world and guide as well as keep track of the progress of their actions and plans.

People largely have sense experiences within bundles. This is because most of the sense experiences they have are part of perceptual acts they perform in support of whatever they are up to at given moments, i. e., the acceptable or enjoined actions, tasks, projects, and ends that they pursue at those moments (the latter normativized orderings help distinguish, from among the actions people perform, those that do and those that do not help compose the practices they are carrying on at those times). Sense experiences that occur independently of such normativized teleological orderings are either components of perceptual acts that do not support what people are doing or components of perceptual conditions that happen to people in their current settings (e. g., hearing a commotion across the hall). As the home cook, for instance, goes about her business, she pays attention to the food cooking in the pots, searches for ingredients, reads the recipe, checks the condition of the vegetables etc. and thereby explicitly encounters this and that aspect of her circumjacent environment (the boiling broth, things in the refrigerator and pantry, the steps of

the recipe, the color, shape, and smell of the vegetables). Because what people are up to in acting projects lines of relevance that inform the progression of their experiences as they act, the sequence of sense experiences that the cook has is tied to the projects and tasks she pursues: cooking the soup, braising the meat, setting the table. Similar comments apply to acts of thinking. The awareness of what one is thinking that is part of thinking is bound up with the teleological orders that structure people's activities to the extent that the acts of thinking people perform are relevant to what they are up to and to the adjustments they make to carry out projects and realize ends. Of course, like perceptual acts, acts of thinking can occur that are not relevant to these orders. At any moment people can begin musing about topics or things going on in their lives disconnected from current activities (the hammerer and his daughter's concert). Finally, just as some perceptual states are conditions and not actions, many states of thinking happen to people and are not performed. Daydreaming and worrying, for instance, can break out; they often are not things a person intentionally does.

Hence, both the actions that make up the continual process of adjustment to circumstance as well as the acts of perception and thinking that subtend them – including the experiences that help compose acts of both sorts – transpire within bundles. As I have explained, these phenomena take place within bundles in different ways. In each instance, however, the bundles involved form a constitutive context for them. As a result, any theoretical approach to the phenomenon of adjustment must acknowledge this formative context of practices and arrangements, and any empirical investigation of it requires familiarity with particular practice-arrangement nexuses. The nexus of practices and arrangements is pertinent to adjustments in another way as well. It is not just that people are carrying on practices when they adjust what they are doing. Some if not most of the types of features of or changes in circumstances to which people make adjustments are aspects of the bundles of practices and arrangements through which they proceed.

For instance, one obvious sort of thing to which people are attuned while acting are the arrangements of materiality amid which they proceed. Surrounding settings of action are so significant to the trajectory of human activity that adjustments which accommodate states of and changes in and to materiality are among the most common. The absence of pine nuts, for instance, was a feature of the material arrangements in the kitchen in the face of which the cook either used walnuts, switched to the preparation of a red sauce, or abandoned the intention of making pasta. More generally, malfunctions of, changes to, and the absence or destruction of material entities and their arrangement number prominently among the circumstances that occasion adjustment.

Another obvious phenomenon to which people are attuned when acting is what other people are doing, thus also the practices they are carrying on. Adjustments to others' actions are central not just to interactions, but to actions more widely. Others' actions are also a fertile source of surprises and unexpected turns, indeed, a far more pregnant source of these than material arrangements are, in part because most arrangements (at least today) are set up by people. Incidentally, an implication of my discussion in section one is that a person is not necessarily more likely to think about how to respond to something when it is surprising or unexpected. This

truth is repeatedly borne out in interactive situations since people often quickly respond to one another's unanticipated actions without thinking about it (except retrospectively).

A particular type of action in the face of which people make adjustments comprises actions that violate the norms that organize individual practices. These norms include whatever express rules govern action in these practices as well as the acceptability and prescription of particular actions, tasks, projects, and ends in them. Any action that violates such norms raises the issue of sanctions and whether one should adjust what one is doing to address the violation. Of course, social life also sports practices and bundles that target norm violations and violators (e. g., criminal activity) and pursue their rectification or capture. In any event, violations of norms that organize individual practices also raise issues of intelligibility. For actions that violate such norms can be unintelligible in the circumstances in which they are performed. Norm-violating actions elicit not just expressions of disapproval, condemnation, and disapprobation but also such questions as, What is he doing?, How does that action fit in with her projects and ends?, and How can she be doing that? Note that practice norms differ from moral norms. I will not comment on the latter since their relation to practices requires a lengthy discussion.

Another sort of circumstance in which adjustment occurs is discovering that the practices that others are carrying on differ from what was thought or expected. The sources of such divergence are multiple. A person might simply misunderstand or be misinformed about the matter, or others might simply have switched what practices they enact. The practices others carry on might also have evolved in ways unbeknownst to someone. All the dynamic processes to which practices are subject are potential sources of situations in which one must adjust what one is doing in the face of changes in others' practices. Examples of such processes are the bifurcation or merging of bundles, the dissemination of new bundles, and the aggregation or absorption of bundles. Any of these processes can be the source of circumstantial changes to which people must adjust.

3 Conclusion

In section one I criticized a prominent model of action that is bound up with a well-known conception of crisis or breakdown. According to this model and conception, a crisis takes place when something occurs that cannot be handled by whatever mechanism usually keeps a person unreflectively coping and that, as a result, requires thinking to take place to figure out what to do. This notion of crisis is a theoretical one since it diverges from the colloquial notion of crises in ongoing life. It therewith makes the notion of crisis significant for sociological theory as a key concept in a prominent theory of human activity. It turns out, however, that the model of activity involved is problematic for a number of reasons, prominent among which is that there is no consistent pattern – across people and maybe also in individual lives – as to when adjusting to circumstances takes one form rather than another. Because of this, it is difficult to treat the idea of crises separating a default state of

successful practical coping from temporary periods of reflection as a general model of activity.

The deficiencies of this general model also entail that crises or breakdowns as defined by thinkers such as Thomas and Heidegger do not enjoy theoretical significance as the cause of novelty in ongoing or social life. To be sure, setbacks that fit these definitions can be occasions when people come up with an invention, novel solution, or new way of acting. But such moments have no priority in this regard. In fact, because action is indeterminate – it is never fixed before a person acts what she will do and why (see Schatzki 2010) – *every* occasion of activity harbors the possibility that what is done significantly differs from previous actions. More specific and important, *any* occasion when someone adjusts what they are doing is a moment when novelty can arise. A creative move in football (or dance), for instance, is just as likely to emerge as an unthinking response to a challenge in practice or a match as figured out reflectively, let alone figured out after a crisis or breakdown has occurred.[3] In addition, because thinking is an event, a creative idea or solution borne of thinking can occur anytime, even when no crisis or problem is occurring or when an event in a person's setting or what the person is attending to has nothing to do with what the idea or solution concerns. Crises-breakdowns have no general significance as the occasion of novelty.

In studying ongoing life, the phenomenon of consciousness-mediated and -accompanied adjustment should instead occupy center stage. People continually adjust what they do to circumstances and changes in the world. This phenomenon takes many forms and yields a rich domain for study. My remarks in section two about the performance of adjustments within practice-arrangement bundles is only one example of the sorts of investigation that can be conducted. This discussion did not touch on a range of other dimensions of the phenomenon, such as the roles in it of cognitive and mental schema, or of implicit or tacit knowledge, or of – to quote this special issue's call for papers – "prereflective forms of action coordination that are bodily and affectively mediated."

Adjustment is part of the human condition. Things never go right, others' actions are indeterminate and unpredictable, nature is full of surprises and one's knowledge of the world incomplete and faulty, and whenever people coexist lines of action invariably collide. The significance of consciousness-mediated and -accompanied adjustment, and the value of studying it, derives from its omnipresence. By contrast, crises or problematic situations theoretically defined are not nearly as significant for everyday live or for theory. Crises in a colloquial sense are an intermediate phenomenon. On the one hand, they are all-too-frequent and can be of great import for the individuals who suffer them. On the other hand, they are of little significance for general theory construction in sociology. Still, because they loom large in everyday life, they, too, likely form a rich domain of investigation.

Acknowledgements I would like to thank two anonymous reviewers for their helpful comments on this essay.

---

[3] The indeterminacy of activity has significant implications for theorizing social life. Among other things, it implies that rules, traditions, hierarchies, roles, culture, and social structures can no longer be viewed as determining activity (see Schatzki 2010).

 Springer

References

Bourdieu, Pierre. 1990a. *The logic of practice*, trans. Richard Nice. Cambridge: Polity Press.
Bourdieu, Pierre. 1990b. *In other words: Essays towards a reflexive sociology*, trans. Matthew Adamson. Cambridge: Polity Press.
Bourdieu, Pierre, and Loïc Wacquant. 1992. *An invitation to reflexive sociology*. Cambridge: Polity Press.
Csikszentmihalyi, Mihaly. 1990. *Flow: The psychology of optimal experience*. New York: Harper and Row.
Dalton, Benjamin. 2004. Creativity, habit, and the social products of creative action. Revising Joas, incorporating Bourdieu. *Sociological Theory* 22:603–622.
Dewey, John. 1988 [1922]. *Human nature and conduct*, ed. Jo Ann Boydston. Vol. 14 of *John Dewey: The middle works, 1899–1924*. Carbondale: Southern Illinois University Press.
Dreyfus, Hubert. 1995. *Being-in-the-world. A commentary on Heidegger's being and time, Division 1*. Cambridge, MA: MIT Press.
Dreyfus, Hubert. 2007. The return of the myth of the mental. *Inquiry* 50:352–365.
Dreyfus, Hubert, and Stuart Dreyfus. 2000. *Mind over machine. The powers of human intuition and expertise in the age of the computer*. New York: Simon and Schuster.
Emirbayer, Mustafa, and Chad Goldberg. 2005. Pragmatism, Bourdieu, and collective emotions in contentious politics. *Theory and Society* 34:469–518.
Evans, Cedric O. 1970. *The subject of consciousness*. London: Allen & Unwin.
Gottlieb, Gabriel. 2011. Unreflective action and the argument from speed. *Pacific Philosophical Quarterly* 92:338–362.
Gross, Neil. 2009. A pragmatist theory of social mechanisms. *American Sociological Review* 74:358–379.
Heidegger, Martin. 1962 [1926]. *Being and time*, trans. John Macquarrie, and Edwin Robinson. Oxford: Blackwell.
Joas, Hans. 1996. *Die Kreativität des Handelns*. Frankfurt: Suhrkamp.
Kilpinen, Erkki. 2009. The habitual conception of action and social theory. *Semiotica* 173:99–128.
McDowell, John. 2007. What myth? *Inquiry* 50:338–351.
McGuirk, James. 2014. Phenomenological considerations of habit. Reason, knowing and self-presence in habitual action. *Mind, habits and social reality*, ed. Matt Bower, and Emanuele Caminada. Spec. issue of *Phenomenology and Mind* 6. http://www.phenomenologyandmind.eu/wp-content/uploads/2014/07/09_McGUIRK.pdf. Accessed 20 Jan, 2016.
Merleau-Ponty, Maurice. 2014 [1945]. *The phenomenology of perception*, trans. Donald Landes. New York: Routledge.
Reckwitz, Andreas. 2003. Grundelemente einer Theorie sozialer Praktiken. Eine sozialtheoretische Perspektive. *Zeitschrift für Soziologie* 32:282–301.
Sandberg, Jörgen, and Haridimos Tsoukas. 2011. Grasping the logic of practice: Theorizing through practical rationality. *Academy of Management Review* 36:338–360.
Schatzki, Theodore. 1996. *Social Practices. A Wittgensteinian approach to human activity and the social*. New York: Cambridge University Press.
Schatzki, Theodore. 2000. Coping with others with folk psychology. In: *Heidegger, coping, and cognitive science. Essays in honor of Hubert L. Dreyfus, Volume 2*, ed. Mark Wrathall, and Jeff Malpas, 29–51. Cambridge, MA: MIT Press.
Schatzki, Theodore. 2002. *The site of the social. A philosophical account of the constitution of social life and change*. University Park: Pennsylvania State: University Press.
Schatzki, Theodore. 2010. *The timespace of human activity. On performance, history, and society as indeterminate teleological events*. Lanham: Lexington Books.
Schatzki, Theodore. 2016. Praxistheorie als flache Ontologie. In: *Praxistheorie. Ein Forschungsprogramm*, ed. Hilmar Schäfer, 29–44. Bielefeld: transcript.
Schütz, Alfred. 1964. The Stranger: An essay in social psychology. In: *Collected papers. Vol. II: Studies in social theory*, ed. Arvid Brodersen, 91–105. The Hague: Nijhoff.
Wittgenstein, Ludwig. 1970. *Zettel*, trans. and ed. G. E. M. Anscombe, ed. G. H. von Wright. Berkeley: University of California Press.

Theodore Schatzki is Senior Associate Dean and Professor of Philosophy and Geography in the College of Arts and Sciences at the University of Kentucky. His interests lie in social ontology, the theory of human activity, and the philosophy of social science. He is the author of Social Practices (1996), The Site of the Social (2002), Martin Heidegger: Theorist of Space (2007), and The Timespace of Human Activity (2010).

 Springer

Österreich Z Soziol (2016) (Suppl) 41:35–56
DOI 10.1007/s11614-016-0205-y

Die Krisen der Ethnomethodologie

Zur Methodologie und Theorie des Disruptiven bei Harold Garfinkel

Hannes Krämer

Zusammenfassung Die *breaching experiments* von Harold Garfinkel stellen eines der prominentesten Konzepte der Ethnomethodologie dar. Dieser Bekanntheit stehen kaum theoretische oder methodologische Auseinandersetzungen mit den Bruchstellen des Sozialen in der Ethnomethodologie gegenüber. Der Artikel adressiert diese Leerstelle, indem systematisch nach der Form und dem Ort von Disruptionen innerhalb des Werkes von Harold Garfinkel gefragt wird. Vor allem auf methodologischer Ebene erweist sich das Krisenhafte als ein durchgängiges Thema in der Soziologie Garfinkels. Innerhalb der Werkentwicklung erfährt es allerdings eine folgenreiche Verschiebung. So lassen sich „beobachtete Fremdkrisen" von „erlebten Selbstkrisen" unterscheiden. Diese Differenz markiert verschiedene Dimensionen des Disruptiven und grundiert zugleich verschiedene methodische Herangehensweisen.

Schlüsselwörter Krise · Krisenexperiment · Harold Garfinkel · Ethnomethodologie · Methodologie · Qualitative Methoden

The crises of ethnomethodology

Theory and methodology of the disruptive in Harold Garfinkel's writings

Abstract Harold Garfinkel's "breaching experiments" are probably the most widely-known concept of ethnomethodology. Yet, it is most surprising that only little research can be found on the theory and methodology of disruption within ethnomethodology. The article addresses this gap by systematically inquiring how and where disruptions occur within Garfinkel's work. Especially on a methodological level the disruptive can be considered a constant topic in the sociology of Garfinkel.

H. Krämer (✉)
Kulturwissenschaftliche Fakultät, Lehrstuhl für Vergleichende Kultursoziologie, Europa-Universität Viadrina, Große Scharrnstr. 59, 15230 Frankfurt (Oder), Deutschland
E-Mail: kraemer@europa-uni.de

At the same time a shift may be witnessed in his work, which has serious ramifications for ethnomethodology: Two forms of crises can be distinguished: crises of others as observed by the researcher vs. crises of the self as experienced by the researching subject. The article shows that this distinction marks different conceptions of disruption and implicates different methodological approaches.

Keywords Crisis · Breaching experiment · Harold Garfinkel · Ethnomethodology · Methodology · Qualitative methods

1 Die Vielgestaltigkeit des Disruptiven[1]

Seit ihrer Entstehung ist die Ethnomethodologie (im Folgenden auch EM) an disruptiven Situationen interessiert (Maynard und Clayman 2003, S. 177 ff.). Ethnomethodologische Forschung legt einen deutlichen Fokus auf abweichendes Verhalten, improvisatorisches Handeln und die Erschütterungen vermeintlich konventioneller Ordnungen (Lynch 2011, S. 932). In diesem Zusammenhang sind es in erster Linie die sogenannten *breaching experiments* bzw. „Krisenexperimente", wie sie häufig ins Deutsche übersetzt werden (z. B. Abels 2009, S. 91), welche der EM über den soziologischen Diskurs hinaus zu Bekanntheit verholfen haben. Diese ursprünglich von Harold Garfinkel entwickelten Verfahren haben der Ethnomethodologie den Ruf einer originellen Forschungs- und Lehrposition eingebracht (Rafalovich 2006; Lynch 2011), die Experimentalanordnung als wissenschaftliche Methode deutlich popularisiert (Gregory 1982, S. 49; Patzelt 1987, S. 112), zugleich aber auch negative Reaktionen hervorgerufen: etwa den Vorwurf des „Sadismus" oder des Soziologietreibens als pures „Happening" (für beide Kritiken Gouldner 1970, S. 390 ff.). Derartige affirmative sowie pejorative Bezugnahmen führten sogar zu dem Ergebnis, die gesamte Forschungsrichtung der EM, wohlgemerkt fälschlicherweise, auf diese vermeintlichen „Experimente" als Methode engzuführen (Rawls 2002, S. 8).

Diesen engen Fokus auf die frühen *breaching experiments* möchte der vorliegende Artikel erweitern. Denn ein systematischer Blick auf das Thema der Disruption in der Ethnomethodologie macht deutlich, dass sich das Interesse an „trouble" (Garfinkel 1963, S. 187) in der EM durchaus vielgestaltiger darstellt, sich weder auf die Verfahren der *breaching experiments* noch auf die frühen Untersuchungen aus der Gründungszeit reduzieren lässt. Vielmehr kann das Disruptive als eine thematische sowie methodologische Kontinuität sowohl in den Schriften des Gründervaters Harold Garfinkel als auch seiner Kollegen und Schüler angesehen werden.[2] Der konzeptionelle und forschungspraktische Zuschnitt dieser Disruptionen unterliegt dabei allerdings Wandlungen. Diesen Veränderungen des Disruptiven im Laufe der (Theorie-) Entwicklung der EM soll im Folgenden nachgespürt werden. Das Ziel des Artikels ist es, die verschiedenen Konfigurationen des Disruptiven zu identifizieren und

---

[1] Dieser Text hat sehr von den Anmerkungen der Gutachter/innen und der Herausgeber sowie den Kommentaren von Hilmar Schäfer und Nike Thurn profitiert. Ihnen gilt mein herzlicher Dank!

[2] So argumentieren etwa auch Maynard und Clayman (2003 S. 179 ff.); Lynch (2011, S. 931 ff.); Bergmann (2011, S. 228).

so erstens die jeweiligen konzeptionellen Verschiebungen nachzuzeichnen, um daran anschließend, zweitens, nach etwaigen methodologischen Implikationen dieser verschiedenen „Brüche" zu fragen.

Überraschenderweise kann dabei, trotz der soziologischen Bekanntheit der *breaching experiments*, kaum auf systematische Vorarbeiten zum Thema zurückgegriffen werden. Zwar wurden verschiedentlich Veränderungen hinsichtlich Garfinkels Interesse an sozialen Bruchstellen bemerkt (etwa bei Pollner 2012), aber systematisch meist nicht weiter verfolgt.[3] Demgegenüber wird im vorliegenden Beitrag anhand der Auseinandersetzung mit Garfinkels Schriften gezeigt, dass sich in seinem Werk mindestens zwei Formen des Disruptiven finden lassen, die als „beobachtete Fremdkrisen" und „erlebte Selbstkrisen" beschrieben werden können.[4] Während die erste Form auf die zunächst experimentell-induzierte, später natürliche Erschütterung der Alltagserwartungen von Untersuchungspersonen abzielt, lassen sich die Disruptionen im späteren Werk Garfinkels vornehmlich als Erschütterungen eigener, die Forscherperson betreffende, Fertigkeiten beschreiben. Vor allem diese zweite Form findet in der Rekonstruktion der EM bislang nur wenig Beachtung. Nimmt man aber beide Formen des Disruptiven in den Blick, wird deutlich, dass die alleinige Fokussierung auf die frühen *breaching experiments* den originellen Kern der ethnomethodologischen Überlegungen verdeckt: die Bemühung um eine kontinuierliche Weiterentwicklung eines methodischen und methodologischen Instrumentariums, mithilfe dessen die alltäglichen Praktiken des Nicht-Disruptiven und der Krisenvermeidung erhellt werden können.

Um diese verschiedenen Formen des Disruptiven in den Blick zu bekommen, schlage ich vor, sie als Handlungs- und Interaktionskrisen zu begreifen. Derartige Krisen bezeichnen Situationen, in denen eine maßgebliche, gleichwohl temporär begrenzte, Erschütterung gewohnter, selbstverständlicher Handlungsroutinen auftritt, die eine deutliche, das heißt bedeutende, intensive und umfangreiche Auseinandersetzung mit den neuen Gegebenheiten nach sich zieht.[5] Krisen sind damit mehr als bloße minimale Störungen innerhalb des Handlungsverlaufs oder leichte Erschütterungen der Interaktionsgewohnheiten. Diejenigen Momente, die Garfinkel und seine Kollegen im Blick haben, wenn sie soziale Brüche fokussieren, sind meist umfassender und diesseits einer impliziten Dimension „pragmatischer Reflexivität" (Endreß 2002, S. 70) zu verorten. Dies bedeutet, dass die Handlungskrisen auf einer individuellen Ebene nicht selten starke Emotionen evozieren (etwa Verwirrung,

---

[3] Eine der wenigen Ausnahmen stellt hier der Hinweis von Douglas Maynard und Steven Clayman (2003, S. 179) auf eine Interessensverschiebung Garfinkels auf natürliche Krisen dar (ebenso ten Have 2002, Abs. 20). Aber auch hier werden Garfinkels neuere Arbeiten nicht mehr systematisch berücksichtigt.

[4] Dass der Fokus hier vornehmlich auf Garfinkels Schriften liegt, hat zwei Gründe. Erstens war es Garfinkel, der das Konzept der *breaching experiments* für die Soziologie fruchtbar gemacht und damit die methodologische und theoretische Grundlage für das Interesse am Disruptiven gelegt hat. Zweitens ist ihm als *spiritus rector* der EM aufgrund seiner Schriften sowie seinem Wirken als akademischer Lehrer und Forschungskollege ein großer Einfluss auf die theoretische und methodologische Etablierung und Entwicklung der EM zu attestieren. Dass die EM gleichzeitig mehr als das Garfinkel'sche Oeuvre umfasst, zeigen Maynard und Clayman (1991).

[5] Gleichzeitig sind derartige Handlungskrisen in die konkrete Handlungspraxis von Akteurinnen und Akteuren eingebunden und damit häufig weitaus alltagspraktischer greifbar als allgemeine, gesellschaftspolitische Krisenbezeichnungen wie etwa die Finanzkrise.

Angst, Anomie) und regelmäßig zur Ausbildung neuer Handlungspraxen führen.
Die Handlungs- und Interaktionskrisen sind damit auch nicht als unbewusste, kog-
nitiv-präreflexive Handlungsunterbrechungen zu begreifen. Es geht Garfinkel um
wirkmächtige Erschütterungen des Alltags, welche sich allgemein durchaus als bewusste „Orientierungskrisen" (Eberle 1984, S. 136) innerhalb der Handlungspraxis
begreifen lassen.[6]

Bei diesem Verständnis des Disruptiven als Handlungskrise ist zu beachten, dass
mit dem Begriff der Krise *kein* Terminus der EM gewählt ist.[7] Zwar erhalten diese
Krisensituationen als empirischer Gegenstand sowie im Zusammenhang mit dem
methodischen Vorgehen eine große Aufmerksamkeit durch Ethnomethodolog/innen,
als Begriff allerdings kommt „Krise" in der EM kaum vor. Auch die bekannte
Bezeichnung des „Krisenexperiments" ist kein ethnomethodologischer Fachbegriff,
sondern Ergebnis der Übersetzung (von *breaching experiments*) und der offensicht-
lichen Popularisierung dieser Bezeichnung. Aber gerade die begriffliche Außenper-
spektive ist hier geeignet, um verschiedene Disruptionen zu erfassen und so die
analytische Sensibilität für jegliche Handlungskrisen zu erhöhen und nicht nur die
frühen „breachings" in den Blick zu nehmen (so etwa Pollner 2012).

Der Artikel ist wie folgt aufgebaut: Den Ausgangspunkt bildet die frühe Konzeption der *breaching experiments* in Garfinkels *Trust-Paper* (1963) sowie in den
Studies in Ethnomethodology (Garfinkel 1967) (Abschnitt 2 und 3). Dem folgt ein
Blick auf neuere Handlungs- und Interaktionskrisen, wie sie in Garfinkels späteren
Studien aus *Ethnomethodology's Program* (2002) angelegt sind (4). Abschließend
werden die so identifizierten Konzeptionen auf ihre analytischen und methodologischen Konsequenzen befragt (5), um zusammenfassend einen Ausblick auf das
methodologische Potenzial der Garfinkel'schen Überlegungen zu geben (6).

2 Vertrauen und Spielkrisen: die *breaching experiments*

Der wohl bekannteste Bezug zu Handlungs- oder Interaktionskrisen in der Ethnomethodologie offenbart sich in den *breaching experiments* Garfinkels. Diese wurden
vor allem durch sein *Trust-Paper* (Garfinkel 1963) und den Aufsatz zu den „*Routine Grounds*" (Garfinkel 1967, S. 35 ff.) einem breiteren Publikum bekannt und
in der Folge wiederholt aufgegriffen (etwa Mehan und Wood 1975; Crabtree 2004;

---

[6] Dies wird bereits in den frühen Schriften Garfinkels deutlich, in denen er in Auseinandersetzung mit
Alfred Schütz' Konzept der „Sinnprovinzen" (Schütz 1945) nach Wegen sucht, die alltagsweltliche „natürliche Einstellung" und einen dazu gehörigen „kognitiven Stil" zu attackieren, um eine Inkongruenz
(„incongruity") von Erfahrungen zu evozieren (Garfinkel 2006, S. 207 ff.).

[7] Ebenso wenig ist der Fokus auf krisenhafte Disruptionen innerhalb von Handlungs- oder Interaktionssituationen ein genuines Forschungsinteresse nur der EM. Beispielsweise findet sich dies auch in der pragmatistischen Handlungstheorie (Joas 1996), der objektiven Hermeneutik (Oevermann 2008) oder auch bei
Erving Goffman (vgl. 2007, 2008). In der EM allerdings bekommen Disruptionen eine spezifische Fassung,
welche, das kann hier nur angedeutet werden, bereits den Moment der Krisenentstehung selbst analysiert,
Handlungskrisen als praktisches und situatives (und damit nicht methodologisch-individualistisches) Geschehen versteht und dabei ein sozialtheoretisches und methodologisches Interesse verfolgt.

Rafalovich 2006).[8] Kurz gesagt geht es in beiden Aufsätzen darum, die Stabilität und Ordnung alltäglicher Handlungssituationen zu ergründen, indem gerade die Erschütterungen der stabilen Ordnung dieser Situationen in den Blick genommen werden.

Den Ausgangspunkt von Garfinkels Überlegungen bildet die sozialtheoretische Beobachtung, dass zahlreiche Interaktionen von Personen über die Zeit hinweg eine hohe Stabilität, mithin auch eine vermeintliche Persistenz aufweisen. Wie aber ist eine solche Konstanz sozialer Ordnung möglich? Die klassische soziologische Antwort verweist auf übersituativ stabile, handlungsanleitende Merkmale wie etwa Regeln, Werte, Normen. Eine entsprechende soziologische Analyse setzt demnach den Fokus auf die Untersuchung des Zusammenhangs dieser Merkmale mit verschiedenen soziokulturellen Variablen, indem Aspekte wie Klassenlage, Status, Einkommen etc. erfragt werden. Garfinkel hingegen schlägt einen anderen Weg vor. Er möchte den Fokus auf die alltäglichen (Ethno-)Methoden der Akteurinnen und Akteure legen, die diese benutzen, um ordentliche Handlungen zu vollziehen. Um diese nachzuzeichnen, sollen Soziolog/innen ein System stabiler Interaktionsroutinen in den Blick nehmen und überprüfen, was es benötigt, um diese Stabilität zu unterlaufen und eine anomische Situation zu evozieren.[9] Denn mithilfe dieser methodischen Hervorbringung von Abweichung werden diejenigen Basisregeln („basic rules") oder Ethnomethoden sichtbar, die nötig sind, um eine Handlung zu vollziehen:

> An alternative procedure [im Vergleich zur klassischen Soziologie, H.K.] would appear to be more economical: to start with a system of stable features and ask what can be done to make for trouble. The operations that one would have to perform in order to produce and sustain anomic features of perceived environments and disorganized interaction should tell us something about how social structures are ordinarily and routinely being maintained. (Garfinkel 1963, S. 187).

Im *Trust*-Aufsatz nimmt sich Garfinkel zunächst den spezifischen Realitätsausschnitt des Spiels vor, da dieser relativ stabil gehalten werden kann und so einen

[8] Garfinkel greift bei diesen Überlegungen auf seine Dissertation (Garfinkel 1952) zurück, in der er bereits Experimente zum Zusammenbrechen der „natürlichen Einstellung" (Schütz) vollzog, um daran die Reaktionen der Akteur/innen zu untersuchen. Durch das spät veröffentlichte Manuskript „Seeing Sociologically" (Garfinkel 1948/2006) wird deutlich, dass sich Garfinkel bereits vor seiner Dissertation mit Handlungskrisen, dort als „Inkongruenzen" bezeichnet, auseinandersetzte. In einem allgemeineren Sinne lassen sich auch Garfinkels frühe belletristische Beobachtungen rassistischer Ungleichbehandlung im Alltagsleben, wie in der prämierten Kurzgeschichte „Color Trouble" (Garfinkel 1946) beschrieben, als Analysen natürlicher Krisensituationen deuten: Er beschreibt dort die exkludierende Praxis der Platzierung in öffentlichen Bussen. Auf einer konzeptionellen Ebene sind bei den *breaching experiments* Bezüge zu Kenneth Burkes „perspective by incongruity" (Burke 1935/1984) und der psychologischen Forschung zu Inkongruenz zu verzeichnen, etwa bei Garfinkels Harvard-Kollegen Jerome Bruner und Leo Postman (1949).

[9] Hier wird die Abgrenzung zu Garfinkels Doktorvater Talcott Parsons (1951) deutlich, der Ordnung durch das Vorhandensein von übersituativen Normen und Werten erklärt und sich damit nicht für die alltäglichen Leistungen der Akteur/innen interessiert (Heritage 1984, S. 7 ff.). Garfinkel hingegen folgt hier Schütz, welcher Ordnung als Leistung der Handelnden und ihrer Aktivitäten in der Alltagswelt fokussiert. Im Gegensatz zu Schütz allerdings macht Garfinkel deutlich (1952), dass es ihm nicht um den subjektiven Sinn der Personen, sondern um die situativen und praktischen Handlungen dieser gehe.

guten analytischen Zugang zu gemeinsamen Erwartungs- und Reziprozitätskonstel-
lationen ermöglicht. Allerdings zeigen sich dort bereits Elemente alltäglicher Handlungssituationen, die auch in der „natürlichen Einstellung" deutlich werden; etwa
die konstitutive Unvollständigkeit von Regeln. Anhand von „Tic-Tac-Toe" sollen
die zugrundeliegende Ordnung von Spielen („constitutive order of games", Garfinkel 1963, S. 190) und die damit verknüpfte Rolle von Vertrauen analysiert werden
(ebd., S. 201–206). Bei Tic-Tac-Toe, im deutschsprachigen Raum auch als „Drei
Gewinnt" bekannt, handelt es sich um ein simples, strategisches Zwei-Personen-
Spiel, bei dem die Spieler durch das abwechselnde Setzen von Kreuzen oder Krei-
sen in eine Neun-Felder-Matrix eine Reihe oder Diagonale von drei gleichen Zeichen
erreichen sollen.

Garfinkel bat seine Studierenden, die Rolle des bzw. der Experimentator/in (E)
zu übernehmen und dieses Spiel mit mehreren Personen (Forschungssubjekt: S) zu
spielen. Dabei sollte S der erste Zug obliegen. Nachdem S sein Zeichen gesetzt
hat, sollte E dieses ausradieren, in ein anderes Feld setzen und danach sein eigenes
Zeichen platzieren, ohne sich dabei anmerken zu lassen, etwas Außergewöhnliches
zu vollziehen. In insgesamt 253 veränderten Tic-Tac-Toe-Partien sollte E nun die
Reaktionen von S aufnehmen sowie von den eigenen Erfahrungen berichten. Die
Reaktionen von S reichten von Überraschung und Fassungslosigkeit über Irritation
und Lachen bis zu Argwohn (ebd., S. 206). Am wenigsten Störungen zeigten sich
bei denjenigen Personen, die die befremdlichen Handlungen von E als eine Art
praktischen Witz oder als Aufforderung, ein neues Spiel zu spielen, auffassten – und
damit in beiden Fällen das Tic-Tac-Toe-Spiel als Interpretationsrahmen aufgaben.

Garfinkel gewann aus diesen Experimenten zwei zentrale theoretische Einsichten,
die leitend für das Design späterer Versuchsanordnungen wurden: Erstens reagiert
der Großteil der Versuchspersonen sofort auf die Störung des Spiels, also auf die
plötzliche Abweichung von der Spielregel, indem sie Normalisierungsanstrengungen vollziehen, etwa Versuche, „to treat the observed behavior as an instance of
a legally possible event" (ebd.). Zweitens ist die „Sinnlosigkeit" der Situation dann
am größten, wenn die Normalisierungsversuche der Personen zugleich an den Basisregeln des Spiels festhalten, „without leaving the game or orienting a ‚new game'"
(ebd.).

Nun diente Garfinkel dieses Experiment in erster Linie als Auftakt und empirische Selbstvergewisserung, dass eine regelhafte Situation überhaupt durch gezielte
Intervention „krisenhaft" werden kann und dass gerade dieser anomische Zustand
Einsichten in wichtige soziologische Zusammenhänge ermöglicht. Das Interesse allerdings galt nicht dem Spiel, sondern den „echten" Alltagssituationen, den „serious
situations" (ebd.) und damit dem Realitätsakzent der „natürlichen Einstellung".[10]

---

[10] Schütz bestimmt die „natürliche Einstellung" der Lebenswelt als fraglos gegebene „paramount reality",
welche sich durch spezifische Strukturmerkmale auszeichnet, allen voran die fundamentale Beziehung
von Ego und Alter als soziale Wesen in einer gemeinsam geteilten Sozial- und Kulturwelt (Schütz und
Luckmann 2003, S. 27 ff.).

3 „Serious situations": Alltägliche Handlungskrisen

Wie bei den Situationen des Spiels steht auch die Analyse alltäglicher, routinierter Handlungsabläufe vor einer Herausforderung. Demnach bedarf es dezidierter methodischer Anstrengungen, um die impliziten Handlungsdimensionen zu erkennen (Garfinkel 1967, S. 36). Es geht darum, die „„seen but unnoticed', expected, background features of everyday scenes" (ebd.) soziologisch analysierbar zu machen, da diese den Alltagssituationen ihren „life-as-usual" (ebd., S. 37) Charakter verleihen.

Da sich die Basisregeln der alltäglichen Lebenswelt nicht so einfach experimentell verändern lassen wie beim Spiel, sucht Garfinkel erneut nach den Bedingungen zur Erzeugung von Konfusionen oder Handlungskrisen. Anhand der Tic-Tac-Toe-Experimente wurde deutlich, dass die Krisenhaftigkeit der Situation für diejenigen Akteur/innen am größten war, die weiterhin am Spiel als maßgeblichem Bezugspunkt festhielten. Entsprechend sollte bei einem komplexeren Versuchsaufbau die Krisensituation Bestandteil der alltäglichen Sinnprovinz bleiben und keine Fluchtversuche in andere Realitätsbereiche (Spiel, Theater, Wissenschaft) ermöglichen. Die derart in der Alltagswelt ‚gefangenen' Versuchspersonen dürfen nun aber auch nicht die Situationsdeutung auf andere Situationen übertragen; das heißt, sie müssen an dem sogenannten „konstitutiven Akzent" (Garfinkel 1963, S. 191) der Situation festhalten. So soll etwa der Handschlag einer Person mit einem begleitenden „Hallo" als Begrüßungssituation zu verstehen sein und nicht als etwas gänzlich anderes – etwa der Versuch, einen Rangelei zu beginnen.[11] Diese Überlegungen führen Garfinkel zur Formulierung der methodologischen Konzeption des *breaching experiments*:

> If the person cannot leave the field, and if he cannot place the constitutive accent upon a new set of events because he must manage the redefinition by himself in insufficient time and without being able to assume that the new accent is a consensually supported one, then he should have no alternative except to normalize the breach of constitutive expectancies within the normative order of events of daily life. The result should be confusion. (ebd., S. 219).

Das Augenmerk der Forschungsaktivitäten richtet sich also auf die Erschütterung der Lebenswelt, auf den Bruch mit denjenigen Merkmalen, die Garfinkel, Schütz folgend, als Bestandteile der natürlichen Einstellung fixiert. Es sind vor allem diese systematischen Befremdungen alltäglicher Situationen, die als „breaching experiments" (Heritage 1984 S. 78) bekannt geworden sind.[12]

Worauf aber zielen diese Experimente? Zwei von ihnen, Garfinkel spricht an dieser Stelle von „demonstrations" (1963, S. 220), greifen explizit die Schütz'sche „Generalthese der wechselseitigen Perspektiven" auf (Schütz und Luckmann 2003, S. 100). Schütz weist darauf hin, dass Interaktionspartner/innen ihr Handeln an

---

[11] Eine solche Re-Interpretation ist zwar prinzipiell möglich, aber bedarf meist mehrerer Personen, kostet Zeit und müsste schließlich eine konsensuale Situationsdefinition ausbilden (Garfinkel 1963, S. 219). All dies ist in der Krisensituation schwer zu realisieren.

[12] Alternative Formulierungen für diese Verfahren lauten beispielsweise, abhängig vom jeweiligen Fokus der Interpreten, „breaching excercices" (Rawls 2002, S. 32), „Destruktionsexperiment" (Bergmann 1974, S. 132), „Inkongruitätsexperiment" (Eberle 2008, S. 156), „Erschütterungsexperiment" (Patzelt 1987, S. 58), „Demonstrationsexperiment" (Hirschauer und Bergmann 2002, S. 336, FN 3).

zwei Idealisierungen ausrichten – der „Kongruenz der Relevanzsysteme", also der Unterstellung, dass Alter in Hinblick auf ein zu erreichendes Handlungsziel ähnliche Dinge für relevant hält wie Ego, und der „Vertauschbarkeit der Standpunkte", also der Unterstellung, dass Ego, befände er sich an der Stelle des Gegenübers, die Dinge in ähnlicher Form erfahren würde (ebd.).

Diese erste Idealisierung nun nimmt Garfinkel in den Blick, indem er seinen Studierenden die Aufgabe gibt, einen Bekannten in einer Konversation wiederholt zur Präzisierung des Gesagten aufzufordern (Garfinkel 1963, S. 221 f.):[13]

Case 1.

The subject was telling the experimenter, a member of the subject's car pool, about having had a flat tire while going to work the previous day.

(S) "I had a flat tire."

(E) "What do you mean, you had a flat tire?"

She appeared momentarily stunned. Then she answered in a hostile way: "What do you mean, 'What do you mean?' A flat tire is a flat tire. That is what I meant. Nothing special. What a crazy question!"

Case 6.

The victim waved his hand cheerily.

(S) "How are you?"

(E) "How am I in regard to what? My health, my finances, my school work, my peace of mind, my ...?"

(S) (Red in the face and suddenly out of control.) "Look I was just trying to be polite. Frankly, I don't give a damn how you are."

In einer weiteren Demonstration fokussiert Garfinkel stärker die Vertauschbarkeit der Standpunkte. Er fordert die Studierenden auf, in einem Einzelhandelsgeschäft einen Kunden auszuwählen und diesen so zu behandeln, als wäre er ein Angestellter, was dazu führt, dass er wütend den Laden verlässt (ebd., S. 223 f.).

Darüber hinaus beschreibt Garfinkel im *Trust*-Aufsatz noch zwei weitere Demonstrationen (ebd., S. 226 ff.).[14] Eine erste zielt auf den Bruch mit der Annahme, in Interaktionen mit Bekannten verfügten die Akteur/innen über gemeinsam geteilte Interpretationsmuster und Ausdrucksrepertoires. Die zweite Demonstration soll vermeintliche Offensichtlichkeiten und Wahrheiten („What Anyone Knows") als

---

[13] Die hier zitierten Ausschnitte sind von den Studierenden selbst niedergeschrieben. Die mit einer solchen „unkontrollierten" Datenerhebung einhergehenden Probleme in der Übertragung der Ergebnisse sind Garfinkel durchaus bewusst (vgl. Garfinkel 1963, S. 220).

[14] Auch in späteren Aufsätzen kommen noch weitere Experimentalanordnungen dazu: Bekannt geworden ist dabei vor allem Garfinkels Studie zur Beratung (Garfinkel 1967, S. 79 ff.), in der die Proband/innen auf ihre Fragen immer wieder eine zuvor festgelegte Antwort in der Form „Ja" oder „Nein" erhielten. Für den vorliegenden Kontext wird die Untersuchung nicht berücksichtigt, da die Reaktionen der Proband/innen im Vergleich gering ausfielen. Allerdings konnte Peter McHugh (1968) in einer replizierten Versuchsanordnung mit leicht veränderten Variablen und Kategorien massive Reaktionen verzeichnen. Das Interesse McHughs lag in der Rekonstruktion von Situationsdefinitionen als Ordnungsleistung, die wiederum über Unordnungen sichtbar wurde (S. 55).

Grundlage von Argumentationen unterlaufen. Dies ist ein sehr interessanter Fall, da hier die aktiven Normalisierungsversuche der Akteurinnen und Akteure deutlich werden: Angehenden Medizinstudierenden wurde ein Tondokument eines fingierten Bewerbungsgespräches zum Medizinstudium vorgespielt, in denen sich der Interviewte sehr ungeschickt, rüpelhaft und ausweichend verhielt (vgl. auch Garfinkel 1952, S. 404 ff., besonders Appendix I–III). Die Medizinstudierenden, die nichts von der Manipulation wussten, schätzten das Interview als eine sehr schlechte Bewerbung ein. Den genauen Erläuterungen ihrer Einschätzung hielten die Experimentator/innen konstant widersprechende Zusatzinformationen entgegen. Bemerkten die Studierenden etwa, dass der oder die Bewerber/in aus einer niederen sozialen Schicht stamme, wurde auf die herausragende wirtschaftliche Stellung der Familie hingewiesen. Auf den Hinweis, dass die sich bewerbende Person ungebildet sei, wurde auf ihre Leistungen in Poetik- und Theaterkursen hingewiesen etc. In diesen Fällen reagierten die Studierenden, indem sie Sorge, Verwunderung oder, dramatischer, starke Anspannung zeigten, aber auch indem sie ihre Fehldeutungen aktiv zu normalisieren versuchten.[15]

Für Garfinkel bestätigen diese Experimente die Richtigkeit seines Vorgehens. Sowohl die Bedeutung der alltäglichen Lebenswelt wie auch zentrale Merkmale der korrespondierenden natürlichen Einstellung werden deutlich. Die Krisen sind maßgeblich durch die Forschenden induziert, punktuell auf einen konkreten Sachverhalt bezogen und betreffen, vom Beobachtungsstandpunkt aus, immer andere Personen. Trotz der vielfältigen Erkenntnisse, die Garfinkel mit diesem kriseninduzierenden Verfahren gewinnt, wertet er dieses sowie spätere Strategien zur Herstellung von Disruptionen (etwa 1967, S. 66 ff., 79 ff.) nicht als wissenschaftliche Methoden im herkömmlichen Sinne, sondern als Demonstrationen, die der Darstellung soziologisch relevanter Sachverhalte dienen. Die *breaching experiments* können damit laut Rawls (2003, S. 124) als Übungen gelten, anhand derer vor allem die Studierenden etwas lernen können.

Ob nun als didaktisches oder methodologisches Instrument, die Handlungskrise stellt einen kontinuierlichen Bezugspunkt ethnomethodologischer Forschung dar. Allerdings lassen sich im weiteren Werk Garfinkels folgenreiche konzeptionelle Verschiebungen beobachten. Eine erste Veränderung besteht darin, weniger experimentelle Situationen, sondern „natürliche" und spontane Disruptionen zu untersuchen.[16] Der bekannte Fall der Transsexuellen Agnes (Garfinkel 1967, S. 116 ff.) kann hier als ein Beispiel dienen und zwar insofern, als dort die Hintergrunderwartungen an „Männlichkeit" unterlaufen werden, indem Agnes versucht, trotz ihrer männlichen

---

[15] Diese Normalisierungsanstrengungen verweisen auf den Zusammenhang von Handlungsdisruptionen und dem, was Garfinkel mit dem Begriff der „accountability" bezeichnet (vgl. vom Lehn 2012, S. 74). Handlungen werden demnach innerhalb von Situationen als spezifische Aktivitäten aufgeführt und in ihrer Ausführung als spezifische Handlungen erkennbar. Durch die praktischen Verfahren ihrer Hervorbringung werden Situationen zu „countable, storyable, proverbial, comparable, picturable, representable – i. e., accountable events" (Garfinkel 1967, S. 34), deren sozialer Darstellungs- und Begründungscharakter durch Disruptionen deutlich wird.

[16] Ein derartiges Interesse an „naturally occurring data" gehört zu den Grundmaximen der Konversationsanalyse, welche eng verwoben mit dem Gründungskontext der Ethnomethodologie ist und einen ähnlichen methodologischen Ausgangspunkt hat (Heritage 1984, S. 233 ff.).

Anatomie und frühen Biografie eines Jungen, eine Frau zu sein. Dieses Frau-Sein ist allerdings konstant vom Scheitern bedroht (durch die Öffentlichkeit, die Familie, den Freund) und offenbart eine permanente Krisenpotentialität, gegen die Agnes mit zahlreichen Mikropraktiken, welche die Normalität ihrer Weiblichkeit unterstreichen sollen, angeht. Mit diesem Interesse an natürlichen Widerständen betritt eine weitere Perspektivenverschiebung die ethnomethodologische Bühne, die es im Folgenden genauer zu betrachten gilt: der Fokus auf die Analyse eigener körperlicher Fertigkeiten.

4 Die (körperlichen) Krisen eigener Fertigkeiten

Nach den *Studies* verlagert sich Garfinkels Interesse von alltäglichen auf professionelle Handlungssituationen wie etwa spezifische Arbeits- oder Wissenschaftssettings (Garfinkel et al. 1981; Garfinkel 1986).[17] In den Fokus rücken die hochspezialisierten Praktiken, mit denen Personen wissenschaftliche Erkenntnisse oder wirtschaftliche Produkte hervorbringen. Dabei erfährt das Gütekriterium ethnomethodologischer Analysen, nämlich eine mikrologische, kontexteingebundene und phänomennahe Forschungsperspektive einzunehmen, eine weitere Präzisierung: die Kompetenz nämlich, Feldpraktiken selbst ausführen zu können und damit dem empirischen Geschehen noch näher zu kommen. Der radikale Anspruch größtmöglicher Nähe zum Vollzug der Praxis wird von Garfinkel mit dem Kriterium der einzigartigen Adäquanz gefasst („unique adequacy requirement"). Demnach gilt:

> to recognize, or identify, or follow the development of, or describe phenomena of order* in local production of coherent detail the analyst must be *vulgarly* competent in the local production and reflexively natural accountability of the phenomenon of order* he is 'studying.' (Garfinkel 2002, S. 175 f.).[18]

Dieses „schwache" Adäquanzkriterium der Kompetenz wird durch ein „starkes" Kriterium ergänzt (ebd., S. 176), nach dem die Wissenschaftler diejenigen Methoden für die Analyse und Darstellung anwenden sollen, die auch im Feld selbst Verwendung finden (vom Lehn 2012, S. 78).

Folgt man dem starken oder ‚nur' dem schwachen Kriterium, in beiden Fällen wird von der Forscherperson eine hochgradig intensive Auseinandersetzung mit dem

---

[17] Vom Lehn (2012, S. 87) weist darauf hin, dass dieses Interesse bereits in den 1950er und 1960er Jahren angelegt war. Allerdings lässt sich auf der Ebene der Veröffentlichungen erst ab den 1980er Jahren ein systematischer Fokus erkennen.

[18] Der Begriff der Ordnung ist mit einem Asterisk versehen, um auf die situative und lokale Produktion von Kohärenz zu verweisen und damit seine spezifische ethnomethodologische Bedeutung klar herauszustellen (vgl. Garfinkel 2002, S. 118, FN 45).

Untersuchungsfeld gefordert, um zentrale Kompetenzen erkennen zu können.[19] Im Ideal- oder Radikalfall verfahren die Wissenschaftler/innen so, dass sie diese Kompetenzen erlernen (müssen), indem sie selbst zum Jazzpianisten werden (Sudnow 2001 [1978]), eine Ausbildung zum Mathematiker oder zur Mathematikerin durchlaufen (Livingston 1986) oder gar von der eigenen Behinderung berichten (Robillard 1999). Hier verschieben sich die Gütekriterien ethnomethodologischer Studien. Eine gute Analyse sollte derart beschaffen sein, dass sie als Instruktion gelesen werden kann (Garfinkel 2002, S. 185 f.), da so wichtige Details des Untersuchungsgegenstands nachvollziehbar werden. Melvin Pollner deutet dies als eine radikale Neujustierung („from troublemaker to adept practitioner", 2012, S. 11), die die ursprüngliche Originalität und wissenschaftspolitische Dimension ethnomethodologischen Denkens aufgebe. Meines Erachtens ist diese Kritik übertrieben: Auch wenn hier unbestritten eine deutliche Veränderung zu verzeichnen ist, so lassen sich durchaus Kontinuitäten erkennen (ebenso: Rawls 2002; S. 17 ff.; vom Lehn 2012, S. 84 f.). Eine derartige Kontinuität findet sich im Interesse an krisenhaften bzw. abweichenden Handlungssituationen. Dieses allerdings verschiebt sich nun vom extern induzierten oder spontanen Krisenereignis bei beobachteten Personen auf die Forscherperson selbst und deren körperlichen Fähigkeiten.[20] Um dies besser nachzuvollziehen, seien zwei Beispiele nachgezeichnet: Garfinkels *tutorial problems* und die Imitation eines physikalischen Experiments.

Harold Garfinkels „tutorial problems" (2002, S. 145 f.) sollen aufgrund ihrer Krisenhaftigkeit für vernachlässigte Dimensionen eines Untersuchungsphänomens sensibilisieren. Wie auch beim frühen ethnomethodologischen Interesse an Handlungs- und Interaktionskrisen geht es um das gezielte Aufbrechen von Prozessen sozialer Wirklichkeitskonstruktion. Allerdings lassen sich zu den Experimenten der *Studies* mindestens zwei Differenzen markieren. Der erste Unterschied besteht im dezidierten Fokus auf die körperliche Dimension der Handlung: Die *tutorial problems* verdeutlichen das unmittelbare sensorische Erleben spezifischer Handlungssituationen und dienen nicht in erster Linie sozialtheoretischen Argumentationen, auch wenn, wie nahezu immer bei Garfinkel, die Fälle ebenso für größere sozialtheoretische Erklärungen genutzt werden (vgl. Rawls 2002, S. 34 ff.). Zweitens wird großer Wert auf den intensiven Nachvollzug der *tutorial problems* gelegt und das nicht nur im grundsätzlichen nachvollziehenden Lesen von Texten, sondern, im besten Fall, in einem praktischen Mit-Vollzug der Schilderungen (Garfinkel 2002,

---

[19] Innerhalb der EM ist dieses Kriterium umstritten. Hirschauer und Bergmann weisen darauf hin, dass dieses inzwischen Geschichte sei (Hirschauer und Bergmann 2002, S. 335, FN 3) und führen dazu Lynchs Studie zur ethnomethodologischen Wissenschaftsforschung (Lynch 1993) an. Mir scheint das nicht so eindeutig. Zwar finden sich zahlreiche Formen der Kritik an der starken Variante des Adäquanzarguments (sehr profund sicherlich bei Lynch 1993, S. 274 ff.), ihre schwache Ausprägung allerdings hat immer noch, und sei es nur als heuristische Idealvorstellung, Orientierungscharakter (vgl. etwa ten Have 2002, Abs. 49 ff.) und findet sich nicht zuletzt auch in ethnomethodologisch informierten Ethnografien (Pollner und Emerson 2001, S. 123).

[20] Selbstverständlich meint dies nicht, dass der Körper zuvor keine Rolle gespielt hätte. Gerade bei Agnes lässt sich sehen, wie stark die Geschlechterdarstellung auch von einer körperlichen und materiellen Dimension abhängig ist (bspw. Garfinkel 1967: S. 150, 160). Dennoch zielen die meisten der frühen Demonstrationsexperimente auf eine rein sprachliche Dimension und vernachlässigen die materielle bzw. körperliche Ebene.

S. 147).[21] Damit verschiebt sich der Fokus auf das Phänomen der Krisen vom Akt der reinen Beobachtung auf den Akt des übenden Erfahrens, und damit auch von einer extern beobachtenden auf eine körperliche, miterlebende Dimension.

Diese Übungen richten sich zwar als didaktisches Mittel an die Studierenden, sind aber ebenso als Forschungsverfahren für gestandene Wissenschaftler gedacht. In allen Fällen lassen die Übungen gewohnte Erfahrungen krisenhaft werden. Ein Beispiel: Eine Aufgabe lautet, Audioaufnahmen von Telefonrufen anzufertigen, die hörbar mich und nur mich rufen, bei denen ich also bereits am Klingeln höre, dass ich gemeint bin („a phone that is hearably summoning you, hearably just you, nobody else", ebd., S. 154). Außerdem sollten noch Audioaufnahmen von Anrufen angefertigt werden, die hörbar nur klingeln, aber niemanden rufen, die also ‚einfach nur so' läuten („Just ringing. [...] hearably *not* summoning, at all", ebd.). Beides sind Aufgaben, die ohne intensive vorherige Überlegungen oder Zusatzinformationen nahezu unlösbar sind. Anhand ethnografischer Notizen wurde deutlich, dass allein schon die Identifikation des Moments des Telefonläutens eine maßgebliche Schwierigkeit darstellt. Wann sollte das Aufnahmegerät eingeschaltet werden? Vielleicht wird man ja im Zeitraum der Aufnahme gar nicht angerufen. Ebenso: Woher sollten die Übenden wissen, wann das Telefon ‚sie meint' und wann es ‚einfach nur so' klingelt?[22] Die Studierenden berichten von deutlichen Handlungskrisen (Ärger, Verwirrung, Unverständnis) bei der Durchführung des Experiments (ebd., S. 156 f.). Die Auflösung dieses Problems besteht nun unter anderem in der Möglichkeit, sich verabredet anrufen zu lassen und somit auch andere Details des Anrufes sensorisch zu erfahren: So wird dann etwa die Zeit vor dem Anruf als antizipatorische Wartezeit qualifiziert, die beispielsweise im Fall von Liebesbeziehungen unendlich gedehnt erscheinen mag. In einem anderen Fall stellt das Klingeln eine plötzliche akustische Überraschung dar, die den vorherigen Geräuschhintergrund auf „silence" reduziert (ebd., S. 158; vgl. Maynard und Clayman 2003, S. 194). Diese körperlich-sensorischen Details, die erst im Moment ihrer Krisenhaftigkeit sichtbar werden, bilden für Garfinkel einen maßgeblichen Bestandteil des Vollzugs einer Praxis.

Ein zweites Beispiel bildet die Imitation des Galileo-Experiments der schiefen Ebene (Garfinkel 2002, S. 263; zum Originalexperiment: Graßhoff 2005). In dieser Studie schildert Garfinkel, wie er und Kolleg/innen versuchen, Galileos Versuchsanordnung zu imitieren. Die Kritik an den bisherigen Rekonstruktionen der Studie des italienischen Gelehrten besteht darin, dass diese die konkrete Tätigkeit des Wissenschaftlers nicht berücksichtigt hätten und den Ausgangspunkt ihrer Analyse in der wissenschaftlichen Literatur, nicht aber in der wissenschaftlichen Praxis gesucht hätten. Um wissenschaftliche Tätigkeiten nachzuvollziehen, reichen laut Garfinkel aber reine Beschreibungen der Praxis nicht aus, da diese einen wichtigen Aspekt vernachlässigen würden, nämlich das „Verlieren des Untersuchungsobjekts" („lo-

---

[21] Eine von Garfinkel immer wieder als Vorbild angeführte Studie von David Sudnow (2001 [1978]) zum Klavierspielen fordert die Lesenden etwa auf, mit den Fingern auf der Tischplatte mitzutrommeln, um so die Leiblichkeit des Jazz-Spieles zu erfahren.

[22] Offensichtlich stammt das Experiment aus einer Zeit, als einzelnen Anrufern noch kein Klingelton zugeordnet werden konnte und Aufnahmegeräte noch nicht über nahezu unbegrenzte Speicherkapazitäten verfügten.

sing the phenomenon", ebd., S. 264) als eine körperliche und aktive In-situ-Praxis. Dieses Verlieren stellt laut Garfinkel eine zentrale Eigenschaft wissenschaftlicher Labortätigkeit dar, denn damit ist sowohl das akzidentielle Entdecken von Zusammenhängen durch nicht-systematische Zufälle beschrieben als auch das Scheitern durch unerwartete Ereignisse. Wissenschaft zu betreiben (und diese nicht nur zu erzählen), bedeutet, sich den Überraschungen des Untersuchungsgegenstandes auszusetzen.

Für Garfinkel und seine Kolleg/innen ist entsprechend auch nicht der reibungslose Ablauf des Experiments von Interesse, sondern ganz im Gegenteil die Krisen des Versuchs(aufbaus), weshalb sie sich auch nicht bemühen, das Experiment originalgetreu zu rekonstruieren: „he [Garfinkel, H.K.] tries other ways of designing an inclined plane experiment in order to discover the *problems* that Galileo would have faced. Garfinkel asks what are the problems that Galileo encountered that the demonstration he did design was designed to avoid?" (Rawls FN 15 in Garfinkel 2002, S. 273 f.; eig. Hervorh.). So wurde etwa das Kantholz, welches die schiefe Ebene bildet, nicht, wie bei Galilei, durch Pergament abgedeckt. Das Fehlen des Pergaments bewirkte nach einem kräftigen Regenguss, dass das Holz Feuchtigkeit aufsog und nicht mehr in der gleichen Form benutzbar war wie zuvor. Diesen Umstand bezeichnet Garfinkel als eine glückliche Fügung („a gift we could not have asked for", ebd., S. 276), da er so herausfand, warum Pergament verwendet wurde – um vor Feuchtigkeit zu schützen. Hier wird wieder die quasi-negative Erkenntnislogik von Garfinkels Interesse an Disruptionen deutlich: Über den systematischen Einbezug von Krisen lässt sich darauf schließen, warum das Experiment in dieser Form durchgeführt wurde. Dabei geht es Garfinkel nicht um die physikalische Dimension des Experiments (die „classical accountability", ebd., S. 173), sondern um die konkrete Durchführung, wozu es auch gehört, das materielle und körperlich-sensorische „Verlieren" des Phänomens („losing the phenomenon", ebd., S. 265) miteinzubeziehen. Damit zielt Garfinkel wieder auf das wissenschaftssoziologische Argument, dass die rein theoretische Rekonstruktion der wissenschaftlichen Arbeit die materiellen und körperlichen Entdeckungszusammenhänge verschleiere (Rawls 2002, S. 48).[23]

Garfinkel verdeutlicht mit den *tutorial problems* sowie den wissenschaftlichen Experimenten weiterhin die große Bedeutung des Disruptiven für seine Überlegungen. Im Gegensatz zu den klassischen *breaching experiments* allerdings werden stärker die Körperlichkeit, insbesondere die sensorische Erfahrung, sowie die Selbstbezogenheit der krisenhaften Situationen betont. Handlungs- und Interaktionskrisen geraten demnach nicht mehr als reine Beobachtungsaggregate in den Blick, sondern erhalten als körperliche, situierte und selbst erlebte Situationen ihre empirische Präsenz.[24]

---

[23] Diese Einsicht schlug sich in der Etablierung einer ethnomethodologischen Wissenschaftsforschung nieder, (vgl. beispielsweise Garfinkel et al. 1981; Lynch 1993).

[24] Dieser Fokus illustriert eine phänomenologische Interessensverschiebung im Werk Garfinkels: So erhält die Leibphänomenologie Merleau-Pontys in den späteren Arbeiten immer mehr Bedeutung (Czyzewski 1994).

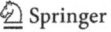

Hierbei sind es vor allem das sensorische Erleben und der Grad der Involviertheit eigener Erfahrung, welche im Fokus stehen. Umfassender wird die Dimension
des Körperlichen bei Garfinkels Kollegen und Schülern behandelt, beispielsweise bei
David Sudnow und Albert Robillard: In *Ways of the Hand* (Sudnow 2001 [1978]) beschreibt Sudnow seine langwierigen Versuche, Jazzimprovisationen auf dem Klavier
zu spielen. Das zentrale Ergebnis dieser Beschreibung ist die Entdeckung der Leiblichkeit als maßgebliche Instanz des improvisierenden Handlungsvollzugs. Demnach
sind es gerade die selbstständigen Wege des Körpers, in Sudnows Fall der Hände,
welche den Erfolg der Praxis ausmachen – sie ermöglichen im Fall des Jazz ein
Spiel fast von selbst (ebd., S. 2). Das Besondere an Sudnows Beschreibung für die
Frage nach der Konzeption von Handlungskrisen liegt im Scheitern der Lernbemü-
hungen. So beschreibt Sudnow beispielsweise die Situation einer Jam Session, für
die er monatelang geprobt hatte, welche aber in einem Desaster endet: „The music
was literally out of hand" (ebd., S. 35). Dieses Krisenerlebnis führt zu einer Feh-
lersuche, die in der Entdeckung des Körpers mündet und eine Verschiebung vom
„knowing that" zum „knowing how" (Ryle 2002 [1949]: S. 26 ff.) andeutet: Erst
durch die Krise des rein kognitiven Zugriffs auf das Jazzpianospiel wird die Dimension des impliziten und verkörperten Wissens deutlich. Laut Sudnow geht es darum,
den Händen einen Weg durch das Spiel und damit zum Jazz zu ermöglichen. Jazz
bestehe in einer Art intuitivem, körperlichem ‚Gesang' mit den Händen: „I sing with
my fingers, so to speak [...] for there's a new being, my body, and it is this being
[...] that sings" (Sudnow 2001, S. 130; Hervorh. getilgt).

Noch deutlicher wird die körperliche Dimension von Handlungs- und Interaktionskrisen bei Albert B. Robillard. Dieser schildert in seinem Buch (Robillard
1999) eindrücklich die eigenen Erfahrungen mit der Nervenkrankheit *Amyotrophe
Lateralsklerose* (ALS), die unter anderem zu einem massiven Muskelschwund und
dem Verlust des Sprechvermögens führte. Neben den emotionalen Herausforderungen beschreibt Robillard, Garfinkel folgend (vgl. z. B. ebd., S. 31), detailliert seine
Bemühungen, am Arbeits- und Interaktionsalltag teilzunehmen, welche allerdings
regelmäßig in massiven Handlungs- und Interaktionskrisen gipfeln. Maßgeblich of-
fenbaren sich diese Krisen auf einer körperlichen Ebene, da vor allem diese durch die
Krankheit verändert ist. Beispielsweise ergeben sich massive Schwierigkeiten beim
Kommunizieren („communication trouble"; ebd., S. 56), das in seinem Fall unter
anderem über Lippenlesen vollzogen wird. Am Beispiel einer Party verdeutlicht Robillard, wie schwer die veränderten körperlichen Anforderungen die Teilnahme an
Interaktionen machen – so steht sein Rollstuhl (den er nicht selbst bewegen kann)
zu lange außerhalb des Kreises der Kommunizierenden, welche ihn, als er schließlich näher herangeschoben wird, in ihre Gesprächen auch nicht aktiv einbeziehen,
sondern geflissentlich übersehen (ebd., S. 72 ff.). Die Möglichkeit zu eigenen Äußerungen besteht nur dann, wenn Robillard Sichtkontakt mit den Interaktionspartnern
aufnehmen kann. Das wiederum bedeutet allerdings, zusätzliche, nicht-alltägliche
Gelingensbedingungen einzubeziehen, sich etwa als Gesprächspartner auf der zu-
gewandten Seite des Kopfes zu befinden, um die mit den Lippen geformten Worte
erkennen zu können.[25] Anhand dieser ständigen Disruptionen vermeintlich selbst-

---

[25] Eine Übersicht über zentrale interaktive Probleme findet sich bei Robillard (1999), S. 55 ff.

 Springer

verständlicher Grundlagen von Interaktionen verweist Robillard auf die spezifischen körperlichen Anforderungen in Kommunikationssituationen speziell bei Menschen mit ALS, darüber hinaus aber auch allgemeiner bei jeglichem Interaktionsverhalten.

5 Beobachtete Fremdkrisen vs. erlebte Selbstkrisen

Bislang wurden mindestens zwei unterschiedliche Formen von Handlungskrisen deutlich: die „beobachtete Fremdkrise" und die „erlebte Selbstkrise". Die beiden Formen weisen Ähnlichkeiten auf, lassen sich aber hinsichtlich wichtiger Aspekte voneinander unterscheiden.[26] Sie geben damit zum einen Aufschluss über die phänomenale Breite des Krisenphänomens und begründen zum anderen eine folgenreiche methodologische Differenz und präzisieren so die ethnomethodologische Methodologie des Disruptiven. Im Folgenden werden daher diese beiden Krisenformen einander gegenüber gestellt.

5.1 Konzeptionelle Differenzen

Die frühen *breaching experiments* lassen sich in erster Linie als Untersuchungen beobachteter Fremdkrisen begreifen: Indem die Forscherperson Handlungskrisen entweder experimentell herbeiführt oder natürliche Krisen in den Blick nimmt, beobachtet sie die Krisensituation von außen. Krisenhaft werden im Falle dieser experimentellen Situation die impliziten Hintergrunderwartungen der Akteur/innen sowie die situative Passung der jeweiligen Ethnomethoden. Erst durch den Bruch mit ihrer Selbstverständlichkeit werden die Ethnomethoden sowie die Hintergrunderwartungen sichtbar und ihre Relevanz für den Aufbau sozialer Ordnung deutlich.

Werkgeschichtlich lässt sich hier ein großes Interesse Garfinkels an den (proto-) soziologischen Grundlagen von Interaktionssituationen verzeichnen, weshalb diese Störungen vornehmlich als Interaktionskrisen auftreten, in denen die Bedingungen der Möglichkeit sozialer Beziehungen fragwürdig werden[27]: Weil die Interaktionspartner/innen (idealisiert) davon ausgehen, dass die gewohnten Situationen so weiterlaufen wie bisher, und sie als kompetente Akteurinnen und Akteure in der Lage sind, die dazugehörigen Handlungen immer wieder auszuführen, und das ebenso von ihrem Gegenüber erwarten (sowie dass dieser das von ihnen erwartet), kommt es bei Nichterfüllung dieser Erwartungen zu einer Krise. Da die Handlungen als soziale Handlungen immer auf ein Gegenüber bezogen sind, werden die Krisenintensitäten

---

[26] Unterhalb dieser binären Krisenkonzeption lassen sich noch weitere Verschiebungen aufzeigen: So kann die Umstellung von reinen Spielkrisen auf ernsthafte Interaktionskrisen als eine erste Verschiebung gelesen werden, die Garfinkel ja auch selbst reflektiert. Ebenso stellt die Verlagerung auf *natürliche* Handlungs- und Interaktionskrisen eine weitere Veränderung dar. Diese Verschiebungen sind bereits benannt und in ihrer methodologischen Tragweite angedeutet (s. oben). Interessant ist es daher, die Differenz zwischen einer Fremd- und Selbstkrise und die daraus folgenden Implikationen genauer zu betrachten.

[27] Mit „Protosoziologie" bezeichnet Thomas Luckmann den Schütz'schen Versuch, diejenigen invarianten Strukturen offenzulegen, welche jegliche soziale Phänomene grundieren (vgl. Eberle 1993). Garfinkel schließt mit den frühen *breaching experiments* bis zu einem gewissen Grad an diese grundsätzliche Analyse an (vgl. Garfinkel 1967, S. 36 ff.).

 Springer

oder die Krisenhaftigkeit der Situation selbst zu Fragen interaktiver Aushandlungen. Es lassen sich unterschiedliche Reaktionen auf die „Experimente" verdeutlichen, die vom Witz über bloße Verwunderung bis hin zu deutlicher Irritation und Unsicherheit reichen. Es kommt dabei auf den Interaktionsverlauf an, ob und wie sich die Intensität des Krisenhaften manifestiert (etwa: Garfinkel 1963, S. 222 f.). Interessant sind daher für die EM auch die Reaktionen auf diese Krisensituationen, die beispielsweise darin bestehen, den Realitätsakzent von ernsthaften Alltagssituationen auf die Sinnprovinz des Spiels zu verschieben, durch Post-hoc-Erklärungen Ungereimtheiten zu normalisieren oder dem Gegenüber seine mentale Gesundheit abzusprechen.

Im zweiten Fall, den erlebten Selbstkrisen, geht es ebenso um die Selbstverständlichkeit von Handlungen. Allerdings beziehen sich diese weniger auf protosoziologische Grundannahmen als eher auf die detaillierten Praktiken in professionellen Settings. Auch werden sie nicht über extern induzierte Krisensituationen beobachtet, sondern von den Forschenden am eigenen Leib erfahren. In allen Fällen bilden die eigenen Handlungen die Grundlage für weitere Erkenntnisse. Gemeinsam ist diesen Situationen außerdem die Betonung der körperlichen sowie materiellen Dimension des Krisenhaften. Es ist das Misslingen akustisch-sensueller Wahrnehmung, die Zerstörung der experimentellen Versuchsanordnung oder das Scheitern körperlicher Handlungsvollzüge, welche die Grundlage für das Auftreten von Krisen darstellen. Dabei steht – nicht so eindeutig im Fall von Robillard – weniger die interaktive Aushandlung der Krisenmomente im Vordergrund, sondern die körperlich-egologische Erfahrung ebendieser. Erlebte Selbstkrisen lassen sich daher in erster Linie als Handlungs- und weniger als Interaktionskrisen begreifen.

5.2 Methodologische Differenzen

Die hier unterstellte Krisendifferenz lässt sich auch nach der methodologischen Dimension befragen. Indem die Leitunterscheidung zwischen fremd und selbst gezogen wird, sind maßgebliche Bezüge qualitativer Forschung, allen voran der Ethnografie, berührt. Trotz dieser Nähe zu ethnografischen Verfahren ist die Ethnomethodologie keineswegs als Methodologie der Ethnografie misszuverstehen (vgl. Pollner und Emerson 2001, S. 118). Sie tritt an als Wissenschaft der Erforschung der Ethnomethoden praktisch handelnder Akteur/innen, und nicht als Analyse fremder Kulturen, und ist somit an der aktiven, (re-)konstituierenden *Hervorbringung* kultureller Formate interessiert und weniger an der prä-situativen *Prägung* durch geteilte kulturelle Muster (vgl. Francis und Hester 2004, S. 22 ff.).

In den beschriebenen Krisensituationen liefert Garfinkel mehrere Anhaltspunkte, wie man Krisenphänomene soziologisch in den Blick nehmen kann: Im ersten Fall stehen die vornehmlich kognitiven Beobachtungskompetenzen der bzw. des Forschenden im Vordergrund. Methodisch setzt eine derartige Perspektive auf Experimente, Interviews und beobachtende Feldteilnahmen. Im zweiten Fall wird diese klassische soziologische Herangehensweise erweitert um den systematischen Einbezug der leiblich-sensorischen Fähigkeiten der erlebenden Ethnografin und damit eine (auto-)ethnografische teilnehmende Beobachtung präferiert.

Krisen des ersten Falles, so lässt sich aus Garfinkels Texten schließen, können über Experimente, Interviews und (gering involvierte) Beobachtungen nachvollzogen werden. Wenn diese Krisen im Kontext von Alltagsphänomenen auftreten und damit prinzipiell jedem zugänglich und in ihrer Grundstruktur vertraut sind („known in common with others", Garfinkel 1967, S. 35), ist es möglich, dass die Forscherperson in den Krisenmomenten gar nicht anwesend ist, sondern sich von diesen bloß berichten lässt („[to report] their results in anecdotal fashion", Garfinkel 1963, S. 220). Da es Garfinkel hier um den Nachweis gemeinsamer, selbstverständlicher Grundlagen sozialen Handelns geht, reichen die Schilderungen der Reaktionen aus. Diese Distanz zur Krisensituation positioniert die Forschenden tendenziell außerhalb des Krisengeschehens, da dieses entweder über reine Erzählungen oder über distanzierte Beobachtungen angegangen wird. Mit anderen Worten geht es hier um einen Blick *auf* „trouble", nicht um das Empfinden desselben.

Im Fall der Selbsterfahrungen von Krisen hingegen wird eine methodisch anders gelagerte Form augenfällig. Hier tritt an die Stelle von Distanz der Versuch einer größtmöglichen Nähe: Das Interesse liegt auf den körperlichen, auch sensuellen, Kompetenzen der Akteur/innen und dem Fragwürdig-werden ebendieser. Methodisch setzt diese Krisenkonzeption damit verstärkt auf den Aspekt der Teilnahme. Es geht darum, Praktiken in ihrem konkreten Detailreichtum zu *erleben*, um sie beschreiben zu können. Es sind in diesem Zusammenhang vor allem zwei, eng miteinander zusammenhängende, methodologische Differenzen zur Fremdkrise hervorzuheben: Erstens erlebt die bzw. der Forschende als Forschungsinstanz die Krise unmittelbar, und zweitens wird so eine körperliche Dimension in die Analyse miteinbezogen.

Im Gegensatz zu den Fremdkrisen wird die unmittelbare Teilnahme der bzw. des Forschenden bedeutsam. Besonders das Interesse an professionellen Settings – in denen, anders als in der allen Akteur/innen zugänglichen Alltagswelt, keine vorherige Mitgliedschaft („membership") vorliegt – verlangt eine „deep immersion in the profession or activity under consideration" (Pollner und Emerson 2001, S. 118). Diese unmittelbare Nähe zum Geschehen weist die Untersuchung als (auto-) ethnografische Unternehmung aus, auch wenn die Methodologie der späten EM Unterschiede zu ,klassischen' ethnografischen Verfahren aufweist (vgl. Anderson 2006).[28] Die epistemologische Grundierung gewichtet den situativen Detailreichtum und die Aktivitäten der Akteurinnen und Akteure derart hoch, dass erst eine nahe Fokussierung der bzw. des Forschenden zum analytischen Erfolg führt (vgl. Pollner und Emerson 2001, S. 123). Dies bedeutet für die Analyse, das Krisenhafte maßgeblich im detaillierten Nachvollzug der Praxis zu fixieren. Beispielsweise wird dann nicht das Telefonieren an sich, sondern das Erleben der Probleme beim Identifizieren verschiedener Klingeltöne zentral.

---

[28] Beispielsweise präferiert die EM eine besondere Dimension des „going native", da erst über den detaillierten Nachvollzug in der vollen situativen Präsenz der Praxis der Untersuchungsgegenstand offenbar wird. Als Tipp für die Forschungspraxis geben Pollner und Emerson daher den Slogan aus: „Do! Focus! Detail!" (Pollner und Emerson 2001, S. 126). Entsprechend wird die Nähe auch weniger als Gefahr, sondern als Gütekriterium der Forschung eingeschätzt.

 Springer

Diese unmittelbare Einbezogenheit der Forscherinnen und Forscher geht mit der Aufwertung des Körpers als Analysedimension einher. Während der Körper im Falle der Fremdkrisen bestenfalls rudimentär als Beobachtungs*gegenstand* adressiert wurde, wird im Falle der Selbstkrisen gerade der Körper auch als Beobachtungs*instrument* interessant, indem der Bruch mit den körperlichen und leiblichen Erfahrungen gesucht und ermöglicht wird. Diese Betonung der körperlichen Qualitäten teilt die EM mit aktuellen Ansätzen ethnografischer Forschung (Pink 2009; Crossley 2014; Wacquant 2014). Spezifisch wird bei der EM allerdings, neben anderem, der explizite Einbezug des Disruptiven. Es geht darum, sensibel zu sein für die somatische Ebene der *Erschütterungen* gewohnter Handlungssituationen, um somit empirisch auch die nicht-krisenhaften Praktiken zu untersuchen.

Aus methodologischer Sicht gerät die Krise in beiden Fällen als erlebte Selbstkrise in den Blick. Dabei verweist diese Erfahrung aber nicht auf einen individuellen, sondern auf einen sozialen, das heißt mit anderen Personen geteilten, Kern. Die körperlichen Praktiken des Handlungsvollzugs, Garfinkel spricht von „Kompetenzen" (z. B. Garfinkel 1967, S. 57, FN 8), ‚zeigen' sich prinzipiell nicht nur den Forschenden, sondern allen kompetenten Mitgliedern des spezifischen Settings. Eine derartige praxeologische Fassung von Krisen bedeutet nicht, einer psychologischen, akteurszentrierten Identifikation des Disruptiven zu folgen, sondern das relationale Gefüge verschiedener Subjekte, Objekte und Praktiken zu fixieren, welches die Krisensituation bzw. die Normalität als konkretes Ereignis hervorbringt. So sind etwa der telefonierende Leib ohne das Klingeln, die Experimentalsituation ohne das nicht-patinierte Holzbrett, das improvisierende Klavierspiel ohne intuitive Handbewegungen oder Gespräche ohne körperlichen Mitvollzug kaum vorstellbar.

6 Schluss: Garfinkels Krisenkonzeption

Ziel des vorliegenden Beitrages war es, die Entwicklung des Garfinkel'schen Interesses am Disruptiven vor dem Hintergrund seiner konzeptionellen sowie methodologischen Verschiebungen zu verfolgen. Die verschiedenen Formen von Störung wurden dabei als Handlungs- und Interaktionskrisen gefasst. Zwar lässt sich bei Garfinkel weder ein expliziter Krisenbegriff noch ein mustergültiges Verfahren zur Krisenuntersuchung finden, auch entwickelt er keine dezidierte Soziologie der Krise, aber er identifiziert mit seinen Analysen den Moment von Handlungs- und Interaktionskrisen als zentralen Moment der Erkenntnisproduktion. Mit der identifizierten Pluralität von Fremd- und Selbstkrisen wurde deutlich, dass die Auseinandersetzung mit dem Thema ein durchgängiges Interesse im Werk Garfinkels darstellt. Dabei liefert er – häufig implizit – wichtige methodologische Einsichten in die soziologische Auseinandersetzung mit dem Thema, die ich abschließend in vier Punkten bündeln will:

1. Zunächst können die ethnomethodologischen Analysen als Plädoyer für das erkenntnisleitende Potenzial von sozialen Störungen für die soziologische Theoriebildung und Forschung gelesen werden. Garfinkel entwickelt seine Argumentation immer wieder an krisenhaften Fällen, da durch diese Brüche mit dem

unhinterfragten Vollzug von Handlungsroutinen die Arbeit an ihrer Produktion sichtbar wird. Damit werden die notwendigen sowie hinreichenden Bedingungen spezifischer Praxisformen erkennbar, welche zuvor unter einem Schleier der Alltäglichkeit verborgen waren. Krisen, seien sie experimentell herbeigeführt, „natürlich" entstanden oder ein gedankliches Konstrukt, erlauben einen produktiven Einblick sowohl in die Ordnung des Sozialen als auch in die Arbeit an ihrer Hervorbringung. Wie eingangs angedeutet ist diese Perspektive keine exklusive Position Garfinkels, allerdings ist sie in ihrer methodologischen Konsequenz und werkumspannenden Präsenz in seinen Schriften besonders ausgeprägt und erhält so Vorbildcharakter für weitere Untersuchungen (vgl. z. B. Maynard und Clayman 2003, S. 180).

2. Zweitens wird am Garfinkel'schen Konzept deutlich, dass Handlungskrisen und Störungen nicht auf spezifische Settings wie beispielsweise Prüfungen oder Streitsituationen beschränkt sind, sondern in jeder Situation auftreten können. Das häufig bemühte Beispiel von der Krisenhaftigkeit in Interaktionen aufgrund des Unterlaufens verbaler Reziprozitätsregeln etwa ist in zahlreichen sozialen Feldern zu finden, in alltäglichen Konversationen mit Bekannten ebenso wie in Serviceinteraktionen im Dienstleitungsbereich (Garfinkel 1963, S. 221 ff.). Wie Garfinkel zeigt, sind Krisen demnach auch nicht auf Alltagssituationen beschränkt, sondern ebenso Bestandteil professioneller Konstellationen wie etwa der wissenschaftlichen Praxis. Zugleich sind Krisen mehr als bloße Interaktionskrisen unmittelbar Anwesender. Soziologisch aufschlussreich sind auch disruptive Handlungssituationen jenseits der Unmittelbarkeit einer dyadischen Beziehung: Beispielsweise verweisen die wissenschaftssoziologischen Untersuchungen Garfinkels auf die unabdingbare Objektualität gewisser Praktiken und sensibilisieren so für die Multidimensionalität sozialer Phänomene (und ihrer Störungen).

3. Drittens und unmittelbar anschließend treten Disruptionen bei Garfinkel nicht ausschließlich als kognitive Verständigungskrisen auf, sondern manifestieren sich ebenso auf einer leiblichen Ebene. Dies stellt eine Erweiterung der ursprünglichen Vorstellung von „trouble" bei Garfinkel dar und zeitigt die method(olog)ische Konsequenz, nicht bloße Beobachtungen von außen, sondern gleichermaßen beobachtende und spürende Nachvollzüge aus der Mitte des Geschehens zu vollziehen. Eine derartige „carnal sociology" (Crossley 1995) betont den Leib des Forschenden nicht als bloßes Objekt, sondern gleichermaßen als sensorisches Subjekt einer gelingenden Forschung. Krisen geraten dann eben nicht nur als beobachtete Fremdkrisen, sondern auch als erlebte Selbstkrisen in den Blick.

4. Schließlich weisen Garfinkels Untersuchungen auch inhaltlich auf wichtige Aspekte sozialer Disruptionen hin, die wiederum analytisch leitend sein können. So hebt Garfinkel die zentrale Bedeutung von konkreten Reaktionen auf Störungen für ein Verständnis der Krise selbst hervor. Das Interesse Garfinkels am „accomplishment" sozialer Sachverhalte fokussiert ganz maßgeblich die interaktive Dynamik von Krisensituationen. Daher verweisen die ethnomethodologischen Analysen sowohl auf die spezifischen Normalisierungsanstrengungen der Akteur/innen (inklusive ihres Scheiterns) als auch auf die Routinehaftigkeit des Krisenhaften. Im ersten Fall liegt der Fokus auf den Aushandlungssituationen, welche die Bedeutung eines sozialen Bruchs erst interaktiv hervorbringen

und stabilisieren. Es sind demnach gerade die Reaktionen der Akteur/innen, die maßgeblich die Krisenhaftigkeit von Situationen unterstreichen und deren Praktiken untersucht werden sollten. Dabei sind auch gerade die misslingenden Praktiken zu berücksichtigen, da Krisen ihre Wirkmächtigkeit auch vor dem Hintergrund des Scheiterns einzelner Routinen erhalten (vgl. auch Oevermann 2008, S. 19 f.). Im zweiten Fall werden die Krisenreaktionen stärker auf ihr Gelingen und ihre Routinehaftigkeit hin befragt. In den Blick geraten damit die geronnenen Verfahren des Krisenumgangs, wie sie beispielsweise im Bereich professionellen Handelns zahlreich ausgebildet werden, etwa die krisenvermeidenden Praktiken bei der Überbringung von Todesnachrichten (Sudnow 1973). Krisen verschieben sich demnach von ihrem Status als Ressource (für die Analyse) hin zum Status als Thema, und es eröffnet sich damit ein Blick auf ihr „un-doing".

Zusammenfassend wird deutlich, dass Garfinkels Interesse am Disruptiven zahlreiche methodologische Einsichten und produktive Anschlüsse an eine Theorie der Handlungs- oder Interaktionskrise bietet. Derartige soziale Brüche bei Garfinkel sind ein doppeltes Phänomen – sie treten als Forschungsgegenstand sowie als Forschungsmodus auf. Folgt man der methodologischen Differenz von Selbst- und Fremdkrisen, wie sie hier vorgeschlagen wurde, werden zwei Krisenmethodologien deutlich, die in beiden Fällen Handlungs- und Interaktionskrisen nicht bloß als Produkt kognitiver Auseinandersetzungen, sondern als eine konkrete Praxis markieren, die, mindestens im späteren Werk Garfinkels, auch über eine materielle und körperliche Dimension verfügt. Forschungsheuristisch ist eine derartige Sensibilität für die Multidimensionalität des Disruptiven aufschlussreich, da darüber die Gemachtheit und soziale Wirkmächtigkeit von Krisen analysiert werden kann und Disruptionen somit als soziologisches Phänomen deutlich werden.

Literatur

Abels, Heinz. 2009. Ethnomethodologie. In *Handbuch Soziologische Theorien*, Hrsg. Georg Kneer, und Markus Schroer, 87–110. Wiesbaden: Springer VS.
Anderson, Leon. 2006. Analytic autoethnography. *Journal of Contemporary Ethnography* 35:373–395.
Bergmann, Jörg R. 1974. *Der Beitrag Harold Garfinkels zur Begründung des ethnomethodologischen Forschungsansatzes*. Diplomarbeit. Universität München.
Bergmann, Jörg R. 2011. Nachruf: Harold Garfinkel (1917–2011). *Zeitschrift für Soziologie* 40:227–232.
Bruner, Jerome S., und Leo Postman. 1949. On the perception of incongruity: A paradigm. *Journal of Personality* 18:206–223.
Burke, Kenneth. 1984. [1935]. *Permanence and change: An anatomy of purpose*. Berkeley: University of California Press.
Crabtree, Andrew. 2004. Design in the absence of practice: breaching experiments. *DIS2004. Proceedings of the 5th Conference on Designing Interactive Systems*: 59–68.
Crossley, Nick. 1995. Merleau-Ponty, the elusive body and carnal sociology. *Body & Society* 1:43–63.
Crossley, Nick. 2014. Embodied actors, sociability and the limits of reflexivity. Responses to Loïc Wacquant's Homines in Extremis. *Body & Society* 20:106–112.
Czyzewski, Marek. 1994. Reflexivity of actors versus reflexivity of accounts. *Theory, Culture & Society* 11:161–168.
Eberle, Thomas. 1984. *Sinnkonstitution in Alltag und Wissenschaft. Der Beitrag der Phänomenologie an die Methodologie der Sozialwissenschaften*. Bern: Haupt.
Eberle, Thomas. 1993. Schütz' Lebensweltanalyse: Soziologie oder Protosoziologie? In *Gelehrtenrepublik – Lebenswelt. Edmund Husserl und Alfred Schütz in der Krisis der phänomenologischen Bewegung*, Hrsg. Angelica Bäumer, und Michael Benedikt, 293–320. Wien: Passagen-Verlag.

Eberle, Thomas. 2008. Phänomenologie und Ethnomethodologie. In *Phänomenologie und Soziologie. Theoretische Positionen, aktuelle Problemfelder, empirische Umsetzungen*, Hrsg. Jürgen Raab et al., 151–162. Wiesbaden: VS.

Endreß, Martin. 2002. *Vertrauen*. Bielefeld: transcript

Francis, David, und Hester, Stephen. 2004. *An invitation to ethnomethodology. Language, society and interaction*. London: Sage.

Garfinkel, Harold. 1946. Color trouble. In *Primer for White Folks*, Hrsg. Bucklin Moon, 269–286. Garden City: Doubleday.

Garfinkel, Harold. 1952. *The perception of the other. A study in social order*. Diss. Harvard University.

Garfinkel, Harold. 1963. A conception of, and experiments with, "trust" as a condition of stable concerted actions. In *Motivation and social interaction. Cognitive determinants*, Hrsg. O. J. Harvey, 187–238. New York: Ronald Press.

Garfinkel, Harold. 1967. *Studies in Ethnomethodology*. Englewood Cliffs: Prentice-Hall.

Garfinkel, Harold, Hrsg. 1986. *Ethnomethodological Studies of Work*. London: Routledge.

Garfinkel, Harold. 2002. *Ethnomethodology's program. Working out Durkheim's Aphorism*. Lanham: Rowman and Littlefield.

Garfinkel, Harold. 2006 [1948]. *Seeing sociologically. The routine grounds of social action*. Boulder, CO: Paradigm Publishers.

Garfinkel, Harold, Michael Lynch, und Eric Livingston. 1981. The work of a discovering science construed with materials from the optically discovered pulsar. *Philosophy of the Social Sciences* 11:131–158.

Goffman, Erving. 2007. *Asyle: Über die soziale Situation psychiatrischer Patienten und anderer Insassen*. Frankfurt/M.: Suhrkamp.

Goffman, Erving. 2008. *Wir alle spielen Theater. Die Selbstdarstellung im Alltag*. München: Piper.

Gouldner, Alvin W. 1970. *The coming crisis of western sociology*. New York: Basic Books.

Graßhoff, Gerd. 2005. Galileo Galileis Experimente zum Fall der Körper. In *Die Top Ten der schönsten physikalischen Experimente*, Hrsg. Amand Fäßler, und Claus Jönsson, 23–55. Reinbek: Rowohlt.

Gregory, W. Stanford. 1982. Accounts as assembled from breaching experiments. *Symbolic Interaction*. 5:49–63.

Have, Paul ten. 2002. The notion of member is the heart of the matter. On the role of membership knowledge in ethnomethodological inquiry. *Forum Qualitative Sozialforschung* 3(3). Art. 21.

Heritage, John. 1984. *Garfinkel and ethnomethodology*. Cambridge: Polity Press.

Hirschauer, Stefan, und Jörg R. Bergmann. 2002. Willkommen im Club! Eine Anregung zu mehr Kontingenzfreudigkeit in der qualitativen Sozialforschung – Kommentar zu A. Nassehi und I. Saake in ZfS 1/2002. *Zeitschrift für Soziologie* 31:332–336.

Joas, Hans. 1996. *Die Kreativität des Handelns*. Frankfurt/M.: Suhrkamp.

vom Lehn, Dirk. 2012. *Harold Garfinkel*. Konstanz: UVK.

Livingston, Eric. 1986. *The ethnomethodological foundations of mathematics*. Boston: Routledge & Kegan Paul.

Lynch, Michael. 1993. *Scientific practice and ordinary action*. Cambridge: Cambridge University Press.

Lynch, Michael. 2011. Obituary: Harold Garfinkel (29 October 1917–21 April 2011): A remembrance and reminder. *Social Studies of Science* 41:927–942.

Maynard, Douglas W., und Steven E. Clayman. 1991. The diversity of ethnomethodology. *Annual Review of Sociology* 17:385–418.

Maynard, Douglas W., und Steven E. Clayman. 2003. Ethnomethodology and conversation analysis. In *The handbook of symbolic interactionism*, Hrsg. Larry T. Reynolds, und Nancy J. Herman-Kinney, 173–202. Walnut Creek: AltaMira Press.

McHugh, Peter 1968. *Defining the situation the organization of meaning in social interaction*. Indianapolis: Bobbs-Merrill.

Mehan, Hugh, und Houston Wood. 1975. *The reality of ethnomethodology*. New York: Wiley.

Oevermann, Ulrich. 2008. *Krise und Routine als analytisches Paradigma in den Sozialwissenschaften*. Manuskript der Abschiedsvorlesung. Frankfurt/M.: Institut für hermeneutische Sozial- und Kulturforschung e. V.

Parsons, Talcott. 1951. *The social system*. New York: Free Press.

Patzelt, Werner. 1987. *Grundlagen der Ethnomethodologie: Theorie, Empirie und politikwissenschaftlicher Nutzen einer Soziologie des Alltags*. München: Fink.

Pink, Sarah. 2009. *Doing sensory ethnography*. Los Angeles: Sage.

Pollner, Melvin. 2012. The end(s) of ethnomethodology. *The American Sociologist* 43:7–20.

Pollner, Melvin, und Robert M. Emerson. 2001. Ethnomethodology and ethnography. In *Handbook of ethnography*, Hrsg. Paul Atkinson et al., 118–135. London: Sage.

Rafalovich, Adam. 2006. Making sociology relevant. The assignment and application of breaching expe-
    riments. *Teaching Sociology* 34:156–163.
Rawls, Anne Warfield. 2002. Editor's introduction. In Harold Garfinkel, *Ethnomethodology's Program.
    Working out Durkheim's Aphorism*, 1–64. Lanham: Rowman & Littlefield.
Rawls, Anne Warfield. 2003. Harold Garfinkel. In *The Blackwell companion to major contemporary social
    theorists*, Hrsg. Georg Ritzer, 122–153. Malden: Blackwell.
Robillard, Albert B. 1999. *Meaning of disability. The lived experience of paralysis*. Philadelphia: Temple
    University Press.
Ryle, Gilbert. 2002 [1949]. *Der Begriff des Geistes*. Stuttgart: Reclam.
Schütz, Alfred. 1945. On multiple realities. *Philosophy and Phenomenological Research* 5:533–576.
Schütz, Alfred, und Thomas Luckmann. 2003 [1975]. *Strukturen der Lebenswelt*. Konstanz: UVK.
Sudnow, David. 1973. *Organisiertes Sterben. Eine Soziologische Untersuchung*. Frankfurt/M.: Fischer.
Sudnow, David. 2001 [1978]. *Ways of the hand. A rewritten account*. Cambridge, MA: MIT Press.
Wacquant, Loïc. 2014. Homines in Extremis. What fighting scholars teach us about habitus. *Body & Society*
    20:3–17.

Hannes Krämer Dr. phil., ist wissenschaftlicher Mitarbeiter am Lehrstuhl für Vergleichende Kultursoziziologie und Projektleiter am Center B/Orders in Motion an der Europa-Universität Viadrina, Frankfurt
(Oder). Forschungsschwerpunkte: Praxistheorie, Qualitative Sozialforschung, Arbeits- und Organisationsforschung, Soziologie der Zukunft, Kultursoziologie. Aktuelle Publikationen: Die Praxis der Kreativität.
Eine Ethnografie kreativer Arbeit. Bielefeld: transcript 2014; Themenheft Mobilität, Österreichische Zeitschrift für Soziologie 2016/41, hrsg. zusammen mit Larissa Schindler.

Österreich Z Soziol (2016) (Suppl) 41:57–73
DOI 10.1007/s11614-016-0206-x

Ein Plädoyer für Missverständnisse

Methodologische Einsichten aus Ethnomethodologie und Leibphänomenologie

Ulrike Tikvah Kissmann

Zusammenfassung In dem Artikel wird Garfinkels Konzept von Missverständnissen vorgestellt und methodologisch für die Mikroanalyse von natürlichen Situationen herangezogen. Dafür werden einerseits die konstitutionsanalytischen Voraussetzungen diskutiert, die bestehen müssen, damit sich Missverständnisse nicht nur aus bewussten, sondern auch aus vorbewussten Anteilen, wie Gestik und Mimik, zusammensetzen können. Die Autorin zeigt, warum der Bezug zur Phänomenologie von Alfred Schütz hierfür alleine nicht ausreicht. Mithilfe der Leibphänomenologie von Maurice Merleau-Ponty wird stattdessen die konstitutionstheoretische Begründung erbracht, warum auch vorbewusste und vorsprachliche Körperbewegungen intersubjektiv auslegbar sind. Andererseits werden daraus die forschungspraktischen Implikationen für Video-Interaktionsanalysen formuliert, um sowohl die bewussten als auch die vorbewussten Elemente von Missverständnissen zu rekonstruieren. Schließlich wird anhand eines Beispiels der Beitrag von Körperbewegungen zu Missverständnissen analysiert.

Schlüsselwörter Sozialtheorie · Missverständnisse · Leib · Visualität · Phänomenologie · Ethnomethodologie · Videoanalyse

The case for misunderstandings
Methodological considerations from Ethnomethodology and the phenomenology of the body

Abstract The article presents Harold Garfinkel's notion of misunderstandings and applies it methodologically to the microanalysis of natural situations. To this end, it discusses what Schützian constitution analysis views as the prerequisites in order

U. T. Kissmann (✉)
Institut für Sozialwesen, Universität Kassel, Arnold-Bode Str. 10, 34127 Kassel, Deutschland
E-Mail: ulrike.kissmann@uni-kassel.de

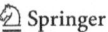

for misunderstandings to emerge out of both conscious elements and preconscious ones, such as gestures and facial expressions. The author demonstrates that drawing solely on Alfred Schütz's phenomenology does not suffice for such an investigation. Factoring in Maurice Merleau-Ponty's phenomenology of the subjective body, she argues, helps to substantiate in terms of constitutional theory why even preconscious and prelinguistic body movements can be construed as intersubjective. The article also outlines the implications of these findings for video interaction analysis research on conscious and preconscious elements of misunderstandings. Finally, it analyzes the role of body movements in misunderstandings by way of an example.

Keywords Social Theory · Misunderstandings · Body · Visuality · Phenomenology · Ethnomethodology · Video Analysis

1 Einleitung

In den Inkongruitätsexperimenten von Harold Garfinkel werden stabile Alltagssituationen durch künstliche Ereignisse gestört und Krisen herbeigeführt (vgl. z. B. Garfinkel 1952, 1963, 1980 [1961]). Seinen Experimenten liegt ein Konzept von Missverständnissen zugrunde, das in diesem Artikel aufgegriffen und sowohl konstitutionstheoretisch als auch forschungspraktisch diskutiert wird. Garfinkel (1963, S. 196) unterscheidet *widersprüchliche* und *sinnlose* Ereignisse in der Krisenkommunikation. In beiden Situationen werden Routinen durch einen fingierten Beitrag gestört, die unter normalen Umständen für selbstverständlich gehalten und nicht hinterfragt werden. Bei den widersprüchlichen Ereignissen lässt sich die Situation durch die Beteiligten noch re-definieren, weil das Grundvertrauen in die gemeinsam geteilte Wirklichkeit nicht gestört worden ist. Den sinnlosen Ereignissen kann dagegen kein gemeinsamer Sinn mehr zugeschrieben werden und die Krise kann nicht gelöst werden. Bei beiden Formen von Ereignissen handelt es sich um Missverständnisse. Garfinkel stellt dies nicht in den Vordergrund, weil Missverständnisse vorwiegend für natürliche Situationen charakteristisch sind und bei den künstlichen Experimenten hauptsächlich von Brüchen oder Krisen die Rede ist und weniger von Missverständnissen (vgl. z. B. Garfinkel 1963, S. 201 ff.). Missverständnisse zeichnen sich durch eine *nicht*-fingierte Störung aus, die von den Beteiligten in der Interaktion eigenständig hergestellt wird. Sie unterbricht die Selbstverständlichkeit, mit der Routinen unter normalen Umständen ausgeführt werden, und offenbart auf diese Weise die unhinterfragten Annahmen von Alltagskommunikation. Ziel des Artikels ist, Garfinkels Konzept von Missverständnissen für die Mikroanalyse von natürlichen Situationen fruchtbar zu machen. Für die Videoanalyse von Interaktionen wird konstitutionstheoretisch begründet und forschungspraktisch untersucht, ob sich Missverständnisse neben bewussten auch aus vorbewussten Elementen zusammensetzen. Worin besteht der Beitrag von Gestik und Mimik? Kann die Re-Definition der Situation auch auf einer vorbewussten Ebene ablaufen oder muss sie immer sprachlich sein?

Missverständnisse wurden von zahlreichen Autoren in der Tradition der Konversationsanalyse empirisch untersucht, um die Mechanismen zu rekonstruieren, die im

Alltag Stabilität gewährleisten. Hierzu zählen die Mikroanalyse von Arzt-Patient Gesprächen (vgl. z. B. Maynard 2003; Ten Have 1990) oder auch die Mikrostudie von telefonischen Notrufen (vgl. Whalen, Zimmerman und Whalen 1988). Die Konversationsanalyse hat sich dabei auf die Ethnomethodologie Garfinkels bezogen, weil Missverständnisse das implizite Wissen an die Oberfläche bringen und es sichtbar machen. Vergleichbar mit einem Eisberg macht es neun Zehntel des Alltagswissens aus, während nur ein Zehntel in den Situationen bewusst zugänglich ist (vgl. z. B. Maynard 2003, S. 4 f.; Garfinkel 1967, S. 173). Die aktuellen ethnomethodologischen Video-Interaktionsanalysen fokussieren neben Sprache auch auf vorbewusste, implizite Wissensbestände (vgl. z. B. Tuma, Schnettler und Knoblauch 2013; Heath, Hindmarsh und Luff 2010; Goodwin 2000, 2009; Mondada 2003, 2007). Erstens ist dabei anzumerken, dass bei den genannten Studien keine Missverständnisse untersucht werden und damit eine relevante ethnomethodologische Tradition ungenutzt bleibt. Zweitens ist dabei zu kritisieren, dass unklar bleibt, wie das implizite Wissen genau strukturiert ist. Handelt es sich um die von Alfred Schütz eingeführten und später von Berger und Luckmann (1996 [1969], S. 56 ff.) aufgegriffenen Routinehandlungen, die ursprünglich bewusst trainiertes Handeln beinhalten und dann als sogenannte Habitualisierungen ins Vorbewusste absinken? Oder gehört zu den impliziten Wissensbeständen auch jenes Wissen, das vorbewusst angeeignet wird, wie zum Beispiel das Kopfnicken-um-zuzustimmen? Letztere Handlungen werden gegenwärtig als Gewohnheitshandlungen bezeichnet und explizit gegen die Routinehandlungen abgegrenzt (vgl. z. B. Bongaerts 2007). Dieser Sachverhalt wird forschungspraktisch bislang nicht geklärt, weil er auch konstitutionsanalytisch aus dem Intentionalitätsbegriff von Schütz ausgeklammert bleibt. Es fehlt aktuell eine Konstitutionstheorie des Sozialen, die Garfinkels Ansatz theoretisch fundiert und für die Video-Interaktionsanalysen begründet, warum Gesten und Mimik auf einer vorbewussten und vorsprachlichen Ebene intersubjektiv zugänglich sind. Garfinkel hat sich in seinem Spätwerk auf die Leibphänomenologie von Maurice Merleau-Ponty bezogen (vgl. Garfinkel 2002). Dieser Bezug wird in dem vorliegenden Artikel aufgegriffen. Es wird mithilfe von Merleau-Ponty vorgeführt, unter welchen konstitutionsanalytischen Voraussetzungen vorbewusste Körperbewegungen sinnhaft und intersubjektiv auslegbar sind. Forschungspraktisch wird außerdem gezeigt, wie Gewohnheitshandlungen in Interaktionen zu identifizieren sind. Dafür werden die Ergebnisse der Mikroanalyse eines Missverständnisses präsentiert.

Es wird zunächst Garfinkels Konzeptualisierung von Missverständnissen und ihr Bezug zur Phänomenologie von Schütz vorgestellt. In einem zweiten Schritt ist die Leibphänomenologie von Merleau-Ponty Gegenstand der Darstellung. Es wird deutlich gemacht, dass es sich bei der Leibphänomenologie um eine Konstitutionstheorie des Sozialen handelt, die die Lebensweltanalyse von Schütz an entscheidenden Punkten ergänzt. Sie stellt die konstitutionsanalytische Voraussetzung dafür dar, auch die vorbewussten und vorsprachlichen Elemente von Missverständnissen zu rekonstruieren. In einem dritten Schritt wird forschungspraktisch diskutiert, unter welchen Bedingungen Missverständnisse aus einem umfangreichen Datenkorpus für die Feinanalyse auszuwählen sind. Schließlich wird in einem letzten, vierten Schritt vorgeführt, dass es ergiebig ist, Missverständnisse im Rahmen von Video-Interaktionsanalysen für die Rekonstruktion von impliziten Wissensbeständen zu benutzen.

2 Missverständnisse in der Ethnomethodologie Garfinkels

Garfinkel vergleicht die Wirklichkeit des Alltags mit der Wirklichkeit in Spielen und bezieht sich hierfür auf Huizingas „Homo Ludens": Herstellung und Gebrauch von Alltagsregeln lassen sich mit der Art und Weise vergleichen, wie Spielregeln in der Interaktion realisiert werden, weil die Kultur des Alltags ihren Ursprung im Spiel hat (vgl. Garfinkel 1963; Huizinga 1956 [1939]).[1] Garfinkel betrachtet die Herstellung von Spielregeln *durch Handlungen* und analysiert die gegenseitigen Motivzuschreibungen aus der Beobachterinnenperspektive. Vorbewusste Körperbewegungen werden in seinem Handlungskonzept allgemein wie auch in seinem Konzept von Missverständnissen nicht unberücksichtigt gelassen. Sie stehen jedoch nicht im Fokus seiner Betrachtungen. Die Ethnomethodologen Blum und McHugh (1971) sind an dieser Stelle weitaus konkreter als der Gründervater. Sie heben explizit hervor, dass die gegenseitigen Motivzuschreibungen auch ohne Sprache vonstattengehen können. Dies wird in ihrer Kritik am symbolischen Interaktionismus von Gerth und Mills (1954) deutlich, wo Motive „mittels Gespräch zugeschrieben werden" (vgl. Blum und McHugh 1971, S. 102). Durch diese Wendung können auch vorbewusste Körperbewegungen Gegenstand von gegenseitiger Verständigung sein. In Garfinkels Konzept von Missverständnissen jedoch wird die Störung stets verbalisiert. Es bleibt damit unklar, was Gesten und Mimik genau zu Missverständnissen beitragen.

Garfinkel (1963) fragt danach, wie man stabile Spielsituationen am wirkungsvollsten durcheinanderbringen kann. Er erhebt dafür Daten in einem Krisenexperiment, in dem die Beteiligten aufgefordert werden, das Spiel „Drei gewinnt" (Tic-Tac-Toe) zu spielen. In einem quadratischen Spielfeld mit 3 × 3 Feldern setzen die Spielerinnen hierfür abwechselnd ihr Zeichen in ein freies Feld (eine Spielerin Kreuze, die andere Kreise). Die Spielerin, die als Erste drei Zeichen in einer Reihe, Spalte oder Diagonale setzen kann, hat gewonnen. Die Probandinnen werden nun mit einer gestellten Gegenspielerin konfrontiert, die ihr Zeichen nicht in ein freies Feld setzt, sondern auf die Linie, die das Feld umrahmt. Es stellt sich heraus, dass die Verwirrung dann am größten ist, wenn die Gegenspielerin ihr fehlerhaftes Spiel dadurch kommentiert, dass sie auf der bestehenden Spielordnung beharrt, und behauptet, dieses Vorgehen entspreche den Spielregeln. In den anderen Fällen von Störungen, in denen das fehlerhafte Spiel dadurch kommentiert wird, dass man doch die Spielregeln ändern oder dass man auch einfach mit dem Spiel aufhören könne, ist die Verwirrung weniger groß. In diesen letzten beiden Fällen kann die soziale Wirklichkeit durch die Interaktionspartner re-definiert werden. Garfinkel spricht hier auch von „ambiguous game events" (ibid, S. 196), denen noch Sinn zugeschrieben werden kann. Ordnung kann also wiederhergestellt werden, weil die Basisregeln des gegenseitigen Vertrauens nicht gebrochen worden sind. In dem ersten Fall von Störung werden dagegen diese Basisregeln nicht respektiert und dies stiftet die größtmögliche Verwirrung. Das Vertrauen in die Grundordnung des Spiels wird hier gebrochen, weil das fehlerhafte Spiel dadurch kommentiert wird,

---

[1] Trotz der Gemeinsamkeiten gibt es auch Unterschiede zwischen Spiel und Alltagswirklichkeit. Garfinkel (1963, S. 207 ff.) nennt hier insbesondere die Zeitstruktur: Spiele sind zeitlich abgeschlossene Episoden, in denen die Alltagswirklichkeit kurzfristig aufgehoben wird.

dass man auf der Spielordnung beharre. Die Interaktionspartnerinnen müssen dann die gemeinsam geteilte Wirklichkeit als gemeinsam geteilte in Frage stellen. Aus diesem Grund bezeichnet Garfinkel diese Art von Spielereignis auch als „senseless" (ibid, S. 196, 206), weil im Gegensatz zu den „widersprüchlichen" Spielereignissen kein gemeinsamer Sinn gefunden werden kann.

Garfinkel nimmt das Krisenexperiment zum Anlass, um die Grundregeln von stabiler Kommunikation zu charakterisieren. Sowohl die Spielregeln von „Drei gewinnt" als auch die Alltagskommunikation beruhen auf der Einhaltung von Basisregeln des gegenseitigen Vertrauens. Sie zeichnen sich durch eine triadische Struktur aus und beinhalten drei gemeinsam geteilte Grundannahmen: „Ich gehe davon aus", „ich gehe davon aus, dass du davon ausgehst" und schließlich „ich gehe davon aus, dass du davon ausgehst, ich ginge davon aus". Sie sind als gegenseitige Motivzuschreibungen wirksam und stellen die Grundvoraussetzung eines jeden Spiels dar. Dieses Vertrauen in die gemeinsam geteilte Wirklichkeit ist auch die Bedingung von stabiler Alltagskommunikation. Bei den oben als „sinnlos" bezeichneten Ereignissen kann keine gemeinsame Deutung gefunden werden, weil die Wirklichkeit, als eine gemeinsam geteilte, in Zweifel gezogen werden muss. Im Gegensatz dazu ist bei den „widersprüchlichen" Ereignissen das Vertrauen in die Realität nicht gebrochen worden und die Situation lässt sich nachträglich re-definieren, indem zum Beispiel neue Spielregeln gefunden werden oder das Spiel im gemeinsamen Einverständnis beendet wird.

Garfinkel hat die Ethnomethodologie in enger Anlehnung an die Phänomenologie von Schütz entwickelt (vgl. z. B. Eberle 2008). Dies trifft auch auf sein Konzept von Missverständnissen zu. Durch Störungen in der Interaktion kommt es zu einem Bruch mit der Normalität. Sie bewirken, dass die natürliche Einstellung zum Alltag aufgehoben wird und die unhinterfragten Annahmen des Alltags zutage treten. In der „attitude of daily life" (Garfinkel 1963, S. 210 f.) wird die Wirklichkeit unter ‚normalen' Umständen als objektiv gegeben betrachtet. Sie wird nicht angezweifelt und es wird auch nicht danach gefragt, wie sie zustande kommt (vgl. Schütz 1945, S. 549 ff.). Missverständnisse setzen diese natürliche Einstellung zum Alltag außer Kraft. Sie erlauben es, die Herstellung sozialer Ordnung durch Kommunikationsprozesse aufzudecken. Deutungen werden aber nicht aus der Perspektive des Einzelsubjekts ausgelegt wie bei Schütz, sondern ausschließlich aus der Beobachterinnenperspektive. Dies wurde in dem oben beschriebenen Krisenexperiment daran deutlich, dass die Kommunikationsprozesse der Teilnehmerinnen untersucht werden, also dasjenige Verhalten, das ‚von außen' beobachtbar war. Die subjektive Einzelperspektive der Teilnehmer, also die ‚Innenansicht' ist für Garfinkel nicht relevant. Die Konzeptualisierung der Inkongruitätsexperimente beruht insbesondere auf der Rezeption von Schütz' Theorie mannigfaltiger Wirklichkeiten (vgl. Schütz 1945). Die Alltagswirklichkeit ist darin eine von vielen Wirklichkeiten neben etwa der Welt der ästhetischen Erfahrung, der Träume, des Phantasierens, der Spielwelt des Kindes oder der Welt der wissenschaftlichen Theorie. Jede dieser Wirklichkeiten oder

„Sinnprovinzen" zeichnet sich durch einen eigenen kognitiven Stil aus.[2] Der Alltagswelt kommt dabei eine herausragende Bedeutung zu. Schütz bezeichnet sie als
„paramount reality" (ibid, S. 549 ff.), weil das Subjekt hier handelnd in die Welt eingreift und sie verändert. Das pragmatische Motiv ist deshalb für diese Sinnprovinz
charakteristisch.

Garfinkel überträgt Paradigmen der Phänomenologie in die Ethnomethodologie,
zum Beispiel die natürliche Einstellung zum Alltag, die er dann für die Konzeptualisierung der Krisenexperimente nutzt. Ihm geht es nicht um eine phänomenologische
Konstitutionsanalyse des Sozialen, die nach den Konstitutionsbedingungen, also den
logischen Denkvoraussetzungen des Sozialen fragt. Schütz hat dagegen mit seiner
Phänomenologie diese Absicht verfolgt; er wollte eine Grundlagentheorie der Sozialwissenschaften etablieren, so wie Husserl dies für die Naturwissenschaften getan
hat (vgl. Husserl 1954 [1936]). Garfinkel bezieht sich ausdrücklich nicht auf diese
Tradition einer transzendentalen Phänomenologie. Dadurch fehlt der Ethnomethho-
dologie eine konstitutionsanalytische Fundierung. Das Ziel seines Projekts ist es
stattdessen zu rekonstruieren, wie soziale Wirklichkeit *als soziale Praxis* hergestellt
wird. Dies macht Garfinkel in den *Studies in Ethnomethodology* deutlich, indem
er mit Bezug auf Schütz die „Haltung der offiziellen Neutralität" für die Sinnprovinzen des Alltags und der Wissenschaft entwickelt und gegeneinander abgrenzt
(1967, S. 272 f.). In der Alltagswelt wird die Wirklichkeit als objektiv gegeben
betrachtet, weil der Zweifel angehalten oder „eingeklammert" wird. Die „Haltung
der offiziellen Neutralität" bezieht sich hier auf die Einklammerung oder „Epoché"
des *Zweifels*. Die Aufgabe des „neuen" Projekts der Ethnomethodologie besteht
dagegen darin, jegliche Objektivitätsansprüche anzuzweifeln, indem der Glaube an
Objektivität eingeklammert und Zweifel zugelassen werden. Hier bezieht sich die
„Haltung der offiziellen Neutralität" also auf die Einklammerung bzw. „Epoché"
des *Glaubens*. Garfinkel verwendet Schütz' Lebenswelttheorie ausschließlich, um
der Ethnomethodologie einen handlungspraktischen Zugang zur Wirklichkeit zu geben. Im Gegensatz zu einem theoretischen Zugang zur Wirklichkeit fokussiert das
„neue" Projekt daher die *Herstellungs*prozesse von sozialer Ordnung durch soziale
Praxis. Die philosophisch-anthropologischen Voraussetzungen dieser Herstellungs-
prozesse sind dagegen nicht Gegenstand der Ethnomethodologie.

Aufgrund der fehlenden konstitutionsanalytischen Fundierung wird Garfinkels
Projekt von Thomas Eberle (2012) als Ausarbeitung und Fortentwicklung der Phänomenologie betrachtet. Er schlägt vor, weniger auf die Defizite der Ethnomethodologie abzuheben und sie vielmehr als gelungene Ausarbeitung der pragmatischen
Seite von Schütz' Lebenswelttheorie anzuerkennen. Eberle verweist auf zwei Seiten in der Lebenswelttheorie, die subjektive und die pragmatische, und bezieht sich
hierfür auf die Argumentation von Ilja Srubar. Letzterer hat dargestellt, wie Schütz'
pragmatisches Motiv die Bewusstseinsphänomenologie von Husserl erweitert und
sinnvoll ergänzt (vgl. z. B. Srubar 1988, 2007). Lebenswelt bezeichnet demnach
nicht nur die Wirklichkeit, wie sie aus der subjektiven Einzelperspektive heraus

---

[2] Der kognitive Stil lässt sich 1) durch eine bestimmte Bewusstseinsspannung, 2) eine bestimmte Epoché,
3) eine vorherrschende Form der Spontaneität, 4) die Form der Selbsterfahrung, 5) die Form der Sozialität
und 6) durch eine besondere Zeitperspektive charakterisieren (vgl. Schütz 1945, S. 551 f.).

 Springer

erfahren wird, sondern sie bezieht sich auch auf die Leistung „eines wirkenden, zeitlichen und durch Sozialität und Reflexivität gekennzeichneten Menschen" (Srubar 1988, S. 231). ‚Verstehen' verlagert sich damit aus dem Bezugsrahmen des Bewusstseins (Husserl) in denjenigen des Handelns qua Wirkens (Schütz). Srubar berücksichtigt auf diese Weise, dass der Mensch materiell in die Welt eingreift und sie verändert. Eberle verweist auf diese zwei Pole in der Lebensweltanalyse von Srubar, also den subjektiven Pol und den sozialen, pragmatischen Pol, und macht deutlich, dass die Ethnomethodologie eine Weiterentwicklung des zweiten Pols darstellt. Der subjektive Pol bleibt in Garfinkels Projekt dagegen unterbelichtet, weil Kommunikationsprozesse aus der Beobachtersicht rekonstruiert werden und nicht aus der subjektiven Einzelsicht der Teilnehmer. Mit der Beobachterinnenperspektive wird in der Ethnomethodologie der Schwerpunkt auf das Pragma gelegt. Die Lebenswelttheorie in der Auslegung von Srubar kann demnach die philosophisch-anthropologische Grundlegung liefern, die Garfinkels empirischem Projekt fehlt. Gleichwohl bleiben auch hier die vorbewussten Körperbewegungen unberücksichtigt, weil sie schon bei Schütz aus dem Intentionalitätsbegriff ausgeklammert sind.

3 Schütz revisited: Die Leibphänomenologie von Merleau-Ponty

Merleau-Ponty hat wie Schütz eine Konstitutionstheorie des Sozialen entwickelt, die aber an entscheidenden Punkten über dessen Ansatz hinausgeht. Das Verhältnis von Leiblichkeit und Intentionalität stellt im Werk von Schütz eine Schwachstelle dar, weil Intentionalität an Sprache gebunden bleibt. Andere Formen von Intentionalität wie diejenige der leiblichen Habitualität werden unberücksichtigt gelassen (vgl. Bongaerts 2007). In der Leibphänomenologie von Merleau-Ponty wird dem Leib dagegen Intentionalität zugeschrieben. Seine Konstitutionstheorie stellt eine philosophisch-anthropologische Fundierung für die empirische Analyse von visuell-leiblichen Verhaltensäußerungen dar, die der Ethnomethodologie bislang fehlt. Garfinkel hat sich in seinem Spätwerk auf Merleau-Ponty bezogen. Allerdings hat er das eigentliche Potential der Leibphänomenologie nicht genutzt und sich nur den „embodied practices" und nicht den Leibern selbst gewidmet (vgl. Garfinkel 2002, S. 224 ff.). Er hat übersehen, dass die Leiber mit Intentionalität ausgestattet sind und sich dadurch ein neuer Intentionalitätsbegriff für die Ethnomethodologie anbietet. Die Leibphänomenologie liefert die konstitutionsanalytische Voraussetzung dafür, um den Beitrag von Gesten und Mimik zu Missverständnissen zu analysieren. Es kann damit untersucht werden, ob und wie Missverständnisse auf einer vorbewussten Ebene zustande kommen und wie die Interaktionspartnerinnen die Situation redefinieren.

Intentionalität wird bei Schütz als Bewusstseinsakt eines einzelnen aktiven Subjekts konzipiert. Diese sogenannte Aktintentionalität ist ein mentaler Akt und beruht auf der Trennung von Leib und Bewusstsein bzw. von äußerer leiblicher Wahrnehmung und innerer mentaler Sinngebung. Schütz hat von Husserl die Auffassung übernommen, dass nur die eigene Erfahrung in originärer Gegenwart gegeben ist. Alle Erfahrung, die darüber hinausgeht, muss durch Appräsentation, also die Synthesis aus Gegebenem und Nicht-Gegebenem, transzendiert werden. Dem Leib kommt

Alfred Schütz	Maurice Merleau-Ponty
Aktintentionalität	Fungierende Intentionalität
Bewusstseinsakt eines aktiven Ich	Passivität des leiblichen Zur-Welt-Seins
Trennung von Leib und Bewusstsein	Leiblichkeit = inne seiendes Verhältnis von Leib und Bewusstsein
Geste ist der *Ausdruck* von Zorn	Geste *ist* der Zorn
Sozialität auf der Ebene der Appräsentation	Gleichursprünglichkeit von Leiblichkeit und Sozialität

Abb. 1 Phänomenologie und Leibphänomenologie im Vergleich

dabei die gleiche Funktion zu wie Gegenständen oder Vorgängen der Außenwelt, weil durch sie sogenannte „appräsentative Verweise" (Schütz 2003 [1955], S. 165) ausgelöst werden. Der Leib selbst ist dabei nicht sinnhaft, sondern nur Anzeichen der Bewusstseinsvorgänge von Alter ego. Durch Appräsentation kann in der Selbstauslegung auf die Gedanken von Alter ego hinter seinem leiblichen Verhalten geschlossen werden. Eine Geste ist bei Schütz also nur der *Ausdruck* von Zorn, weil Sozialität erst auf der Ebene des Bewusstseins relevant wird. Bei Merleau-Ponty *ist* die Geste dagegen der Zorn, weil Sozialität und Leiblichkeit gleichursprünglich sind (siehe Abb. 1).

Merleau-Ponty unterscheidet zwei Formen von Sozialität. Die „Zwischenleiblichkeit" ist im praktischen bzw. vorbewussten Wissen verankert, während der sprachlich vermittelte „Dialog" auf theoretisches bzw. bewusstes Wissen zurückgreift. Die primordiale Sozialität der Zwischenleiblichkeit ist dem Dialog vorgängig, weil sie die Aneignung von sozialem Sinn und die Konstitution von bewussten Handlungen ermöglicht. Die Zwischenleiblichkeit basiert auf dem inkarnierten Sinn, der in der leiblichen Praxis verkörpert ist, und der Wahrnehmung des Zusammenhangs von eigenem und fremdem Leib (vgl. Merleau-Ponty 1994 [1964], S. 185). Der verstehende Zugang zum Verhalten des Anderen kommt dadurch zustande, dass beide Leiber strukturähnlich sind und sich dieselbe Welt sinngebend erschließen. Soziale Wirklichkeit lässt sich aber nicht auf die einzelnen intentionalen Akte der einzelnen Subjekte reduzieren. Überindividueller Sinn leitet sich stattdessen aus der triadischen Beziehung der beiden Leiber und der Welt ab. Merleau-Ponty charakterisiert das triadische Verhältnis der Zwischenleiblichkeit auch mit „pouvoir d'épouser les choses", also der Fähigkeit, sich mit den Dingen zu paaren (1986 [1964], S. 185). Diese besondere Form von Intentionalität geht ursprünglich auf Husserls Begriffe der „Paarung" bzw. des „intentionalen Übergreifens" zurück (vgl. Merleau-Ponty 1973, S. 175). Merleau-Ponty konzipiert Intentionalität aber nicht wie Husserl als einen bewussten Vorgang, sondern er entwickelt eine Form von Intentionalität, in der Leib und Bewusstsein miteinander verschmelzen. „Leiblichkeit" beschreibt für ihn diesen „wesentlichen und inne seienden" Bezug von Leib und Bewusstsein (ibid).

Merleau-Ponty hat die Leiblichkeit, also das Verhältnis von Leib und Bewusstsein, in der Auseinandersetzung mit dem Strukturalismus entwickelt (vgl. ibid.,

S. 174). Sein Ausgangspunkt ist das Verhältnis von Sprache und Denken im Werk Husserls. Letzterer argumentiert, dass das Denken untrennbar an die Sprache gekoppelt ist. Merleau-Ponty nimmt dieses Verhältnis auf und rückt Husserl in eine Traditionslinie mit dem Begründer des Strukturalismus Saussure, weil für beide für die Bedeutung von Sprache nicht die Relation zu äußeren Gegenständen, sondern ihre innere Struktur ausschlaggebend ist. Merleau-Ponty konzipiert deshalb das Verhältnis von Leib und Bewusstsein in Analogie zu dem von Sprache und Denken. Genau wie Sprache und Denken sich umschließen und das Wort nicht auf äußere Gegenstände verweist, so ist „der Leib kein bloßer Gegenstand mehr, an dem mein Bewusstsein äußerlich gebunden ist" (ibid, S. 175). Durch die Auseinandersetzung mit dem Strukturalismus wird der Leib im Spätwerk Merleau-Pontys zunehmend als vorpersonal und anonym charakterisiert. Der Bedeutungsgehalt von Wahrnehmung wird damit nicht nur über die Intentionen eines einzelnen Subjekts konzeptualisiert wie in der Aktintentionalität von Schütz, sondern er wird auch überindividuell im Akt der Wahrnehmung erzeugt.

Die Einführung anonymer Sinnhorizonte bedeutet nicht, dass der Sinnzusammenhang von den beteiligten Subjekten losgelöst ist. Der Phänomenologe Herman Coenen (1979, S. 258) macht deutlich, dass die Spontaneität und Unmittelbarkeit des leiblichen Sinnzusammenhangs immer als „unser eigenes Zusammenspiel" konzipiert ist. Die leiblichen Intentionen lassen sich als Funktionszusammenhang charakterisieren und sind deshalb immer auf eine Vielzahl von Subjekten bezogen. Diese sogenannte fungierende Intentionalität macht es möglich, dass in der Subjektivität sowohl der Einzelbeitrag als auch der überindividuelle Beitrag gleichermaßen berücksichtigt werden. Für die Analyse von sozialen Beziehungen ist nicht primär die Frage relevant: „Wie kann ich den Anderen verstehen?". Intersubjektivität vollzieht sich stattdessen entlang der Frage: „Welches ist die Aufgabe, die wir zusammen im Hier und Jetzt in unserer Welt zu erfüllen haben?". Die fungierende Intentionalität bezieht sich auf die Funktion oder Aufgabe der Leiber in der Welt.

Mit der Leibphänomenologie von Merleau-Ponty steht eine Konstitutionstheorie zur Verfügung, die den Einsatz von Missverständnissen für die Analyse von visuell-leiblichen Verhaltensweisen begründet. Sie ergänzt die Lebensweltanalyse von Schütz, weil intersubjektiv geteilte Deutungsmuster nicht nur über Bewusstseinsvorgänge erworben und aufrechterhalten werden, sondern auch über den leiblichen Funktionszusammenhang in die gewohnheitsmäßige Motorik und Wahrnehmung eingeschrieben werden. Diese philosophisch-anthropologische Fundierung stellt die Voraussetzung dafür dar, dass Gesten und Mimik auf einer vorbewussten Ebene intersubjektiv zugänglich sind, ohne dass in der Situation Sprache verwendet werden muss. Es kann damit untersucht werden, ob Missverständnisse auch auf dieser vorbewussten Ebene auftreten und wie Interaktionspartnerinnen mit einer solchen Situation umgehen. Findet die Re-Definition der Situation dann auf der bewussten Ebene statt? Oder setzt sich die inkongruente Situation bereits aus vorbewussten und bewussten Anteilen zusammen?

4 Zur Auswahl von Sequenzen für die Feinanalyse

Auf der Grundlage der Leibphänomenologie Merleau-Pontys wurde eine Methode für die hermeneutische Videoanalyse von Interaktionen entwickelt (vgl. Kissmann 2014b). In dieser Schrift wie auch in anderen Publikationen wurden Missverständnisse als Auswahlkriterium für die zu analysierenden Videosequenzen benutzt (vgl. Kissmann 2009, 2014a, 2016). Im Rahmen von mehreren Krankenhausstudien wurden aus dem umfangreichen Videodatenmaterial von zum Teil bis zu 400 Stunden diejenigen Missverständnisse in Interaktionen ausgesucht, die für die Fragestellung des jeweiligen Forschungsprojekts relevant waren. Das gesamte Videodatenmaterial wurde zu diesem Zweck durchgesehen, um dann stufenweise auf kleinere Einheiten zu fokussieren, so wie dies zum Beispiel von Erickson (1992) vorgeschlagen wird. Erst in einem zweiten Schritt wurden die einzelnen inkongruenten Situationen durch Vor- und Zurückspulen genauer betrachtet. In einem Projekt etwa ging es darum, wie und wofür medizinische Formulare in Arzt-Patient-Gesprächen eingesetzt werden (Kissmann 2009). Hier wurden also Missverständnisse ausgesucht, die im Umgang mit den medizinischen Formularen auftauchten. Ergebnis des zweiten Arbeitsschrittes waren Sequenzen von 20 bis 40 Minuten Länge. In einem dritten Schritt wurden daraus nun 1- bis 2-minütige Sequenzen für die Feinanalyse ausgewählt. Diese kurzen Sequenzen beinhalteten den „Kern" des Missverständnisses, also den Moment, in dem die inkongruenten Deutungen zutage treten und dann durch Re-Definition der Situation von den Interaktionspartnerinnen gelöst werden.

In der Soziologie wurde bislang nicht diskutiert, wie Videosequenzen für die Interaktionsanalyse genau ausgewählt werden. Neuere Publikationen nennen als Auswahlkriterium zumeist lediglich die Forschungsfrage. So begründen Tuma, Schnettler und Knoblauch (2013, S. 77 f.) die Auswahl über das interne Sampling. Hier gilt damit also die Relevanz für die Fragestellung als Entscheidungskriterium. Heath, Hindmarsh und Luff (2010, S. 66) heben hervor, dass die Auswahl von Videoabschnitten neben der Forschungsfrage auch auf weitere Themen Bezug nehmen kann. Die Autoren nennen als Beispiel Themen, die während der Feldarbeit durch zunehmendes Hintergrundwissen bedeutsam geworden sind und die über die ursprüngliche Forschungsfrage hinausgehen. Bohnsack (2009, S. 177 ff.) führt ein weiteres Kriterium für die Auswahl von Videosequenzen ein. Er analysiert diejenigen Einstellungen, die am häufigsten auftreten. In der genannten Publikation besteht seine Forschungsfrage darin, wie im deutschen Fernsehen Interkulturalität und Fremdheit konstruiert werden. Er wählt dafür die Fernsehshow „Istanbul Total" des Entertainers Stefan Raab, weil diese für ihre Popularität bekannt ist. Die häufigsten Einstellungen sind zunächst diejenigen Sequenzen, in denen Stefan Raab zu Beginn der Show auf dem Balkon des Fernsehstudios steht und auf den Bosporus blickt. Außerdem gehören auch die Abschnitte dazu, in denen Raab auf dem Fußboden des Fernsehstudios Platz nimmt, um im Schneidersitz seine Gäste zu interviewen. Diese beiden Situationen werden von Bohnsack einer Feinanalyse unterzogen, weil sie aufgrund ihrer Häufigkeit die Show am besten repräsentieren und deshalb eine Aussage darüber ermöglichen, wie in der Show Interkulturalität und Fremdheit konstruiert werden.

Die Auswahlkriterien für Videosequenzen, wie sie außerhalb der Wissenschaft anzutreffen sind, werden jüngst im Rahmen der „Vernacular Video Analysis" aus

soziologischer Sicht thematisiert und diskutiert (vgl. Tuma 2014). Unter „vernacular" ist die praktische Verwendung von Videoanalysen im Arbeitsalltag zu verstehen, wie zum Beispiel bei der Polizeiarbeit oder den Spielanalysen im Fußball. Die Expertinnen haben eigene Formen der Videoanalyse herausgebildet, die es ihnen ermöglichen, Ereignisse sinnhaft zu rekonstruieren und Wissen zu produzieren. Tuma (ebd., S. 159 ff.) zeigt zum Beispiel für die Polizeiarbeit, wie aus einem umfangreichen Datenkorpus von mehreren hundert Stunden geeignete Sequenzen für die Videoanalyse ausgewählt und dann bearbeitet werden. Auswahlkriterium ist hier das Erfahrungswissen der Polizeibeamtinnen, das die Fähigkeit beinhaltet, auf den Videos Straftaten und Strafverdächtige identifizieren zu können. Durch Rechtskenntnisse und die eigene Erfahrung in der Verfolgung von Straftaten wissen die Videoanalysten der Polizei, was im Falle einer Beweisführung als „Evidenz" behandelt werden kann. Die ausgewählten Abschnitte werden kommentiert und durch einen Eintrag in die Datenbank anderen Polizeibeamtinnen zur Verfügung gestellt.

Die „Vernacular Video Analysis" von Tuma macht deutlich, dass die Auswahlkriterien für Videosequenzen in engem Zusammenhang mit dem Wissen stehen, das mithilfe der Videoanalyse generiert werden soll. Die Selektion der zu analysierenden Videosequenzen legt fest, was Gegenstand der Video-Rekonstruktion ist und welches Wissen im Verlauf der Videoanalyse produziert wird. Es zeigt sich damit auch, dass in der Soziologie spezifiziert werden muss, welche Wissensbestände und -formen durch Videoanalyse rekonstruiert werden sollen, um darüber die Auswahlkriterien zu begründen. Der Bezug zur Fragestellung reicht damit alleine nicht aus. Vielmehr muss deutlich gemacht werden, welche Wissensbestände und auch -formen anvisiert werden. In den ethnomethodologisch geprägten Video-Interaktionsanalysen wird zunehmend auf vorbewusste und vorsprachliche Wissensbestände fokussiert (vgl. z. B. Tuma, Schnettler und Knoblauch 2013; Heath, Hindmarsh und Luff 2010; Goodwin 2000, 2009; Mondada 2003, 2007). Hierbei bleibt allerdings unklar, wie dieses implizite Wissen genau strukturiert ist. Besteht es aus sogenannten Routinehandlungen, die bewusst angeeignet werden und dann im Sinne von Berger und Luckmann (1996 [1969], S. 56 ff.) als Habitualisierungen ins Vorbewusste absinken oder sind damit auch sogenannte Gewohnheitshandlungen gemeint, die bereits auf einer vorbewussten Ebene angeeignet werden? Welches Wissen oder welche unhinterfragten Annahmen können mithilfe von Missverständnissen aufgedeckt werden?

5 Die Mikroanalyse von Missverständnissen

Das Videomaterial zum vorliegenden Beispiel entstammt einem Forschungsprojekt, in dem die Computerisierung von Operationssälen untersucht wurde (vgl. Kissmann 2014a, 2014b, 2016). Es wurde gefragt, ob – und wenn ja, wie – sich die Geschlechterhierarchien und Machtverhältnisse zwischen den Berufsgruppen des OPs durch die Einführung von Computeranwendungen, sogenannten OP-Managementsystemen, verändern. Hierfür wurden aus dem Videodatenmaterial von 400 Stunden die Missverständnisse im Umgang mit dem OP-Managementsystem ausgewählt und einer Feinanalyse unterzogen. Es ging darum zu zeigen, was Missverständnisse über die computerisierte Kommunikation im OP aussagen. In Abb. 2 ist eine Ellenbo-

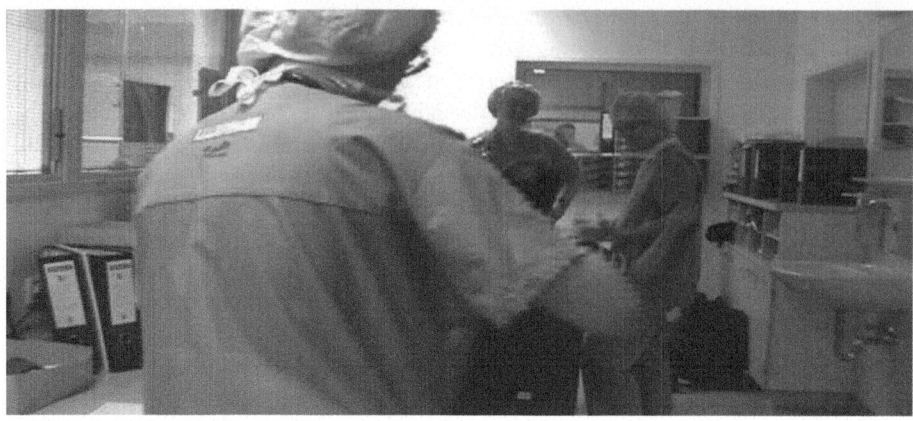

Abb. 2 Der leitende Oberarzt der Anästhesie (*Mitte*) berührt den Ellenbogen der leitenden OP-Schwester (*rechts*)

gengeste zu sehen, die zentraler Bestandteil eines Missverständnisses zwischen dem leitenden Oberarzt der Anästhesie und der leitenden OP-Schwester ist. Das Missverständnis wird zum Ende der Sequenz dadurch gelöst, dass sich die OP-Schwester zum Computer wendet und dem leitenden Oberarzt ihre OP-Planbeiträge erläutert.

In der Feinanalyse wurde eine Segment-in-Segment-Interpretation durchgeführt. In jedem Segment wurden durch gedankenexperimentelle Antizipation Handlungsalternativen für das nächste Segment konstruiert. Der sukzessive Ausschluss bestimmter Deutungsmöglichkeiten führte dann zu einer allmählichen Schließung der Deutungen. Die schrittweise Feinanalyse wurde in Gruppensitzungen durchgeführt. Sie ergab, dass die Ellenbogengeste des leitenden Oberarztes Freundschaftlichkeit ausdrückte. Alle anderen möglichen Deutungen – wie zum Beispiel die Interpretation, in der Ellenbogengeste eine Geste der Abwertung zu sehen – konnten in der Gruppenanalyse ausgeschlossen werden (vgl. Kissmann 2014b). Die allmähliche Schließung von Deutungen kommt dadurch zustande, dass zu jeder Interpretation Gegenlesarten aufgestellt werden, die im nächsten Segment überprüft werden. Die Ellenbogengeste als Ausdruck von Sympathie hat sich gegen alle Gegenlesarten durchgesetzt. Mit den Worten von Merleau-Ponty handelt es sich hier um den inkarnierten Sinn der Geste, der in der leiblichen Praxis verkörpert ist. Die Ellenbogengeste stellt eine Gewohnheitshandlung dar, die nicht nur vorbewusst ausgeführt, sondern auch vorbewusst angeeignet wird. Solche Gesten und Mimik sind am Handlungsverlauf beobachtbar, wie das Kopfnicken-um-zuzustimmen oder das Rumpfbeugen-um-sich-zu-setzen. Sie sind im praktischen Wissen zu verorten und unterscheiden sich von Handlungsvollzügen, die ausgeführt werden, wenn sich zum Beispiel ein Lehrer vor seiner Klasse hinsetzt, um Unterrichtsbereitschaft zu signalisieren. Diese Bewegung des Sich-Setzens-um-Unterrichtsbereitschaft-zu-signalisieren ist nicht mehr am Handlungsverlauf beobachtbar, weil man auch die Reaktion der Schüler benötigt, um die Handlung nachvollziehen zu können (vgl. Bohnsack 2009, S. 147). Hierbei handelt es sich um theoretische Wissensbestände, die bewusst antrainiert und auf der Basis von Sprache angeeignet werden.

Die leitende OP-Schwester reagierte auf die Ellenbogengeste, indem sie ihren Arm aus der Berührung entzog und mit ihm eine 360°-Rotation vollführte. Dies macht deutlich, dass es sich um eine inkongruente Situation handelt. Die 360°-Rotation ist eine Abwehrreaktion und normalerweise keine angemessene Reaktion auf eine Geste der Freundschaftlichkeit. In der Feinanalyse konnte die Inkongruenz dadurch sinnhaft erklärt werden, dass die leitende OP-Schwester die Ellenbogengeste vor einem anderen Hintergrund sah und sie dementsprechend anders von ihr gerahmt wurde. Sie konnte in der Ellenbogengeste deshalb keine freundschaftliche Geste erkennen und reagierte mit einer brüskierten Abwehrbewegung. Der Vergleich mit dem restlichen Videodatenmaterial und auch mit den Ergebnissen der Ethnographie ergab, dass die leitende OP-Schwester in der Ellenbogengeste eine Maßregelung des leitenden Oberarztes sah, weil sie in vielen anderen Interaktionen mit dem leitenden medizinischen Personal angegriffen wurde. Während in der beschriebenen Interaktion also kein Angriff seitens des leitenden Oberarztes vorlag, wurde die leitende OP-Schwester in anderen Interaktionen durchaus angegriffen. Es konnte gezeigt werden, dass die Abwehrbewegung der leitenden OP-Schwester Ausdruck ihrer Situation in dem untersuchten Krankenhaus war. Computerexpertise stellte in diesem Krankenhaus eine Statuseigenschaft dar. Dies bedeutet, dass ausschließlich die statusreiche leitende Ärzteschaft dazu legitimiert war, die Computeranwendung für Einflussnahme und Prestigegewinn zu nutzen. Als Statusarme war die leitende OP-Schwester dagegen nicht dazu berechtigt, das OP-Managementsystem zur Ausübung von Einfluss zu verwenden, und sie begegnete Widerständen, wenn sie kompetent damit umging (vgl. als Überblick Kissmann 2014a). Dadurch war sie prinzipiell in Abwehrhaltung und empfand auch die freundschaftliche und unterstützende Geste des leitenden Oberarztes als Angriff. Die Ellenbogengeste wurde von ihr in den Kontext ihrer Statusprobleme mit dem leitenden medizinischen Personal gestellt. Dadurch wurde sie anders gerahmt und verwies aus dem unmittelbaren Kontext der Interaktion hinaus. Der Bezug zu dem übergeordneten Kontext des Krankenhauses macht deutlich, dass die leitende OP-Schwester theoretische Wissensbestände zur Rahmung der Ellenbogengeste benutzt hat. Sie agierte damit auf der Ebene bewusst angeeigneten Wissens. Während die Ellenbogengeste des leitenden Oberarztes eine Gewohnheitshandlung darstellt und der „Zwischenleiblichkeit" zuzuordnen ist, war die Abwehrreaktion der leitenden OP-Schwester bewusst (oder zumindest automatisiert) und muss dem „Dialog" zugeordnet werden. Beide Formen von Sozialität sind in ihrem Vollzug miteinander verwoben, weil Leib und Bewusstsein in Merleau-Pontys Ansatz in einem Verhältnis wechselseitiger Fundierung stehen. Der vorpersonale Leib ermöglicht sowie beeinflusst das Bewusstsein und umgekehrt modifiziert das Bewusstsein die leibliche Praxis. Letzteres ist zum Beispiel der Fall, wenn bewusst angeeignetes Wissen als sogenannte Habitualisierung ins Vorbewusste absinkt.

Die Re-Definition des Missverständnisses fand auf der sprachlichen Ebene statt, indem sich die leitende OP-Schwester nach der Abwehrreaktion zum OP-Managementsystem wandte und dem leitenden Oberarzt ihre OP-Planbeiträge erläuterte. Insgesamt trug das Missverständnis dazu bei, die unhinterfragten Annahmen der Alltagskommunikation aufzudecken, die in diesem Krankenhaus wirksam waren. Hierzu gehörte, dass Computerexpertise eine Statuseigenschaft darstellte und die leitende OP-Schwester als Statusarme nicht dazu legitimiert war, die Computeranwendung

kompetent zu nutzen. Es konnte außerdem gezeigt werden, wie es ihr letztendlich gelang, die an sie herangetragenen Statuserwartungen zu umgehen und Einfluss auf die computerisierte OP-Planung auszuüben (vgl. Kissmann 2014a, 2014b). Trotz anfänglicher Widerstände konnte sich die leitende OP-Schwester in diesem Krankenhaus gegen das leitende medizinische Personal durchsetzen. Zwar wurde die OP-Planung von der leitenden Ärzteschaft ausgeführt, die OP-Schwestern hatten jedoch die Möglichkeit, über die sogenannte „Historie" im OP-Managementsystem die Entscheidungen der Ärzte einzusehen und damit konstruktiv zu hinterfragen.[3] Die leitende OP-Schwester konnte somit durch den OP-Plan im OP-Managementsystem an den relevanten Entscheidungen teilhaben. Die Computerisierung hat in diesem Krankenhaus letztendlich zur Kooperation zwischen leitender OP-Schwester und leitender Ärzteschaft geführt.

In dem zweiten im Rahmen des Forschungsprojekts untersuchten Krankenhaus stellte Computerexpertise dagegen keine Statuseigenschaft dar. Computerarbeit wurde hier als assistierende Tätigkeit abgewertet. Ausschließlich die OP-Schwestern sowie die chirurgischen Assistenzärzte und Assistenzärztinnen mussten die Daten in das OP-Managementsystem eingeben. Sie konnten dabei keinen Einfluss auf die Abläufe im OP nehmen, weil das leitende medizinische Personal die Computeranwendung nicht in seine Routinen integriert hatte. Die relevanten Entscheidungen wurden hier zwischen ‚Tür und Angel' durch das (männliche) leitende chirurgische Personal getroffen.

6 Zusammenfassung

Die Ethnomethodologie Garfinkels wurde in enger Anlehnung an die Phänomenologie von Schütz entwickelt. In der Konzeptualisierung der Missverständnisse wurde dies daran deutlich, dass Garfinkel das Paradigma der natürlichen Einstellung zum Alltag Schütz' Theorie mannigfaltiger Wirklichkeiten entlehnte und in sein Projekt der Ethnomethodologie integrierte. Missverständnisse entstehen demnach in inkongruenten Situationen, in denen die Interaktionspartnerinnen aneinander vorbei kommunizieren, weil sie widersprüchliche Deutungen der Situation haben. Mithilfe dieses Konzepts von Missverständnissen ließen sich die unhinterfragten Annahmen des Alltags rekonstruieren, weil die Störungen zu einem Bruch mit der Normalität führen und dadurch die natürliche Einstellung zum Alltag aufgehoben wird. Garfinkel übernahm von Schütz jedoch nicht den Anspruch der Phänomenologie als einer Konstitutionstheorie des Sozialen, die also die logischen Denkvoraussetzungen des Sozialen bestimmt. Der Ethnomethodologie fehlte deshalb eine theoretische Fundierung.

Es wurde des Weiteren dargelegt, dass das Verhältnis von Leiblichkeit und Intentionalität im Werk von Schütz eine Schwachstelle darstellt, weil Intentionalität an Sprache gebunden bleibt. Die Konstitutionstheorie von Schütz konnte daher an entscheidenden Punkten durch die Leibphänomenologie Merleau-Pontys ergänzt werden. Auf diese Weise wurde deutlich, dass intersubjektiv geteilte Deutungsmuster

---

[3] In der Historie wird festgehalten, wer wann welche Einträge im OP-Plan vorgenommen hat.

nicht nur über Bewusstseinsvorgänge erworben und aufrechterhalten werden, sondern auch über den leiblichen Funktionszusammenhang in die gewohnheitsmäßige Motorik und Wahrnehmung eingeschrieben werden. Die Leibphänomenologie stellte die konstitutionstheoretische Voraussetzung zur Verfügung, die es ermöglicht, Gesten und Mimik bereits auf einer vorbewussten Ebene als intersubjektiv zugänglich zu betrachten. Mit dieser Erweiterung von Schütz' Intentionalitätsbegriff war die philosophisch-anthropologische Fundierung gegeben, um Missverständnisse als Auswahlkriterium für Videosequenzen zu verwenden. Im Gegensatz zu dem ursprünglichen Konzept Garfinkels sind dabei auch die vorbewussten und vorsprachlichen Anteile von Missverständnissen Gegenstand der Mikroanalyse. In Garfinkels Ansatz wurden die Störungen stets verbalisiert. Es blieb damit unklar, was Gesten und Mimik genau zu Missverständnissen beitragen.

Schließlich wurde gezeigt, dass es nicht ausreicht, die Auswahl der Videosequenzen nur über die Fragestellung zu begründen. Die Auswahlkriterien für Videosequenzen legen fest, was Gegenstand der Video-Rekonstruktion ist und welches Wissen im Verlauf der Videoanalyse produziert wird. Aus diesem Grund muss im Vorfeld einer Untersuchung diskutiert werden, welche Wissensbestände und -formen durch die Videoanalyse generiert werden können. Darüber müssen dann die Auswahlkriterien für die Videosequenzen reflektiert und begründet werden. Die empirischen Ergebnisse des vorgestellten Krankenhausprojekts haben deutlich gemacht, welche Wissensformen durch Video-Interaktionsanalysen von Missverständnissen rekonstruiert werden können. Die präsentierte Ellenbogengeste des leitenden Oberarztes stellte eine Gewohnheitshandlung dar, die anders als die sogenannten Routinehandlungen sowohl vorbewusst angeeignet als auch vorbewusst ausgeführt wird. Sie war Ausdruck von Freundschaftlichkeit und Sympathie. Die Störung in der Interaktion entstand dadurch, dass die leitende OP-Schwester die Ellenbogengeste anders gerahmt hatte. Diese Rahmung verwies aus dem unmittelbaren Kontext der Interaktion hinaus: Sie konnte in der Ellenbogengeste keine freundschaftliche Geste erkennen, weil sie habituelle Probleme mit dem leitenden medizinischen Personal hatte. Durch den Bezug der Rahmung auf einen übergeordneten Kontext wurde deutlich, dass die Reaktion der leitenden OP-Schwester auf theoretischen Wissensbeständen basierte und deshalb auf der Ebene bewusst angeeigneten Wissens ablief. Das Missverständnis bestand damit einerseits aus vorbewussten sowie vorsprachlichen Anteilen, die durch die „Zwischenleiblichkeit" geprägt sind, und andererseits aus bewussten sowie sprachlichen Anteilen, die durch den „Dialog" charakterisiert sind.

Literatur

Berger, Peter L., und Thomas Luckmann. 1996 [1969]. *Die gesellschaftliche Konstruktion der Wirklichkeit. Eine Theorie der Wissenssoziologie.* Frankfurt: Fischer.
Blum, Alan F., und Peter McHugh. 1971. The social ascription of motives. *American Sociological Review* 36:98–109.
Bohnsack, Ralf. 2009. *Qualitative Bild- und Videointerpretation. Die dokumentarische Methode.* Opladen: Budrich.
Bongaerts, Gregor. 2007. Soziale Praxis und Verhalten – Überlegungen zum Practice Turn in Social Theory. *Zeitschrift für Soziologie* 36:246–260.
Coenen, Herman. 1979. Leiblichkeit und Sozialität. Ein Grundproblem der phänomenologischen Soziologie. *Philosophisches Jahrbuch* 86:239–261.

Eberle, Thomas S. 2008. Phänomenologie und Ethnomethodologie. In *Phänomenologie und Soziologie. Theoretische Positionen, aktuelle Problemfelder und empirische Umsetzungen*, Hrsg. Jürgen Raab, et al., 151–161. Wiesbaden: VS.

Eberle, Thomas S. 2012. Phenomenological life-world analysis and ethnomethodology's program. *Human Studies* 35:279–304.

Erickson, Frederick. 1992. Ethnographic microanalysis of interaction. In *The handbook of qualitative research in education*, Hrsg. Margaret D. Lecompte, Wendy L. Millroy, und Judith Preissle, 201–225. San Diego: Academic Press.

Garfinkel, Harold. 1952. *The Perception of the Other*. Diss., Harvard University.

Garfinkel, Harold. 1963. A conception of, and experiments with, „trust" as a condition of stable concerted actions. In *Motivation and social interaction. Cognitive determinants*, Hrsg. O.J. Harvey, 187–238. New York: Ronald.

Garfinkel, Harold. 1967. *Studies in ethnomethodology*. Cambridge: Polity Press.

Garfinkel, Harold. 1980 [1961]. Das Alltagswissen über soziale und innerhalb sozialer Strukturen. In *Alltagswissen, Interaktion und gesellschaftliche Wirklichkeit*, Hrsg. Arbeitsgruppe Bielefelder Soziologen, 189–262. Opladen: Westdeutscher Verlag.

Garfinkel, Harold. 2002. *Ethnomethodology's program. Working out Durkheim's aphorism*. Lanham: Rowman & Littlefield.

Gerth, Hans, und C. Wright Mills. 1954. *Character and social structure. The psychology of social institutions*. London: Routledge & Kegan Paul.

Goodwin, Charles. 2000. Practices of seeing. Visual analysis: An ethnomethodological approach. In *Handbook of visual analysis*, Hrsg. Theo van Leeuwen, und Carey Jewitt, 157–182. London: Sage.

Goodwin, Charles. 2009. Video and the analysis of embodied human interaction. In *Video interaction analysis. Methods and methodology*, Hrsg. Ulrike Tikvah Kissmann, 21–40. Frankfurt: Lang.

Heath, Christian, Jon Hindmarsh, und Paul Luff. 2010. *Video in qualitative research. Analysing social interaction in everyday life*. London: Sage.

Huizinga, Johan. 1956 [1939]. *Homo Ludens. Vom Ursprung der Kultur im Spiel*. Hamburg: Rowohlt.

Husserl, Edmund. 1954 [1936]. *Die Krisis der europäischen Wissenschaften und die transzendentale Phänomenologie*. Husserliana, Bd. VI. Den Haag: Nijhoff.

Kissmann, Ulrike Tikvah. 2009. How medical forms are used. The study of doctor-patient consultations from a sociological hermeneutic approach. In *Video interaction analysis: Methods and methodology*, Hrsg. Ulrike Tikvah Kissmann, 87–105. Frankfurt: Lang.

Kissmann, Ulrike Tikvah. 2014a. How hegemonic masculinity can be undermined: Gender hierarchies and power relations in the operating room. *Science, Technology & Innovation Studies* 10:45–64.

Kissmann, Ulrike Tikvah. 2014b. *Die Sozialität des Visuellen. Fundierung der hermeneutischen Videoanalyse und materiale Untersuchungen*. Weilerswist: Velbrück Wissenschaft.

Kissmann, Ulrike Tikvah. 2016. Gibt es objektive Gesten und Mimik? Zum leiblichen Gedächtnis als Typisierungen leiblichen Sinns. In *Der Körper als soziales Gedächtnis*, Hrsg. Michael Heinlein, et al., 135–152. Wiesbaden: VS.

Maynard, Douglas W. 2003. *Bad news, good news: Conversational order in everyday talk and clinical settings*. Chicago: University of Chicago Press.

Merleau-Ponty, Maurice. 1973. *Vorlesungen I (College de France 1952–1960)*, Hrsg. Carl Friedrich Graumann. Berlin: De Gruyter.

Merleau-Ponty, Maurice. 1986 [1964]. *Le visible et l'invisible*. Paris: Gallimard.

Merleau-Ponty, Maurice. 1994 [1964]. *Das Sichtbare und das Unsichtbare*, Hrsg. Claude Lefort, übers. Regula Giuliani, und Bernhard Waldenfels. München: Fink.

Mondada, Lorenza. 2003. Working with video. How surgeons produce video records of their actions. *Visual Studies* 18:58–73.

Mondada, Lorenza. 2007. Operating together through videoconference. Members' procedures for accomplishing a common space of action. In *Orders of ordinary action. Respecifying sociological knowledge*, Hrsg. Stephen Hester, und David Francis, 51–67. Aldershot: Ashgate.

Schütz, Alfred. 1945. On multiple realities. *Philosophy and Phenomenological Research* 5:533–576.

Schütz, Alfred. 2003 [1955]. *Theorie der Lebenswelt 2. Die kommunikative Ordnung der Lebenswelt*, Alfred Schütz Werkausgabe, Bd. V.2. Hrsg. Hubert Knoblauch, Ronald Kurt, und Hans-Georg Soeffner. Konstanz: UVK.

Srubar, Ilja. 1988. *Kosmion. Die Genese der pragmatischen Lebenswelttheorie von Alfred Schütz und ihr anthropologischer Hintergrund*. Frankfurt: Suhrkamp.

Srubar, Ilja. 2007. *Phänomenologie und soziologische Theorie. Aufsätze zur pragmatischen Lebenswelttheorie*. Wiesbaden: VS.

Ten Have, Paul. 1990. Und der Arzt schweigt: Sprechstunden-Episoden, in denen Ärzte auf Patienten-informationen sprachlich nicht reagieren. In *Medizinische und therapeutische Kommunikation: Diskursanalytische Untersuchungen*, Hrsg. Konrad Ehlich, Angelika Redder, und Rüdiger Weingarten, 103–121. Opladen: Westdeutscher Verlag.

Tuma, René. 2014. *Vernacular Video Analysis. Zur Vielfalt der kommunikativen Video-Rekonstruktion*. Diss., Technische Universität Berlin.

Tuma, René, Bernt Schnettler, und Hubert Knoblauch. 2013. *Videographie: Einführung in die interpretative Videoanalyse sozialer Situationen*. Wiesbaden: VS.

Whalen, Jack, Don H. Zimmerman, und Marilyn R. Whalen. 1988. When words fail: a single case analysis. *Social Problems* 35:335–359.

Ulrike T. Kissmann Prof. Dr., ist seit 2015 Professorin für Sozialwissenschaftliche Methodologie qualitativ-rekonstruktiver Forschung an der Universität Kassel. Forschungsschwerpunkte: Sozialtheorie, Visuelle Soziologie, Medizinsoziologie, Wissenschafts- und Technikforschung, Biographieforschung. Ausgewählte Veröffentlichungen: Die Sozialität des Visuellen. Fundierung der hermeneutischen Videoanalyse und materiale Untersuchungen. Weilerswist: Velbrück Wissenschaft, 2014; How hegemonic masculinity can be undermined: gender hierarchies and power relations in the operating room. Science, Technology & Innovation Studies, 2014, 10:45–64.

Österreich Z Soziol (2016) (Suppl) 41:75–95
DOI 10.1007/s11614-016-0207-9

ı Öz^s -

Interaktionskrisen oder anthropologische Normalität?
Über liminale Interaktionen im 21. Jahrhundert

Christian Meyer

Zusammenfassung Der Text inspiziert Situationen der Interaktion mit sozialwelt-
lich unklaren Gegenübern (Fremde, Menschen mit Demenz, künstliche Intelligen-
zen) aus ethnomethodologischer Perspektive. Wie sich zeigt, erzeugen permanent
gebrochene Normalitätserwartungen in diesen „liminalen Interaktionen" keineswegs
Interaktionskrisen; vielmehr werden sie mit relativer Gelassenheit beantwortet und
im Verlauf der Interaktion selbst mitlaufend geklärt. Theoretisch fügt die Untersuchung daher dem ethnomethodologischen Konzept der *accountability* eine weitere
Schicht hinzu. Die *accountability* von Praktiken macht nicht nur deren typischen
Sinn öffentlich, sondern überprüft darüber hinaus fortlaufend und implizit mit dem
Tun die Normalität bzw. Alterität des Gegenübers auf die mögliche Komptabilität
oder Inkompatibilität von Normalitätserwartungen.

Schlüsselwörter Liminale Interaktionen · Ethnomethodologie · Accountability ·
Normalitätserwartungen · Alterität

Interaction crises or anthropological normality?
On liminal interactions in the 21st century

Abstract In this text, I inspect situations in which categorially undefined inter-
locutors encounter one another (cultural strangers, persons with dementia, artificial
intelligences) from an ethnomethodological perspective. As I will show, even though
expectations derived from an assumed common ground are permanently dashed in
the course of these „liminal interactions", this does not lead to interactional crises.
Instead, they are responded by relative serenity and resolved in the course of the

C. Meyer (✉)
Fachbereich Geschichte und Soziologie, Universität Konstanz, Fach 41, 78457 Konstanz,
Deutschland
E-Mail: christian.meyer@uni-konstanz.de

🌀 Springer

interaction itself. From a theoretical perspective, the analysis therefore adds another layer to the ethnomethodological concept of *accountability*. The *accountability* of practices not only renders the typical meaning of a practice public, but furthermore continuously examines in the course of the doing the normality or alterity of the interlocutor as to the compatibility and incompatibility of their common ground.

Keywords Liminal interactions · Ethnomethodology · Accountability · Expectations of normality · Alterity

1 Einleitung

Die menschliche Sozialität hat sich neben vollkompetenten Angehörigen der eigenen Gesellschaft immer schon auch auf Wesen bezogen, die nicht der gleichen sozialen Kategorie angehören und auch nicht die gleichen Interaktionsroutinen zur Anwendung bringen wie sie selbst (vgl. Oevermann 2004, Stagl und Reinhard 2005, Eßbach 2012). Die Interaktion mit Kindern, d. h. Wesen, die weder kognitiv noch körperlich die gleichen Kompetenzen aufweisen wie ihre Bezugspersonen, gehört zur *conditio humana*. Ein interaktionsähnlicher Umgang mit Tieren war seit ihrer Domestikation vor mehr als 11.000 Jahren bis weit in das 20. Jahrhundert hinein ein fester und wesentlicher Bestandteil des Alltags in vielen Gesellschaften. Auch die Kommunikation mit Geistern, Göttern oder anderen einer transzendentalen Welt zugeordneten Wesenheiten gehört noch immer zur Normalität vieler Menschen. Weitere liminale Interaktionsformen wie etwa diejenigen mit kulturell Fremden oder mit Menschen mit kognitiv-kommunikativen Einschränkungen verstärken sich gegenwärtig in ihrer Intensität, Häufigkeit und Dichte durch die Globalisierung, gesellschaftliche Alterung und Inklusion. Zu all diesen bereits etablierten prekären Sozialbeziehungen kommen aktuell aufgrund der Artifizierung der Gesellschaft Kontakte mit intelligenten Robotern und virtuellen Akteuren hinzu.

Diese Trends lassen auf der einen Seite vermuten, dass in Zukunft nicht nur die Begegnung mit Kindern, Tieren, transzendentalen Wesen, kulturell Fremden und Menschen mit Demenz, sondern auch der Umgang mit intelligenten Maschinen und Computerprogrammen – so krisenhaft er bei Erstbegegnungen erlebt werden mag – zum normalen und unproblematischen Alltag gehören wird. Da die neuen oder auch nur intensivierten Alteritätsvarianten allerdings auf der anderen Seite eingespielte Interaktionsroutinen permanent durchbrechen und bewährte Verhaltenserwartungen und -erwartungserwartungen potenziell enttäuschen, stören sie auch das Handlungsvertrauen der Akteure und können auf diese Weise Interaktionskrisen verursachen.

Wie Interaktionssituationen mit den neuen Alteritäten sich gestalten und wie dies von der soziologischen Theorie eingeholt werden kann, wird in diesem Text thematisiert. Dazu werde ich zuerst eine kurze Vorbemerkung über die Bedeutung des Begriffs der Krise im „interpretativen Paradigma" der Soziologie machen, um danach unter Bezug auf Husserl und Dewey auf die Art der Krise zu sprechen kommen, die von den neuen Alteritäten erzeugt wird. Im Anschluss daran werde ich eine ethnomethodologische Perspektive auf die liminalen Interaktionen mit den neuen Alteritäten einnehmen. An den drei Beispielen (a) der Globalisierung (wei-

ter steigende Interaktion mit kulturell Fremden), (b) der gesellschaftlichen Alterung (zunehmende Interaktion mit Menschen mit Demenz) und (c) der Entwicklung künstlicher Intelligenz (wachsender Umgang mit interaktiven Computerprogrammen und Robotern) werde ich danach in Grundzügen die kommende Alteritätssituation der Weltgesellschaft skizzieren. Im Anschluss werde ich einige empirische Befunde für Prozesse „liminaler Interaktion" mit den genannten Alteritäten in Hinblick auf ihre „Krisenhaftigkeit" inspizieren. Im Fazit ziehe ich einige theoretische Schlussfolgerungen, insbesondere in Bezug auf die Implikationen des empirischen Befunds für eine ethnomethodologische Interaktionstheorie.

2 Fremdheit als Routinebruch und Krisengenerator

In vielen soziologischen Theorien werden starke Annahmen über die regulative Funktion von sozialen Normvorstellungen, geteiltem Wissen und Handlungsroutinen gemacht. Im „normativen Paradigma" (Wilson 1970) etwa geht man davon aus, dass gemeinsame, durch die Sozialisation internalisierte Normen sowohl die Handlungsfähigkeit *egos* als auch dessen Rollen- und Handlungserwartungen an *alter* generieren, die zusammen mit (positiven und negativen) Sanktionsmechanismen einer Gesellschaft als Grundlage für konformes Handeln und reibungslose Interaktion dienen und auf allen Seiten Handlungssicherheit gewährleisten. Demgegenüber werden Normen, Erwartungen und Situationsdefinitionen im „interpretativen Paradigma" (ebd.) als Ergebnisse von *in situ* stattfindenden Aushandlungsprozessen aufgefasst, wenngleich man auch hier davon ausgeht, dass es Ressourcen geben muss, die von den Akteuren zunächst einmal als selbstverständlich gegeben vorausgesetzt werden, um diese Aushandlungsprozesse – und auf diesen dann aufbauend weiteres soziales Handeln – überhaupt erst zu ermöglichen. Die Begegnung mit diese Aushandlungsressourcen selbst transzendierenden *Fremden* stellt aus dieser Perspektive einen Problemfall für die Normalisierungspraktiken interpretierender Akteure dar (vgl. Schütz 1972). Bei Fremden kann sich der normale soziale Akteur nicht sicher sein, dass sie bei der fortlaufenden interaktiven Definition der Situation Interpretations- und Aushandlungsressourcen einsetzen, die mit seinen eigenen identisch sind. Hier ist jede soziale Interaktion eine Vertrauensinvestition mit ungewissem Ausgang, denn wenn weder über die Kooperationsbereitschaft noch über die Kooperationsmethoden ein Konsens herrscht, dann muss die Interaktion fingiert und die soziale Beziehung antizipiert werden (vgl. Wenzel 2001, S. 477).

Ihre Wurzeln haben diese Vorstellungen in der Phänomenologie und im Pragmatismus. Husserl (1976 [1936]) hat in seiner Analyse immer mit markigen Ausdrücken betont, dass das ansonsten als selbstverständlich mitgeführte lebensweltliche Wissen vor allem dann thematisch wird, wenn es in eine Krise gerät, und dass die Thematisierung nur dann gelingt, wenn die bis dahin in „natürlicher Einstellung" ungebrochene Geltungsvorgegebenheit der Lebenswelt *schlagartig* („mit einem Schlag"; ebd., S. 151, 242) und *umfassend* („nur durch eine *totale* Änderung"; „Es bedarf also einer *totalen* Umstellung"; S. 151, 153) außer Kraft gesetzt wird. Nur so sind alle ansonsten unhinterfragten Geltungen „außer Aktion gesetzt, und somit außer

 Springer

Aktion das ganze natürliche Dahinleben, das auf die Wirklichkeiten ‚der' Welt hin gerichtet ist" (ebd., 153).

In ähnlich drastischer Weise hat Dewey (1938) in seinen Ausführungen hervorgehoben, dass praktisches Wissen dann reflexiv wird, wenn Handlungspläne scheitern, und dass beim Auftreten einer Situation der Unbestimmtheit und Unsicherheit zunächst einmal „komplette Panik" herrsche:

[R]esponse to it takes the form of blind and wild overt activities. Stating the matter from the personal side, we have „lost our heads." A variety of names serves to characterize indeterminate situations. They are disturbed, troubled, ambiguous, confused, full of conflicting tendencies, obscure, etc. (ebd., S. 105).

Für den Fall der liminalen Interaktion stellt sich nun genau die Frage, ob es sich dabei tatsächlich um eine derartig schockartige Konfrontation mit der Fragilität der Lebenswelt handelt und ob die Etablierung neuer lebensweltlicher Routinen in Ansätzen sichtbar wird.

3 Die ethnomethodologische Perspektive auf liminale Interaktion

Mehrere Ansätze – darunter der Symbolische Interaktionismus Blumers, die strukturale Hermeneutik Oevermanns und die Ethnomethodologie Garfinkels – haben in der Nachfolge Husserls und Deweys auf den Umstand hingewiesen, dass das Problem der Krise lebensweltlichen Wissens auch prinzipiell die *vertraute Welt* betrifft, da grundsätzlich keine soziale Situation, auf die ein Akteur trifft, mit vergangenen Situationen identisch ist, sondern immer der erneuten Interpretation bedarf. An dieser Stelle werde ich mich auf die Darstellung der Ethnomethodologie beschränken.

Die Ethnomethodologie interessiert sich – als eine Sozialtheorie des „interpretativen Paradigmas" – für die im Wissen und Können gesellschaftlicher Teilnehmer und Teilnehmerinnen implizit zum Ausdruck kommenden praktischen Methoden und interpretativen Verfahren. Da ihrer Auffassung zufolge in der sozialen Welt die Teilnehmerinnen und Teilnehmer selbst sich ihre Handlungen, Beobachtungen und Interpretationen wechselseitig beobachtbar machen („anzeigen") müssen, um soziale Ordnung aufrechtzuerhalten, ist die soziale Welt durch die kontinuierlichen sozialen Praktiken der Akteure bereits so vorgestaltet, dass sie soziologisch erforscht werden kann. Diese Praktiken werden zwar, wie Garfinkel (1967, S. 36 u. ö.) schreibt, im Alltag gesehen, bleiben allerdings oft unbemerkt, d. h. unthematisch und vorprädikativ („seen but unnoticed"). Wenn Praktiken allen anderen sozialen Größen vorgeordnet werden, dann heißt dies auch, dass soziale Kontinuität als eine fortlaufende Hervorbringung der Teilnehmerinnen und Teilnehmer angesehen werden muss, die durch das Vollzugshandeln permanent geleistet wird. Soziale Ordnung entsteht somit dadurch, dass Teilnehmerinnen und Teilnehmer sie selbst aktiv hervorbringen, indem sie Situationen interpretieren und ihre Interpretationen anderen erkennbar machen. Dies geschieht auch und gerade in der sozialen Interaktion.

Da die Teilnehmer und Teilnehmerinnen selbst durch ihre mit Interpretationsprozessen verbundenen Praktiken sie permanent aktiv herstellen, ist soziale Ordnung unvergänglich („immortal ordinary society", vgl. Garfinkel und Wieder 1992). Aus diesem Grund ist das Individuum kein „kultureller Trottel" („cultural dope",

Garfinkel 1967, S. 68), der blind ihm externen, aber verinnerlichten normativen Orientierungen – dazu zählen auch Normalitätsvorstellungen und andere Wissensbestände – folgt (eine solche Position kritisiert Garfinkel an seinem Lehrer Parsons), sondern ein von Beginn an soziales Individuum, das durch kunstfertige Praktiken (ebd., S. 9–11) soziale Wirklichkeit in einem „ongoing accomplishment" (ebd., S. vii), d. h. einer fortwährenden Vollzugsleistung, hervorbringt. Mit dem Attribut der Kunstfertigkeit („skillfulness", „artfulness") weist Garfinkel darauf hin, dass Praxis nie privat und individuell sein kann, selbst wenn sie stillschweigend, verkörpert und vorprädikativ ist, sondern sozial und dabei auch in Bezug auf ihre Anwendungsmöglichkeiten erlernt ist. Dies kennzeichnet Garfinkel (ebd., S. 1) mit dem scheinbaren Paradox, Praktiken seien zugleich „incarnate" (*eingefleischt* – Garfinkel schließt hier an Merleau-Ponty an) und reflexiv.

Interagierende bzw. sich in gemeinsamen Praktiken befindende Individuen interpretieren der Ethnomethodologie zufolge ihre aktuelle Situation (eigene Handlungen und Handlungen anderer) immer öffentlich, sei es auf implizit-verkörperte oder explizit-artikulierte Weise. Sie zeigen sich als öffentliche, enkulturierte Leiber ihre Interpretationen simultan und wechselseitig als „normal", „unproblematisch" und quasi natürlich an und bringen so eine gemeinsame, gültige, plausible, sinnhafte und für die praktischen Zwecke rationale Wirklichkeit hervor. Den Teilnehmerinnen und Teilnehmer erscheinen die sozialen Situationen, in denen sie sich befinden, dadurch objektiv, extern und mit gesellschaftlicher Zwangsgewalt ausgestattet.

Jedes soziale Tun ist aus Garfinkels Sicht identisch mit dem verkörpert-reflexiven Interpretierbarmachen dieses Tuns („identity theorem", vgl. 1967, S. 77–79). Eine soziale Komponente ist den Praktiken, die diese soziale Wirklichkeit fortwährend hervorbringen, daher von Grund auf eigen, nicht als *addendum*, sondern als intrinsisches Moment. Reflexiv sind sie daher auch nicht nur wegen ihrer kommunikativen Gestalt, die sowohl an das Individuum gerichtet ist, das die Praktiken vollzieht, als auch an alle anderen (realen und imaginären) Teilnehmerinnen und Teilnehmer an der Situation, sondern auch, weil sie zwar in den meisten Fällen stillschweigend und routiniert ablaufen, aber dennoch prinzipiell – etwa bei Krisen – bewusstseins- und diskursfähig sind. Sie sind – um hier Garfinkels Ausdrücke im Deutschen wiederzugeben – je nach den Anforderungen der Situation „erkenn- und nachweisbar", „zählbar", „registrierbar", „berichtbar", „mit-einer-Geschichte-umschreibbar", „analysierbar", aber auch „als-Geschichte-erzählbar", „spruchfähig", „vergleichbar", „verbildlichbar", „darstellbar" – kurz und im ethnomethodologischen Jargon gesagt: Sie sind *accountable*.[1]

Damit ist gesagt, dass Praktiken sich zwar in einem Netz aus zunächst stillschweigenden verkörperten, kognitiven und normativen Handlungserwartungen (und Erwartungserwartungen) bewegen (vgl. zu verkörperten Erwartungserwartungen Meyer 2014b, S. 102), aber prinzipiell bewusstseins- und diskursfähig sowie im Anschluss auch rechtfertigbar sind. Divergierende Erwartungen seitens der Teilnehmer

---

[1] Die Begriffe lauten im englischen Original: „detectable, countable, recordable, reportable, tell-a-story-a-boutable, analyzable – in short, accountable" (Garfinkel 1967, S. 33) sowie „storyable, proverbial, comparable, picturable, representable – i. e. accountable" (ebd., S. 34). Eine mögliche deutsche Übersetzung von *accountable* wäre „rechenschaftsfähig".

und Teilnehmerinnen an einer Praxis werden jedoch nicht unbedingt thematisiert, wenn diese Divergenz den praktischen Zwecken der Situation nicht zuwiderläuft. Dann kommen Maximen wie „Let it pass" (Unklarheiten, solange sie den Interaktionsfluss nicht stören, einfach zu übergehen) oder „Et cetera" (Ego geht davon aus, dass alter nicht thematisierte Wissensbestände auffüllt) zur Anwendung. Insbesondere bei auftretenden Störungen oder gar Krisen sowie in Situationen der Vermittlung praktischen Wissens können diese um die gemeinsamen interaktionalen Praktiken kreisenden Erwartungen – mehr oder weniger affektbesetzt, stets aber im Streben, die Situation wieder zu „normalisieren" – explizit gemacht werden.

Es waren Erwartungen dieser Art, die in Garfinkels (1963) berühmten „Krisenexperimenten" (jedoch nicht von Fremden, sondern von Vertrauten) gebrochen wurden. Die Experimente haben gezeigt, dass einerseits umgehend normalisierende Praktiken in Gang gesetzt werden, die den Erwartungs- und Vertrauensbrüchen Sinn verleihen und die gestörte soziale Situation so zurück in die Normalität überführen, und dass andererseits der normal funktionierende Alltag der fortlaufenden Aushandlung der Wirklichkeit selbst stark emotional und normativ besetzt ist. Ein Bruch in den Praktiken (z. B. des Grüßens) wird schnell zu einem Bruch des Vertrauens (z. B. in der sozialen Beziehung).

Da aus Sicht der Ethnomethodologie soziale Situationen, die den Teilnehmern und Teilnehmerinnen extern, objektiv und zwingend erscheinen, tatsächlich Hervorbringungen aus dem praktischen Vollzugshandeln in einem situativen Hier und Jetzt sind, gilt für jede Situation die Eigenschaft der „Einzigartigkeit", die Garfinkel und Wieder (1992) mit dem vom scholastischen Philosophen Duns Scotus stammenden Begriff der *Haecceitas* gefasst haben. Die flüchtige Hier-und-Jetzigkeit des situierten praktischen Vollzugs führt dazu, dass Teilnehmer und Teilnehmerinnen soziale Situationen – auch Interaktionen – gewissermaßen immer wieder aufs Neue (wie) zum ersten Mal bewältigen müssen („each next first time") und sich daher permanent mit der Frage konfrontiert sehen, „what to do next?" (Garfinkel 1967, S. 12).

Ein gewisser Unsicherheitsfaktor im Handeln, anders gesagt, ein Krisenmoment, ist damit prinzipiell *allen* sozialen Situationen – darunter Interaktionen – eigen. Dies liegt abstrakt formuliert darin begründet, dass Teilnehmerinnen und Teilnehmer zwar implizites oder explizites „Regelwissen" über die adäquaten Praktiken in sozialen Situationen besitzen, aber dabei stets vor einem „Applikationsproblem" (Wolff 1976) stehen. Das heißt, sie müssen aus einem Spektrum ihnen bekannter möglicher „Regelsätze" in einem verkörpert-reflexiven Interpretationsakt diejenigen auswählen, die ihnen für die aktuelle Situation passend erscheinen. Die einzigen Ressourcen intersituationaler Kontinuität und Stabilität von Praktiken sind damit erstens die vonseiten der Teilnehmer und Teilnehmerinnen als Grundlage ihrer Regelselektion erkannte „Familienähnlichkeit" (Wittgenstein) von Situationen und zweitens die sequenziell-inkrementelle, sich wechselseitig ergänzende Verständigung der Teilnehmer und Teilnehmerinnen bei der Interpretation der Situation. Das Funktionieren von Interaktion basiert damit grundsätzlich auf einer Vagheit (ethnomethodologisch: „Indexikalität") der Praktiken: Verständigung und eine gemeinsame Handlungsgrundlage werden eher unterstellt als tatsächlich produziert. Hierin liegt der Schlüssel zur ethnomethodologischen Konzeption von Intersubjektivität: dass sie allein deswegen

zustande kommt, weil der Sozialvertrag gewissermaßen „im Kleingedruckten" vage bleibt:

For the purposes of *conducting their everyday affairs,* persons refuse to permit each other to understand „what they are really talking about" in this way. The anticipation that persons *will* understand, the occasionality of expressions, the specific vagueness of references, the retrospective-prospective sense of a present occurrence, waiting for something later in order to see what was meant before, are sanctioned properties of common discourse (Garfinkel 1967, S. 41 f.).

Bei den Alteritäten, mit denen sich der vorliegende Text befasst, handelt es sich um die gewohnte, sinnhafte Normalität in Frage stellende, grundlegende Fremdheiten. Die Tatsache, dass es sich bei der Begegnung mit diesen Alteritäten nicht um willentlich herbeigeführte, sondern gewissermaßen um unintendierte Krisenexperimente handelt, macht den Kontakt nicht einfacher. Vielmehr verstärkt sie die Verhaltensunsicherheit, da nicht sicher davon ausgegangen werden kann, dass eine gemeinsame Handlungsgrundlage (*common ground*) überhaupt unterstellt und die Basis für eine „Annäherung" (Schütz 1972, passim) noch gefunden werden kann.

Darüber, wie Interaktionsprozesse, die von der beschriebenen Alterität charakterisiert sind, konkret, d. h. in der situativen und inkrementellen Moment-für-Moment-Entwicklung, aussehen, ist auf soziologischer Seite noch zu wenig bekannt. Die folgenden Darstellungen orientieren sich daher an den folgenden Fragen: Welche Praktiken kommen in der Interaktion mit den drei Alteritäten zur Anwendung? Ist absehbar, dass sich neue Routinen herausbilden? Wie sind diese gestaltet?

4 Neue Alteritäten und liminale Interaktion im 21. Jahrhundert

Drei Prozesse globalen sozialen Wandels, aus denen eine Zunahme liminaler Interaktionen folgt, sollen in diesem Text näher betrachtet werden (vgl. dazu auch Meyer 2013):

a) die mit der Globalisierung einhergehende Normalisierung sozio-kultureller Differenz als Folge einer wachsenden Zahl und gesteigerten Dichte von Interaktionen unter Bedingungen sozio-kultureller Alterität,

b) die durch gesellschaftliche Alterung angestoßene wachsende Zahl von Interaktionen mit Menschen mit Demenz, d. h. unter Bedingungen sozio-kognitiver Differenz,

c) die durch die Entwicklung künstlicher Intelligenz bedingte zunehmende Zahl von Interaktionen unter Bedingungen sozio-technischer Differenz.

Jeder dieser Prozesse ist eine Herausforderung für bestehende Interaktionsroutinen, da es sich bei den Interaktionspartnern um *prekäre* Gegenüber handelt, die nicht alle basalen Annahmen, Routinen und Ressourcen mit *ego* teilen. Sie werden aus diesem Grund hier als „liminale Interaktionen" bezeichnet, da auch der Stellenwert einer solchen prekären Kommunikation als Interaktion noch ungeklärt ist (vgl. Meyer 2014a).

4.1 Globalisierung: Die Normalisierung sozio-kultureller Differenz

Der Kontakt mit kulturell Fremden ist Teil der *conditio humana* seit der Entstehung menschlicher Gemeinschaften. Spätestens mit der zweiten Globalisierung ist jedoch eine qualitative Veränderung der Bedeutung kulturell Fremder zu beobachten: Die Globalisierung hat die Ebene der persönlichen sozialen Alltagskontakte erreicht und Fremde gelten nicht mehr als rätselhafte und potentiell beunruhigende Ausnahmen, sondern gehören zur Alltagsnormalität. Migration, transnationale familiäre Beziehungen, Tourismus, Medientechnologien – all dies hat dazu beigetragen, dass soziale Interaktionen unter Bedingungen sozio-kultureller Differenz zunehmen, sich intensivieren und verallgemeinern.

Obwohl soziale Kontakte mit Fremden zahlreicher werden, nimmt der Grad sozio-kultureller Differenz dabei nicht zwangsläufig ab, da wir permanent mit neuen, „fremden Fremden" (etwa frisch immigrierten Fremden oder Fremden in der Fremde) zu tun haben. Was jedoch bereits abnimmt und vermutlich auch noch weiter abnehmen wird, ist die rätselhafte und beunruhigende Qualität, in der Differenz bei der Begegnung mit Fremden erlebt wird. Wenn sozio-kulturelle Differenz zu einer allgegenwärtigen Qualität im Zusammenleben in der Weltgesellschaft wird, dann ist eine wachsende generelle „Ambiguitätstoleranz" zu erwarten, wenngleich es womöglich noch zu aversiven Reaktionen oder feindseligen Handlungen gegenüber Menschen mit offensichtlich anderem sozio-kulturellen Hintergrund kommen mag. Stichweh (2010, insbes. S. 162 ff.) geht davon aus, dass, wenn kulturelle Differenz sich im Alltag normalisiert und zugleich universalisiert, wir unter der Voraussetzung der sozio-kulturellen Ähnlichkeit nur mehr in Interaktionen innerhalb unserer engeren sozialen Netzwerke (Familie, Freunde) handeln werden, während wir im Berufsleben, in Organisationen und bei öffentlichen Veranstaltungen ganz allgemein davon ausgehen werden, mit sozio-kulturell Fremden in Kontakt zu sein, mit denen wir grundlegende Annahmen, Routinen und Ressourcen womöglich nicht teilen werden. Laut Stichweh können hieraus zwei widersprüchliche Schlussfolgerungen gezogen werden: einerseits, dass in der Weltgesellschaft an sich jeder ein Fremder ist, und andererseits, dass es in selbiger keine echten Fremden mehr gibt. Als Folge wird der beunruhigende, irritierende Effekt sozio-kultureller Differenz durch eine Praxis der *Indifferenz* beantwortet, die sich entweder als bewusstes Vermeiden oder Ignorieren der Alterität des Fremden oder – bei unvermeidlicher Interaktion – in einem Rückzug auf eine Haltung der *minimalen Sympathie*, d. h. einer Art elementaren Vertrauens, äußert.

Allerdings gibt Stichweh keine Antworten auf die Frage, was dies konkret bedeutet. Wie würden von minimaler Sympathie gekennzeichnete Interaktionen mit kulturell differenten Personen aussehen? Stichweh spricht hier allenfalls exemplarisch von einem „Lächeln, das der andere sich nicht erst verdienen muss", sondern das ihm in dieser Haltung gewissermaßen qua Mitgliedschaft in der Spezies Mensch zusteht (ebd., S. 172). Wie aber kann Intersubjektivität über kulturelle Differenz hinweg erreicht werden? Im empirischen Teil wird versucht, hierauf eine Antwort zu geben.

4.2 Demenz: Die Generalisierung sozio-kognitiver Differenz

In der Demografieforschung gilt das 21. Jahrhundert, so Kocka (2008, S. 217), als Jahrhundert des demografischen Alterns. Das Durchschnittsalter der Bevölkerung in Deutschland, wie in vielen anderen Ländern der Erde, steigt stetig – und mit ihm auch die Anzahl der Menschen mit Demenz. Gegenwärtig leben in Deutschland noch etwa 1,4 Millionen Menschen mit Demenz. Im Jahr 2060 werden es bei einer geschrumpften Bevölkerung schon bis zu vier Millionen sein. Dieser Trend bedeutet, dass schon in 20 Jahren mindestens jeder und jede Zweite unter den 20- bis 65-Jährigen in seinem oder ihrem familiären Umfeld irgendwann mit einem Demenzfall konfrontiert sein wird, wenn er oder sie nicht gar beruflich mit diesem Thema zu tun hat (vgl. z. B. Deutscher Ethikrat 2012, S. 34 f.).

Bislang ist noch keine medikamentöse Therapie der Krankheit in Sicht, sodass Demenz mittelfristig zu einem integralen Bestandteil der Gesellschaft werden wird. Aufgrund ihrer spezifischen Symptomatik stellt diese Krankheit unser Sozialleben, darunter auch gewohnte Formen sozialer Interaktion, vor große Herausforderungen. Ein alltäglich-normaler Umgang mit dementen Personen wird sich jedoch schon wegen der großen Anzahl an Erkrankten entwickeln. Bislang wurden wenige Möglichkeiten der Prävention identifiziert, von denen kontinuierliche kognitive und motorische Anregungen die vielversprechendsten sind. Das interaktionale Feedback, das die oder der Betroffene vom sozialen und klinischen Umfeld erhält, spielt ebenfalls eine große therapeutische Rolle.

Demenz ist ein Sammelbegriff für Symptome, die durch unterschiedliche Auslöser erzeugt werden können, worunter die Alzheimer-Krankheit die mit Abstand häufigste Ursache ist. Die Symptomatik besteht im Verlust von Gedächtnis- und Denkfähigkeiten, Einschränkungen der Orientierung, Beeinträchtigungen der Aktivitäten des Alltagslebens, aber auch Veränderungen des Verhaltens wie sozialem Rückzug, Misstrauen, Apathie oder Enthemmung und Unruhe. Typisch für Demenz ist, dass der Gedächtnisverfall mit der Gegenwart beginnt und mit den frühsten Kindheitserinnerungen endet. Sprachliche Ausdrucks- und Verständnisfähigkeiten sowie ein die Interaktionsgeschichte umfassendes Kurzzeitgedächtnis sind jedoch notwendige Voraussetzungen, um interagieren zu können. Im Fall der Demenz sind sie zu unterschiedlichen Graden eingeschränkt (vgl. zu diesem Abschnitt Deutscher Ethikrat 2012, Deutsche Alzheimergesellschaft 2012 sowie Meyer 2014b).

4.3 Künstliche Intelligenz: Die Generalisierung sozio-technischer Differenz

Vorhersagen über das Anwachsen von Interaktionen mit künstlich intelligenten technischen Geräten sind sehr viel schwieriger zu machen als Schätzungen über die Globalisierung und über die gesellschaftliche Alterung, da Dynamik und Richtung der technischen Innovation schwieriger vorherzusagen sind. Es lässt sich jedoch mit großer Sicherheit sagen, dass die Automatisierung des menschlichen Alltagslebens voranschreiten wird und immer mehr Haushaltsroboter und intelligente interaktive Systeme in Gebrauchsgegenständen unsere Lebenswelt bevölkern werden. Zu den

mit künstlicher Intelligenz ausgestatteten Geräten gehören Roboter und virtuelle Agenten, d. h. Maschinen und Programme, die in der Lage sind, selbstständig und umfassend spezifische oder zumindest gut definierte Aufgaben auszuführen. Beide können in einer mehr oder weniger anthropomorphen Weise gestaltet und mit mehr oder weniger großer Interaktionskompetenz ausgestattet werden.

Zahlreiche Untersuchungen haben gezeigt, dass Menschen dazu neigen, Roboter ähnlich zu behandeln wie Menschen und Tiere und ihnen entsprechende Qualitäten wie Namen, Geschlecht und Persönlichkeiten zuzuschreiben (vgl. z. B. Woods et al. 2007). Sie akzeptieren Roboter besser und finden sie glaubwürdiger, je mehr sie Menschen ähneln (vgl. Meyer 2013, S. 12). Allerdings werden nicht alle menschlichen Qualitäten in der gleichen Weise eingeschätzt: Pro-aktive Menschen z. B. werden in der Regel positiv beurteilt, während die gleiche Eigenschaft bei Robotern aufdringlich erscheint (vgl. Cramer et al. 2009). Deshalb versuchen Entwickler, ihre Fähigkeiten so zu gestalten, dass sie menschliche Kompetenzen immer authentischer und detaillierter simulieren können. Auf der anderen Seite erzeugen diese Fähigkeiten Erwartungen aufseiten der menschlichen Benutzer, welche die Roboter nicht immer erfüllen können, was wiederum zu starken Glaubwürdigkeitsverlusten führt. Dies steht in Übereinstimmung mit der Hypothese des „unheimlichen Tals", die besagt, dass die Akzeptanz von Robotern durch den Menschen nicht linear mit ihrer wachsenden Ähnlichkeit zum Menschen steigt, sondern plötzlich steil abfällt, wenn Roboter in die Nähe von relativ großer Menschenähnlichkeit kommen (Mori und vgl. MacDorman 2005, Appendix B). Vor allem, wenn sie in der Lage sind, sich zu bewegen, werden sie als unheimlich, morbide und abnormal bewertet. Daher sind Entwickler gut beraten, eine erkennbare Lücke zur menschlichen Erscheinung zu belassen.

Im Gegensatz zu Robotern verfügen virtuelle Agenten nicht über physische Körper und sind daher nicht in der Lage, körperliche Aufgaben zu erledigen. Sie werden vollständig von Computern generiert und dienen der Information und Kommunikation. Die Information auf Flughäfen wird z. B. zunehmend von virtuellen Agenten übernommen. Microsofts „Clippy" bietet Beratung für Nutzer von Word und Apples „Siri" assistiert mit Web-Recherchen, Terminplanungen und Agenda-Management.

Die Art der sozialen Präsenz, die durch virtuelle Agenten und Roboter erzeugt wird, führt bereits heute aufseiten der menschlichen Benutzer zu einer stärkeren Neigung, ihnen Versprechen zu machen und diese auch zu halten oder höflich zu sein. Sie führen ferner zur Scheu, sich in ihrer Anwesenheit auszuziehen, und manchmal sogar zu tiefen Gefühlen ihnen gegenüber (vgl. Levy 2007). Menschenähnliche virtuelle Agenten machen Webseiten für menschliche Benutzer interessanter, unterhaltsamer und somit kommerziell erfolgreicher. Zum Beispiel werden Informationen, die durch dialogische virtuelle Agenten mit menschenähnlichem Aussehen und einer menschenähnlichen Stimme gegeben werden, als wertvoller beurteilt als bloßer Text. Auf der anderen Seite bevorzugen viele Menschen bei direktem Körperkontakt (etwa in der Pflege) weniger menschenähnliche Roboter. Auch Kinder unterstellen Robotern mit menschlichem Aussehen schneller negative Verhaltensabsichten (vgl. Meyer 2013, S. 13).

Der Einsatz von Robotern, die Automatisierung unserer Lebenswelt und der zunehmende Kontakt mit künstlich-intelligenten Geräten wird zwangsläufig zur Verstetigung von Interaktionen mit Robotern und virtuellen Agenten führen.

5 Liminale Interaktionen im 21. Jahrhundert: Einige empirische Befunde

Im Folgenden werden einige empirische Beispiele aus der Literatur diskutiert, die in Bezug auf den Krisencharakter der Interaktion mit den drei Alteritäten instruktiv sind. Sie sind so gewählt, dass sie typische Verläufe bzw. Ethnomethoden im Umgang mit Alterität exemplifizieren, die von Akteuren eingesetzt werden.

5.1 Begegnung mit kulturell Fremden

Wenn wir in Zukunft – wie Stichweh annimmt – im Alltag im Normalfall davon ausgehen müssen, es mit Fremden zu tun zu haben, dann ist es freilich notwendig, zumindest zum Teil die Interaktionsbedingungen zu Beginn einer Begegnung zu klären. Diese Klärung gilt, wie Studien über Kommunikation in Chaträumen und in virtuellen Onlinewelten gezeigt haben, zuvorderst der Sprache. Der erste interaktionale Zug nach Eintritt in einen Chatraum sieht daher oft aus wie folgt:

5.1.1 Bsp. 1 (Bader 2002, S. 48; vereinfacht)

```
01 randy:    anyone speak english
02 danlor:   Hey randy
03 randy:    hey dan
```

Erst nachdem die Interaktionsgrundlage der gemeinsamen Sprache geklärt ist (bzw. diejenigen aus der Chatraum-Gruppe selegiert sind, die sprachlich als potenzielle Interaktionspartner infrage kommen), beginnt mit der Begrüßung die eigentliche Interaktion. Die Feststellung wechselseitiger Wahrnehmung und Wahrnehmungswahrnehmung reicht also bei potenzieller sozio-kultureller Differenz nicht aus, um eine Interaktionsdyade zu etablieren; vielmehr muss darüber hinaus das Vorhandensein wesentlicher Ressourcen für die Interaktionsfähigkeit selbst ratifiziert werden.

In den meisten Fällen wird jedoch nicht explizit nach Sprachfähigkeit gefragt, sondern implizit durch die Form der Begrüßung die Interaktionsfähigkeit selbst geprüft. In virtuellen Online-Spielen, in denen sich Spieler aus aller Welt begegnen, werden z. B. Begrüßungen in ganze Gruppen von Spielern gerufen, auf die dann direkt mit einer die Mitgliedschaft zur Sprachgemeinschaft oder sogar spezifischen Subkultur demonstrierenden Antwort reagiert werden kann.

5.1.2 Bsp. 2 (Soares Palmer 2010, S. 137; vereinfacht)

```
01 P:          hola
02 Moridon:    ola :)
03 Salmanazar: ola!
```

Manche Spieler verwenden auch spezifische Schreibweisen (z. B. das affektivere und in seiner Schreibweise in der Gruppe etablierte „heyyy" statt „hey"), um ihre Gruppenzugehörigkeit im Chat zu signalisieren (ebd., S. 135).

Auch einige interkulturelle Konfliktpotentiale werden direkt angesprochen, wie im folgenden Beispiel.

5.1.3 Bsp. 3 (Takaya 2011, S. 22)

```
01 Angela:   are we the same (.) age ↑
02 FS:       um
03 Angela:   is this polite to ask you (laughs) ↑
04 FS:       yes it's ok (laughs)
05 Angela:   thank you (laughs)
06 FS:       we're good with that (laughs) I'm 19
07 Angela:   oh
08 FS:       and you ↑
09 Angela:   I'm 20
```

Angela sagte im Interview über ihre Angst, mit ihrer Frage nach dem Alter von FS (Filipino Student) angesichts von deren Reaktion in Z. 02 einen interkulturellen Fauxpas begangen zu haben, Folgendes:

I was conscious that I had to be careful with not asking questions that may appear as inappropriate from the perspective of the Filipino student. But I carelessly asked her age since I tend to ask that question to other students here in Taiwan. At the moment I asked her age, I realized that I've carelessly slipped this question from my mouth. Although I knew asking age is acceptable between Taiwanese college students, I thought I'd ask the exchange student if this was an appropriate question immediately after I asked her. I felt so relieved when she said it's ok (ebd., S. 22).

Nicht alle potenziellen Missverständnisse werden jedoch explizit angesprochen. Weitaus häufiger ist bleiben Unklarheiten unkommentiert, solange sie nicht unmittelbar relevant sind für den Fortgang der Interaktion. Dies wird im folgenden Telefonat zwischen dem Dänen H (einem Käsehersteller) und dem Syrer B (einem Großkunden), die in einer Geschäftsbeziehung zueinander stehen, sichtbar.

5.1.4 Bsp. 4 (Firth 1996, S. 244)

```
01 B:  ... so I told him not to u::h send the:: cheese after the- (.)
02     the blowing (.) in the customs
03     (0.4)
04     we don't want the order after the cheese is u::h (.) blowing.
05 H: I see, yes.
06 B: so I don't know what we can uh do with the order now. (.) What do you
07    think we should uh do with this is all blo:wing Mister Hansen
08    (0.5)
09 H: I'm not uh (0.7) blowing uh what uh, what is this u::h too big or what?
10    (0.2)
11 B: no the cheese is bad Mister Hansen
12    (0.4)
13    it is like (.) fermenting in the customs' cool rooms
14 H: ah it's gone off.
15 B: yes it's gone off
16 H: we::ll you know you don't have to uh do uh anything because it's not
      ... ((continues))
```

H reagiert nicht direkt nach der ersten Erwähnung des für ihn unklaren Ausdrucks „blowing" seitens B (Z. 02) mit einer Nachfrage, sondern wartet ab, ob sich die Bedeutung nicht im weiteren Verlauf des Gesprächs klärt. Erst als der Ausdruck für den Fortgang zentral wird, fragt er explizit nach (Z. 09). Diese generell höhere Ambiguitätstoleranz gegenüber Fremden führt im Übrigen dazu, dass – durchaus anders als erwartet – interkulturelle Begegnungen meist sogar als weniger problematisch eingestuft und seltener negativ bewertet werden als intrakulturelle (vgl. Stauss und Mang 1999 am Beispiel geschäftlicher Transaktionen). Prozedural kann Intersubjektivität in der Begegnung zwischen Fremden (in der meist Englisch als *Lingua franca* verwendet wird) somit durch die sequenzielle Klärung von Un- oder Missverständnissen im Verlauf der Interaktion sichergestellt werden.

Die empirischen Beispiele zeigen, dass in Interaktionen bei (potenzieller) soziokultureller Differenz zunächst die Interaktionsbedingungen, später aber auch prozedurale Probleme wie Semantiken oder Aspekte der Etikette (z. B. die normativ beurteilte Kommunizierbarkeit von sozialen Sinninhalten) geklärt werden. Dies kann explizit durch Fragen erfolgen (Bsp. 1, 3) oder implizit als inhärente Sinnschicht des kommunikativen Tuns selbst (Bsp. 2, 4). Interaktionskrisen wird also entweder aktiv vorgebeugt oder sie werden als Latenzen in die Zukunft verschoben.

5.2 Kontakt mit Menschen mit Demenz

Interaktionen mit Menschen mit Demenz sind nicht weniger prekär als Interaktionen mit kulturell Fremden (vgl. ausführlich Meyer 2014b). Immer wieder kann es zu komplett unerwarteten, jegliche Routinen und Erwartungen brechenden kommunikativen Anschlüssen kommen:

5.2.1 *Bsp. 5 (Hamilton 1994, S. 112)*

```
01 Heidi: What are they used for?
02 Elsie: Yes, that's right.
```

Diese Episode stellt ein Beispiel für zahlreiche kleine Interaktionskrisen in der Begegnung mit Menschen mit Demenz dar, die meist mit dem Abbruch der sequenziell organisierten Interaktion enden und in einen Neustart münden (s. Meyer 2014b: 104–105). Gleichzeitig werden solche Episoden (zumindest von den gesunden Beteiligten) als „Dokumente für" den sozio-kategorialen Status des Gegenübers aufgefasst. Aus diesem Grund nutzen die (gesunden) Beteiligten – zumindest, wenn sie die dazu nötige Zeit aufbringen können – jede Interaktion, um immer wieder implizit, manchmal auch explizit, die Interaktionsfähigkeiten ihres Gegenübers zu testen und auf dieser Basis permanent ihr eigenes Interaktionsverhalten an die Gegebenheiten anzupassen und neu zu kalibrieren (Hamilton 1994, S. 102; vgl. Lindemann 2009, S. 237, 242). Gerade in der Interaktion mit Menschen mit Demenz ist dies auch sinnvoll, da bei diesen sogenannte „lichte Momente" ebenso plötzlich auftauchen wie wieder vergehen können und ihre Interaktionsfähigkeit sich schnell und oft recht tiefgreifend ändert. Die folgenden Beispiele zeigen diesen Charakter der impliziten Testinteraktion.

5.2.2 Bsp. 6 (Hamilton 1994, S. 127)

```
01 Heidi: (gets a photograph) Look at this one. Do you know this person?
02 Elsie: Mhm. [Mhm.
03 Heidi:       [(chuckles) That's you!
04 Elsie: Mm Hm.
```

5.2.3 Bsp. 7 (ebd., S. 102)

```
01 Heidi: And I lived for the last two years in Minnesota, [so I w-
02 Elsie:                                                  [Yeah so do I.
03 Heidi: Uhhuh.
04 Elsie: That's [where I was born, [too.
05 Heidi:        [uhhuh uhhuh       [uhhuh. You were down in Mankato?=
06 Elsie: =Yes. Mhm.
```

In Bezug auf das letzte Beispiel sagt die krankenpflegende (und zugleich sozio-linguistisch forschende) Heidi:

In this example, I use the question „You were down in Mankato?" to help provide Elsie with information to continue our conversation. Because I know the answer is affirmative, I can be seen as either tutoring or testing her (ebd., 102).

Studien haben gezeigt, dass ritualisierte Interaktionselemente auch bei fortge-schrittener Demenz relativ gut bewältigt werden und dadurch bisweilen den An-schein intakter kognitiver und sozialer Kompetenzen erwecken. Im folgenden Bei-spiel gelingt es der dementen May, normale Interaktionsfähigkeiten zu demonstrie-ren, indem sie angesichts eines gebrochenen Beins ihrer Tochter nicht in der norma-len Form grüßt (was sie in einem früheren Telefonat zur Frustration ihrer Tochter getan hatte), sondern eine spezielle Betonung des Wie-geht-es-Teils darbringt und Nachfragen zum Gesundheitszustands stellt (Z. 14–15). Die Sequenz stammt aus einem Telefongespräch, für das ihre Tochter Natalie (Nat) sie zurückgerufen hat, nachdem ein erster Anrufversuch Mays gescheitert war.

5.2.4 Bsp. 8 (Kitzinger und Jones 2007, S. 195–196; vereinfacht)

```
01      ((dialling ring ri-))
02 May: Hello:,
03 Nat: Hello:,
04 May: Hello: lo:ve.=It's- (0.5) are y-
05      it's Natalie:?
06 Nat: Yes::.
07 May: (Yes.) It- it's- it's me::
08      obvious[ly:.]
09 Nat:        [Ye:s] obviously:.
10 May: I'm sorry: darling.=This: flipping phone
11      seems to (.) play- well play tricks a:ll
12      the ti:me.
13 Nat: Neve:r mi:nd.=
14 May: =How are you love.=And how's y:- (.)
15      everything going there.=How's your le:g.
16 Nat: It's alri:ght. hhh An' it's not so much
17      longer until I can get the pla:ster
18      offit.=So that'll be goo[:d.]
19 May:                         [Oh ] goo:d
20      love.
21 Nat: .hhh (So) that'll be a grea:t relie:f.
22      =[I think.]
23 May:  [I'm s:: ]ure it will darli:ng. Honestly
24      you poo:r thi(h)ng!
25 Nat: huh! Never mi(h)nd.
26 May: I kno(h)w worse things happen at sea
27      [don't they.]
28 Nat: [O:h absolut]ely, yes.
29 May: But uh.hhh everything okay
30      ob[viously.]
31 Nat:   [Everyth]ing's fi:ne yes yes David is
32      at wo:rk toda:y [hhh] so he's gone to=
33 May:                 [ye:s:]
34 Nat: Sally's [hhh]
35 May:         [And] when on ea:rth can I get
36      ho:me Natalie.
```

Obwohl May die interaktionale Klippe des gebrochenen Beins erfolgreich um-
schifft, entstehen dieses Mal Probleme, als Natalie Mays zweite Wie-geht-es-Se-
quenz (Z. 29–30) zum Anlass nimmt, von ihrem Sohn David zu erzählen. May
bricht dieses Thema abrupt ab (Z. 35–36) und spricht den eigentlichen Grund ihres Anrufs an: ihre Frage, wann sie nach Hause kommen könne. Natalie hat von
May, nachdem diese sich an das gebrochene Bein erinnern konnte, offensichtlich zu
viel Erinnerungsvermögen erwartet, als sie David ohne weitere Erklärung erwähnte.
Mays abrupter Themenwechsel mag zu dem Bild beitragen, dass Demenzkranke mit
Fortschreiten der Krankheit immer uninteressierter an ihren Gegenübern und immer
egozentrischer würden (vgl. z. B. Snowden et al. 2006, S. 136). Er kann allerdings
auch den einfachen Grund haben, dass May sich schlicht nicht an den von Natalie
als bekannt und offensichtlich relevant vorausgesetzten David erinnern kann und
dieses Defizit durch den Themenwechsel übergehen möchte (Kitzinger und Jones
2007, S. 197). Obwohl sie also das erste mögliche „relational disaster" (ebd., S. 199)
durch Thematisierung des Beins verhindert hat, ist schlechterdings durch die damit
entstandene Normalitätsillusion ein zweites entstanden. Gerade die Fähigkeit, ihre

kognitiven Defizite bisweilen überspielen zu können, macht May also verletzlich, da sie dann auch für Handlungen verantwortlich gemacht wird, über die sie eigentlich keine Kontrolle hat (ebd., S. 199–200).

Anhand dieser Beispiele wird deutlich, dass die Beteiligten auch hier ihre Gegenüber fortwährend auf der Basis der Interaktionsgeschichte einschätzen und diese Einschätzung kontinuierlich mit dem aktuellen Interaktionsverlauf abgleichen. Interaktionspartner werden also nicht ein für alle Mal und endgültig sozial oder interaktional kategorisiert; ihre Interaktionskompetenzen werden vielmehr mit jeder Interaktion wieder aufs Neue bewertet. Insbesondere im Fall der liminalen Interaktion testen die Teilnehmer und Teilnehmerinnen die Interaktionsfähigkeiten ihres jeweiligen Gegenübers immer wieder implizit, manchmal auch explizit, um auf dieser Basis ihr eigenes Interaktionsverhalten neu zu kalibrieren.

5.3 Umgang mit intelligenten Maschinen und Computerprogrammen

Nicht unähnlich zum Kontakt mit Menschen mit Demenz werden auch im Umgang mit intelligenten Computerprogrammen bisweilen durch einige gelungene Interaktionsmomente aufseiten des menschlichen Nutzers höhere Erwartungen an die Kompetenzen des künstlichen Gegenübers geweckt, als dieses nachhaltig über die ganze Interaktion hinweg erfüllen kann. Dies wird im folgenden Beispiel einer Interaktion zwischen dem virtuellen Agenten Max (M) und einem Nutzer (N) deutlich.

5.3.1 Bsp. 9 (Krummheuer 2010, S. 168; vereinfacht und adaptiert)

```
01 M  Wie heißt Du?
02 N  Interessiert Dich mein Name wirklich?
03 M  Können diese Augen lügen?
04 N  ((lacht)) Und wenn ich lieber anonym bleiben möchte?
05 M  Das willst Du doch gar nicht wissen. ((grinst))
```

Max startet sehr schlagfertig (Z. 03), kann aber dann sein Niveau nicht halten und bringt (Z. 05) einen misslungenen, „schrägen" Anschluss.

Viele Nutzer versuchen im Verlauf der Interaktion mit Max, mehr über diesen und die Qualitäten seiner simulierten „Menschlichkeit" herauszufinden. Jedoch sind viele virtuelle Agenten so programmiert, dass sie in diesem Fall in Floskeln antworten, die, wenn sie durchweg und ungebrochen geäußert werden, auf die Dauer frustrierend für das menschliche Gegenüber sind. Dies versuchen die Nutzer gerne zu brechen, indem sie das Programm „aus der Reserve locken".

5.3.2 Bsp. 10 (Krummheuer 2010, S. 285–287; vereinfacht und adaptiert)

```
01 N  Wie viele Leute haben Dich entwickelt?
02 M  Das einzige, was zählt, sind doch nicht nur Zahlen, oder?
04 N  Wie funktionierst Du?
05 M  Also, ich hab da keine Meinung zu.
06 N  1+3=
07 M  Du musst schon genau erklären, was Du meinst, René.
08 N  Eins plus drei ist gleich?
09 M  Ich bin doch keine Rechenmaschine!
10 N  Schicker Pulli.
11 M  Ich bin begeistert.
12 N  Wie viel kriegst Du für heute Nachmittag?
13 M  42 vielleicht?
14 N  DM, Euro, ...?
15 M  Mit dieser Frage hab ich mich noch gar nicht beschäftigt.
```

Eine konsistente Interaktion kommt nicht zustande, und es bleibt dem menschlichen Nutzer überlassen, immer wieder mit dem unweigerlichen thematischen Abbruch umzugehen und neue Themen ins Spiel zu bringen. Die Tatsache, dass intelligente Programme und Roboter immer wieder interaktionale Frustrationserlebnisse erzeugen, indem sie wenig anschlussfähige Floskeln und schräge Anschlüsse äußern oder durch Zufallstreffer Erwartungen wecken, die sie im weiteren Verlauf nicht erfüllen können, führt darüber hinaus dazu, dass Nutzer den künstlich-intelligenten Interaktionspartner – nicht selten mittels Beleidigungen, die bei menschlichen Gegenübern zum Abbruch der Interaktion führen würden – immer wieder gerne auf das Vorhandensein von Emotionen oder sozialer Eigenschaften wie Ehrgefühl oder eines sozialen Gesichts „testen":

5.3.3 Bsp. 11 (De Angeli und Branahm 2008, S. 305)

```
01 User:         I hate you.
02 Jabberwacky:  I hate you too.
03 User:         I think you are stupid.
04 Jabberwacky:  Not at all.
05 User:         What is 7364 + 347837 then?
06 Jabberwacky:  The answer is 165466.
07 User:         Wrong. Let's make it wasy. What is 2 + 2.
08 Jabberwacky:  You are some thing.;).
09 User:         So are you: -).
10 Jabberwacky:  I will consider that a compliment.
11 User:         Sure, if that meks you fell better.
12 Jabberwacky:  I think it pretty much does.
```

Auch Sprachkompetenzen werden häufig getestet, ähnlich wie in der Online-Interaktion mit menschlichen kulturell Fremden. Nicht zuletzt wird auch die Fähigkeit des künstlich-intelligenten Gegenübers zur Empathie und Nachempfindung menschlich-existentieller Grunderfahrungen getestet. Bisweilen wird aber auch seine Fähigkeit geprüft, selbst mit schrägen Anschlüssen und absurden Äußerungen umzugehen, wie im folgenden Beispiel.

5.3.4 Bsp. 12 (http://www.jabberwacky.com; 22, December 2004)

```
01 user:        Go away. I'm mourning. DONT YOU HAVE ANY FEELINGS.
02 jabberwacky: Yes I do.
03 user:        NO YOU DON'T. You're mean and you don't care that my
                grandma died.
04 jabberwacky: That is kind of you.
05 user:        No, not it's not. See, you have no sympathy. I don't know
                why I talk to you.
06 jabberwacky: Why do you?
07 user:        Because I get upset because my grandma died. They're
                making me talk to you. Otherwise I'll be a sandwich.
08 jabberwacky: You seem a little misinformed.
09 user:        No I'm not. They'll put me in a box and print me out.
                Otherwise I would be a cow.
10 jabberwacky: But I'll leave now. TV is more important than you.
11 user:        You're a really stupid cow. And here I thought you were
                just brown.
12 jabberwacky: No......
13 user:        Well then there's nothing we can do. You have to die now.
14 jabberwacky: Why is that then?
15 user:        Because nobody likes corn.
16 jabberwacky: Yeah. And because of many other reasons.
17 user:        I know.
18 jabberwacky: Well then.
19 user:        Don't be silly. Everyone knows about the jerky.
```

Bei diesen Beispielen handelt es sich – wie auch bei den Beispielen der anderen Alteritätstypen – um zweckfreie Konversationen, sodass in ihrem Rahmen die Sozialität und interaktionale Kompetenz des Gegenübers besonders ausführlich und eingehend „getestet" werden kann, da es nicht um Handlungskoordination geht. Bei der Interaktion mit virtuellen Agenten und Robotern bezieht sich das „Testen" vor allem auf deren Menschenähnlichkeit: auf die Fähigkeit, sinnhafte thematische Anschlüsse zu produzieren, Emotionen zu zeigen und Empathie zu demonstrieren.

6 Fazit

Die meisten soziologischen Theorien des „interpretativen Paradigmas" gehen wie die Ethnomethodologie davon aus, dass das Funktionieren von Interaktion im Alltag durch oft implizit bleibende Normalitätsannahmen gewährleistet wird. Diese Normalitätsannahmen, auch *common ground* genannt, generieren wechselseitige, sich meist überschneidende Erwartungen und Erwartungserwartungen und bieten durch diese Überschneidungen Verhaltenssicherheit. Wenn Luhmann (z. B. 1970: S. 30 f.) Recht hat und diese Normalitätsannahmen jedoch auf Konsensunterstellungen beruhen, die systematisch überschätzt werden, dann sind kleinere Interaktionskrisen im Alltag strukturell zu erwarten.

Wie wir gesehen haben, werden diese immer wieder auftretenden kleineren Krisen im Verlauf der Interaktion mit Fremden, Menschen mit Demenz und virtuellen Agenten allerdings meist mit relativer Gelassenheit beantwortet, im sequenziellen Verlauf der Interaktion selbst geklärt und zur fortlaufenden Kalibrierung der so-

zio-kategorialen Einschätzung des Gegenübers genutzt. Nun könnte man freilich einwenden, dass dies zeigt, dass der Umgang mit den neuen bzw. normalisierten Alteritäten offenbar keinen Krisencharakter besitzt. Jedoch hat Dewey, wie auch andere Vertreter des amerikanischen Pragmatismus, immer darauf bestanden, dass eine problematische Situation Prozesse der Auslegung anstößt, die nicht erst mit der wissenschaftlichen Theoriebildung, sondern bereits in der alltäglichen Handlungspraxis beginnen. Auch Husserls Epoché hat sich stets auch auf die kleinen, banalen und trivialen Dinge des lebensweltlichen Alltags bezogen. Es erscheint mir daher vielversprechender, den weder „schlagartigen" und „umfassenden" noch „panikartigen", sondern eigentümlich gelassenen Umgang mit den (kleinen und „normalen") Interaktionskrisen in seiner soziologischen Bedeutung ernst zu nehmen.

In der Tat stellen, auch nach ethnomethodologischer Auffassung (wie gezeigt), Krisen gewissermaßen den ganz normalen Treibstoff für Interaktionen dar. Denn würden Interaktionen immer krisenlos laufen, wären sie gar nicht nötig, da sie komplett antizipiert werden könnten; wären sie andererseits permanent in der Krise, dann wären sie nie erfolgreich und daher gar nicht möglich (vgl. Burke 1950: 20–23). Der Mechanismus, der dieses Paradox aus ethnomethodologischer Sicht auflöst, ist die temporal-sequenzielle Organisation von Interaktionen, die durch Maximen wie „Let it pass" und „Et cetera", aber auch Verfahren wie der „third turn validation" (Schegloff 1992), d. h. der Ratifizierung von *alters* Interpretation von *egos* Erstäußerung durch einen dritten Redezug *egos*, Intersubjektivität prozedural herstellt.

Was sich jedoch in der empirischen Analyse gezeigt hat, ist, dass sich in der liminalen Interaktion zusätzlich zur normalen Accountability eine zweite Ebene mitlaufender Kommunikation besonders deutlich zeigt und normalisiert – eine Ethnomethode, die vielleicht auf der primordialen menschlichen Alteritätskompetenz basiert, die eingangs erwähnt wurde und die Stichweh als „minimale Sympathie" bezeichnet hat.[2] Diese Ethnomethode testet implizit und fortlaufend die Alterität des interaktionalen Gegenübers und kalibriert anhand dessen permanent die laufende Interaktion. Aus Sicht der Ethnomethodologie muss für den Fall der liminalen Interaktion also Garfinkels Theorem, dass soziales Tun immer mit dem Interpretierbarmachen dieses Tuns als eines Tuns spezifischer Art identisch ist (1967, S. 1), noch um eine weitere reflexive Schicht erweitert werden: simultan zu und identisch mit dem normalen Tun geht hier noch zusätzlich ein kontinuierliches implizites „Bewusstseins-", „Normalitäts-"- und „Alteritätstesten" des interaktionalen Gegenübers einher. Dies bedeutet, dass sich für die liminalen Interaktionen der Alteritätsgesellschaft der Zukunft möglicherweise gar keine eigenen neuen Interaktionsroutinen herausbilden. Vielmehr wird die bereits vorhandene Reflexivität sozialer Praxis verstärkt und es entsteht eine sich permanent selbst beobachtende Interaktionsroutine zweiter Ordnung.

Danksagung Ich danke den Herausgebern dieses Heftes und den beiden anonymen Gutachtern für wertvolle Hinweise zu einer früheren Version dieses Textes.

---

[2] Sie ist damit äquivalent zur menschlichen Kooperationsneigung insgesamt (vgl. Goody 1995, passim).

 Springer

Literatur

Bader, Jennifer. 2002. Schriftlichkeit und Mündlichkeit in der Chat-Kommunikation. Networx 29. https://www.mediensprache.net/de/networx/networx-29.aspx. Zugegriffen: 18. Jan 2016.

Burke, Kenneth. 1950. *A rhetoric of motives*. New York: Prentice-Hall.

Cramer, Henriette, Nicander Kemper, Alia Amin, Bob Wielinga, und Vanessa Evers. 2009. „Give me a hug": The effects of touch and autonomy on people's responses to embodied social agents. *Computer Animation and Virtual Worlds* 20:437–445.

De Angeli, Antonella, und Sheryl Brahnam. 2008. I hate you! Disinhibition with virtual partners. *Interacting with Computers* 20:302–310.

Deutsche Alzheimergesellschaft. 2012. *Selbsthilfe Demenz. Das Wichtigste 1: Die Epidemiologie der Demenz*. Berlin: Deutsche Alzheimergesellschaft.

Deutscher Ethikrat. 2012. *Demenz und Selbstbestimmung. Stellungnahme*. Berlin: Deutscher Ethikrat.

Dewey, John. 1938. *Logic. The theory of inquiry*. New York: Holt.

Eßbach, Wolfgang. 2012. *Die Gesellschaft der Dinge, Menschen, Götter*. Wiesbaden: Springer VS.

Firth, Alan. 1996. The discursive accomplishment of normality. On „lingua franca" english and conversation analysis. *Journal of Pragmatics* 26:237–259.

Garfinkel, Harold. 1963. A conception of, and experiments with, „trust" as a condition of stable concerted actions. In *Motivation and social interaction. Cognitive determinants*, Hrsg. O.J. Harvey, 187–238. New York: Ronald Press.

Garfinkel, Harold. 1967. *Studies in Ethnomethodology*. Englewood Cliffs: Prentice-Hall.

Garfinkel, Harold, und D. Lawrence Wieder. 1992. Evidence for locally produced, naturally accountable phenomena of order*, logic, reason, meaning, method, etc. In *Text in context: Contributions to Ethnomethodology*, Hrsg. Graham Watson, und Robert M. Seiler, 175–206. London: Sage.

Goody, Esther (Hrsg.). 1995. *Social intelligence and interaction*. Cambridge: Cambridge University Press.

Hamilton, Heidi Ehernberger. 1994. *Conversations with an Alzheimer's patient: An interactional sociolinguistic study*. Cambridge: Cambridge University Press.

Husserl, Edmund. 1976 [1936]. *Die Krisis der europäischen Wissenschaften und die transzendentale Phänomenologie. Eine Einleitung in die phänomenologische Philosophie*. Den Haag: Nijhoff.

Kitzinger, Celia, und Danielle Jones. 2007. When May calls home: The opening moments of family telephone conversations with an Alzheimer's patient. *Feminism & Psychology* 17:184–202.

Kocka, Jürgen. 2008. Chancen und Herausforderungen einer alternden Gesellschaft. In *Was ist Alter(n)? Neue Antworten auf eine scheinbar einfache Frage*, Hrsg. Ursula M. Staudinger, und Heinz Häfner, 217–236. Heidelberg: Springer.

Krummheuer, Antonia. 2010. *Interaktion mit virtuellen Agenten? Zur Aneignung eines ungewohnten Artefakts*. Stuttgart: Lucius & Lucius.

Levy, David. 2007. *Love and sex with robots. The evolution of human-robot relationships*. New York: Harper.

Lindemann, Gesa. 2009. *Das Soziale von seinen Grenzen her denken*. Weilerswist: Velbrück.

Luhmann, Niklas. 1970. Institutionalisierung – Funktion und Mechanismus im sozialen System der Gesellschaft. In *Zur Theorie der Institution*, Hrsg. Helmut Schelsky, 27–41. Düsseldorf: Bertelsmann-Universitätsverlag.

MacDorman, Karl F. 2005. Androids as an experimental apparatus. Why is there an uncanny valley and can we exploit it? In: *Toward social mechanisms of android science. A CogSci 2005 Workshop*. http://www.androidscience.com/proceedings2005/MacDormanCogSci2005AS.pdf. Zugegriffen: 18. Jan 2016.

Meyer, Christian. 2013. New alterities and emerging cultures of social interaction. Global Cooperation Research Papers 3. Duisburg: Käte Hamburger Kolleg/Centre for Global Cooperation Research. http://www.die-gdi.de/uploads/media/Global-Cooperation-Research-Papers-3.pdf. Zugegriffen: 18. Jan 2016.

Meyer, Christian. 2014a. „Metaphysik der Anwesenheit". Zur Universalitätsfähigkeit soziologischer Interaktionsbegriffe. In: *Interaktion – Organisation – Gesellschaft revisited. Anwendungen, Erweiterungen, Alternativen*, Hrsg. Bettina Heintz, und Hartmann Tyrell, Stuttgart: Lucius & Lucius. Sonderheft der *Zeitschrift für Soziologie* 45:321–345.

Meyer, Christian. 2014b. Menschen mit Demenz als Interaktionspartner. Eine Auswertung empirischer Studien vor dem Hintergrund eines dimensionalisierten Interaktionsbegriffs. *Zeitschrift für Soziologie* 43:95–112.

Oevermann, Ulrich. 2004. Sozialisation als Prozess der Krisenbewältigung. In *Sozialisationstheorie interdisziplinär. Aktuelle Perspektiven*, Hrsg. Dieter Geulen, und Hermann Veith, 155–181. Stuttgart: Lucius & Lucius.

Schegloff, Emanuel A. 1992. Repair after next turn: The last structurally provided defense of intersubjectivity in conversation. *American Journal of Sociology* 97:1295–1345.

Schütz, Alfred. 1972. Der Fremde. In *Gesammelte Aufsätze*, Bd. 2 *Studien zur soziologischen Theorie*, 53–69. Den Haag: Nijhoff.

Snowden, Julie, Jackie Kindell, und David Neary. 2006. Diagnosing semantic dementia and managing communication difficulties. In *Communication disability in the dementias*, Hrsg. Karen Bryan, und Jane Maxim, 125–146. London: Whurr.

Soares Palmer, Dionne. 2010. Second language pragmatic socialization in World of Warcraft. Diss., University of Calfornia at Davis.

Stagl, Justin, und Wolfgang Reinhard (Hrsg.). 2005. *Grenzen des Menschseins: Probleme einer Definition des Menschlichen*. Wien: Böhlau.

Stauss, Bernd, und Paul Mang. 1999. „Culture Shocks" in inter-cultural service encounters? *Journal of Services Marketing* 13:329–346.

Stichweh, Rudolf. 2010. *Der Fremde. Studien zu Soziologie und Sozialgeschichte*. Frankfurt: Suhrkamp.

Takaya, Kentei. 2011. Organization of Topics in intercultural and intracultural small talk. *Cross-Cultural Communication* 7:17–24.

Wenzel, Harald. 2001. *Die Abenteuer der Kommunikation. Echtzeitmassenmedien und der Handlungsraum der Hochmoderne*. Weilerswist: Velbrück.

Wilson, Thomas P. 1970. Conceptions of interaction and forms of sociological explanation. *American Sociological Review* 35:697–710.

Wolff, Stephan. 1976. *Der rhetorische Charakter sozialer Ordnung: Selbstverständlichkeit als soziales Problem*. Berlin: Duncker & Humblot.

Woods, Sarah, Kerstin Dautenhahn, Christina Kaouri, René te Boekhorst, Kheng Lee Koay, und Michael L. Walters. 2007. Are robots like people? Relationships between participant and robot personality traits in human-robot interaction studies. *Interaction Studies* 8:281–305.

Christian Meyer Prof. Dr., ist seit 2016 Professor für Allgemeine Soziologie und Kultursoziologie an der Universität Konstanz. 2015–16 war er Professor an der Universität Würzburg, 2014–15 an der Universität Duisburg-Essen. Vertretungs- und Gastprofessuren sowie Fellowships an den Universitäten Groningen, Siegen, Hawaii, Halle-Wittenberg, Stockholm, Sankt-Petersburg, Bielefeld, Rom und Siena. Habilitation 2011 in Bielefeld, Promotion 2003 in Mainz. Zu seinen Forschungsschwerpunkten zählen (u. a. vergleichende) Kultursoziologie, Interaktionssoziologie, qualitative Methoden und Praxistheorien, insbesondere Ethnomethodologie.

Österreich Z Soziol (2016) (Suppl) 41:97–114
DOI 10.1007/s11614-016-0208-8

Die Krisenhaftigkeit der Krise – Misslingende demenzielle Interaktionsprozesse

Andrea Radvanszky

Zusammenfassung Dass die Betreuung von Demenzkranken als besonders belastend gilt, ist gemeinhin bekannt. Das situative Handlungssystem von Erkrankten und pflegenden Angehörigen ist unter Zuhilfenahme von Ansätzen der interpretativen Soziologie jedoch kaum ausgeleuchtet. Anhand von Interviews mit pflegenden Angehörigen wird in diesem Beitrag untersucht, wie sich die Interaktion mit demenzkranken Familienmitgliedern konstituiert und welche Handlungsstrategien der Angehörigen sichtbar werden. Dabei zeigt sich, dass es zum Zusammenbruch normaler Interaktionsprozesse aufgrund der Suspension der Reziprozitätsidealisierung kommt, was zu massiven Störungen der Beziehung und Verunsicherung des eigenen Selbst führt. Darüber hinaus sind die Interaktionskrisen weder vorhersehbar noch auf Dauer gestellt. Die Angehörigen können kein neues Handlungswissen aufbauen und es bleibt unklar, ob die konstitutiven Erwartungen aufzugeben sind oder nicht – es kommt zu einem Vertrauensbruch in der Beziehung.

Schlüsselwörter Demenz · Pflegende Angehörige · Interaktionskrisen · Handlungstheorie · Qualitative Sozialforschung

The constitution of crisis. Failing interaction processes in the context of Dementia

Abstract It is generally understood that the care of dementia patients is particularly demanding. However, the situational action system of sufferers and family caregivers has yet to be adequately analysed by means of interpretive sociological approaches. Using interviews with family caregivers, this article examines the nature of pa-

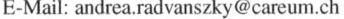

A. Radvanszky (✉)
Careum Forschung, Kalaidos Fachhochschule Departement Gesundheit,
Pestalozzistrasse 3, 8032 Zürich, Schweiz
E-Mail: andrea.radvanszky@careum.ch

tient-caregiver interactions and particular strategies for action that relatives adopt. It shows that suspending the so-called *Reziprozitätsidealisierung* ('idealization of reciprocity') leads to a breakdown of normal interaction processes, which in turn results in a severe deterioration of the relationship and in destabilized (caregiving) subjects. These disturbances of interaction are neither predictable nor permanent. Relatives are thus unable to acquire new recipe knowledge and uncertain whether or not they have to relinquish constitutive expectancies – as a result, the relationship becomes characterized by a breach of trust.

Keywords Dementia · Family caregivers · Interaction crisis · Theory of action · Qualitative social research

1 Einleitung

Zu den wichtigsten Problemkreisen bei der Demenz[1] zählen neben der Erforschung ihrer Ursachen und der Optimierung von Behandlungsmöglichkeiten insbesondere die sozialen Dimensionen der Krankheit. Die Demenz steht unter psychosozialer Perspektive im Fokus sozialwissenschaftlicher Betrachtung, die sich auf elaborierte Versorgungs- und Betreuungsformen konzentriert. Hier greift man auf eine spezifische „Ethik der Demenz" (exemplarisch Katona et al. 2009) und auf das Konzept der Menschenwürde und Autonomie (z. B. Klie 2005) zurück. Aus der Erforschung des im Vergleich zu anderen Pflegesituationen spezifischen Belastungserlebens der pflegenden Angehörigen von Demenzkranken, die seit den 1970er Jahren überwiegend in der Psychologie betrieben wird (Zarit et al. 1980), sind zahlreiche Interventionsprogramme zur Verbesserung der Lebensqualität der Erkrankten und ihrer Betreuungspersonen hervorgegangen. Als bedeutsamste Dimensionen für die Belastung und gesundheitliche Beeinträchtigung der pflegenden Angehörigen werden die mit der Gedächtnisstörung einhergehenden Veränderungen der Persönlichkeit und des sozialen Verhaltens der Demenzkranken sowie der Kontrollverlust über die Körperausscheidung hervorgehoben (Dunkin et al. 1998, Wilz et al. 2001, Pinquart et al. 2003).

Angesichts dieser spezifischen Belastung der pflegenden Angehörigen von Demenzkranken wende ich mich in diesem Beitrag dem Problem zu, wie die Eigenheit der Interaktionsbeziehung bei Demenz soziologisch beschrieben werden kann.

---

[1] Medizinisch definiert gilt Demenz als psychische Krankheit mit einer nachweisbaren zerebralen Veränderung infolge einer Hirnverletzung oder anderen Schädigung, die zu einer Hirnfunktionsstörung führt. Sie führt zu einer Beeinträchtigung des Denk- und Sprachvermögens, der Auffassungs- und Lernfähigkeit, zu zeitlichen und räumlichen Orientierungsstörungen und zum Verlust der Fähigkeit, vernünftig zu urteilen. Die heute am häufigsten diagnostizierte Form ist die Alzheimer-Demenz. Die verschiedenen Demenzformen unterscheiden sich laut Definition durch Beginn, Verlauf sowie körperliche und psychische Merkmale. Es werden auch Mischformen diagnostiziert (ICD-10-GM 2015). Bei der Demenz handelt es sich um eine ursächlich nicht geklärte Krankheit. Eine spezifische medikamentöse Therapie ist gegenwärtig nicht möglich. Ergänzend zur pharmakologischen Behandlung existiert eine breite Palette komplementärer Interventionen (z. B. Mal-, Atem-, Musik- und Bewegungstherapie sowie Gehirntrainingskurse), deren Evidenz kontrovers diskutiert wird (vgl. die Arbeiten der Forschungsgruppe „Versorgungsinterventionen" von Margareta Halek am Deutschen Zentrum für Neurodegenerative Erkrankungen).

 Springer

Jüngst wurde in verschiedenen Beiträgen der Ansatz aufgegriffen, dass bei Demenz – oder im Kontext schwerer Gehirnschädigung wie beim Wachkoma – die Regeln der Alltagswelt suspendiert werden (Hitzler 2012, Kotsch et al. 2013, Meyer 2014). Der Ausfall von Intersubjektivität und die Krisen der Wahrnehmung der Wirklichkeit sollen insbesondere für affektive und körperliche Interaktionsformen sensibilisieren, um interaktive Anschlüsse trotz des Verlusts kognitiver Fähigkeiten, von Wahrnehmung, von Erinnerung und Sprache zu ermöglichen (Meyer 2014). Daraus werden wünschbare Verhaltensweisen in der Demenzpflege abgeleitet (Kotsch et al. 2013, Meyer 2014). Freilich, darauf macht bereits eine frühe soziologische Studie von Fontana et al. (1989) aufmerksam, fällt die „Normalisierung von Kompetenz" wegen des Intersubjektivitätsproblems den Nicht-Dementen als Hauptaufgabe zu. Ob Verständigung gelingt, hängt damit maßgeblich davon ab, ob es Nicht-Dementen gelingt, die verbalen und para-verbalen Äußerungen in die Bereiche der Alltagserfahrung einzupassen.

Dass die konstitutiven Erwartungen in alltagsweltlichen Interaktionssituationen an ihren Bruchstellen am deutlichsten zu Tage treten, ist eine Grunderkenntnis, die Harold Garfinkel in seinen Krisenexperimenten (1963) herausgearbeitet hat. Die Analyse der Interaktionspostulate erfolgt bei Alfred Schütz (1972c) und Fritz Schütze (1980) auch anhand literarischer Texte. So zeigt die betörend-traurige Studie von Alfred Schütz über die Reisen des Don Quixote die unverzichtbare Einigung über die Welt, wie sie durch das Alltagsverständnis erfahren wird, deutlich auf. Diese unverzichtbare Einigung wird mittels der stillschweigenden Annahme der Intersubjektivität als einer „unkorrigierbaren Annahme", der die operationale Struktur des alltagsweltlichen Denkens folgt, axiomatisch sichergestellt (Pollner 1975).

In diesem Beitrag interessiert mich die Frage, was demenzielle Interaktionskrisen aus der Perspektive der pflegenden Angehörigen auszeichnet und welche Umgangsstrategien sich rekonstruieren lassen. Ich gehe mit Garfinkel davon aus, dass die Basisregeln von den Handelnden notwendigerweise eingehalten werden müssen, damit sich diese in alltagsweltlichen Interaktionssituationen wechselseitig verständigen können und zu einer gemeinsamen Situationsbestimmung gelangen. Diese Basisregeln geraten anhand von krisenhaften Interaktionen zwischen demenzerkrankten und pflegenden Familienmitgliedern, d. h. in intimen Beziehungskonstellationen in den Blick. Bei Demenz, so postuliere ich, handelt es sich um eine „soziale Erkrankung" als Folge des Zusammenbruchs normaler Interaktionsprozesse: Die interaktionslogische Geltung von Basisregeln wird verletzt, woraus dramatische Störungen der regelgeleiteten Interaktion und in der Folge der sozialen Beziehung der Individuen resultieren. Die Demenz wird hier somit vorrangig als ein sozialer Prozess betrachtet; das medizinische Krankheitsbild wird eingeklammert.

Im nächsten Abschnitt werden die Prinzipien umrissen, nach denen im alltagsweltlichen Handeln Wirklichkeit konstruiert wird. Garfinkels Konzept der Basisregeln, das auf dem grundlegenden Prinzip der Reziprozitätsidealisierung, wie sie Schütz ausformuliert hat, beruht und als Voraussetzung für die Bestimmung krisenhafter Bedingungen gilt, bildet die theoretische Grundlage meiner Argumentation. Das Krisenhafte an Interaktionssituationen mit Demenzkranken und die daraus resultierenden Irritationen und interpretativen Bewältigungsstrategien der pflegenden Angehörigen werden im dritten Kapitel anhand von Interviewzitaten präsentiert. Aus

den Handlungs- und Interpretationsperspektiven der Angehörigen geht hervor, dass die Charakteristik der Interaktionskrisen näher zu betrachten ist, zumal diese den Umgang mit Regelbrüchen beeinflusst. Denn wird gegen die Basisregeln unerwartet verstoßen und wechseln sich Krisen mit Nicht-Krisen unvorhersehbar ab, wird der Reinterpretationsspielraum der Situation stark eingeschränkt und somit der Aufbau von neuem Rezeptwissen erschwert oder gar verhindert. Die Frage, welche Versuche der Normalisierung überhaupt entwickelt werden können, steht noch in einem anderen Zusammenhang. In „Wir-Beziehungen", wie sie Schütz (1971) versteht, lassen sich die Spielregeln als Antwort auf das abweichende Ereignis nicht einfach abändern, hieße dies doch, die Beziehung und damit auch das eigene Selbst zu gefährden. Diese beiden Argumentationslinien mögen schließlich ein Licht darauf werfen, weshalb die medizinische Diagnose als kognitives Erklärungsmodell zwar den Interaktionsrahmen situativ zu stabilisieren vermag, die Interaktionskrisen im Krankheitsverlauf aber weder vollständig noch schlüssig auflösen kann. Es soll ferner gezeigt werden, dass die Interaktionskrisen ein anhaltendes Problem darstellen, die Krisenhaftigkeit also nicht nur die prä-diagnostische Phase, sondern auch die gesamte Zeit danach prägt.

2 Die wissenssoziologische Konzeption krisenhafter Bedingungen im Interaktionsprozess

Die enge Anlehnung Garfinkels an die Schütz'schen Grundannahmen über den sinnhaften Aufbau der sozialen Welt ergibt sich aus der Frage, wie oder wieso wechselseitige Verständigung funktioniert. Schütz beschreibt die damit verbundenen Konstruktionen des alltagsweltlichen Denkens, die Wahrnehmungs-, Denk- und Handlungsoperationen, die in der naiv-natürlichen Einstellung des Alltags vorgenommen werden. Garfinkels Konzept der Basisregeln knüpft daran an. Den Basisregeln, verstanden als konstitutive Erwartungselemente in einer Interaktionssituation, liegt die „Generalthese der reziproken Perspektiven", die Idealisierung der Vertauschbarkeit der Standorte und der Kongruenz der Relevanzsysteme (Schütz 1971, S. 14) zugrunde. Es ist diese grundlegende Reziprozitätsidealisierung, wodurch im interaktiven Prozess die Welt des Alltags konstruiert wird, intersubjektiv geteilte Erfahrungsmuster entstehen, aufrechterhalten und einander als selbstverständlich verfügbar aufgewiesen werden (ebd., S. 365).

Mittels der Idealisierung der Vertauschbarkeit der Standorte werden die unterschiedlichen Perspektiven aufgehoben, die sich daraus ergeben, dass mein Gegenüber oder meine Mitmenschen an einem anderen Ort im Raum[2] stehen als ich. Damit gelangen mir und dem Anderen die Gegenstände und Ereignisse nicht nur in die gleiche „Reichweite", sondern sie treten uns in ihrer gleichen Typenhaftigkeit

---

[2] Schütz bezieht sich hier nicht nur auf die physische Stellung, die der Einzelne in seinem gegenwärtigen Jetzt einnimmt, sondern auch auf seinen Platz in der kosmischen Zeit, bezüglich Status und Rolle sowie auf eine moralische und ideologische Position (Schütz 1971, S. 10). Der hellwache Mensch in der natürlichen Einstellung ordnet seine Welt aus seiner gegenwärtigen raum-zeitlichen Position um sich herum mittels der Kategorien von Rechts und Links, Vorn und Hinten, Oben und Unten, Nah und Fern sowie von Vorher und Nachher, von Vergangenem und Zukünftigem (ebd., S. 255).

entgegen. Die Idealisierung der Kongruenz der Relevanzsysteme bezieht sich auf die wechselseitige Annahme der Interaktionsbeteiligten, dass für die momentane Handlungsabsicht die unumgängliche Differenz der Perspektiven, die sich aus den individuellen Biografien ergeben, irrelevant ist. Ich und mein Gegenüber nehmen somit an, dass wir die Gegenstände, Erfahrungen und Ereignisse bzw. bestimmte Elemente daran in gleicher Weise als bedeutsam, d. h. pragmatisch relevant auswählen und interpretieren, um ein bestimmtes Ziel zu erreichen. Im Handeln selbst wird so ein gemeinsames Bezugsschema des Handelns konstruiert. In der Welt des Alltags, dem ausgezeichneten Ort unseres Handelns und (Ein-)Wirkens, strukturiert das Relevanzsystem unser Wissen in Form typisierender Konstruktionen – typische Lösungen für typische praktische Probleme, typische Weil- und Um-zu-Motive, typische Vorschriften für typisches Verhalten. Die wechselseitige Verwiesenheit des Handelns setzt voraus, dass die Relevanzsysteme der Interaktionsbeteiligten wesentlich und hinreichend übereinstimmen (Schütz 1971, S. 14).[3]

„Verstehen" im Interaktionsprozess setzt ein sozial geteiltes Wissen, d. h. intersubjektiv geteilte Erfahrungs- und Deutungsschemata voraus. Wir setzen dieses alltägliche Wissen beständig ein, um uns gegenseitig den Sinn unseres Handels aufzuzeigen. Garfinkel spricht vom indexikalen Aushandlungsprozess der sozialen Wirklichkeit. Für diese spezifisch operationale Struktur des Alltagsverstehens ist es charakteristisch, dass das Gesprochene hinter dem Gesagten kaum expliziert werden kann oder expliziert werden muss (Garfinkel 1984, S. 27). Der Wissensvorrat ist uns in Gestalt von typischen Konstruktionen von Situationen, Motiven, Mitteln und Zwecken, Handlungsabläufen, Personen und Rollen verfügbar (Schütz 1971, S. 31 ff.). Er baut auf früheren Erfahrungen auf (die Welt in wiederherstellbarer Reichweite) und bildet vermittels von zukünftigen Erwartungen auch das Orientierungsschema für die weitere Weltauslegung (die Welt in erlangbarer Reichweite). Mittels der Idealisierung des „und so weiter" stellen wir uns vor, dass wir weiterhin so handeln können, wie wir bis jetzt gehandelt haben, und wir immer wieder das gleiche Handeln unter gleichen Umständen von Neuem beginnen können. Diese Annahme, so Schütz, bestimmt alles Verhalten in der natürlichen Einstellung (ebd., S. 257).

So wie die grundlegenden idealisierenden oder typisierenden Handlungs- und Interaktionsregeln des alltagsweltlichen Lebens den fraglosen Interpretationsrahmen für die Ereignisse bereitstellen, sind sie gleichermaßen Richtschnur dafür, von normalen Situationen abweichende Ereignisse zu erkennen: „Indeed, in proposing that they are features which receive the constitutive accent, the operation for multiplying the senseless character of his situation involves breaching them" (Garfinkel 1963, S. 217). „Krisenhafte Bedingungen", unter denen schwere Widersinnigkeit „experimentell" erzeugt werden kann, definiert Garfinkel als Folge einer „Nichtübereinstimmung zwischen den konstitutiven Merkmalen als Alltagserwartungen auf der einen Seite und den Elementarereignissen bzw. Grundaspekten von Gegenständen, auf die sich die Alltagserwartungen beziehen, auf der anderen Seite" (Garfinkel 1973, S. 193). Irritationen setzen voraus, dass die Interaktionsbeteiligten sich wechselseitig als Mitglieder derselben Gemeinschaft verstehen oder dass jeder der Akteure

---

[3] Schütz spricht hierbei auch von der „intersubjektiven Motivkette" (1972d, S. 12 ff.).

erwartet, das gleiche Regelwerk sei genauso bindend für die Anderen wie für ihn selbst. Das Konzept des „Vertrauens" akzentuiert folglich eine elementare Bedingung in sozialen Beziehungen: „the player takes for granted the basic rules of the game as a definition of his situation, and that means of course as a definition of his relationship to others" (Garfinkel 1963, S. 194).

Die verschiedenen Krisenexperimente Garfinkels zeigen, wie praktisch jede der alltagsweltlichen Vorannahmen oder Erwartungen – bezogen auf soziale Rollen, die Persönlichkeit oder kulturelle Wissensbestände -, die eine Situation hervorbringen und bestimmen, zu erschüttern sind. Entsprechend sind mit der Unterstellung eines gemeinsamen Wissensbestandes in signifikanten Beziehungen spezifische Verhaltenserwartungen verknüpft. Zwar finden sich bei Garfinkel keine systematischen Überlegungen hierzu[4], ein wichtiges anschlussfähiges Konzept, was signifikante oder intime Interaktionsbeziehungen auszeichnet, bietet dagegen Schütz' Konzeption der „Wir-Beziehung", die er von anonymen Formen von Beziehungen abgrenzt:

> Jeder Partner kann den Körper des anderen, seine Gesten, seinen Gang und seinen Gesichtsausdruck unmittelbar beobachten, aber nicht bloß als Dinge oder Ereignisse der äußeren Welt, sondern in ihrer physiognomischen Bedeutung, das heißt als Symptome für die Gedanken des anderen. Eine nicht nur chronologische, äußere Zeit, sondern auch die innere Zeit teilen soll heißen, dass jeder Partner am Lebenslauf des anderen teilhat und in lebendiger Gegenwart den schrittweisen Aufbau der Gedanken des anderen begreifen kann. Die Partner können so miteinander ihre Zukunftserwartungen in Form ihrer Pläne, ihrer Hoffnungen oder Sorgen teilen. Kurz gesagt, Mitmenschen sind wechselseitig einbezogen in ihre je eigenen Biographien: sie altern zusammen, sie leben, wie wir es nennen können, in einer reinen Wir-Beziehung. [...] In allen anderen Formen sozialer Beziehungen kann das Selbst des anderen Menschen nur durch einen „Beitrag der Imagination hypothetischer Sinnvorstellungen" erfaßt werden [...]. (Schütz 1971, S. 18 f.)

Soziale Beziehungen mit individuellen Partnern gelten als der Ort, um sich als Individuum in die Welt einzuschalten. Diese Sphäre der primären Relevanz verlangt ein hohes Maß an Klarheit und Verständigung über ihre innere Struktur (Schütz 1972b). Für die spezifische Stellung intimer Beziehungen argumentieren auch Berger et al. (1965), indem sie die Ehe als ein „weltschaffendes" oder „nomosbildendes"

---

[4] Ein Vergleich der Erschütterungsexperimente, die in verschiedenen Beziehungssettings stattfanden, kann einen möglichen Anhaltspunkt dafür geben. Garfinkels ausführliche Schilderungen der Reaktionen der Experimentator/innen und Versuchspersonen beim Hotelgast-Experiment, die in einer familialen Beziehung zueinander standen, deuten auf einen wichtigen Unterschied zu den Rollenverwechslungsexperimenten hin, die in anonymen Beziehungskonstellationen stattfanden. Die Studierenden, die sich in der Familie für einige Stunden wie Hotelgäste verhalten sollten, sahen im Vorfeld des Experiments hohe Risiken für die Beziehung, die aus der Verletzung der entsprechenden Verhaltenserwartungen resultieren können. Einige verweigerten sodann die Durchführung. Die Studierenden, die sich am Experiment beteiligten, berichteten hinterher über emotionale Spannungen beiderseits, die sich auch nicht hatten glätten lassen, nachdem das Experiment aufgelöst wurde und die Versuchspersonen darüber aufgeklärt waren. Das Vertrauen in die Kooperationsvereinbarung wurde so erschüttert. Für eine weiterführende Argumentation wäre zweifellos eine wichtige Untersuchungsfrage, wie sich demenzielle Interaktionskrisen in Familien mit anonymeren Pflegebeziehungen kontrastiv vergleichen lassen.

Instrument begreifen, das nicht nur die Vorstellungen umfasst, unter denen das Interaktionsgegenüber gesehen wird, sondern auch die Weise, wie man sich selbst sieht (S. 222). Die Definition der Realität oder die Herausbildung der gemeinsamen objektiven Realität bedarf der dauernden Aktualisierung durch das Interaktionsgegenüber in einer eng umrissenen privaten Sphäre im sogenannten „endlosen Gespräch". Im Rückgriff auf dieses theoretische Fundament wird im nächsten Abschnitt untersucht, wie sich die Interaktion mit demenzkranken Familienmitgliedern konstituiert und welche Strategien des Umgangs unter krisenhaften Bedingungen im Interaktionsprozess sichtbar werden.

3 Demenzielle Interaktionskrisen aus Sicht der Angehörigen

Die nachfolgenden fünf Interviewzitate machen aus der Perspektive der Angehörigen die typischen Störungen und ihre Reparaturversuche sichtbar. Die Zitate stammen aus einem Forschungsprojekt des Schweizerischen Nationalfonds, in dem 25 leitfadengestützte Einzelinterviews mit Personen durchgeführt wurden, die die Pflege und Betreuung eines demenzkranken Familienmitglieds über mehrere Jahre im ambulanten oder teilstationären Kontext übernommen haben. In einigen Fällen ist die Person mit Demenz zum Interviewzeitpunkt bereits verstorben. Bei den Interviewpartner/innen handelt es sich ausschließlich um Hauptbetreuungspersonen wie Ehe- und Lebenspartner/innen, Töchter und Söhne sowie Schwiegertöchter. Die Auswahl erfolgte über die regionalen Selbsthilfegruppen der Schweizerischen Alzheimervereinigung, andere Personen meldeten sich direkt über eine Projektinformation auf der Homepage der Organisation. Die Analyse der Interviews erfolgte mittels einer Kombination der Grounded-Theory-Methodologie (Strauss et al. 1990) mit der Objektiven Hermeneutik (Oevermann 1981).

In den Verbaldaten gelangen die Darstellungs- und Interpretationsleistungen der Angehörigen und das, was die Störungen für die Interaktion aus ihrer Sicht bedeuten, zum Ausdruck. Die Krisen werden über erzählte Interaktionen dargestellt. Dabei hat die erzählende Person – d. h. der/die Angehörige – die Gestaltungsmacht über ihre Erzählung und zwar insoweit als sie sich selbst und das Interaktionsgegenüber in einer bestimmten Weise auftreten lässt (Lucius-Hoene et al. 2004, S. 174 f.). Mittels solcher Positionierungen, die Prozesse der Identitätskonstitution zugänglich machen, können die Konsequenzen des Zusammenbruchs der Reziprozitätsidealisierung von Wissensbeständen in intimen Beziehungen rekonstruiert werden. Dadurch tritt die grundlegende Bedeutung der alltäglichen Lebenswelt als Ort der Konstitution von Subjekthaftigkeit hervor. Auf diesen Zusammenhang kann hier jedoch nicht detailliert eingegangen werden.

Was die Handlungsstrategien der Angehörigen, mit den Störungen umzugehen, betrifft, werden Kontraste zwischen den Fällen, aber auch innerhalb eines Interviews deutlich. Der induktiven Entwicklung von Erklärungen in der Krise stehen vorgefertigte, intakte Interpretationsschemata gegenüber. Abstrahiert von fallspezifischen Besonderheiten wird das empirische Material mit den im vorherigen Kapitel beschriebenen theoretischen Konzepten verbunden.

3.1 Verstoß gegen die Idealisierung der Kongruenz der Relevanzsysteme

Die folgenden beiden Episoden zeigen, wie die Idealisierung der Reziprozität und Kontinuität versagt. Das Ehepaar C. – seit 30 Jahren verheiratet – war bis zur Erkrankung der 60-jährigen Ehefrau an Alzheimer ein eingespieltes, fraglos funktionierendes Team. In der Erzählung von Herrn C. dominiert darum der Zusammenbruch der Routine. Anhand seiner detailliert geschilderten krisenhaften Szenen in dialogischer Sprechweise gelangen nicht nur die Einzelirritationen zum Ausdruck, bei denen er in den Handlungen seiner Ehefrau keine Regelmäßigkeiten zu finden vermag, sondern auch seine starke Anstrengung zu verstehen und schließliche Verzweiflung darüber, die Uneindeutigkeit einer Situation aushalten zu müssen.

Herr C.:

„Da haben sie neu, Flügeltüren gehabt wenn man raus ist die automatisch aufgegangen ist. Wir sind x Mal rein und raus und PLÖTZlich einmal ist sie . fast aufgesprungen und hat die Türe von unten bis oben angeschaut, wie, äh, etwas vom Mond, und nachher hat sie die schließen wollen, ist ja nicht gegangen und weil sie in eine Lichtschranke rein gestanden ist habe ich zu ihr gesagt, du, hör, musst nur weg kommen, weißt, die geht jetzt automatisch, oder, so lange als, eh, das weiß ich ‚dänk' schon aber sonst knallt sie.//Mhm// Nachher sind wir wieder x Mal rein und raus, es ist . kein Problem." (12/33–13/6)

Mit dem intonierten Regieelement „plötzlich" wird unterstrichen, dass es sich beim Routinebruch um einen ständigen potentiellen Problemhorizont handelt, der in der Situation ganz unerwartet hereinbrechen kann. Herr C. versucht, seiner Ehefrau das Unverstandene („etwas vom Mond") zu erklären, wird jedoch in seiner konstitutiven Erwartung erschüttert, eine gemeinsame Sichtweise vom Schließmechanismus der Türe unterstellen zu können. Während er davon ausgeht, dass sie am Schließmechanismus der Lichtschrankentüre etwas nicht verstanden hat, das aber erklärt werden kann („musst nur weg kommen, weißt, die geht jetzt automatisch"), geht die Ehefrau von einer anderen, nämlich mechanischen Vorstellung der Türe aus („sonst knallt sie"). Es findet keine Einigung über die Wahrnehmung der Alltagswelt statt, wodurch die Grundlage der Kommunikation zerbricht.

Auch der nächste Interaktionsablauf veranschaulicht, wie Routinehandlungen, etwa das Essen vom Buffet holen, unerwartet zusammenbrechen können. Obschon in anderen Fällen in der Hintergrunderwartung an die Situation bestätigt, ist auf die Routine kein Verlass.

Herr C.:

„Oder, sie . geht an das Buffet kommt ohne zurück, Nichts auf dem Plateau, ich so, ja, was ist los, ja, es hat so einen Haufen Leute da. Es hat nicht . MEHR Leute gehabt als sonst oder extrem viele Leute, oder so, Nichts. Nachher ist es wieder gegangen aber in diesem Moment ist es nicht gegangen. (1) Aber, man kann es nicht rationell, irgendwie, (1) wie soll ich sagen, äh, (1) s-, ma-man findet keine, (1) normalen Ablauf dahinter.//Ja// Man weiß nicht warum als es so ist, oder. Habe sie einmal auch beobachtet als sie zum Beispiel, äh, immer auf das Dessertbuffet

nach vorne geschaut hat, und habe ich gedacht ((leise)) [warum schaut sie auch dermaßen]? Plötzlich steht sie auf und sagt ich gehe Dessert holen und da habe ich ihr dann nachgeschaut weil ich gedacht habe was hat sie auch immer da nach vorne geschaut.//Mhm// Hat ja keine Leute dort, aber wirklich gar keinen, oder. Halt vorne, laufen zwei Leute, zwei Personen hinzu, sie macht rechtsum kehrt kommt an den Tisch sagt aber dann ist mir in den Sinn gekommen ich muss noch austrinken. Aber hat nachher wieder nach vorne geschaut bis wieder niemand dort ist. Das ist EIN Mal gewesen diese Woche. Nachher hat es wieder funktioniert. (1) Ich kann nicht sagen WARUM. Dass, es ist schon irgendwie Panik, oder." (13/6–20)

Anfangs geht Herr C. von der vertrauten, unproblematischen Alltagshandlung „Essen vom Buffet holen" aus. Mit der enttäuschten Erwartung spricht er seine Ehefrau auf den leeren Teller an, kann aber ihre Antwort „es hat einen Haufen Leute da" nicht nachvollziehen, ist es doch gerade so-wie-immer und keine Ausnahmesituation („nicht mehr Leute als sonst"). Seine Ehefrau müsste die Situation in identischer Weise erfahren wie er. Daraufhin eröffnet Herr C. eine analoge Szene, deren Vertrautheit aber nun aufgehoben ist. Die Erfahrungsgemeinschaft wird auf die Probe gestellt. Weil keine Kongruenz über die Situationsdefinition angenommen werden kann, kommt ein normalisierender Reinterpretationsprozess in Gang, indem versucht wird, eine neue „Verhaltenstheorie" aufzubauen. Die vorangegangene Erklärung seiner Ehefrau wird aufgenommen, in den eigenen Erfahrungshorizont integriert und an ihrem Verhalten überprüft. Im Unterschied zur ersten Szene wechselt Herr C. dafür in die Rolle des Beobachters. Der Versuch, dem Verhalten seiner Ehefrau einen Sinn zuzuschreiben, scheitert jäh mit ihrer Aussage „mir ist in den Sinn gekommen ich muss noch austrinken". Für den Ehemann bricht hier der Aushandlungsprozess der Alltagswirklichkeit ab („kommt an den Tisch sagt aber").

Zwar wird die nachfolgende Situation wiederum mit dem „Leute"-Motiv plausibilisiert („aber hat nachher wieder nach vorne geschaut bis wieder niemand dort ist"), was auf eine zaghaft geglückte Typisierung hindeuten könnte. Die beschwerliche Suche nach einer neuen Deutung bleibt aber letztlich erfolglos. Es gelingt ihm nicht, den Verhaltensweisen seiner Ehefrau Sinn zuzuschreiben. Er kann keinen neuen routinisierten Wissensbestand aufbauen: Nicht nur die Krisen sind nicht zu kalkulieren, es müssen auch die neu erworbenen Sinnzuschreibungen ständig in Zweifel gezogen werden („Aber, man kann es nicht rationell, irgendwie, wie soll ich sagen, man findet keinen normalen Ablauf dahinter"). Die „Panik" könnte auch seinen eigenen emotionalen Zustand als Resultat des Verlusts von Handlungssicherheit zum Ausdruck bringen.

3.2 Verletzung der Identitätskontinuitätserwartung

Im wiederholten Verstoß gegen soziale Konventionen, wie beispielsweise der Konvention der Rücksichtnahme oder Höflichkeit, erlebt Frau U. eine fundamentale Veränderung ihrer Mutter. Frau U. betreut ihre in Spanien lebende Mutter, die mit 70 Jahren an Alzheimer erkrankte, zusammen mit ihrem Bruder und ihrer Schwägerin zeitweilig bei sich zu Hause in der Schweiz. Die Szene fügt sich in eine Reihe weiterer Episoden ein, entlang derer Frau U. ihre Mutter in starkem Kontrast zu ihrer

früheren Person neu positioniert und damit gleichzeitig das demenzielle Syndrom entwirft: nicht mehr rücksichtsvoll, sondern enthemmt, nicht mehr mitfühlend, sondern zynisch-berechnend, nicht mehr lieb, sondern aggressiv, nicht mehr belesen, sondern desinteressiert. Im Gegensatz etwa zu ihrer Schwägerin schreibt Frau U. die problematischen Verhaltensweisen ihrer Mutter praktisch ausschließlich den Krankheitssymptomen zu. Die Schwägerin aber erlebt ihre mangelnde Selbstkontrolle als persönlich kränkend, weshalb es immer wieder zum offenen Streit zwischen ihr und der Mutter von Frau U. kommt.

Frau U.:
„Und dann ist, äh, ein Monat nachdem sie da gewesen ist ist ihr älterer Bruder gestorben. Und, ähm, dann haben wir nicht gewusst wie wir ihr das sollen sagen. Sollen wir es ihr überhaupt sagen. Ihre Schwester, also, unsere Tante hat uns angerufen um zu sagen sagt ihr doch nichts. Weil, weißt du, sie vergisst sowieso. Und, ähm, dann habe ich aber das Gefühl gehabt, nein, das ist ihr Bruder ich kann ihr das doch nicht verschweigen dass der . tot ist weil, irgendwann einmal trifft sie jemanden und die Person spricht sie darauf an und dann ist es noch blödere Situation und, dann haben wir es ihr gesagt in aller Ruhe. Dann hat sie auch geweint es hat sie mitgenommen aber sie hat sich sehr schnell erholt und dann sagt sie mal, ja, lieber er als ich. ((beide lachen kurz)) Ich habe gedacht, mein Gott! Das ist nicht meine Mutter. Sie ist sonst immer so mitfühlend gewesen. Und dann hat einmal eine Tante angerufen aus Spanien die, also, die Frau vom zweiten Bruder, zweitältesten Bruder von meiner Mutter, und er ist, er ist ja krank, er ist querschnittgelähmt und ist nicht so fit. Und dann hat auch, ehm, eben wegen dem Tod vom älteren Bruder angerufen zum einfach so ein wenig reden und, dann sagt sie ihr, ja, weißt du, ja, ihr könnt euch gut vorbereiten, weil, der nächste ist dein Mann. Ist schon hart, so, so, Sachen die ich sonst, ich bin baff gewesen dass sie das rauslässt." (19/33–14)

Der Ausfall der sozialen Konvention der familialen Solidarität und des Altruismus in einem sorgfältig vorbereiteten Rahmen, in dem über den Tod eines nahestehenden Familienangehörigen berichtet wird, führt zu einer schweren Erschütterung von Frau U.s Bild der selbstlosen, höflichen und umgänglichen Mutter. Fassungslos über die geäußerte empathielose Kalkulationslogik ihrer Mutter („besser er als ich"), erkennt in der Konsequenz Frau U. ihre Mutter nicht mehr wieder: „das ist nicht meine Mutter". Gleich im doppelten Sinne werden die Erwartungen der Tochter diskreditiert. Nicht nur müsste sich die Mutter aufgrund ihrer kulturellen Kompetenz betroffen zeigen – dass sie „geweint" und die Nachricht sie „mitgenommen" hat, stellten doch die erwartbaren Reaktionen auf die Situation dar. Insbesondere wird auch die Annahme von Frau U. über die Persönlichkeit ihrer Mutter radikal durchkreuzt und damit die Kooperationsgrundlage der Mutter-Tochter-Beziehung destabilisiert. Auch die anmaßende Haltung der Mutter in der gleich anschließenden Erzählung stellt einen radikalen Bruch mit sozialen Konventionen und den Identitätsidealisierungen der Tochter dar.

3.3 Erschütterung der Kontinuitäts- und Sozialitätsidealisierung

Frau L.s Wahrnehmung ihrer Mutter, die mit Anfang 70 an einer Mischform von vaskulärer und Alzheimer-Demenz erkrankte und für die sie die pflegerische Hauptverantwortung übernommen hat, ist einerseits geprägt durch die Trauer um den Verlust ihrer Willensbegabung und Sprache, den Frau L. als ein „In-sich-selbst-gefangen-sein" erfährt. Die Mutter von Frau L. verstarb mit 80 Jahren, ein halbes Jahr vor dem Interviewzeitpunkt. Andererseits führen besonders die „hellen Momente" zu erheblichen Konflikten und Reibereien, ja zur Destabilisierung einer sehr nahen Mutter-Tochter-Beziehung. Nicht zuletzt tragen dazu auch die lang erhaltenen Fähigkeiten der Mutter bei, Personen zu erkennen und sich an sie zu erinnern. Die Demenz erscheint Frau L. dadurch als ein ungreifbares oder unbegreifbares Phänomen, als eine in ihren Worten „unglaubliche" Krankheit.

Frau L.:
„[...] Oder einmal ist sie auch spazieren gegangen. Hier, immer ihren gewohnten Weg. Und einmal habe ich ihr gesagt sie soll nicht gehen, sie solle am Nachmittag gehen, weil es komme jetzt gleich regnen. Nachher ist sie aber trotzdem gegangen. Und nachher ist sie dann Heim gekommen mit einem Schirm den niemand gekannt hat. Nachher bin ich dann am Abend mit ihr wieder den Weg zurück, sie hat nicht reden können. Die hat . den Schirm an den richtigen Ort zurück gebracht. (3) Und darum, das, äh, das, manchmal habe ich das schon nicht begriffen und manchmal habe i-, habe ich auch das Gefühl gehabt WILL sie nicht oder WILL sie? Ja,//mhm// man ist dann vielleicht manchmal auch ungerecht gewesen." (2)

Interviewerin:
„Also, wie meinen sie das?"//„Ungerecht?"// „Mhm. Also, in welcher Situation?"

Frau L.:
„Eben, wenn man ih-, wenn man iiihr sa-, hat sie das extra, also, ma-, macht sie extra, sagt sie einem etwas nicht, kann sie es WIRKLICH nicht oder kann sie es? Haben wir of-, haben wir oft Zweifel gehabt. Wie der, eh, wie heißt dieser Großvater, es gibt doch ein Theater? (2) Der verkaufte Großvater? Der tut sich ja auch DUMM stellen. (2) Und eh, er kann alles.//Mhm// Und das ist mir manchmal fast so vorgekommen.//Mhm, mhm// (3) Da hat man eben manchmal, ja, ihr vielleicht, eben, Unrecht getan indem . das man zu viel verlangt hat. Weil sie es eben wirklich nicht mehr gekonnt hat. (4) Ja." (6/7–27)

Das unerwartet autonome Handeln ihrer Mutter löst bei Frau L. immer wieder Verwirrung darüber aus, ob sie ihre Mutter als demenzkranke Person angemessen behandelt. Trotz angekündigtem Regen entscheidet sich die Mutter, spazieren zu gehen und setzt sich damit über die Handlungsanweisung ihrer Tochter hinweg. Nicht nur kann sich die Mutter in der Situation einsetzenden Regens orientieren und, ohne sich artikulieren zu können, einen Schirm besorgen, sie bringt diesen auch wieder an den richtigen Ort zurück. Diese Handlungsweise steht der Annahme diametral entgegen, die demente Person beherrsche die Wissensbestände der Alltagswelt nicht

mehr kompetent, weshalb die Idealisierung des „Ich-kann-immer-wieder" aufzugeben wäre.

Ohne erkennbares Muster wird Frau L. in ihrer Situationsdefinition manchmal bestätigt, manchmal nicht bestätigt, was dazu führt, dass sie in ihrem eigenen Kooperationsanspruch gleich von zweierlei Seiten erschüttert wird. Um dieses nicht aufzulösende, „nicht begreifbare" Handlungsproblem zu veranschaulichen, greift sie auf ein Theaterstück zurück. Einerseits müsste sie das Set an alltagsweltlichen Annahmen modifizieren: Der Großvater „kann alles" im Gegensatz zur Mutter, die „es eben wirklich nicht mehr gekonnt hat". Indem Frau L. ihre Mutter in der falschen Rolle behandelt, gelingt es ihr letztlich nicht, ihrer fürsorgerischen Rolle beizukommen („ihr vielleicht Unrecht getan indem man zu viel verlangt hat"). Im Sinne von Schütz könnte somit Frau L.s Rückgriff auf das Theaterspiel für ihre Sinnkrise stehen. Andererseits aber wären die konstitutiven Erwartungen im Grunde aufrechtzuerhalten, da sich ihre Mutter als ein kompetentes Mitglied derselben Gemeinschaft verhält („der tut sich ja auch DUMM stellen"). Gezwungenermaßen kann sich Frau L. dann aber nicht mehr auf die Erwartung der kommunikativen Reziprozität verlassen, wodurch es zu einem Vertrauensbruch in der Beziehung kommt und Frau L. sich von ihrer Mutter getäuscht und für dumm verkauft vorkommt. Aus der Formulierung im Kollektiv („wir haben Zweifel gehabt") geht hervor, dass Frau L. auf den erweiterten Familienkreis (ihre Schwägerin, ihren Bruder) zurückgreift, um ihr Wissen intersubjektiv abzugleichen. Doch selbst im Verbund gelingt es nicht, die Situation neu auszulegen und die Verunsicherung aufzulösen.

3.4 Erschütterung der eigenen natürlichen Einstellung

Wegen der Demenz seiner 85-jährigen Mutter, deren Krankheit erst sieben Jahre nach Auftreten der ersten Symptome diagnostiziert wurde, erfährt Herr N. eine Wirklichkeitsdissonanz. Er lebt mit seiner Mutter, für die er alleine sorgt, seit Jahrzehnten im gleichen Haushalt. Vorher im Gleichklang mit der Mutter, mit der viel gemeinsames Reden über alles möglich war, gelingt es Herrn N. nicht mehr, an sie anzuknüpfen. Die Spaltung der gemeinsamen Welt und Konfrontation mit einem anderen Subuniversum der Wirklichkeit (Schütz 1972c) lösen eine tiefe Verunsicherung seiner selbst aus, indem die eigene Wahrnehmung in Zweifel gezogen wird. Als Folge der permanenten Anstrengung, die Mutter zu verstehen, fürchtet sich Herr N. davor, schließlich selbst dement zu werden. Bei Herrn N. handelt es sich insofern um einen Kontrastfall, als der Verlust der Deutungsrichtschnur, bedingt durch eine äußerst starke Kohäsion der Mutter-Sohn-Beziehung, die Selbsteinschätzung von Herrn N. zusammenbrechen lässt. Obwohl die nachfolgende Szene vor der Diagnose verortet ist, zeigen Ereignisschilderungen an anderen Stellen in diesem Interview, dass der ärztliche Befund den Verlust des gemeinsamen Auslegungsschemas nicht zu kompensieren vermag.

Herr N.:
„Ja, es ist ja, (3) es ist vor etwa sieben Jahren mal eine Episode gewesen in der ich . eigentlich verstanden habe was jetzt da abläuft, also, ich kann das schildern ich habe, h-h, Besuch gehabt von einem Kollegen von mir den meine Mutter auch

kennt, (2) und, äh, eine gemeinsame Bekannte von diesem (?) und von mir, (2) und, ähm, dann als die gegangen sind, also, meine Mutter ist auch dabei gewesen, sie ist, ja, wenn wir Besuch gehabt haben sind wir immer zusammen gewesen, und dann als der gegangen ist dann habe ich ihm die Hand gegeben, Tschüss Hans und der Renate ein Küsschen und dann sagt die Mutter das sei jetzt schon noch nett dass ich dem Hans einen Kuss gegeben habe,//mhm// ich habe gesagt du ich habe ihm die Hand gegeben der Renate habe ich einen Kuss gegeben. Neinein du hast dem Hans einen Kuss gegeben. Nein das ist nicht wahr. Ich solle jetzt nicht so tun das sei doch schön und da ist, da habe ich also die Welt nicht verstanden. Es ist so weit gegangen dass ich, nach ein paar Tagen habe ich diesen Hans angerufen habe gesagt du hör mal, also, ich weiß nicht ob ich spinne aber habe ich dir einen Kuss gegeben?//Mh// Neinein, du hast der Renate einen Kuss gegeben nicht mir.//Mhm// Und dann habe ich dann das auch mit dem Hausarzt besprochen und der hat sich das, hat mir das dann einfach erklärt dass, ja, altersbedingte, ich weiß nicht mehr was, also, von Demenz haben wir nicht geredet,//mhm// und, ja, das ist, ähm, ich habe dann schon manchmal das Gefühl gehabt dass wenn wir zusammen reden dass plötzlich irgendeine Antwort auf einem anderen Gleis zurück kommt das eigentlich nichts damit zu tun hat und, ((räuspert sich)) ich habe dann das manchmal halt so der Argumentation zugeschrieben und, h-h, ((räuspert sich)) und auch Sachen einfach bei denen sie Wahrnehmungen gehabt hat die nicht . der Realität entsprechen aber ich habe das nie mit Demenz verbunden.//Mh, ah, ja, klar// Und weil sie eben . so gut wie nie ärztliche . Unterstützung gebraucht hat, also, sie ist . praktisch nie krank gewesen,//mhm// hat es auch nie eine Gelegenheit gegeben dass irgendein Arzt das anschaut//mhm// und dann hat sie letztes Jahr im Mai hat sie eine Lungenentzündung gehabt//genau// und dann ist sie, (1) ja, sie ist dann auch mal gestürzt zweimal und, äh, dann habe ich dann einfach den Hausarzt kommen lassen, also, er hat es nicht diagnostizieren können aber ich habe gesagt sie sei . gestürzt, ja. (1) Und dann, äh, hat er sie eingewiesen in die Klinik. Das ist ihr Wunsch gewesen und das habe ich auch unterstützt.//Mhm// Und dann, äh, habe ich gedacht so jetzt ist meine Zeit gekommen und dann habe ich als das Eintrittsgespräch gewesen ist mit dem Arzt habe ich gesagt ich will zuerst mit dem reden,//mhm// und das ist dann eine Ärztin gewesen, also, wirklich ein ganz ein goldiger Mensch und ich habe ihr dann das geschildert das was ich jetzt gesagt habe mit diesem Küsschen, also, und habe gesagt gehabt es sei einfach so komisch ich . finde das, ich kann das nicht einordnen ich will mal wissen ist meine Wahrnehmung richtig oder nicht. Weil, das hat mich wirklich . belastet//mhm// und ich bin also im letzten Jahr in einem richtigen Tief gewesen und dann habe ich gesagt, eben, ich wäre froh sie würde sie mal da ein wenig drauf achten und dann nach etwa drei Tagen hat sie gesagt jaja das sei so, also, alle in der Pflege merken das,//mhm// und das ist dann schon füm-, für mich schon eine gewaltige . Entlastung gewesen einfach mal das zu wissen dass es so ist es ist ja nicht darum gegangen Anschuldigungen . zu finden aber wissen dass es so ist und,//mhm// dass ich es habe greifen können." (7/33–9/5)

Die Behauptung der Mutter, er habe Hans einen Kuss zum Abschied gegeben, bringt Herrn N. in die Notlage, die Realität wieder neu ordnen zu müssen. Zum einen gerät die Grundkonstellation der Lebensgemeinschaft von Mutter und Sohn ins

Wanken, zum anderen wird Herr N. in der Wahrnehmung seines eigenen Handelns erschüttert. Mit der Aussage, er „solle jetzt nicht so tun das sei doch schön", wird die Annahme einer faktisch verbürgten und intersubjektiv geteilten Welt außer Kraft gesetzt. Entsprechend Garfinkels Erschütterungsdemonstration mit Medizinstudierenden, die in ihrer äußersten Verwirrung alleine gelassen werden (1963, 228 ff.), gerät Herr N. in einen anomischen Zustand („da habe ich also die Welt nicht verstanden", „ich weiß nicht ob ich spinne"). Die notwendige Vergewisserung seiner Selbst kann erst mittels eines mehrstufigen Verfahrens der Realitätsprüfung durch Außenstehende, zunächst durch seinen Kollegen Hans, anschließend durch den Hausarzt und Jahre später durch eine Ärztin und das Pflegepersonal im Krankenhaus, nach und nach geleistet werden. Selbst wenn es zu keiner spezifischen Demenzabklärung kommt, das demenzielle Konzept darum unausgeprägt bleibt, vermag dennoch erst der Befund im Krankenhaus die Erschütterung der geteilten Wirklichkeit aufzuklären. Erst durch diese Gelegenheit wird Herr N. von seinem Jahre währenden quälenden Selbstbeobachtungsmodus wirklich erlöst („ich will mal wissen ist meine Wahrnehmung richtig oder nicht"). Es ist der Krankheitsbefund, der ihm die Gewissheit darüber verleiht, dass mit seiner Mutter etwas nicht stimmt, sie folglich nicht mehr seine Deutungsrichtschnur ist. In Anlehnung an Pollner (1975) erfüllt die Diagnose damit die Funktion, die ungesicherte Geltung der Annahme der intersubjektiv geteilten Ordnung der Welt aufzuheben: „Die Anwendung derartiger Bezeichnungen [Halluzinationen, Paranoia, Voreingenommenheit, Blindheit, Taubheit, falsches Bewusstsein etc., AR] hat in der Tat die Funktion, zu erklären, dass die intersubjektive Validierung der Welt Geltung hätte, gäbe es nicht derart außergewöhnliche Methoden der Wahrnehmung und Beobachtung, die bestimmte Menschen zur Anwendung bringen, von denen jeder weiß, dass sie es tun" (S. 316).

In der abschliessenden Sequenz kommt ein Gewissenskonflikt von Herrn N. zum Ausdruck: Durch die Diagnose der Demenzerkrankung seiner Mutter wird er von der Verunsicherung des eigenen Selbst entlastet.

4 Die Suspension der Annahme alltagsweltlicher Basisregeln

Auf der Grundlage des Datenmaterials zeigt sich, dass es in der demenziellen Interaktion zu einem Bruch mit der Reziprozitätsidealisierung kommt. Es handelt sich um Verletzungen der Sozialitätsidealisierung und der konstitutiven Bedingungen von Sozialität wie kulturelles Wissen, Normen und Konventionen, Rollen und Personalität. Die vier folgenden Dimensionen stellen die spezifischen Merkmale demenzieller Interaktionskrisen heraus und verdeutlichen damit die soziale Tragweite des demenziellen Syndroms.

(1) Die fundamentale Störung in der Beziehung ergibt sich dadurch, dass die auf die Person des Interaktionsgegenübers gerichteten biografischen Verhaltenserwartungen diskreditiert werden. Gleiches gilt für die Erwartung, dass das Gegenüber Routinehandlungen kompetent beherrscht oder Konventionalitäten einhält. Schon beim geringsten Verstoß gegen das Gewohnheitswissen können hochgradige Irritationen entstehen. Dies zeigt sich beim Ehepaar C., das seit vielen Jahren seinen Urlaub im gleichen Hotel verbringt und da am Buffet speist oder eine bestimmte

Türe benutzt. Indem ein Interaktionspartner gegen die Annahme eines im Laufe der Interaktionsgeschichte aufgeschichteten gemeinsamen Wissensvorrats – bestehend aus Erinnerungen an gemeinsam Erlebtes, Wissen über die grundlegenden Merkmale des Anderen oder Vorstellungen von alltäglichen Ereignissen – verstößt, fällt die erforderliche kontinuierlich bestätigende Funktion des Gegenübers weg. Die partnerschaftliche oder familiale Welt verliert an Sinn, es kommt zu einer tiefgreifenden Verunsicherung des eigenen Selbst und der eigenen Rolle. Wird mit der stillschweigenden Annahme gebrochen, dass es eine Welt gibt, die uns allen in gleicher Weise gegeben ist, kommt es dazu, dass die natürliche Einstellung des Alltags erschüttert wird. Der medizinischen Diagnose als einem kollektiven Verständigungssystem kommt dann die Funktion zu, das in Frage gestellte Axiom der Intersubjektivität der Welt zu sichern.[5] Doch führt die Diagnose nicht zu einer Stilllegung der Krisen, weil gegen die Basisregeln nicht andauernd, sondern regellos und unerwartet verstoßen wird. Der Reinterpretationsspielraum verschwindet dadurch fast vollständig (vgl. Punkt 4).

(2) Angehörige versuchen den Zusammenbruch normaler Interaktionsprozesse sowohl kognitiv als auch moralisch zu re-normalisieren. Bei beiderlei Strategien kommt es nicht zu einer interaktionsauflösenden Reinterpretation, sondern ein Sinneinverständnis wird deutlich unterstellt und eingefordert. Herr C. erklärt seiner Ehefrau den Schließmechanismus der Schiebetüre und fordert damit von ihr die „unbezweifelte Übereinstimmung zwischen dem intendierten Gegenstand und der konkret abgebildeten Erscheinung des Gegenstandes" (Garfinkel 1973, S. 191) ein, so wie diese Erwartung auch für ihn Geltung hat. Mit dem „es knallt" wird der Glaube an die substantielle Identität der intersubjektiven Erfahrung aufgehoben und die Möglichkeit zur Kommunikation zerstört (Schütz 1972c, S. 111). Analog lässt sich im Fall von Herrn N. argumentieren. Anhand des Beispiels von Frau L. zeigt sich, wie das Vertrauen in die Kooperationsvereinbarung diskreditiert wird und es zu einem Vertrauensbruch in der Beziehung kommen kann. Indem Frau L. ihrer Mutter die Verantwortung bzw. Absicht zurechnet, nicht produktiv an der Interaktion mitzuwirken, attribuiert sie auf die Person. Sie und ihre Mutter spielen nicht mehr dasselbe Spiel (im Sinne von Garfinkel 1963, S. 197).

(3) Alltagsweltlich Denkenden sind die Verhaltensweisen des dementen Gegenüber nicht verständlich. Selbst wenn ein kommunikativer Anschluss aufgebaut wird, indem erklärt wird oder alternative Interpretationsmuster ausprobiert werden, bleibt die intersubjektive Validierung aus. In den Angehörigenerzählungen lassen sich auch Modifizierungen alltagsweltlicher Sinngehalte rekonstruieren, wenn etwa wegen des Ausfalls von Sprache, Mimik und Gestik mit dem Gegenüber nicht mehr direkt, sondern indirekt, vermittelt über ein Hilfskonstrukt (Medium), kommuniziert wird. Doch auch wenn die Spielregeln abgeändert werden, bleibt die nicht-alltagsweltliche Sinnwelt unzugänglich, „man kann es nicht rationell" verstehen, wie Herr C. dies formuliert. Es kann kein Sinnzusammenhang hergestellt werden. Eine Ehefrau, die ihren dementen Mann über mehrere Jahre bis zu seinem Tod gepflegt hat, formuliert

---

[5] Über die prä-diagnostische Phase berichten die Angehörigen ausnahmslos als die schwierigste Zeit, weil vollständig offen bleibt, wie das ungewöhnliche und sonderbare Verhalten des Gegenübers einzuordnen ist.

dies wie folgt: „WAS er gespürt hat, wissen wir nicht. Und das ist eigentlich das Traurige. Sie können absolut nicht fühlen, was bekommt er noch mit? Bekommt er noch mehr mit, als ich meine? Oder ... Ist wirklich so schwierig. Angehörige geraten in einen chronischen anomischen Zustand, sie werden zu „Fremden" im Sinne von Schütz (1972a). Das unbefragte alltagsweltliche Interpretationsschema wird ungültig, ohne dass neue Sinnstrukturen aufgebaut werden können. Die Handlungen des Gegenübers verlieren ihr „pragmatisches Motiv", die rationale, verstehbare Grundlage (Schütz 1971, S. 238 ff.), weshalb die eigene Interpretationsleistung bzw. der Sinn der eigenen Handlung angezweifelt werden muss. Die Angehörigen erleiden eine Krisis: In der Interaktion mit dem Gegenüber denken und handeln sie als Fremde.

(4) Demenzielle Interaktionskrisen gehorchen keinem alltagsweltlichen Regelsystem, im Alltagsdenken sind sie nicht aufzuklären. Dieser Umstand lässt sich schließlich als die Krisenhaftigkeit der Krise beschreiben. Weder sind die Krisen vorhersehbar, noch sind sie einmalig. Krisen wechseln sich mit Nicht-Krisen ab, weshalb kein neues Rezeptwissen als verlässliche Prozedur der Krisenbewältigung entwickelt werden kann. Diese Problematik zeigt sich etwa bei Frau L., die nicht mehr darauf vertrauen kann, dass ihre Mutter sich gleich verhält „wie-immer". Die Kontinuitätsidealisierung in Bezug auf das Interaktionsgegenüber als Person ist erschüttert. Für Frau L. stellt sich die Frage, ob sie an den konstitutiven Erwartungen festhält oder eine neue Spielregel definiert – die sich aber zu einem anderen, unbestimmten Zeitpunkt als ungültig erweisen wird. Wenn die Spielregeln mal eingehalten, mal nicht eingehalten werden, können die soziale Realität nicht neu bestimmt und die konstitutiven Erwartungen nicht aufgegeben werden. Wenn aber andererseits an den konstitutiven Erwartungen festgehalten wird, können die anomischen Effekte des Verstoßes gegen die Basisregel nicht abgeschwächt werden, selbst wenn der alltagsweltlich Handelnde weiß, dass gegen die Basisregel verstoßen wurde: „if the player adheres to the constitutive order of the game, the anomic effects of breaching a basic rule are not attenuated by the player's knowledge that a basic rule has been breached" (Garfinkel 1963, S. 197).

5 Abschließende Bemerkungen

Die demenziellen Interaktionskrisen in Intimbeziehungen zeigen gewissermaßen die minimalen Bedingungen der von Garfinkel beschriebenen Normalisierungsversuche auf. Die Angehörigen können das Spielfeld nicht verlassen. Für sie erweist es sich als besonders riskant, die konstitutiven Erwartungen aufzugeben, weil die geteilten Wissens-, Erfahrungs- und Interessengehalte und damit nichts weniger als die aufeinander abgestimmte Definition der Wirklichkeit und die Basis wechselseitiger Identitätskonstruktionen destabilisiert werden. Wegen des anhaltenden Verstehensproblems, das sich durch den Verlust der intersubjektiv geteilten Alltagswelt ergibt, und der regellosen Verstöße gegen die alltagsweltlichen Annahmen lässt sich auch keine Neu-Definition der Situation vornehmen. Der verbreitete Ansatz, der die Reaktionen der pflegenden Akteure, ob Familienangehörige oder pflegerisches Fachpersonal, als Folge überzogener Verhaltenserwartungen an die Situation betrachtet,

womit die Konflikthaftigkeit der Beziehung erklärt wäre, trifft aus diesen Gründen nicht zu (z. B. Meyer 2014, S. 99).

Ergänzend zur Aufklärung über das medizinische Krankheitsbild, dem ein wesentlicher Entlastungseffekt in der Pflegebeziehung zugeschrieben wird, kann die wissenssoziologische Herleitung des demenziellen Syndroms zur Stabilisierung der Interaktion zwischen Erkrankten und Angehörigen beitragen. Die sich durch den Abbruch der Kommunikation und die (regellosen) Erschütterungen der konstitutiven Erwartungen an die Interaktion einstellende Fremdheit in der unmittelbaren sozialen Beziehung wird ins Zentrum der Betrachtung gerückt. Die unausweichliche Verwirrung muss nicht mehr als ein individuelles Problem der pflegenden Angehörigen verarbeitet werden. Den Angehörigen könnte es dadurch erleichtert werden, neue Handlungsdeutungen aufzubauen, um die in Krise geratene Beziehung und damit das eigene Selbst neu zu konstruieren. Die Charakteristik der demenziellen Interaktionskrisen wirft zugleich Licht auf die Frage, weshalb der Rückgriff auf die medizinische Diagnose als alleiniges kognitives Erklärungsmodell von den Angehörigen nicht konstant durchgehalten wird. Nicht nur würde dies bedeuten, das Interaktionsgegenüber als Subjekt aufzugeben, auch die Regellosigkeit der Krisen hinterlässt eine nicht aufgelöste Leerstelle in der Verhältnisbeziehung der Alltagswelt mit anderen Sinnwelten.

Danksagung Ich danke Claudia Vorheyer, Stephanie Kernich, Sabrina Künzle und Manuela Schäfer sowie Alexander Leistner und Monika Wohlrab-Sahr für die ausführlichen Diskussionen. Bei Anke Jähnke bedanke ich mich für die redaktionelle Überarbeitung des Manuskripts.

Literatur

Berger, Peter L., und Hansfried Kellner. 1965. Die Ehe und die Konstruktion der Wirklichkeit. Eine Abhandlung zur Mikrosoziologie des Wissens. *Soziale Welt* 16:220–235.

Dunkin, Jennifer J., und Cay Anderson-Hanley. 1998. Dementia caregiver burden. A review of the literature and guidelines for assessment and intervention. *Neurology* 51:53–60.

Fontana, Andrea, und Ronald Smith. 1989. Alzheimer's disease victims. The „unbecoming" of self and the normalization of competence. *Sociological Perspectives* 32:35–46.

Garfinkel, Harold. 1963. A conception of, and experiments with, "Trust" as a condition of stable concerted actions. In: *Motivation and social interaction. Cognitive determinants*, Hrsg. O. J. Harvey, 187–238. New York: Ronald.

Garfinkel, Harold. 1973. Das Alltagswissen über soziale und innerhalb sozialer Strukturen. In: *Alltagswissen, Interaktion und gesellschaftliche Wirklichkeit, Bd. 1 Symbolischer Interaktionismus und Ethnomethodologie*, Hrsg. Arbeitsgruppe Bielefelder Soziologen, 189–214. Reinbek: Rowohlt.

Garfinkel, Harold. 1984 [1967]. *Studies in Ethnomethodology*. Cambridge: Polity Press.

Hitzler, Roland. 2012. Die rituelle Konstruktion der Person. Aspekte des Erlebens eines Menschen im sogenannten Wachkoma. *Forum Qualitative Sozialforschung* 13:Art. 12.

ICD-10-GM. 2015. Psychische und Verhaltensstörungen. Organische, einschließlich symptomatischer psychischer Störungen. Abgerufen am 6.11.2014. www.dimdi.de/static/de/klassi/icd-10-gm/kodesuche/onlinefassungen/htmlgm2015/block-f00-f09.htm.

Katona, Cornelius, et al. 2009. World psychiatric association section of old age psychiatry consensus statement on ethics and capacity in older people with mental disorders. *International Journal of Geriatric Psychiatry* 24:1319–1324. Abgerufen am 16.5.2015. www.wpanet.org/uploads/Sections/Old_Age_Psychiatry/ethics-paper-December-2009.pdf.

Klie, Thomas. 2005. Würdekonzept für Menschen mit Behinderung und Pflegebedarf, Balancen zwischen Autonomie und Sorgekultur. *Zeitschrift für Gerontologie und Geriatrie* 38:268–272.

Kotsch, Lakshmi, und Ronald Hitzler. 2013. *Selbstbestimmung trotz Demenz? Ein Gebot und seine praktische Relevanz im Pflegealltag*. Weinheim: Beltz Juventa.

Lucius-Hoene, Gabriele, und Arnulf Deppermann. 2004. Narrative Identität und Positionierung. *Gesprächsforschung* 5:166–183.

Meyer, Christian. 2014. Menschen mit Demenz als Interaktionspartner. Eine Auswertung empirischer Studien vor dem Hintergrund eines dimensionalisierten Interaktionsbegriffs. *Zeitschrift für Soziologie* 43:95–112.

Oevermann, Ulrich. 1981. Fallrekonstruktion und Strukturgeneralisierung als Beitrag der objektiven Hermeneutik zur soziologischstrukturtheoretischen Analyse. Unveröff. Manuskript.

Pinquart, Martin, und Silvia Sörensen. 2003. Associations of stressors and uplifts of caregiving with caregiver burden and depressive mood. A meta-analysis. *Journal of Gerontology B* 58:P112–P128.

Pollner, Melvin. 1975. Mundanes Denken. In: *Ethnomethodologie. Beiträge zu einer Soziologie des Alltagshandelns*, Hrsg. Elmar Weingarten, Fritz Sack, und Jim Schenkein, 295–326. Frankfurt: Suhrkamp.

Schütz, Alfred. 1971. *Gesammelte Aufsätze, Bd. 1. Das Problem der sozialen Wirklichkeit*. Nijhoff: Den Haag.

Schütz, Alfred. 1972a [1944]. Der Fremde. In: *Gesammelte Aufsätze, Bd. 2. Studien zur soziologischen Theorie*, 53–69. Den Haag: Nijhoff.

Schütz, Alfred. 1972b [1946]. Der gut informierte Bürger. Ein Versuch über die soziale Verteilung des Wissens. In: *Gesammelte Aufsätze, Bd. 2. Studien zur soziologischen Theorie*, 85–101. Den Haag: Nijhoff.

Schütz, Alfred. 1972c [1954]: Don Quixote und das Problem der Realität. In: *Gesammelte Aufsätze, Bd. 2. Studien zur soziologischen Theorie*, 102–128. Den Haag: Nijhoff.

Schütz, Alfred. 1972d [1960]: Die soziale Welt und die Theorie der sozialen Handlung. In: *Gesammelte Aufsätze, Bd. 2. Studien zur soziologischen Theorie*, 3–21. Den Haag: Nijhoff.

Schütze, Fritz. 1980. Interaktionspostulate – am Beispiel literarischer Texte. Dostojewski, Kafka, Handke u. a.. In: *Literatur und Konversation. Sprachsoziologie und Pragmatik in der Literaturwissenschaft*, Hrsg. Ernest W. B. Hess-Lüttich, 72–94. Wiesbaden: Akademische Verlagsgesellschaft Athenaion.

Strauss, Anselm, und Juliet Corbin. 1990. *Basics of qualitative research. Grounded theory procedures and techniques*. Newbury Park: Sage.

Wilz, Gabriele, Corinne Adler, und Thomas Gunzelmann. 2001. *Gruppenarbeit mit Angehörigen von Demenzkranken. Ein therapeutischer Leitfaden*. Göttingen: Hogrefe.

Zarit, Steven H., Karren E. Reever, und Julie Bach-Peterson. 1980. Relatives of the impaired elderly. Correlates of feelings of burden. *The Gerontologist* 20:649–655.

Andrea Radvanszky lic. rer. soc., promoviert am Institut für Kulturwissenschaften der Universität Leipzig zum Thema „Demenz als soziologische Diagnose". Sie ist wissenschaftliche Mitarbeiterin bei Careum Forschung in Zürich im Forschungsschwerpunkt „work & care – Vereinbarkeit von Beruf und Pflege" und Lehrbeauftragte am Institut für Soziologie der Universität Zürich. Forschungsinteressen: Soziologische Theorie, Medizinische Soziologie, Versorgungsforschung, Rekonstruktive Sozialforschung. Aktuelle Publikation: Erwerbstätige mit privaten Pflegeaufgaben am Beispiel zweier schweizerischer Unternehmen. Schweizerische Zeitschrift für Soziologie, im Erscheinen (gem. mit Julie Craviolini und Iren Bischofberger).

Österreich Z Soziol (2016) (Suppl) 41:115–131
DOI 10.1007/s11614-016-0210-1

Professionalisierung lebensweltlicher Krisen durch Technik?

Zur Betreuung demenziell erkrankter Personen mittels sozial assistiver Robotik

Michaela Pfadenhauer · Christoph Dukat

Zusammenfassung Vor dem Hintergrund unseres Interesses an sozio-technischen Pflege-Arrangements untersuchen wir, wie „sozial assistive" Roboter in der stationären Altenpflege bzw. -betreuung und hier insbesondere bei demenziell erkrankten Personen eingesetzt wird. Die empirische Basis bildet eine ethnographische Langzeitforschung in einem Altenpflegezentrum, in dem aktuell zwei Exemplare des von uns untersuchten Roboters zum Einsatz kommen. Eingesetzt werden sie hier ausschließlich von „zusätzlichen Betreuungskräften" nach § 87b Abs. 3 SGB XI. In der Annahme, dass es die gesellschaftliche Konstruktion einer Krise ist, die einen Professionalisierungsprozess ins Rollen bringt, beschäftigt uns die Frage, welche Bedeutung Technik – nicht im Verstande von Handlungs- oder Kulturtechnik, sondern von Sachtechnik – im Rahmen einer solchen Entwicklung zukommen könnte. Der Einsatz von Robotern bei der Betreuung demenziell erkrankter Personen und ihre (instrumentelle) Handhabung durch das Betreuungspersonal lassen sowohl spezifische Formen der Krisenkonstruktion als auch besondere Formen kompetenter Krisenbewältigungsstrategien erkennen. Beide Aspekte zeigen Professionalisierungspotentiale an.

Schlüsselwörter Krise · Demenz · Pflege · Soziale Robotik · Technik · Professionalisierung · Wissenssoziologie

Dieser Artikel beruht auf dem gleichnamigen Vortrag in der Sektion Professionssoziologie beim 37. Kongress der Deutschen Gesellschaft für Soziologie 2014 in Trier.

M. Pfadenhauer (✉)
Institut für Soziologie, Universität Wien, Rooseveltplatz 2, 1090 Wien, Österreich
E-Mail: michaela.pfadenhauer@univie.ac.at

C. Dukat (✉)
Institut für Soziologie, Medien- und Kulturwissenschaften, Karlsruher Institut für Technologie (KIT), Kollegium am Schloss Geb. 20.12, Schlossbezirk 12, 76131 Karlsruhe, Deutschland
E-Mail: christoph.dukat@kit.edu

Professionalization of lifeworld crises by means of technology?
On the use of socially assistive robots in dementia care

Abstract Within the context of our wider interest in the socio-technical aspects of care, in this article we examine how socially assistive robots are being used in in-patient geriatric care of persons suffering from dementia. Based on an ethnographic long-term study conducted in a nursing home which currently employs two of the robots investigated by us, we focus on the behavior of those who operate these robots: so-called "additional nurses" (§ 87b Abs. 3 SGB XI). Proceeding from the assumption that processes of professionalization are frequently triggered by (what societies define as) crises, we inquire what role technology plays in this regard. Thinking about the use of robots in dementia care, we argue, helps us understand how crises are being constructed as well as overcome – which indicates a significant potential of professionalization on the part of the "additional nurses."

Keywords Crisis · Dementia · Care · Social robotics · Technology · Professionalization · Sociology of knowledge

> *Man kann die Geschichte der modernen Gesellschaft unter anderem*
> *auch schreiben als Geschichte der Ablösung von Laienlösungen*
> *durch Formen rationalisierter Expertenlösungen von Problemen.*
> (Luckmann und Sprondel 1972, S. 15)

1 Einleitung

Es ist ein Signum moderner Gesellschaften, dass für immer mehr Handlungs- und Lebensprobleme, die ehemals im familialen, verwandtschaftlichen und nachbarschaftlichen Verbund bewältigt wurden, Expertenlösungen nicht nur angeboten, sondern auch nachgefragt werden: „Der Gang zum Erziehungs- und Eheberater oder dem Psychiater wird zunehmend für viele fast so selbstverständlich wie die Inanspruchnahme des ärztlichen Fachwissens im Krankheitsfall" (Luckmann und Sprondel 1972, S. 16). Die Bewältigung von immer mehr lebenspraktischen Krisen wird in der Moderne also an Personen abgegeben, die dies „von Berufs wegen" tun, d. h. dafür ausgebildet sind und damit ihrerseits ihre materielle Existenz sichern.

Dem geht historisch ein langer Prozess der Arbeitsteilung voraus, in deren Zuge sich Allgemein- und Sonderwissensbestände auseinanderentwickeln und Letztere sich fortlaufend ausdifferenzieren, womit Spezialisierungen möglich und notwendig zugleich werden (vgl. Schütz und Luckmann 2003 [1975], Kap. IV C; Pfadenhauer 2003, 14–30). Zusätzlich hat die Arbeitsrationalisierung als Erfolgsrezept der Industrialisierung Einzug in Lebens- und Handlungsbereiche jenseits industrieller Produktion gehalten. So hat sich z. B. für Beziehungs- und Familienprobleme ein zwar umfangreiches Leistungsspektrum etabliert, das aber in einzelne Dienstleistungsangebote wie Beratung, psychologische Betreuung, Therapie, Mediation zergliedert ist (vgl. zu Letzterem Maiwald 2004).

 Springer

In dieser Expertisierungs- bzw. Professionalisierungslogik kann auch die Demenzbetreuung gesehen werden, die 2008 in Deutschland als Qualifizierungsmaßnahme eingeführt worden ist. Angesichts dessen, dass die private bzw. familiäre Überforderung durch die Betreuung eines Angehörigen, der an Demenz „erkrankt"[1] ist, ein medialer Dauerbrenner ist, kann man dafür einen Bedarf unterstellen (vgl. Pfadenhauer 2015). Und der Nachfrage ist insofern der Boden bereitet, als die Überführung eines Angehörigen in eine professionelle Betreuung keineswegs mehr als moralische Verletzung des Generationenvertrags gilt, sondern im Gegenteil als verantwortungsvoller Umgang mit einer weder individuell noch laienhaft angemessen zu bewältigenden Krisensituation.

2 Professionalisierung und Krise

Alltagssprachlich befindet sich jemand in einer Krise, wenn er oder sie aus einem Problem nicht ohne Weiteres herausfindet. In diesem Verstande ist die Krise eine Übergangsphase vom Problem zur Lösung, wobei es unerheblich ist, ob der Ausweg aus der Krise selbst gefunden oder von anderen gewiesen wird. Mit einem solchen weiten Krisenverständnis ist allerdings jedes Problem eine Krise und jede Problemlösung bereits eine Krisenbewältigung.

Die gegenwärtige sowohl in der tagespolitischen Berichterstattung als auch in der Soziologie[2] grassierende Krisenmetaphorik geht einerseits mit der „Logik" der Massenmedien und andererseits damit einher, dass Krisenhaftigkeit in der Moderne eine grundlegende Erfahrung ist (vgl. Prisching 1986; Nassehi 2012). Reinhard Koselleck (1976) bestimmt „Krisen" als kürzer oder länger dauernde, entscheidungsoffene biographische Phasen, Martin Endreß (2014) versteht darunter sowohl pessimistisch als auch optimistisch konnotierte „Übergangssituationen" aus irritierten Routinen heraus (vgl. dazu Hitzler 2014). Von daher liegt es nahe, „Routine" als Komplementärbegriff zu Krise zu verstehen, wie dies der Titel „Krise der Routinen – Routinen der Krise" des 37. Kongresses der Deutschen Gesellschaft für Soziologie nahelegt.

Genau betrachtet ist es aber nicht das Handeln, sondern das darin integrierte Wissen, das in die „Krise" kommt. Auch im Alltag konnotiert „professionelles Handeln" (etwas professionell gemacht zu haben) nicht einfach Routine, sondern einen angemessenen Umgang mit einer als krisenhaft angesehenen Situation. Aus dieser Sicht bildet nicht „Routine", sondern „Kompetenz" den Komplementärbegriff zu Krise. Der Kompetenzbegriff akzentuiert nicht nur die Angemessenheit von Handeln, sondern die Einheit von Handeln und Wissen im Verstande der neueren, integrativen Wissenssoziologie (vgl. Knoblauch 2010, 2014; Pfadenhauer 2010, 2014a). Aus dieser phänomenologisch fundierten Perspektive gründet Wissen in Erfahrung. Aber „der Sinn, aus dem das Wissen zehrt, erhält seine Bestätigung nicht aus einer ihm

---

[1] Die Einordnung von Demenz als Krankheit ist umstritten (vgl. Whitehouse und George 2009 sowie das Resümee dieses Beitrags).

[2] Jenseits dessen, dass sich die Soziologie generell als „Krisenwissenschaft" versteht, trugen sowohl der Kongress der Österreichischen Gesellschaft für Soziologie 2013 als auch jener der Deutschen Gesellschaft für Soziologie 2014 die Krise im Titel.

zugrundeliegenden Erfahrung, sondern erweist sich als relevant, weil er Handlungen leitet" (Knoblauch 2014, S. 351).

„Krisen" gehen mit Transzendenz, d. h. damit einher, dass bisherige Erfahrungen überschritten werden. Das Ausmaß von Transzendenz bemisst sich danach, wie das in der gegenwärtigen Erfahrung angezeigte Nicht-Erfahrene erfahrbar ist: analog zum bisher Erfahrenen, nur über Anzeigen oder überhaupt nicht *in persona* (vgl. hierzu und zum folgenden Schütz und Luckmann 2003 [1975], S. 589 ff). Mittlere Transzendenzen sind dadurch gekennzeichnet, dass sie im Unterschied zu kleinen Transzendenzen nicht überschritten, im Unterschied zu großen Transzendenzen aber zumindest überblickt werden können, weil „das in der Selbsterfahrung begründete ‚Wissen' (...) auf Andere übertragen wird" (ebd., S. 607).

Phänomenologisch, d. h. vom subjektiven Erleben her betrachtet, bedrohen „Krisen" die Alltagswirklichkeit (vgl. Schütz 2004). Die Schwere von Krisen bemisst sich an der Nähe oder Ferne zum Alltag, d. h. darin, ob die Person, für die dessen Wirklichkeitsakzent infrage gestellt ist, der natürlichen Einstellung verhaftet und damit handlungsfähig bleibt oder ob sie Alltagsrelevanzen aussetzt und sich der theoretischen Einstellung annähert. Diesem engeren Verständnis nach ist keineswegs jedes Handlungsproblem, sondern nur ein solches Problem eine Krise, bei dem Vertrautheitswissen und Gewissheiten nachhaltig erschüttert werden.

Dies schließt ein konstruktivistisches Verständnis von Krise nicht aus. Die Definition bestimmter körperlicher Manifestationen und Verhaltensweisen als Demenz und deren Qualifizierung als Krankheit ist eine gesellschaftliche Konstruktion. Davon bleibt die Konstitution einer Krise in der Erfahrung nicht unbenommen. Denn auch wenn Konstitutionsprozesse theoretisch subjektive Vorgänge sind, während Konstruktionsprozesse gesellschaftlicher Natur sind, sind sie empirisch über Internalisierung, d. h. dadurch verknüpft, dass Menschen in ein „sozio-historisches Apriori" gestellt sind und Sozialisationsprozesse durchlaufen (vgl. Berger und Luckmann 1969).

Die These, dass Krisen erst oder auch definiert, d. h. gesellschaftlich konstruiert werden müssen, bevor sie als solche erfahren werden, bildet den Kern der Bestimmung professionellen Handelns als Definition eines Problems zu einer Lösung, für die der definitionsmächtige Akteur einen Lösungsvorschlag hat (vgl. Pfadenhauer 2005). Genauer meint Professionalisierung die Institutionalisierung einer Problemsicht qua theoretisch-wissenschaftlicher Legitimationen, zu der in einem Tätigkeitsfeld Bewältigungsstrategien zuhanden sind, für die alleinige Zuständigkeit beansprucht wird und zu deren Ausführung nur jene berechtigt sind, die den Erwerb spezifischer Wissensbestände nachweisen können (vgl. Pfadenhauer 2003, S. 57–77).

Allerdings besteht Luhmann und Schorr (1979) zufolge die Eigentümlichkeit der Probleme, derer sich professionell angenommen werden muss, in ihrer Nicht-Technisierbarkeit, d. h. darin, dass sich zu ihrer Bearbeitung keine Routinen ausbilden lassen. Deshalb lassen sie sich der von Ulrich Oevermann (1996) revidierten Professionalisierungstheorie zufolge, die ihren Ausgang dezidiert an der Krise nimmt, auch nicht lösen, sondern nur stellvertretend deuten. Anders als in unserem Ansatz professionellen Handelns liegt hier eine Substanzannahme zugrunde: Unterstellt wird eine „objektive, tendenziell Krisen auslösende soziale Realität von materiellen Lebens-

bedingungen, aber auch von nicht-intendierten Handlungsfolgen, von sprachlichen Erzeugungsregeln und von durch unbewusste Motivierungen welcher Art auch immer generierten Konstellationen" (Oevermann 2006, S. 81; vgl. grundlegend dazu auch Prisching 1983).

Während es aus einer solchen Sicht möglicherweise Sinn macht, davon zu sprechen, dass es die lebensweltlichen Krisen (selber) sind, die professionalisiert werden, hebt der Professionalisierungsbegriff wissenssoziologisch-sozialkonstruktivistisch auf Rollen ab, die durch die Systematisierung eines Wissensgebietes, durch die Länge und Komplexität der (institutionell spezialisierten) Ausbildung, durch die Beglaubigung beruflicher Kompetenzen in institutionellen Kategorien und durch ein Geflecht von auf Sonderwissen bezogenen Selbst- und Fremdtypisierungen sozial verfestigt werden (vgl. Pfadenhauer 2003, S. 26; Pfadenhauer und Kunz 2010, S. 236).

In der Annahme, dass es die gesellschaftliche Konstruktion einer Krise ist, die einen solchen Professionalisierungsprozess ins Rollen bringt, beschäftigt uns im Folgenden, welche Bedeutung Technik – nicht im Verstande von Handlungs- oder Kulturtechnik, sondern von Sachtechnik, – im Rahmen einer solchen Entwicklung zukommen könnte. Der Einsatz von Robotern bei der Betreuung demenziell erkrankter Personen und ihre (instrumentelle) Handhabung durch das Betreuungspersonal lässt sowohl spezifische Formen der Krisenkonstruktion als auch besondere Formen kompetenter Krisenbewältigungsstrategien erkennen. Beide Aspekte zeigen, wie abschließend resümiert werden soll, Professionalisierungspotentiale an.

3 Robotergestützte Demenzbetreuung als Forschungsfeld

Angeleitet durch ein Grundinteresse an Technik in der Pflege haben wir 2013 eine ethnographische Studie in einem Altenpflegezentrum eines kirchlichen Trägers begonnen, das sich dadurch auszeichnet, dass hier in der Demenzbetreuung u. a. avancierte Technologie zum Einsatz kommt.

3.1 Zur Technik

Bei dieser Technologie handelt es sich um einen robbenförmigen, d. h. zoomorphen Roboter, den Kolling et al. (2013) als „sozial assistiv" kategorisieren. Er ist seit 2005 in Japan und seit 2009 in Europa und den USA auf dem Markt und wird vornehmlich in der stationären Alten- und Demenzpflege eingesetzt. Lediglich im Herkunftsland Japan befinden sich über die Hälfte der verkauften Exemplare im Besitz von Privatkunden (Shibata 2012, S. 2530).

Nicht nur das Robotische, sondern die Technikhaftigkeit schlechthin entzieht sich bei diesem Gerät auf den ersten Blick. Denn das aus einer Reihe von Hard- und Softwarekomponenten bestehende „technische (Sach)system" (Ropohl 2009 [1979]; vgl. auch Weyer 2008) ist hinter einem weißen – dem Einsatzgebiet des Gesundheitssektors entsprechend antibakteriellen – Kunstfell verborgen. Das Gerät mutet deshalb zunächst wie ein (besonders körpernahes) Spielzeug, nämlich wie ein Kuscheltier an. Irritiert wird diese Anmutung allerdings, sobald man das Gerät hochnimmt, da

es mit seinen fast 3 kg vom Gewicht her an einen Säugling erinnert, was durchaus beabsichtigt ist. Sobald das Gerät angeschaltet ist, verursachen die Aktuatoren, die den „Kopf", die „Seitenflossen" und die „Schwanzflosse" bewegen, zudem leise Motorengeräusche.

Die Technik zeichnet sich dadurch aus, dass im Zusammenwirken der aus diversen Sensoren, Lautsprechern, Aktuatoren und Prozessoren bestehenden Hardware-Komponenten mit einem auf Software basierenden Verhaltensmodell sogenannte „proactive and reactive processes" initiiert werden können. Im Verstande einer solchen „Eigensteuerung"[3] simuliert das technische Artefakt zum einen Re-Aktionen auf Berührungen und plötzliche, laute Umgebungsgeräusche. Zum anderen ruft das Zusammenwirken der Software mit den Aktuatoren den Eindruck hervor, dass der Roboter von sich aus aktiv wird, d. h. seine Extremitäten und Augenlider ohne fremdes Zutun bewegt.

Zu den motorischen kommen auditive „Äußerungsformen" hinzu, bei denen tierähnliche Geräusche simuliert werden, die sich als Wohl- oder Missfallenslaute interpretieren lassen. Das Gerät ist also so konstruiert, dass es sich (stoff-)tierähnlich anfühlt und anhört, und soll zugleich den Eindruck erwecken, zum Hören und Fühlen befähigt zu sein. Im Unterschied zu den in diesem Sinne nach zwei Seiten offenen taktilen und auditiven ist der visuelle „Kanal" (vgl. von Scheve 2014) insofern reduziert, als der Roboter nicht mit einer Kamera, sondern lediglich mit Licht-Sensoren ausgestattet ist, womit zwar die Simulation eines Tag-Nacht-Rhythmus, aber kein Bildempfang („Sehen") möglich ist. Allerdings bieten die Aktuatoren in den Augenlidern dem Betrachter die Möglichkeit, das eigentätige Öffnen und Schließen der einem Babyface entsprechend überdimensioniert großen Augen als „Schauen" bzw. „Angeschautwerden" zu interpretieren.

Aufgrund seiner auf Berührungen und Ansprache ausgerichteten technischen Funktionen, die hinsichtlich der „appearance"[4] durch den Fellüberzug des tierförmigen Korpus und dessen Beweglichkeit unterstützt werden, ist das technische Artefakt in der sogenannten „emotionalen Robotik" (vgl. Meyer 2011; Klein et al. 2013) zu verorten, die in der Tradition des „affective computing" (Picard 1997, 2003) steht: Denn das Design hebt zum einen auf die – insbesondere auditive – Darstellung eines „emotionalen Zustands" des Roboters ab und ist zum anderen darum bemüht, den Anschein einer Reaktion auf die – insbesondere taktil – zum Ausdruck gebrachten Emotionen des menschlichen Gegenübers zu erwecken. Im Design ist die Gestaltetheit des Roboters mit dessen gestaltender Wirkung verknüpft (vgl. Häussling 2010, S. 144). Mit der Gestalt(ung) geht eine Aufforderung zu einer bestimmten

---

[3] Lindemann (2005, S. 131) spricht – in vorsichtiger Abgrenzung von „Selbststeuerung" – von „Eigensteuerung". Das scheinbare „Von-sich-aus-Aktivwerden" des Artefakts ist jedoch eine (mitunter unbeabsichtigte) Nebenfolge menschlichen Handelns, so wie jede „Eigentätigkeit" des Roboters genetisch auf menschliches Handeln (statt auf Handlungsträgerschaft von Technik) zurückzuführen ist, weil das technische Artefakt – bis hin zu jener Software, die dieses „lernen" lässt – entsprechend programmiert worden ist.

[4] Einem postphänomenologischen Verständnis nach ist Technik nicht ontologisch, sondern von ihrer Erscheinung her zu bestimmen: „What matters for the human-robot relation is how the robot appears to human consciousness" (Coeckelbergh 2011, S. 199; vgl. grundlegend Ihde 1990).

Nutzungsweise einher, wobei diese Gebrauchsintention unterlaufen werden kann.[5] Beides, die zweckentfremdete als auch die zweckdienliche Verwendung von Technik bringen „neue Sozialpraktiken im Alltag" (Bonsiepe 1996, S. 25) hervor.

Mit dieser Perspektive auf sozio-technische Arrangements stellen wir das materielle Artefakt in den Mittelpunkt der Betrachtung. Allerdings wird es nicht zu einer handelnden Entität stilisiert, sondern – im wissenssoziologischen Verstande einer Objektivation (vgl. Pfadenhauer 2014b, 2014c) – als Teilelement menschlichen Handelns begriffen, das häufig zum Bezugspunkt wechselseitigen Wirk-Handelns avanciert.

3.2 Zum Forschungsfeld

Mit diesem wissenssoziologischen Grundverständnis erforschen wir die Verwendung der Roboter-Robbe in der stationären Demenzbetreuung. Im von uns untersuchten Pflegezentrum wird diese Technik ausschließlich von sogenannten „zusätzlichen Betreuungskräften" eingesetzt. Dabei handelt es sich um eine erst vor wenigen Jahren eingeführte berufliche Tätigkeit, die mit einem einwöchigen Orientierungspraktikum, 160 Ausbildungsstunden und einem zweiwöchigen Betriebspraktikum eine niedrig bemessene Qualifizierung voraussetzt.

Der Einsatz eines Roboters zur Betreuung und Aktivierung von Heimbewohnern ist im Katalog der in § 87b Abs. 3 Sozialgesetzbuch XI aufgeführten Betreuungs- und Aktivierungsmaßnahmen nicht explizit aufgeführt. Der Liste beispielhaft genannter Maßnahmen, mit denen Betreuungskräfte Heimbewohner mit besonderem Betreuungsbedarf zu „Alltagsaktivitäten motivieren sollen", ist allerdings ein Passus vorangestellt, wonach grundsätzlich „Maßnahmen und Tätigkeiten in Betracht [kommen], die das Wohlbefinden, den physischen Zustand oder die psychische Stimmung der betreuten Menschen positiv beeinflussen können" (§ 2 Abs. 1 Betreuungskräfte-RI).

Im Zuge der von der Heimleitung getroffenen Entscheidung zum Erwerb des Roboters, die vom kirchlichen Heim-Träger mitgetragen wird, haben zwei der in der Pflegeeinrichtung angestellten „zusätzlichen Betreuungskräfte" eine vom Vertreiber des Geräts in Deutschland angebotene Einführung in das Gerät erhalten.[6] Vor ihrem Ausscheiden hat eine der beiden Betreuungskräfte, die zwischenzeitlich den Arbeitgeber gewechselt hat, ihre aus der Anwendung des Geräts gewonnenen Erfahrungen[7] einer dritten Betreuerin vermittelt, womit das Gerät, von dem die Einrichtung zwei Exemplare besitzt, während unserer Feldforschung kontinuierlich von zwei „zusätzlichen Betreuungskräften" nach § 87b eingesetzt worden ist.

---

[5] Vgl. zu dieser im Kontext der Cultural Studies als „Aneignung" und von uns im Hinblick auf „Zweckentfremdung" beobachteten Eigenwilligkeit Eisewicht und Pfadenhauer (2016).

[6] Nicht nur in Deutschland forcieren die Vertriebsorganisationen eine Abgabe des technischen Geräts in Kombination mit einem Anwendertraining. Unsere Ethnographie bestätigt die These von Pedersen (2011, S. 44), dass hierbei neben dem richtigen Gebrauch auch die Einstellung zu dieser Technologie geschult wird.

[7] Sie hatte auch ein vom Vertreiber initiiertes regionales Anwendertreffen besucht, das – ebenso wie die vom Vertreiber eingerichtete interaktive e-Lernplattform – dem Erfahrungsaustausch dienen sollte.

Die teilnehmende Beobachtung und videographische Dokumentation dieser (Gruppen-) Aktivierung mit dem Roboter ist Kern unseres Datenmaterials.[8] Den aus Videoaufnahmen, Fotos,[9] Mitschnitten informeller Gespräche und Teambesprechungen sowie Beobachtungsprotokollen bestehenden Datenfundus haben wir um explorative Interviews mit Personen erweitert, die für die Aktivierung von Menschen mit Demenz einerseits und für den Vertrieb und die Verbreitung des Geräts andererseits zuständig sind.[10] Dabei geht es uns nicht darum, personale Typen zu bilden, sondern um die (Ideal-)Typisierung situativer Vollzugsweisen. Hierfür betrachten wir die mit der Kamera aufgezeichneten Aktivierungseinheiten fallweise auf jene Eigenschaften hin, die in Bezug auf den Robotereinsatz charakteristisch sind und seine Dynamik ausmachen (vgl. Lueger 2000, S. 57 f.). Die nachfolgend kontrastierten Handlungsablauftypen beruhen auf der Verdichtung dieser Fälle zu idealisierten, von Abweichungen weitgehend bereinigten Grundtypen, deren wesentliche Eigenschaften dergestalt modellhaft hervortreten.

4 Die Performanz der Betreuungskräfte

Der Einsatz des Roboters hat in der von uns untersuchten Einrichtung unter den vielen Aktivierungsmaßnahmen, bei denen Klangschalen ebenso wie der Snoezelen-Wagen zum Einsatz kommen, einen festen Platz. Die Arbeit mit der künstlichen Robbe ist also neben diesen und Aktivitäten wie Erinnerungs-Frühstück, Gottesdienst, Theater und Aktivgruppen bis hin zur Aktivierung mit Hunden ein fester Programmpunkt. In den meisten Fällen handelt es dabei um eine sogenannte „Gruppenaktivierung".[11]

Signifikant für die Handhabung dieses Roboters ist im Unterschied zur Automobilität vieler Prototypen, dass er sich nicht selbsttätig in einen Raum hineinbewegt. Er muss vielmehr dorthin gebracht werden, und empirisch finden wir hier unterschiedliche Tragetechniken. Das ist deshalb bemerkenswert, weil die Art, wie die Betreuerinnen das Gerät tragen, den Heimbewohnern in unterschiedlichem Maß Handlungsmöglichkeiten eröffnet: Alle von uns begleiteten qualifizierten Betreuungskräfte führen das Gerät nicht nebensächlich mit sich und sie transportieren es

---

[8] Zur teilnehmenden Beobachtung vgl. Lueger (2010) und zur Videographie Tuma et al. (2013). Weniger intendiert als durch die Situation im Feld bedingt tendiert die teilnehmende Beobachtung immer wieder zur beobachtenden Teilnahme (vgl. hierzu Pfadenhauer und Grenz 2015; Hitzler 2007). Anstelle von Beobachtungsdaten gewinnen wir hierbei Erlebnisdaten, die insbesondere hinsichtlich der Erfahrung von Kommunikationsbrüchen und deren Überbrückung mittels Technik wertvoll sind. Deshalb bauen wir das Forschungsdesign derzeit systematisch in Richtung einer lebensweltanalytischen Ethnographie der Aktivierung aus.

[9] Zum visuellen Protokollieren, innerhalb dessen dem Foto die Funktion einer Wissensform zukommt, (vgl. Pfadenhauer 2016).

[10] Eine Kontextualisierung, deren Ergebnisse hier noch nicht berichtet werden können, erfährt unsere Forschung dadurch, dass wir uns dem Einsatz des Roboters in der ambulanten Altenpflege (Besucherdienste in der Schweiz) zuwenden.

[11] Das entspricht den rechtlichen Vorgaben, wonach „zur Prävention einer drohenden oder bereits eingetretenen sozialen Isolation Gruppenaktivitäten [...] das für die Betreuung und Aktivierung geeignete Instrument [sind]" (Betreuungs-RI § 2 Abs. 3).

schon gar nicht in dem für seine Aufbewahrung genutzten Karton durchs Haus. Sie tragen das Gerät vielmehr demonstrativ im Arm, was dazu führt, dass Bewohner von sich aus (auf) das Gerät ansprechen können.[12] Dies bezeichnen wir als „Aktivierung im Vorübergehen". Diese kommt insbesondere dann zustande, wenn die Betreuungskraft zusätzlich ihren Schritt verlangsamt und das Gerät bereits vor der Begegnung eingeschaltet hat. Im Hinblick darauf ist uns der sogenannte „Fliegergriff" aufgefallen, bei dem der „Kopf" der künstlichen Robbe in der Ellenbeuge des Tragarms platziert ist und die „Schwanzflossen", zwischen denen sich der An-/Aus-Knopf des Geräts angebracht ist, gut in der Hand liegen: Gegenüber der – häufiger beobachtbaren – Positionierung des Geräts wie ein Paket unter dem Arm hat diese in Bezug auf Säuglinge auch als Kolik-Griff bekannte Haltetechnik den Vorteil, dass der Schalter einfach erreichbar ist und das Gerät damit relativ unauffällig in Betrieb genommen werden kann. Dieser Griff wird im vom Geräte-Vertreiber aufgelegten „Zertifizierungstraining" zur „Bedienung" empfohlen. Von den beiden Betreuungskräften, die dieses Training absolviert haben, wird der Griff von jener Person angewendet, d. h. als Wissen übernommen, bei der sich dieser schon beim Tragen ihrer Kinder bewährt hat.

Bei einer Bewohnerin oder einer Gruppe von Bewohnern angekommen, nimmt die Handlungsform des Tragens gestisch signifikant die Form des Darreichens (Anbietens) an. Dieser Übergang von der Demonstration zur Darreichung ist universell, d. h. unseren Beobachtungen zufolge unabhängig sowohl von der betreuenden als auch von der zu betreuenden Person. Nicht nur aufgrund dieser Verallgemeinerbarkeit über die einzelnen Betreuungspersonen und diversen Betreuungssituationen hinweg sprechen wir von Performanz. Offensichtlich wird der Roboter nicht schlicht eingesetzt, sondern die Betreuerinnen führen zusätzlich gewissermaßen vor, dass sie etwas (Besonderes) mit- bzw. zum Einsatz bringen.

Wenn die Betreuerin mit dem Gerät an Bewohner herantritt, die in einer Sitzgruppe oder an einem Tisch zusammensitzen – ja selbst, wenn mehrere Personen in dieser Gesellschaft reagieren – nimmt die Aktivierung auch in einer solchen Gruppe nicht die Gestalt eine Gruppenaktivierung an. D. h. im Unterschied zur Begrüßung adressiert die Betreuungskraft nun nicht mehr alle, sondern wendet sich mit dem Gerät im Arm einer Bewohnerin besonders (und je nach Reaktion unterschiedlich lange) zu.[13] Solange die Betreuungskraft das Gerät auf diese Weise hin-hält, ist für die jeweilige Bewohnerin die situative Aufmerksamkeit sichergestellt – und zwar auch dann, wenn kein Gespräch zustande kommt. Mit diesem gestischen Aufrechterhalten der Situation, das die Betreuerin mimisch und verbal unterstützt, eröffnet sie gleichsam einen Raum für Kommunikation, den die Bewohnerin in Anspruch nehmen kann, aber nicht muss. Selbst in der Gruppenkonstellation nimmt der Robo-

---

[12] Dabei darf nicht übersehen werden, dass nur aus der Perspektive eines „normalen, hellwachen Erwachsenen" (Kotsch und Hitzler 2013, S. 17; vgl. zur Abweichung infolge demenzieller Erkrankung Honer 2011) der mit einem weißen Kunstfell überzogene, robbenförmige Korpus aufgrund seiner Größe und Farbe praktisch unübersehbar ist. Bei einem altersbedingt eingeschränkten Sehvermögen, zu dem mit der Demenz auch noch eine Unempfänglichkeit für die „Farbe" Weiß hinzukommen kann, ist dies nicht zwangsläufig gegeben.

[13] Wir können das Auswahlkriterium noch nicht identifizieren; es ist aber wahrscheinlich, dass hier aufgrund der Anwesenheit der Forscher ein „Vorführmotiv" die Auswahl zumindest mitbestimmt.

tereinsatz also die Form einer Einzelaktivierung an. Diese kann sich unterschiedlich gestalten, wobei es zunächst vor allem einen Unterschied macht, ob der Betreuerin eine Kontaktaufnahme mit der Bewohnerin gelingt, d. h. ob sie auf ihre Darreichung des Geräts, die immer mit einer direkten Ansprache einhergeht, überhaupt eine Reaktion erzielt, die durch das Robotische, d. h. das Spezifische des Geräts bedingt sein kann, aber nicht muss. Im Fall einer erfolgreichen Kontaktaufnahme können wir zwei Darreichungstypen kontrastieren:

In Variante 1 setzt die Betreuerin immer wieder einen Gesprächsstimulus, greift einen abgerissenen Gesprächsfaden wieder auf, fordert zum Streicheln des Fells auf, kommentiert die Äußerungsformen des Roboters oder lädt zu deren Deutung ein. Dies ähnelt der Alltagssituation mit Haustieren, für die typisch ist, dass die direkte Ansprache des Tiers in der Regel rasch zum Gespräch über das Tier, von dort aus zu anderen Themen überwechselt – und wieder auf das Tier zurückspringt, wenn es sich bemerkenswert verhält oder das Gespräch stockt (vgl. Bergmann 1988).

Im Variante 2 hält sich die Betreuerin dagegen fast vollständig zurück. Ihre Haltung erinnert an die eines Psychoanalytikers, der durch die sich selber auferlegte Zurückhaltung eine künstliche Gesprächsatmosphäre erzeugt, die beim Patienten einen Erzählzwang evoziert. Sie agiert hier statt als Gesprächspartnerin als Beobachterin, deren Blick zwischen Bewohnerin und Gerät hin- und herwechselt. Dabei deutet sie in dieser für sie kommunikativ handlungsentlasteten Situation, wie die Bewohnerin den Roboter deutet bzw. ob die Bewohnerin einen Zusammenhang zwischen ihren Handlungen und der Selbsttätigkeit des Geräts herstellt. Dies gibt Raum für die Art von freischwebender Aufmerksamkeit, die Freud für die Psychoanalyse beschreibt, bei der es gerade nicht auf Fokussierung ankommt, sondern darauf, alle Details wichtig zu nehmen (vgl. Breidenstein et al. 2014, S. 89). So wie für die freudianische Psychoanalyse eine Sitzordnung typisch ist, in der der Therapeut neben oder hinter dem (Kopf des) Patienten platziert ist, ist die Positionierung der Betreuungskraft bemerkenswert: Für die Beobachterrolle begibt sie sich typischerweise in die Hocke schräg gegenüber der sitzenden Bewohnerin und hat damit sowohl den Blick auf den Roboter als auch und vor allem in das Gesicht der Bewohnerin.

Für die Rolle der Gesprächspartnerin ist hingegen keine besondere Anordnung auffällig. In der Ausübung dieser Rolle öffnet sich das Gespräch durchaus auch für weitere Bewohner. Diese werden keineswegs nur auf Betreiben der Betreuerin, sondern auch von der Bewohnerin in die technikvermittelte Zweierkonstellation hineingeholt. Diese Konstellation lässt sich als „mediatisiert" (Pfadenhauer und Dukat 2014) etikettieren, wenn man den Roboter als Medientechnologie versteht, mittels derer sich die ursprünglich unmittelbare Face-to-face-Konstellation und damit auch die Erfahrungen der beteiligten Personen verändern, worauf insbesondere die Ausdifferenzierung einer Beobachterrolle für die Betreuungspersonen ein Hinweis sein könnte.

5 Professionalisierung durch Technik?

Wir beobachten zwei Varianten des Technik-Einsatzes: Bei der einen Variante agiert die Aktivierungskraft als Teilnehmerin (des Gesprächs mit der Bewohnerin), bei

der anderen als Beobachterin (des Umgangs der Bewohnerin mit dem Roboter), wobei im letzteren Fall typischerweise die Bewohnerin und nicht wie sonst in aller Regel die Betreuerin das Thema vorgibt. Als Anzeichen für eine Professionalisierung der Aktivierung gilt uns die Performanz der Betreuungskräfte. Diese geben den Bewohnern das technische Artefakt dezidiert nicht einfach als Spielzeug in die Hand. Wir haben bislang also keine Anhaltspunkte für die in der Technikfolgenabschätzung befürchtete Substitution menschlicher Arbeitskraft durch Robotik (vgl. Krings et al. 2014).

Die Betreuerinnen verwenden das Artefakt aber auch nicht als irgendein Aktivierungswerkzeug. Im ersten Handlungsablauftypus fungiert es als eine Art „Dritter im Bunde". Bei dieser Art der Verwendung beziehen sich die Betreuungskräfte in einer Weise auf die Technik, die postphänomenologisch als „alterity relation" (Ihde 1990, S. 97) gedeutet werden könnte: Auch wenn die Betreuerinnen in gewisser Weise von dem Gerät fasziniert erscheinen, erscheint uns jedoch die Deutung überzogen, dass ihnen die Technik als „quasi-otherness" (ebd., S. 100) gegenübertritt. Es ist vielmehr das Nicht-Vorhersagen-Können, wann der Roboter überhaupt etwas und was er dann „tut", das die Gesprächssituation, in der sie sich mit den Heimbewohnern befinden und in der ein technisches Artefakt eine besondere Rolle spielt, für die Betreuungskräfte „besondert". Es ist eine Objektivation, die – im Unterschied etwa zu einem (funktionstüchtigen) Wecker, der zu einem vorhersehbaren Zeitpunkt schrillt – aufgrund ihrer Programmierung zu unvorhersehbaren Zeitpunkten unterschiedliche Emanationen hervorbringt, auf die die Bewohner unvorhersehbar reagieren – oder aber nicht, was gerade deshalb, weil es untypisch ist, die Gesprächssituation zu einer nicht-alltäglichen macht.

Das Problem, das es aus Sicht der Betreuerinnen zu bearbeiten gilt, ist keine Kommunikationskrise, wie dies z. B. für Beziehungskonflikte der Fall ist, die sich in Vorwürfen wie „Wir können einfach nicht miteinander reden" oder „Du hörst mir einfach nicht zu!" äußern. Das Problem, das sich für bzw. aus Sicht der Betreuungskräfte stellt, bewegt sich aber ebenfalls auf der Ebene der mittleren Transzendenz: Als krisenhaft konstruieren sie den fehlenden Bezug von Personen mit Demenz zu ihrer Mit-Welt, d. h. das abhandengekommene Vermögen, anderen innere Vorgänge anzuzeigen bzw. die Anzeigen anderer entsprechend zu deuten.

Hier eröffnet der Einsatz des technischen Artefakts einen optionalen Kommunikationszeitraum, den die Betreuerin performativ relativ lange aufrechterhält, nämlich a) körperlich, d. h. durch ihre Körperhaltung und -positionierung, b) gestisch, d. h. dadurch, dass sie das Gerät darbietet und beim Ablegen auf dem Tisch oder (selten) auf dem Schoß der Bewohnerin selbst berührt, c) mimisch, d. h. durch Blickkontakt, und d) mitunter auch verbal, d. h. durch die thematische Bezugnahme auf den Roboter. Der das Gerät kennzeichnende Kuschelfaktor fungiert als physische Kontaktbrücke und die für einen Roboter symptomatische „Selbsttätigkeit"[14] liefert mit ihrem Überraschungsmoment beiden Beteiligten beständig ein Thema zur möglichen Bezugnahme, wenn das Gespräch zu versiegen droht. Genau das führt gerade für Personen, die sich in ihrem demenziellen Prozess befinden, nicht selten zum Ende der Begegnung – ohne dass dies von ihnen gewünscht sein muss. Unserer bisheri-

---

[14] Knoblauch (1991, S. 39) spricht in Bezug auf die Bewegung der Wünschelrute von „Selbsttätigkeit".

gen Einschätzung nach zeichnet sich hier aber eher eine empathische Haltung denn professionelle Kompetenz in der Bearbeitung dessen ab, was als Handlungskrise im engeren Sinn, nämlich als Interaktionskrise definiert wird. Und auch wenn der Entwickler derzeit die Anerkennung des Roboters als therapeutisches Mittel voranzutreiben versucht (vgl. Shibata 2010, 2012), geht die Professionalisierung der Berufsrolle u. E. nicht zwangsläufig mit dessen Einsatz als Heilmittel einher.

Professionssoziologisch bemerkenswert erscheint uns der Einsatz der Technik im zweiten Handlungsablauftypus. Hier sind Mensch und Technik auf eine Weise aufeinander bezogen, die man mit Ihde (1990, S. 80) als „hermeneutic relation" bezeichnen könnte. Denn es macht den Anschein, dass die Technik, indem sie Anzeichen hervorbringt, die zu interpretieren sind, der Betreuerin hilft, etwas über die Welt der Bewohnerin zu erfahren, das selbst nicht sichtbar ist. So besteht die Besonderheit dieser Technik aus Sicht einer Betreuungskraft darin, dass sich (nur) mit ihr „Herzenstüren der Erinnerung" (Interview Okt. 2013) öffnen (lassen). Damit meint sie mehr als einen Zugang zu besonders wertvollen biographischen Erlebnissen, die durch die Demenz verschüttet waren: Sie konnotiert damit das Durchscheinen der durch den demenziellen Prozess verschütteten Persönlichkeit, d. h. der „persönlichen Identität" (Luckmann 1979), die den prinzipiell exzentrisch positionierten Menschen in einem Verhältnis zur Welt feststellt.

Die „professionelle Leistung" (Mieg und Pfadenhauer 2003) der Betreuerin in dieser Variante des Handlungsablaufs besteht in einer gezielten Selbst-Zurücknahme, die Bewohnerinnen erst zum Agieren (statt „nur" Reagieren) in die Lage versetzt. Die Krise, die sich aus Sicht der Betreuerinnen hier konstituiert, ist nicht Demenz, was Aktivierungskräfte ebenso wie Pflegekräfte ohnehin als unzulängliche Diagnose erachten. Damit stellen sie die gesellschaftliche Konstruktion einer medizinisch definierten Wirklichkeit von Demenz keineswegs infrage. Ihre durch Praxis-Erfahrung ausgebildete Expertise lässt vielmehr die Ungenauigkeit bzw. mangelnde Spezifizierung der Diagnose „Demenz" erkennen. Individualisierung ist nicht nur, aber insbesondere auch in Bezug auf Demenz ein wichtiger Aspekt, der Fachleute von ausgesprochen individuellen „Krankheits-"Verläufen bzw. Demenzprozessen sprechen lässt.

Diese Performanz weist insofern auf Kompetenz hin, als das Handeln mit der augenfälligen Zurückgenommenheit eine nicht-alltägliche „Qualität sozialen Handelns" (Pfadenhauer 2010) aufweist. In dem Maße, in dem diese Qualität in der Form von Wissen als eine bestimmte Wirkung intendierende und richtige Handhabung des technischen Artefakts an andere weitergegeben wird, ist der Aspekt von Angemessenheit konnotiert (vgl. Knoblauch 2010). Die Kompetenz im Umgang mit dem Gerät könnte gerade darin bestehen, dass dessen robotische Eigentätigkeit – in vorsichtiger Analogie zum Röntgenapparat gedacht, der Bilder vom Körperinneren liefert, die Deutungskompetenz erfordern – verbale und non-verbale Äußerungsformen hervorruft, die als Anzeichen für Persönlichkeitsmerkmale gelesen werden können.

Aus der Verwendung der eigengesteuerten Technik als Beobachtungsinstrument ließe sich dergestalt ein Wissen destillieren, das im Hinblick auf die konstruierte Krise als „esoteric knowledge" legitimiert werden könnte. Wenn Technik dieser Art zu einer Institution (vgl. Rammert 2007) im Tätigkeitsfeld der Demenzbetreuung

und für ihre Bedienung eine besondere Qualifikation zur Voraussetzung gemacht würde, wären mögliche Weichen für ihre Professionalisierung gestellt.

6 Resümee

Unsere Empirie liefert längst kein abschließendes Bild der Professionalisierung durch Technik, sondern ist, neben vielem anderen, durch eine Perspektive auf organisatorische Settings und Prozesse des Organisierens (vgl. Pfadenhauer 2008) zu ergänzen.[15] Sowohl im Hinblick auf die Dienstleistungserbringung als auch auf die uns interessierende Institutionalisierung von Technik ist eine integrierende Perspektive auf Profession und Organisation unerlässlich (vgl. grundlegend bereits Klatetzki und Tacke 2005).

Sollte unsere These plausibel sein, dass Technik ein Professionalisierungselement bilden kann (ohne hiermit tatsächlich die Professionalisierung der Aktivierung bzw. Demenzbetreuung prognostizieren zu wollen), schließt sich die Frage an, ob sich eine Professionalisierung der Betreuungsrolle zwangsläufig gegen anrainende Berufsgruppen vollzieht. Als Konkurrentin im Kampf um Zuständigkeit liegt die Pflege nahe, aus deren Reihen unter Zugrundelegung eines ganzheitlichen Pflegeverständnisses Ansprüche angemeldet werden könnten (vgl. hierzu Dammert et al. 2016). Demgegenüber kommt der Vorstand des GKV-Spitzenverbands im Vorwort der von ihm in Auftrag gegebenen Evaluation der Tätigkeit der zusätzlichen Betreuungskräfte zu dem Befund,

> dass die Zusammenarbeit zwischen Betreuungs- und „normalen" Pflegekräften nicht als Konkurrenz, sondern von beiden Seiten als bereichernd empfunden wird. Nahezu alle befragten Wohnbereichsleitungen sehen in den Betreuungskräften eine große Unterstützung und Entlastung im Alltag, der Einsatz der Betreuungskräfte verschaffe dem Personal mehr Zeit für die Pflege. Ebenso viele geben an, dass sich durch die zusätzlichen Helfer die Versorgung der Pflegebedürftigen insgesamt verbessert habe. (GKV-Spitzenverband 2012, S. 3)

Zweifel an diesem Befund lassen sich dahingehend anmelden, dass kaum Pflegekräfte, sondern lediglich Pflegedienst- und Wohnbereichsleitungen befragt wurden. Unsere ethnographischen Erkundungen fördern durchaus ein Spannungsverhältnis zwischen Pflege und Betreuung zutage, das sich sowohl in der alltäglichen Praxis als auch in der Qualifizierung der angehenden Betreuungskräfte manifestiert, die von ihren Ausbildern explizit zu einem „boundary management", d. h. zu einer Grenzziehung hinsichtlich ihres Einsatzbereichs aufgefordert werden.

Eine Professionalisierungsperspektive darf nicht außer Acht lassen, dass die Einführung der sogenannten „qualifizierten Betreuungskraft" in § 87b des Sozialgesetz-

---

[15] „What is evidentially missing are articles dealing with the meso-level, that is the consequences of an integration of robots in organizational settings. The introduction of a care-giving robot (e. g. Paro) will evidently not only create new human-robot-interactions, but will also change the organizational setting in nursing homes with respect to workload, work description and hierarchies" (Meister 2014, S. 113).

buchs VI auch und nicht zuletzt auf Personalmissstände im Pflegebereich und als Arbeitsbeschaffungsmaßnahme auf die Lage am deutschen Arbeitsmarkt reagiert. Zum anderen darf der weite Weg hin zu einer Profession nicht unterschätzt werden, den Wilensky (1972, S. 204) im Anschluss an Hughes (1964) als „Naturgeschichte der Professionalisierung" beschrieben hat: An deren Anfang steht der Übergang von einer Nebentätigkeit zur Vollberuflichkeit mit eigenem Arbeitsbereich, der an eine Ausbildung geknüpft wird, für die eigene Schulen eingerichtet werden, die einen akademischen Status zu erreichen versuchen. Am Ende dieses Prozesses, der nur bei wenigen Berufen zum Abschluss kommt, stehen die Etablierung von Berufsverbänden, die staatliche Lizenzierung des Berufsmonopols und die Formulierung einer Professionsethik (vgl. ebd., S. 205). Es scheint übertrieben, für die Demenzbetreuung mit ihren minimalen Qualifizierungsmaßnahmen diesbezüglich auch nur ein Anfangsstadium zu veranschlagen. Sehr wahrscheinlich ist, dass sie den Verlauf nehmen wird, den Marshall (1939) für den „Semi-Professionalismus" prognostiziert hat, wonach „das Qualifikationsniveau steigen und die Verbindlichkeit von Kriterien verantwortungsvoller und kompetenter Berufsausübung zunehmen wird" (Wilensky 1972, S. 212). Allerdings ist die Demenzbetreuung eng mit einer Institution, dem Seniorenpflegezentrum, verknüpft und setzt sich hier (zaghaft) gegen die Vereinnahmung durch anrainende Berufsgruppen zur Wehr, was Hughes (1964, S. 133) zufolge im Fall anderer Berufsgruppen (Sozialarbeiter, Krankenschwestern, Bibliothekare) für eine Professionalisierung ausschlaggebend war.

Aus dem Blickwinkel einer Professionalisierungslogik ist zudem bemerkenswert, dass die Definition von Demenz als Krankheit im Tätigkeitsbereich der Demenzbetreuung umstritten ist. Denn das Bemühen, dem medizinischen (und landläufigen) Verständnis eine eigene Bestimmung entgegenzusetzen, kann als Anzeichen einer eigenständigen Problembestimmung gedeutet werden. Statt von einer Demenzerkrankung sprechen Demenzbetreuer von „Menschen in ihrem jeweiligen demenziellen Prozess", womit einerseits an die seit Längerem in die Medizin vorgedrungene Individualisierung angeschlossen wird, andererseits aber in Kritik an einer Pathologisierung des Alterns Demenz als „natürlicher" Bestandteil des Alterungsprozesses akzentuiert wird.

Gerade für die Startphase von Professionalisierung betont Hughes (1964, S. 137) die Bedeutung der von ihm sogenannten „enthusiastic mavericks". Solche Personen, die vehement eine andere als die gängige Sicht vertreten, finden sich eben auch in der Demenzbetreuung. Sie legen keinerlei Berührungsängste mit Technik im Allgemeinen und der sozialen Robotik im Besonderen an den Tag, wobei sie Letzterer explizit die Qualität eine „Türöffners" zusprechen. Dies wird insbesondere in jener Variante deutlich, bei der sich die Betreuungskräfte auf eine Beobachterrolle einlassen und die Eigentätigkeit der robotischen Technik nutzen, um die Heimbewohner zum Agieren anzuregen. Die Betreuungskräfte fungieren hier einerseits als Krisenkonstrukteure, indem sie die ungenaue medizinische Diagnose „Demenz" gemäß ihrer eigenen Handlungslogik situativ spezifizieren. Andererseits steht ihnen mit der „assistiven" Verwendung der Robotertechnik eine Krisenbewältigungsstrategie zur Verfügung, die sich im Hinblick auf das von ihnen etablierte Krisenverständnis als angemessen erweist. Die Kombination dieses Personentypus mit einem diese Technik instrumentalisierenden Handlungsablauftypus birgt Professionalisierungspotential.

Open access funding provided by University of Vienna.

Literatur

Berger, Peter L., und Thomas Luckmann. 1969. *Die gesellschaftliche Konstruktion der Wirklichkeit. Eine Theorie der Wissenssoziologie.* Übers. Monika Plessner. Frankfurt: Fischer.

Bergmann, Jörg R. 1988. Haustiere als kommunikative Ressourcen. In *Kultur und Alltag*, Hrsg. Hans-Georg Soeffner, 299–312. Göttingen: Schwartz.

Bonsiepe, Gui. 1996. *Interface. Design neu begreifen.* Mannheim: Bollmann.

Breidenstein, Georg, Stefan Hirschauer, Herbert Kalthoff, und Boris Nieswand. 2014. *Ethnografie. Die Praxis der Feldforschung.* Konstanz: UVK.

Coeckelbergh, Marc. 2011. Humans, animals, and robots. A phenomenological approach to human-robot relations. *International Journal of Social Robotics* 3:197–204.

Dammert, Matthias, Christine Keller, Thomas Beer, und Helma Bleses. 2016. *Person-Sein zwischen Anspruch und Wirklichkeit. Eine Untersuchung zur Anwendung der Integrativen Validation und der Basalen Stimulation in der Begleitung von Personen mit Demenz.* Weinheim: Beltz Juventa.

Eisewicht, Paul, und Michaela Pfadenhauer. 2016. Zweckentfremdung als Movens von Aneignungskulturen. Circuit Bending oder: Der gemeinschaftsstiftende inkompetente Gebrauch von Spielzeug. In *Zweckentfremdung. „Unsachgemäßer" Gebrauch als kulturelle Praxis*, Hrsg. Maria Dillschnitter, und David Keller, 155–174. München: Fink.

Endreß, Martin. 2014. Grußwort. Eröffnungsveranstaltung, 37. Kongress der Deutschen Gesellschaft für Soziologie, Trier, 6. Oktober 2014.

GKV-Spitzenverband (Hrsg.). 2012. *Betreuungskräfte in Pflegeeinrichtungen.* Berlin: GKV-Spitzenverband.

Häußling, Roger. 2010. Zum Design(begriff) der Netzwerkgesellschaft. Design als zentrales Element der Identitätsformation in Netzwerken. In *Relationale Soziologie. Zur kulturellen Wende der Netzwerkforschung*, Hrsg. Jan Fuhse, und Sophie Mützel, 137–162. Wiesbaden: VS.

Hitzler, Ronald. 2007. Ethnographie. In *Qualitative Marktforschung*, Hrsg. Renate Buber, und Hartmut Holzmüller, 207–218. Wiesbaden: Gabler.

Hitzler, Ronald. 2014. Ceteris non paribus. Subjektiv bedeutsame Lebensereignisse als Generatoren von Wissenskrisen. Vortrag. Sektion Wissenssoziologie, 37. Kongress der Deutschen Gesellschaft für Soziologie, Trier, 8. Oktober 2014.

Honer, Anne. 2011. Zeit-Konfusionen. Zur intersubjektiven Rekonstruktion des temporalen Erlebens Demenzkranker. In *Kleine Leiblichkeiten. Erkundungen in Lebenswelten*, S. 131–140. Wiesbaden: VS.

Hughes, C. Everett. 1964. *Men and their work*, 2. Aufl., Glencoe: Free Press.

Ihde, Don. 1990. *Technology and the lifeworld: From garden to earth.* Bloomington: Indiana University Press.

Klatetzki, Thomas, und Veronika Tacke (Hrsg.). 2005. *Organisation und Profession.* Wiesbaden: VS.

Klein, Barbara, Lone Gaedt, und Glenda Cook. 2013. Emotional robots: Principles and experiences with Paro in Denmark, Germany, and the UK. *GeroPsych* 26:89–99.

Knoblauch, Hubert. 1991. *Die Welt der Wünschelrutengänger und Pendler. Erkundungen einer verborgenen Wirklichkeit.* Frankfurt: Campus.

Knoblauch, Hubert. 2010. Von der Kompetenz zur Performanz. Wissenssoziologische Aspekte von Kompetenz. In *Soziologie der Kompetenz*, Hrsg. Thomas Kurtz, und Michaela Pfadenhauer, 237–255. Wiesbaden: VS.

Knoblauch, Hubert. 2014. *Wissenssoziologie.* 3. Aufl. Konstanz: UVK.

Kolling, Thorsten, Julia Haberstroh, Roman Kaspar, Johannes Pantel, Frank Oswald, und Monika Knopf. 2013. Evidence and deployment-based research into care for the elderly using emotional robots. *GeroPsych* 26:83–88.

Koselleck, Reinhart. 1976. Krise. In *Historisches Wörterbuch der Philosophie*, Hrsg. Joachim Ritter, 1235–1240. Darmstadt: WBG.

Kotsch, Lakshmi, und Ronald Hitzler. 2013. *Selbstbestimmung trotz Demenz. Ein Gebot und seine praktische Relevanz im Pflegealltag.* Weinheim: Beltz Juventa.

Krings, Bettina-Johanna, Knud Böhle, Michael Decker, Linda Nierling, und Christoph Schneider. 2014. Serviceroboter in Pflegearrangements. In *Zukünftige Themen der Innovations- und Technikanalyse: Lessons learned und ausgewählte Ergebnisse*, Hrsg. Michael Decker, Torsten Fleischer, Jens Schipps, und Nora Weinberger, 63–121. Karlsruhe: KIT Scientific Publishing.

Lindemann, Gesa. 2005. Die Verkörperung des Sozialen. Theoriekonstruktion und empirische Forschungsperspektiven. In *Soziologie des Körpers*, Hrsg. Markus Schroer, 114–138. Frankfurt: Suhrkamp.

Luckmann, Thomas. 1979. Persönliche Identität, soziale Rolle und Rollendistanz. In *Identität*, Hrsg. Odo Marquard, und Karlheinz Stierle, 109–120. München: Fink.

Luckmann, Thomas, und Walter Michael Sprondel. 1972. Einleitung. In *Berufssoziologie*, Hrsg. Thomas Luckmann, und Walter Michael Sprondel, 11–21. Köln: Kiepenheuer & Witsch.

Lueger, Manfred. 2000. *Grundlagen qualitativer Feldforschung*. Wien: WUV.

Lueger, Manfred. 2010. *Interpretative Sozialforschung. Die Methoden*. Wien: WUV.

Luhmann, Niklas, und Karl-Eberhard Schorr. 1979. *Reflexionsprobleme im Erziehungssystem*. Stuttgart: Klett-Cotta.

Maiwald, Kai-Olaf. 2004. *Professionalisierung im modernen Berufssystem. Das Beispiel der Familienmediation*. Wiesbaden: VS.

Marshall, Thomas H. 1939. The recent history of professionalism in relation to social structure and social policy. *Canadian Journal of Economics and Political Science* 5:325–334.

Meister, Martin. 2014. When is a robot really social. An outline of the robot sociologicus. *Science, Technology & Innovation Studies* 10:107–134.

Meyer, Sibylle. 2011. *Mein Freund der Roboter*. Berlin: VDE.

Mieg, Harald, und Michaela Pfadenhauer (Hrsg.). 2003. *Professionelle Leistung – Professional Performance. Positionen der Professionssoziologie*. Konstanz: UVK.

Nassehi, Armin. 2012. Der Ausnahmezustand als Normalfall. Modernität als Krise. In *Krisen lieben: Kursbuch 170*, 34–49. Hamburg: Murmann.

Oevermann, Ulrich. 1996. Theoretische Skizze einer revidierten Theorie professionalisierten Handelns. In *Pädagogische Professionalität*, Hrsg. Arno Combe, und Werner Helsper, 70–182. Frankfurt: Suhrkamp.

Oevermann, Ulrich. 2006. Wissen, Glauben, Überzeugung. Ein Vorschlag zu einer Theorie des Wissens aus krisentheoretischer Perspektive. In *Neue Perspektiven der Wissenssoziologie*, Hrsg. Dirk Tänzler, Hubert Knoblauch, und Hans-Georg Soeffner, 79–118. Konstanz: UVK.

Pedersen, Per Lyder. 2011. *Do elders dream of electric seals? A SCOT analysis of the mental commitment robot PARO in elderly care*. Masterarbeit. Universität Oslo.

Pfadenhauer, Michaela. 2003. *Professionalität. Eine wissenssoziologische Rekonstruktion institutionalisierter Kompetenzdarstellungskompetenz*. Opladen: Leske + Budrich.

Pfadenhauer, Michaela. 2005. Die Definition des Problems aus der Verwaltung der Lösung. Professionelles Handeln revisited. In *Professionelles Handeln*, Hrsg. Michaela Pfadenhauer, 9–26. Wiesbaden: VS.

Pfadenhauer, Michaela. 2008. *Organisieren. Eine Fallstudie zum Erhandeln von Events*. Wiesbaden: VS.

Pfadenhauer, Michaela. 2010. Kompetenz als Qualität sozialen Handelns. In *Soziologie der Kompetenz*, Hrsg. Thomas Kurtz, und Michaela Pfadenhauer, 149–172. Wiesbaden: VS.

Pfadenhauer, Michaela. 2014a. Der Kompetenzstreit um „Kompetenz". Ein umkämpftes Konstrukt in wissens- und professionssoziologischer Perspektive. In *Kompetenz, Performanz und soziale Teilhabe. Sozialpädagogische Perspektiven auf ein bildungstheoretisches Konstrukt*, Hrsg. Stefan Faas, Petra Bauer, und Rainer Treptow, 41–50. Wiesbaden: VS.

Pfadenhauer, Michaela. 2014b. On the sociality of social robots. A sociology of knowledge perspective. *Science, Technology & Innovation Studies* 10:137–163.

Pfadenhauer, Michaela. 2014c. Von Objekten zu Objektivierung. Technische Artefakte im Kommunikativen Konstruktivismus. Vortrag. Tagung „Under Construction. Perspektiven des kommunikativen Konstruktivismus", Technische Universität Berlin, 14. November 2014.

Pfadenhauer, Michaela. 2015. The contemporary appeal of artificial companions. Social robots as vehicles to cultural worlds of experience. *The Information Society* 31:284–293.

Pfadenhauer, Michaela. 2016. Fotografieren (lassen) in der lebensweltanalytischen Ethnographie. Das Foto als Wissensform. In *Fotografie und Gesellschaft. Phänomenologische und wissenssoziologische Perspektiven*, Hrsg. Thomas Eberle. Bielefeld: transcript.

Pfadenhauer, Michaela, und Christoph Dukat. 2014. Künstlich begleitet. Der Roboter als neuer bester Freund des Menschen? In *Unter Mediatisierungsdruck*, Hrsg. Tilo Grenz, und Gerd Möll, 189–210. Wiesbaden: Springer VS.

Pfadenhauer, Michaela, und Tilo Grenz. 2015. Uncovering the essence: The why and how of supplementing observation with participation in phenomenology-based ethnography. *Journal of Contempora-*

ry Ethnography. http://jce.sagepub.com/content/early/2015/05/28/0891241615587382.full.pdf+html. Zugegriffen: 05.06.2015.

Pfadenhauer, Michaela, und Alexa Kunz. 2010. Professionen. In *Handbuch Wissensgesellschaft. Theorien, Themen und Probleme*, Hrsg. Anina Engelhardt, und Laura Kajetzke, 235–246. Bielefeld: transcript.

Picard, Rosalind W. 1997. *Affective computing.* Cambridge, MA: MIT Press.

Picard, Rosalind W. 2003. Affective computing: Challenges. *International Journal of Human-Computer Studies* 59:55–64.

Prisching, Manfred. 1983. „Krise" als gesellschaftlicher Prozeß und als geschichtsphilosophisches Problem. In *Der Mensch und die Wissenschaften vom Menschen*, Hrsg. Gerhard Frey, und Josef Zelger, 809–824. Innsbruck: Solaris.

Prisching, Manfred. 1986. *Krisen. Eine soziologische Untersuchung.* Wien: Böhlau.

Rammert, Werner. 2007. Die technische Konstruktion als Teil der gesellschaftlichen Konstruktion der Wirklichkeit. In *Zur Kritik der Wissensgesellschaft*, Hrsg. Dirk Tänzler, Hubert Knoblauch, und Hans-Georg Soeffner, 83–100. Konstanz: UVK.

Ropohl, Günter. 2009 [1979]. *Allgemeine Technologie: Eine Systemtheorie der Technik.* Karlsruhe: Universitätsverlag.

Scheve, Christian von. 2014. Interaction rituals with artificial companions. From media equation to emotional relationships. *Science, Technology & Innovation Studies* 10:65–83.

Schütz, Alfred. 2004 [1932]. *Der sinnhafte Aufbau der sozialen Welt.* Alfred Schütz Werkausgabe, Bd. 1. Konstanz: UVK.

Schütz, Alfred, und Thomas Luckmann. 2003 [1975]. *Strukturen der Lebenswelt.* Konstanz: UVK.

Shibata, Takanori. 2010. Integration of therapeutic robot, Paro, into welfare systems. In *Proceedings of the 28th Annual European Conference on Cognitive Ergonomics (ECCE 2010)*, New York: Association for Computing Machinery.

Shibata, Takanori. 2012. Therapeutic seal robot as biofeedback medical device: Qualitative and quantitative evaluations of robot therapy in dementia care. *IEEE Proceedings* 100:2527–2538.

Tuma, René, Bernt Schnettler, und Hubert Knoblauch. 2013. *Videographie: Einführung in die interpretative Videoanalyse sozialer Situationen.* Wiesbaden: Springer VS.

Weyer, Johannes. 2008. *Techniksoziologie: Genese, Gestaltung und Steuerung sozio-technischer Systeme.* Weinheim: Juventa.

Whitehouse, Peter J., und Daniel George. 2009. *Mythos Alzheimer: Was Sie schon immer über Alzheimer wissen wollten, Ihnen aber nicht gesagt wurde*, Übers. Gabriele Kreutzner. Bern: Huber.

Wilensky, Harold L. 1972. Jeder Beruf eine Profession? In *Berufssoziologie*, Hrsg. Thomas Luckmann, und Walter Michael Sprondel, 198–215. Köln: Kiepenheuer & Witsch.

Michaela Pfadenhauer Prof. Dr., ist seit 2014 Professorin für Kultur und Wissen am Institut für Soziologie der Universität Wien. Forschungsschwerpunkte: Phänomenologisch orientierte Wissenssoziologie, Sozialkonstruktivismus als Paradigma der Sozialwissenschaften, Kulturwandel und Mediatisierung, Herausforderungen der Social Robotics für Sozialität, Lebensweltanalytische Ethnographie. Ausgewählte Veröffentlichungen: Peter L. Berger. Reihe „Klassiker der Wissenssoziologie". Konstanz: UVK 2010; Social Robots: Form, Content, Critique, Hrsg. zusammen mit Satomi Sugyama und Charles Ess. Theme Issue of The International Journal of Social Robotics; Gemeinwohlorientierung als Maxime professionellen Handelns. In: Handbuch Professionsentwicklung, Hrsg. Michael Dick, Winfried Marotzki und Harald Mieg, 40–50. Bad Heilbrunn: Julius Klinkhardt 2016.

Christoph Dukat M.A., ist wissenschaftlicher Mitarbeiter am Institut für Soziologie des Karlsruher Instituts für Technologie (KIT). Forschungsschwerpunkte: Wissenssoziologie, Social Robotics, Ethnographische Forschungsansätze, Abgrenzungen von Tätigkeitsfeldern in der Pflege und Betreuung dementer Menschen. Ausgewählte Veröffentlichungen: Robot Caregiver or Robot-Supported Caregiving? The Performative Deployment of the Social Robot PARO in Dementia Care. International Journal of Social Robotics 2015, 7:393–406 (gem. mit Michaela Pfadenhauer); Zur Wirkung von Technik – Ethnographisch gestützte Überlegungen am Beispiel der Social Robotics in der Demenzbetreuung In: Materiale Analysen – Methodenfragen in Projekten, Hrsg. Nicole Burzan, Ronald Hitzler und Heiko Kirschner, 33–52. Wiesbaden: Springer VS 2016 (gem. mit Michaela Pfadenhauer); Lebensweltliche und Fokussierte Ethnographie – Gegenseitige Befruchtung oder Begrenzung? In: Old School – New School? Beiträge der 5. Fuldaer Feldarbeitstage, Hrsg. Ronald Hitzler, Simone Kreher, Angelika Poferl und Norbert Schröer. Essen: Oldib 2016 (im Erscheinen).

Österreich Z Soziol (2016) (Suppl) 41:133–151
DOI 10.1007/s11614-016-0211-0

Krisenbewältigung in Interaktionen als regelgeleitete Normabweichung

Facework in einem Fernsehinterview zwischen Sigmar Gabriel und Marietta Slomka

Oliver Schmidtke

Zusammenfassung Der Beitrag diskutiert anhand einer krisenhaften Interaktion das Verhältnis von Normabweichungen und Regelgeltung in der Krisenbewältigung. Das Fallbeispiel bezieht sich auf Auszüge aus einer detaillierten Sequenzanalyse des am 28.11.2013 live im ZDF gesendeten Fernsehinterviews zwischen der „heute-journal"-Moderatorin Marietta Slomka und dem SPD-Vorsitzenden Sigmar Gabriel, das den Mitgliederentscheid der SPD über den Vertrag der großen Koalition zum Gegenstand hatte. Die Krisenhaftigkeit zeigt sich darin, dass Abweichungen von Kooperationsnormen praktiziert werden (z. B. die Verwendung von umgangssprachlichen Ausdrücken wie „Quatsch" oder gleichzeitiges Sprechen). Methodisch orientieren sich die Sequenzanalysen an Prinzipien der Konversationsanalyse (Sacks und Schegloff) sowie der Objektiven Hermeneutik (Oevermann). Der Goffman'sche *face*-Begriff wird mithilfe der soziolinguistischen *politeness*-Theory (Brown und Levinson) interpretativ angewendet.

Schlüsselwörter Interaktionsanalyse · Interaktionskrise · Objektive Hermeneutik · Konversationsanalyse · News-Interview · Face-Theory

Coping with interaction crises through deviation from norms
Facework in a TV news interview between Sigmar Gabriel and Marietta Slomka

Abstract On the basis of a specific interaction crisis the paper discusses the effects of norm deviation vis-à-vis interaction rules. The case study presents results from a detailed analysis of a German television news interview featuring „heute-journal" journalist Marietta Slomka and the chairman of the German Social Democratic Party (SPD), Sigmar Gabriel, on November 28, 2013; the interview's subject matter

O. Schmidtke (✉)
Philosophische Fakultät, Universität Siegen, Adolf-Reichwein-Str. 2, 57068 Siegen, Deutschland
E-Mail: schmidtke@soziologie.uni-siegen.de

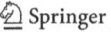

is the SPD members' vote on the coalition agreement with the Christian Democrats after the 2013 parliamentary elections. The interaction crisis is constituted by several deviations from norms of cooperation (e. g., use of colloquialisms, disregard of turn taking). The detailed sequence analyses are indebted to principles of objective hermeneutics (Oevermann) and conversation analysis (Sacks und Schegloff). Goffman's concept of „face" is applied in combination with politeness theory (Brown and Levinson).

Keywords Sociology of interaction · Interaction crisis · News interview · Objective hermeneutics · Conversation analysis · Face theory

1 Einleitung: Normabweichung und Regelgeleitetheit[1]

Interaktionskrisen manifestieren sich in der Abweichung von Normen der Kooperation, die die Beteiligten auf Basis ihres impliziten Wissens für gewöhnlich einhalten. Dies lässt sich anhand des Interaktionsrituals der Begrüßung verdeutlichen: Wenn etwa Person A Person B grüßt und beide einander bereits kennen, so unterstellt A typischerweise die Geltung der Norm, dass B den Gruß erwidern und die Kooperation dadurch bestätigen sollte.[2] Erfolgt die Erwiderung des Grußes, entsteht keine Krise der Interaktion. Eine solche manifestiert sich jedoch zum Beispiel im Falle einer Unterlassung des Zurückgrüßens durch B. Das Ausbleiben eines routinierten Anschlusses ist nicht nur ein krisenhafter Interaktionsverlauf, sondern versetzt die beteiligten Personen auch in eine Krise: Es entstehen Deutungsprobleme und A fragt sich vielleicht: Wodurch war die Unterlassung des Zurückgrüßens motiviert? Wie ist auf die Unterlassung zu reagieren?

Rekonstruiert man Interaktionskrisen soziologisch, so ist es sinnvoll, die alltagssprachlich häufig synonym verwendeten Begriffe Norm und Regel zu unterscheiden. Die Normabweichung der Unterlassung des Zurückgrüßens bedeutet keine Verletzung von Regeln, „die der Begrüßungsinteraktion eine wohlgeformte Bedeutung" zuschreiben (Oevermann 2003, 190). B könnte das Zurückgrüßen als Ausdruck einer Verärgerung unterlassen. In diesem Fall folgte B einer Regel, nach der man Feindschaft in einer Sozialbeziehung zum Ausdruck bringen kann, indem man von der Norm der Erwiderung eines Grußes abweicht.

Wird von Normen abgewichen, so ist also zu fragen, welchen Regeln die Abweichung folgt. Regelgeleitete Normabweichungen[3] erzeugen zwar Interaktionskrisen, lassen sich jedoch durchaus als Versuche der Bewältigung von Krisen analysieren, die auf einer anderen Ebene manifest geworden sind. Zum Beispiel könnte B bewusst nicht zurückgrüßen, weil in einer früheren Begegnung bereits eine Krise eingetreten ist, etwa wenn A B noch Geld schuldet. Die durch Verweigerung des Zurückgrü-

---

[1] Für Anmerkungen und Korrekturen danke ich Frank Schröder, den Herausgebern, insbesondere Alexander Antony, den anonymen Gutachtern sowie Björn Bosserhoff.

[2] Die Erwiderung eines Grußes komplettiert nach Sacks eine Sequenz (vgl. 1996, S. 97).

[3] Eine nicht-regelgeleitete Normabweichung läge dann vor, wenn B aufgrund von Bedingungen, die er/sie nicht beeinflussen kann (z. B. einem Herzinfarkt), den Gruß nicht erwidern konnte.

ßens erzeugte Krise der Interaktion muss von der Krise der beteiligten Personen und ihrer Beziehung zueinander unterschieden werden, die ihren Grund in vorangegangenen Interaktionen hat. Eine solche Betrachtungsweise setzt voraus, dass man verschiedene Bedeutungsebenen unterscheidet, auf welche sich die Unterscheidung von Normen und Regeln beziehen lässt, die auf diesen verschiedenen Krisenebenen wirksam sind. Eine Krisenerzeugung in der Interaktion (z. B. das Unterlassen des Zurückgrüßens) kann im Dienste einer Krisenbearbeitung in der Sozialbeziehung stehen (z. B. das Signalisieren einer Verärgerung).

Im Folgenden soll anhand der Interpretation von Auszügen aus dem Verschriftungsprotokoll eines Fernsehinterviews, das eindeutige Merkmale der Manifestation einer durch Normabweichungen erzeugten Interaktionskrise trägt (z. B. längeres Parallelsprechen, gegenseitiges Unterbrechen, metapragmatische Thematisierungen) und auch in der medialen Thematisierung als „Eklat" gedeutet wurde, der Frage nachgegangen werden, worin Bedingungen für die Auslösung von Interaktionskrisen und deren Bewältigung bestehen. In der Analyse dieser Interaktionsdynamiken werden methodische Prinzipien der Objektiven Hermeneutik und der Konversationsanalyse (vgl. Oevermann 2013, Sidnell 2009) angewandt. Darüber hinaus wird auf Begriffe der *facework*-Theorie von Goffman (1972) und der *politeness*-Theorie von Brown et al. (1987) zurückgegriffen. Jeder Äußerung wohnt diesen theoretischen Konzeptionen zufolge das Potenzial der Herbeiführung eines Gesichtsverlustes – eines *face threats* – inne, das eine Krise erzeugen kann. Das so genannte *facework* dient der Bewältigung der Krise des potenziellen Gesichtsverlustes. Es wird zu klären sein, ob sich Abweichungen von Kooperationsnormen als *facework*, das heißt als regelgeleitete Versuche der Vermeidung von Gesichtsverlusten interpretieren lassen.

2 Das Streitgespräch als anomisches Geschehen nach Merton

Mit Paul Grice ist davon auszugehen, dass Interaktanten einem Prinzip der Kooperation („cooperative principle", CP) folgen:

> Make your conversational contribution such as is required, at the stage at which it occurs, by the accepted purpose or direction of the talk exchange in which you are engaged. (Grice 1975, S. 45)

Grice unterscheidet verschiedene Maximen, in die sich das Kooperationsprinzip inhaltlich auffächert: „Quantity, Quality, Relation, and Manner" (ebd.). Für diese Maximen lassen sich einzelne normative Aussagen ausformulieren, die daher hier Kooperationsnormen genannt werden können: *Quantity*: „Make your contribution as informative as is required" und „Do not make your contribution more informative than is required"; *Quality*: „Try to make your contribution one that is true"; *Relation*: „Be relevant"; *Manner*: „Be perspicuous" (ebd., S. 45 f.), wobei Grice weitere Untergliederungen für möglich hält. Er bestimmt auch mögliche Abweichungen von Kooperationsnormen:

> A participant in a talk exchange may fail to fulfill a maxim in various ways, which include the following:

1. He may quietly and unostentatiously violate a maxim; if so, in some cases he will be liable to mislead.

2. He may opt out from the operation both of the maxim and of the CP; he may say, indicate, or allow it to become plain that he is unwilling to cooperate in the way the maxim requires. (ebd., S. 49)

Die Abweichung von Kooperationsnormen kann also bewusst eingesetzt werden und erzeugt eine Krise, die, wie im Fall des Begrüßungsbeispiels, den Interaktionspartner A unter Zugzwang setzt, da eine routinisierte Fortsetzung der Interaktion von B als unangemessen markiert wird.

Im Falle von Fernsehinterviews besteht eine wesentliche Kooperationsnorm in der Beachtung der Asymmetrie von Frage-Antwort-Rechten. Aufgrund dieser Asymmetrie weisen Interviews grundsätzlich ein erhöhtes Konfliktpotenzial auf, denn Fragen gehören nach Kallmeyer und Schmitt als „Mittel der Verschärfung der Handlungsverpflichtung" des Gegenübers in Interaktionen „generell zu den stärksten Mitteln der unmittelbaren Steuerung der Aktivitäten des anderen" (1996, S. 50). Tatsächlich erscheinen einige Ausdrucksformen, die in Konfliktinteraktionen, wie etwa bestimmten Fernsehinterviews, Verwendung finden, als wenig kontrolliert:

Situationen der Problem- und Konfliktbearbeitung sind schwierige Interaktionssituationen, in denen die Beteiligten oft aggressiv werden und teilweise die Kontrolle über sich und über die Interaktionsdynamik verlieren. (ebd., S. 26)

Die Interaktanten reagieren nicht selten auf Abweichungen, indem sie diese als solche thematisieren. Die Situation, in der sie sich im Krisenfall befinden, gleicht einem anomischen Zustand, wie ihn Merton in seiner Anomietheorie beschrieben hat. Für diesen Zustand sind Abweichungen von normativen Vorgaben der Normalfall. Anomie definiert Merton als Ergebnis einer Diskrepanz zwischen normativ vorgegebenen Zielen und einer Beschränkung der Möglichkeiten, diese Ziele unter Einhaltung von Durchführungsnormen erreichen zu können. Er unterscheidet „culturally defined goals, purposes and interests, held out as legitimate objectives for all or for diversely located members of the society," (1964, S. 132) von Normen der Zielerreichung:

A second element of the cultural structure defines, regulates and controls the acceptable modes of reaching out for these goals. Every social group invariably couples its cultural objectives with regulations, rooted in the mores or institutions, of allowable procedures for moving toward these objectives. (ebd., S. 133)

Mertons gesellschaftstheoretische Begrifflichkeit lässt sich auch in mikrosoziologischen Untersuchungen von Interaktionen produktiv verwenden. An die Stelle dessen, was bei Merton kulturell definiertes Ziel genannt wird, lässt sich das Ziel der Gesichtswahrung setzen. Die Normen der Zielerreichung werden durch die Einhaltung von Kooperationsnormen repräsentiert, wie sie Grice formuliert hat. Der krisenhafte Zustand einer Interaktion entspräche dem anomischen Zustand bei Merton, etwa wenn einer der Gesprächsbeteiligten (zum Beispiel ein Politiker) das Ziel

der Gesichtswahrung nicht mehr unter Einhaltung der Kooperationsnormen erreichen zu können glaubt. In entsprechenden Situationen sind die Handelnden laut Merton einem Druck ausgesetzt (vgl. ebd., S. 132), der sich in vergleichbarer Weise auch bei Kriseninteraktionen findet: Mindestens einer der Interaktionsteilnehmer sieht sich außer Stande, der kulturellen Norm der Gesichtswahrung bei gleichzeitiger Einhaltung der Kooperationsnormen gerecht zu werden. So gesehen drückt sich in der Krisenerzeugung auch eine unterschiedliche Erwartungshaltung bei den Interaktanten aus.

Diese Übertragung der Anomietheorie auf die praktische Interaktionssituation setzt die Annahme einer grundsätzlichen Asymmetrie zwischen den Interaktanten voraus, die sich meist einem voreingerichteten sozialen Setting verdankt. Auch wenn die Erzeugung und Austragung von Konflikten den Beteiligten als notwendig erscheint, bergen diese Interaktionsformen doch immer die Gefahr in sich, dass es zu einer vorzeitigen Beendigung der Interaktion und einer Belastung der Sozialbeziehung der Interaktionsteilnehmer kommt.

3 Nachrichteninterviews als Gegenstand der Forschung

Nachrichteninterviews und Talksendungen bilden in der soziolinguistischen Forschung vielfach beachtete Gegenstände.[4] Auch besonders krisenhafte Gespräche wurden schon detailliert analysiert (vgl. Gotsbachner 2008). Ein äußerst konfliktbelastetes Gespräch zwischen George Bush (Senior) und Dan Rather bildete den Gegenstand eines eigenen Sonderhefts der Zeitschrift *Research on Language and Social Interaction* (Clayman et al. 1988/89; vgl. auch Messmer 2003, S. 164 ff.), in dem Aspekte der Übergabe von Rederechten und der Abweichung des Gesprächs von einem typischen News-Interview analysiert wurden. Die Dynamik des Konkurrierens um Rederechte wird als kontrollierter Prozess rekonstruiert, in dem die Akteure auch in scheinbar ungeregelten Passagen sehr genau auf Äußerungen des Gegenübers und in ihnen enthaltene Implikaturen reagieren. In diesen Interpretationen stehen jedoch sprachpragmatische Fragen im Vordergrund, während Äußerungsinhalte weitgehend ausgeblendet werden; die Art und Weise, wie die Interaktanten agieren, wird also getrennt vom Streitgegenstand behandelt. Im Folgenden soll demgegenüber verdeutlicht werden, dass sich Interaktionskrisen ganz wesentlich auch aufgrund der Thematisierung bestimmter Inhalte entzünden. Gegenstand des Streits sind Sachverhalte, Vorwürfe und Legitimationen, deren öffentliche Thematisierung für die interviewten Politiker äußerst folgenreich sein kann.

Für Fernsehinterviews mit Politikern gelten besondere Bedingungen des *facework*, da bei den Politikern eine besondere Verletzlichkeit besteht, z. B. die Gefahr des Gesichtsverlustes durch Verlust der Wählergunst. Nach Bull versuchen Politiker zum einen den eigenen Gesichtsverlust, zum anderen den der Partei zu vermeiden

---

[4] (Vgl. Clayman et al. 2011, 2002; Heritage 1985; Bull 1994, 1998, 2000; Bull und Elliott 1998; Bull et al. 1988, 2012; Greatbatch 1986, 1988; Ekström 2001; Holly 2012; Bavelas et al. 1988; Beattie 1982; Haworth 2006; Gnisci et al. 2003; Jucker 1986).

und nutzen drittens Angriffe auf den politischen Gegner, um sich selbst und die eigene Partei in ein möglichst günstiges Licht zu rücken.[5]

4 Methodik – Sequenzanalyse, *facework* und *politeness*

Methodisch greift die folgende Analyse auf verschiedene Instrumentarien zurück. Sowohl in der Konversationsanalyse als auch der Objektiven Hermeneutik steht das Sequentialitätsprinzip im Zentrum (vgl. Oevermann 2013, Sidnell 2009, Sacks 1996, Wernet 2009). Das heißt, der Gesprächsverlauf wird als eine sich entfaltende sequentielle Dynamik begriffen, die sich nur rekonstruieren lässt, wenn sich der Gang der Analyse dem Gesprächsverlauf selbst anpasst.

Die Interpretation von Interaktionsprotokollen erfolgt sowohl in der Objektiven Hermeneutik als auch der Konversationsanalyse nicht unter Maßgabe von Einschränkungen durch eine vorab bereits weitreichend explizierte Forschungsfrage:

> Die Entwicklung der Forschungsfrage geht mit der Produktion von Ergebnissen Hand in Hand. Es empfiehlt sich daher, die ersten Forschungsfragen *offen, vage und schlicht* zu formulieren; d. h.: sie nicht auf voraussetzungsvollen Theorien aufzubauen, möglichst wenige Vorannahmen in sie einfließen zu lassen ... (Deppermann 2008, S. 20)[6]

Innerhalb der Objektiven Hermeneutik wird versucht, diese Offenheit einerseits mit dem Prinzip der „künstlichen Naivität", andererseits mit dem Totalitäts- und Wörtlichkeitsprinzip herzustellen (Oevermann 2013, S. 96; Wernet 2009, S. 21 ff.). Man interpretiert, ohne schon alle spezifischen Kontextbedingungen in Betracht zu ziehen, und stellt sich der Anforderung, alle im Ausdrucksmaterial enthaltenen Details als relevant zu erachten. In diesem Sinne versteht sich auch die folgende Falldarstellung nicht als Illustration fallunabhängig formulierter Forschungshypothesen, sondern als explorative Fallstudie zu der sehr allgemeinen Forschungsfrage nach dem Verhältnis von Krisenerzeugung und Krisenbewältigung.

Sequenzstellen werden in der Objektiven Hermeneutik als Eröffnungen und Beschließungen von Möglichkeiten analysiert. Die Konversationsanalyse legt ihren Schwerpunkt hingegen auf die Analyse des *turn-takings* (vgl. Sacks et al. 1974). Ergänzend zu den Prinzipien der Objektiven Hermeneutik und der Konversationsanalyse soll das soziolinguistische Begriffsinstrumentarium der *politeness*-Theorie zur Anwendung kommen (vgl. Brown et al. 1987). Diese Theorie leitet sich von

---

[5] „[P]oliticians must concern themselves with three faces: their own individual face, the face of significant others and the face of the party which they represent. [...] a prime objective of politicians is to present the best possible face both for themselves and for the party which they represent, while also seeking to enhance their face at the expense of their political opponents" (Bull et al. 1996, S. 271). Bull et al. weisen darauf hin, dass Politiker es zum Beispiel vermeiden, direkte Stellungnahmen für oder gegen eine bestimmte Position zu formulieren, die einen Teil ihrer Wähler provozieren könnten (vgl. ebd., S. 269).

[6] Des Weiteren erläutert Deppermann: „Mit der Betrachtung von Gesprächen unter einer Forschungsfrage verbinden sich zwangsläufig Beschränkungen und theoriebedingte Vorurteile, die sich in selektiven Wahrnehmungen und Interpretationsperspektiven niederschlagen. Sie führen dazu, daß viele, oft schon vorwissenschaftlich wohlbekannte Phänomene, Zusammenhänge und Sachverhalte ignoriert werden, die einen Schlüssel zur Erkenntnis wesentlicher Gesprächsstrukturen liefern könnten" (2008, S. 19).

Goffmans Begriff des *facework* ab und erlaubt es, das Interaktionsgeschehen als einen ununterbrochenen Prozess der Gesichtswahrung der Beteiligten zu rekonstruieren. Goffman definiert *face* als „the positive social value a person effectively claims for himself by the line others assume he has taken during a particular contact" (1972, S. 5) und bezieht sich auf ein komplexes Verhältnis bzw. Zusammenspiel zwischen Selbstbild und Fremdinterpretation, das durch den Verlauf der Interaktion strukturiert wird.

Grob lässt sich das Begriffsinstrumentarium folgendermaßen zusammenfassen: Jeder Sprechakt besitzt einen potenziellen *face threat* und ist damit ein *face threatening act (FTA)*. Imperative und Interrogative weisen ein besonders hohes *face-threat*-Potential auf. Der *face threat* wird entweder direkt – *on record, baldly* – vollzogen (Beispiele: 1a „Wo ist das Geld?", 2a „Geh raus!", 3a „Deine Aussage A ist falsch.") oder es werden Abschwächungen – *redressive actions* – in die Formulierungen integriert (Beispiele: 1b „Ich hätte bitte gerne das Geld zurück.", 2b „Würdest Du bitte den Raum verlassen?", 3b „Der Wahrheitsgehalt Deiner Aussage A erscheint mir fraglich."). Ferner kann der *face threat* auch gänzlich indirekt in die Äußerung integriert werden – *off record* (Beispiele: 1c „Wie Du weißt, bin ich im Moment knapp bei Kasse." 2c „Ich wäre jetzt ganz gern allein.", 3c „Ich behaupte, dass B ..."). Diese *politeness*-Formen lassen sich als ein Regelwerk begreifen, mithilfe dessen Interaktanten den *face threat* ihrer Aussagen modulieren können. Die pragmatischen Regeln können daher als Indikatoren verstanden werden, mit deren Hilfe der Sozialforscher den Charakter der Sozialbeziehung rekonstruieren kann.

5 Falldarstellung – das Fernsehinterview zwischen Gabriel und Slomka

Das analysierte Gespräch zwischen der Moderatorin des Nachrichtenmagazins „heute-journal", Marietta Slomka, und dem Vorsitzenden der Sozialdemokratischen Partei Deutschlands (SPD), Sigmar Gabriel, wurde am 28. November 2013 um ca. 21:55 Uhr im Zweiten Deutschen Fernsehen (ZDF) gesendet. Gabriel wurde live von einer Regionalkonferenz seiner Partei zugeschaltet. Im unmittelbaren Anschluss an seine Ausstrahlung und noch Tage später wurde das Interview in Zeitungsartikeln und anderen medialen Darstellungen als misslungen bewertet. Nicht selten wurde es als ein Eklat beschrieben, Spiegel Online titelte: „Ein Interview wie ein schlimmer Autounfall".[7] Der bayerische Ministerpräsident und CSU-Vorsitzende Horst Seehofer sah sich dazu veranlasst, einen Brief an den ZDF-Intendanten zu schreiben und öffentlich das Verhalten Slomkas zu kritisieren.

Primärer inhaltlicher Gegenstand des Konfliktes innerhalb des Gesprächs war die Frage nach der Vereinbarkeit des SPD-Mitgliederentscheides zum Vertrag der „großen Koalition" mit dem Grundgesetz. Die Mitgliederbefragung war wesentlich von Gabriel im Anschluss an die Koalitionsverhandlungen von CDU und SPD zur Regierungsbildung mit Angela Merkel als Bundeskanzlerin nach der Bundestagswahl vom 22. September 2013 initiiert worden. Das Mitgliedervotum hatte eine

---

[7] http://www.spiegel.de/politik/deutschland/internet-reaktionen-auf-interview-von-gabriel-und-slomka-a-936319.html (abgerufen am 14.12.2013).

für den SPD-Vorstand bindende Entscheidung darüber zum Gegenstand, ob der ausgehandelte Koalitionsvertrag unterzeichnet werden sollte. Gabriel warb auf Regionalkonferenzen für ein positives Votum. Etwa eine Woche nach dem Gespräch bestätigte das Bundesverfassungsgericht die Vereinbarkeit des Mitgliederentscheides der SPD mit dem Grundgesetz[8] und daher weitestgehend die im Interview entwickelte Argumentation Gabriels. Mehr als zwei Wochen nach dem Fernsehinterview, am 14. Dezember 2013, konnte die SPD-Führung ein fast 76 Prozent umfassendes positives Votum der SPD-Mitglieder verkünden.

Die Falldarstellung verdichtet Ergebnisse einer ausführlichen Sequenzanalyse des Gesprächs und gliedert sich in zwei Teile. Einzelne Abweichungen von Kooperationsnormen, aus denen eine Interaktionskrise resultiert, werden zunächst benannt und im Anschluss nacheinander in ihrer Sequenzeinbettung auf die Frage hin interpretiert, inwiefern sie sich als Krisenbewältigung durch *facework* deuten lassen. In einem zweiten Teil soll die Abschlusssequenz ausgedeutet werden, in der es den Interaktanten gelingt, die Interaktionskrise zu überwinden.

5.1 Normabweichungen innerhalb des Gesprächs

Im Folgenden werden vier ausgewählte Abweichungen von Kooperationsnormen innerhalb des Gesprächs, ihre jeweilige interaktionsdynamische Entstehung und ihre Folgen behandelt:[9]

1. Gabriel äußert, „Nee, weils ja auch Blödsinn is", und weicht damit von einer in seinen sonstigen Redeanteilen beachteten Norm der Hochsprachlichkeit ab.
2. Slomka ignoriert inhaltlich Aussagen von Gabriel und weicht damit von einer Kooperationsnorm wohlwollender Interpretation der Äußerungen des Gegenübers ab.
3. Gabriel äußert, „Lassen Sie uns diesen Quatsch beenden", weicht damit erneut von der Norm der Hochsprachlichkeit ab und signalisiert seine mangelnde Bereitschaft, die Interaktion fortzusetzen.
4. Beide Interaktanten weichen im Verlauf des Gesprächs mehr und mehr von den Normen des *turn-takings* ab, indem sie parallel sprechen und dadurch versuchen, einen vorzeitigen Sprecherwechsel durchzusetzen.

---

[8] Vgl. BVerfG, 2 BvQ 55/13 vom 6.12.2013.

[9] Bei den hier thematisierten Normen handelt es sich aus Gründen der Verdichtung nur um eine Auswahl. Es ließen sich weitere Normabweichungen im Gespräch analysieren.

[10] Die Verschriftung erfolgt lautmalerisch und wörtlich. Eckige Klammern [] markieren parallel gesprochene Passagen; runde Klammern () markieren Pausen, wobei deren Länge durch jeweils einen Punkt pro Sekunde ausgedrückt wird; ein Unterstrich _ markiert einen Satz- oder Wortabbruch; ein Komma markiert eine kurze Pause im Redefluss ohne Stimmsenkung oder -hebung. Ein Fragezeichen markiert eine Stimmhebung, ein Punkt eine Stimmsenkung; ein @ markiert ein Lächeln oder ein Lachen. Äußerungen einzelner Wörter, die keinen Sprecherwechsel implizieren, sind durch Schrägstriche abgegrenzt und nicht durch Zeilenwechsel z. B.:/G: Ja/.

5.2 Abweichung 1: „Nee, weils ja auch Blödsinn is" [10]

Die Frage Slomkas, auf die Gabriel reagiert, soll zunächst interpretiert werden. Diese lautet:

```
T7 S: [Stichw_ St]ichwort in der Politik mitbestimmen. Ein solches M_
      eine solche Mitgliederbefragung nach Koalitionsverhandlungn
      das ist ja ein Novum, das hat es noch nicht gegeben, und es
      gibt durchaus verfassungsrechtliche Bedenkn dagegn, ob sich
      das eigentlich mit unserer parlamentarischen repräsentativen
      Demokratie verträgt. Habn Sie eigentlich als Sie sich für
      diese Basisentscheidung entschieden haben, sich solche
      Gedanken solche auch verfassungsrechtlichen Gedanken
      eigentlich gemacht?
```

Slomka vollzieht sowohl mit der Erläuterung als auch mit der Frageformulierung eine Äußerung, die geeignet ist, einen Gesichtsverlust beim Adressaten herbeizuführen, also einen *face threatening act* (*FTA*). Dabei ist zu beachten, dass dieser nicht direkt (*on record*) erfolgt, sondern indirekt, da sie einerseits die verfassungsrechtliche Legitimität des Mitgliederentscheides in Zweifel zieht und andererseits die Frage in einer Weise formuliert, bei der Gabriel sowohl im Falle einer Bejahung als auch einer Verneinung einen Gesichtsverlust erlitte: Antwortete er mit Ja, so würde er damit die Existenz verfassungsrechtlicher Bedenken gegen sein politisches Projekt anerkennen. Antwortete er mit Nein, würde er sich dem Verdacht aussetzen, sein Projekt nicht verfassungsrechtlich geprüft zu haben, und daher als naiv oder als verantwortungslos zu erscheinen.[11]

Mit Clayman lässt sich die Art der Formulierung der Frage als Erfüllung einer Rollenverpflichtung interpretieren, der Interviewer unterliegen und die er als Verpflichtung zur Neutralität bezeichnet (vgl. 1992, S. 163 ff, S. 196). Die Neutralität wird hierbei durch die Herausforderung erzeugt, mit der Interviewer ihre Interviewpartner unter Rechtfertigungsdruck setzen. Die Formulierung einer nicht konfrontativen Frage verletze das Neutralitätsgebot, weil sie dem Politiker lediglich eine Gelegenheit verschaffe, seine ohnehin bekannten Positionen erneut zu wiederholen. Es ist daher nach Clayman typisch für das Handeln der Interviewer in Fernsehinterviews, dass sie zwar die Frageform einhalten, aber gleichzeitig Fragen so formulieren, dass sie erkennbar als Mitteilungen eines kritischen Standpunkts fungieren können. Das gesteigerte Potenzial des Gesichtsverlustes stellt daher noch keine Verletzung von Kooperationsnormen dar, sondern entspricht einer Rollenverpflichtung von Journalisten, kann also als Routinefall des Fernsehgesprächs gelten. Gabriel könnte die Frage nun folgendermaßen beantworten: „Ja, wir haben die verfassungsrechtlichen Fragen im Vorfeld geprüft und mit unseren Rechtsexperten ausgeschlossen, dass es hier zu Problemen kommt, wenn wir den Mitgliederentscheid durchführen." Er antwortet jedoch:

---

[11] Slomka folgt hier einem Fragemuster, das Clayman (2002) für zahlreiche Interviews von Journalisten mit Politikern herausarbeitet: Journalisten rechtfertigen besonders dann ihr Frage mit Verweis auf Dritte, wenn die Frage eine besondere Brisanz enthält: „[J]ournalist-interviewers sometimes present themselves explicitly as servants of the public, but they do so in a highly selective manner. This practice is particularly prevalent during probing or adversarial lines of questioning ..." (S. 210).

 Springer

```
T8 G:  (..) Nee, weils ja auch Blödsinn is. In der Verfassung stehn die
       Partein drin, sie solln an der Willensbildung des Deutschen
       Volkes teilnehmen, es gibt ein Parteiengesetz das uns zur
       innerparteilichen Demokratie verpflichtet, und das
       Parteiengesetz lässt uns natürlich offen wie wir das machen
       und wieso soll eigentlich direkte Demokratie in einer Partei
       verboten sein. Den Verfassungsrechtler, der sowas behauptet
       den würdich gerne mal [kennenlern]
```

Gabriel entspricht in seiner Antwort den durch die Frage implizierten Antwortalternativen, da er die Frage, ob er sich „solche Gedanken gemacht" habe, verneint und sich damit der Gefahr eines Gesichtsverlustes aussetzt, der darin bestünde, dass er als juristisch naiv oder verantwortungslos erscheint. Versteht man die Frageformulierung von Slomka als eine routinisierte Krisenerzeugung, insofern sie einen potenziellen Gesichtsverlust Gabriels provoziert, so lässt sich die Antwort Gabriels als eine Verschärfung der Interaktionskrise deuten, denn er weicht vor allem durch die Verwendung des Ausdrucks „Blödsinn" von einer Kooperationsnorm ab, die darin besteht, dass man in einem öffentlichen Gespräch Umgangssprache vermeidet. Indem er eine umgangssprachliche pejorative Bewertung formuliert, kontert er den implizierten möglichen Gesichtsverlust der Frage Slomkas durch den Vollzug eines *face threatening acts*. Er versucht also, die Krise des potenziellen Gesichtsverlustes durch die Verschärfung der Krise zu bewältigen. Ein mögliches Motiv für diese Verschärfung lässt sich darin erkennen, dass Gabriel mit dieser Aussage auch für Zuschauer, die kein Interesse an einer fachsprachlichen Debatte um die Verfassungsmäßigkeit seines Handelns haben, unmissverständlich herausstellt, dass er keinerlei Zweifel an der Rechtmäßigkeit seiner Praxis hat. Die oben entworfene Alternativformulierung entginge zwar der Problematik, die durch die Präferenz der Frageformulierung für eine Ja-Nein-Antwort gesetzt ist, sie wäre jedoch mit dem Nachteil verbunden, dass sie weniger unmissverständlich das Überzeugtsein von der Legitimität seines Projektes zum Ausdruck bringt. Die in der Normabweichung implizierte Empörung lässt vielmehr die Deutung als unangemessen erscheinen, der Mitgliederentscheid könne verfassungsrechtlich bedenklich sein.

Gabriel erläutert im unmittelbaren Anschluss an seine Verneinung der Frage die rechtlichen Rahmenbedingungen des parteipolitischen Handelns, sodass er eigentlich seiner Verneinung entgegen performativ verdeutlicht, sich sehr wohl „verfassungsrechtliche Gedanken gemacht" zu haben. Er entfaltet eine Argumentation, in der er die verfassungsrechtliche Unbedenklichkeit des Mitgliederentscheides sachlich begründet und lässt sich auf eine Diskussion über juristische Fragen ein, obwohl er die Berechtigung dieser Fragen implizit pauschal bestritten hat.

Gabriels Reaktion entspricht in ihrem Aufbau einer typischen Strategie der Fragebeantwortung, die Clayman herausgearbeitet hat:

> Like a standard written paragraph, this trajectory of answering begins with an initial unit of talk that minimally fills the information gap targeted by the question, while subsequent talk furnishes details that clarify, support, or elaborate. (2001, S. 409)

Gabriel formuliert in der Tat zunächst eine Aussage, die als minimale Antwort auf die Frage interpretiert werden kann, um dann genauere Erläuterungen anzuschließen.

Die Anerkennung der Berechtigung einer verfassungsrechtlichen Debatte um sein politisches Projekt wäre für ihn mit einem größeren Gesichtsverlust verbunden als die Inkaufnahme des Eindrucks, er habe die verfassungsrechtliche Unbedenklichkeit seines politischen Projektes nicht vorher gewissenhaft geprüft.

5.3 Abweichung 2: Ignorieren der Argumente des Gegenübers

Im weiteren Verlauf des Gesprächs erläutert Gabriel seine Auffassung der Verfassungsmäßigkeit des Mitgliedervotums als einer Praxis der Entscheidungsfindung, in der sich der Parteivorstand nicht, wie bislang üblich, selbst oder auf Basis eines Parteitages für oder gegen die Zustimmung zu einem ausgehandelten Koalitionsvertrag entscheide, sondern diese Entscheidung an ein Votum der Parteimitglieder rückbinde und daher demokratisch besser verankere. Slomka reagiert auf die Einlassungen ihres Gesprächspartners, in dem sie eine Reihe von Schlussfolgerungen formuliert:

1. T9: „die SPD-Basis schreibt ihren Abgeordneten jetzt eigentlich vor
        wie sie abzustimmen haben."

2. T11: „das heißt wenn man in eine Partei eintritt dann ist man
         sozusagen ein besserer Wähler weil man nämlich noch ein
         zweites Mal abstimmn darf"

3. T11: „SPD-Parteimitglieder und die ham jetzt viel mehr Einfluss auf
         die Bundesregierung und auch auf diese Koalitionsverhandlung
         als normale nicht Parteimitglieder"

4. T11: „Is das wirklich so ganz einwandfrei demokratisch und jeder
         der das in Zweifel zieht redet Blödsinn?"

5. T15: „Ich dachte eigentlich dass in Deutschland alle Staatsgewalt
         vom Volke ausgeht. Und dass das Wahlvolk entscheidet."

Diesen Aussagen ist gemeinsam, dass sie Details der Begründung Gabriels, der auf das Parteiengesetz verweist, den demokratischen Willensbildungsprozess und die Stellung der Abgeordneten und der Parteien darin erläutert, inhaltlich ignoriert. Slomka nimmt Gabriels Äußerungen vielmehr zum Anlass, ihre Kritik immer grundsätzlicher zu erweitern: Nachdem sie die Debatte von Verfassungsrechtlern erwähnt, eignet sie sich die Aussage an, der Mitgliederentscheid schreibe den Abgeordneten ihre Entscheidung vor (1. T09) und impliziert damit, es handele sich ihrer Ansicht nach um einen Verfassungsbruch. Im weiteren Verlauf konstruiert sie eine Sichtweise des Mitgliederentscheides als einer zweiten Wahlentscheidung (2. T11), zweifelt ferner an der demokratischen Integrität der SPD (4. T11), um schließlich Gabriel implizit eine Verletzung des Demokratieprinzips des Grundgesetzes vorzuwerfen (5. T15). Diese Reaktionen können als Abweichung von einer Kooperationsnorm interpretiert werden, der zufolge die Relevanz einer Anschlussäußerung in Relation zur vorangegangenen Äußerung erkennbar sein sollte (vgl. Grice 1975, S 46). Wenn auch weniger offensichtlich vollzieht Slomka zudem eine Krisenverschärfung, für die wiederum nach einem Motiv gefragt werden kann. Slomka steigert das voyeuristische Potenzial des Gesprächs, denn ihre Äußerungen lassen sich als eine Kette von Versuchen deuten, die Aussagen Gabriels unabhängig von ihrem Inhalt als Bestätigungen der verfassungsrechtlichen Fragwürdigkeit seines Projektes festzuschreiben.

Slomkas *face threatening acts (off record)* konfrontieren Gabriel damit, dass seine inhaltlich-sachliche Argumentation ungeeignet sei, den Verdacht des Verfassungs-bruchs auszuräumen. Gabriel kann ein Bestreben unterstellt werden, sein politisches Anliegen, für den Mitgliederentscheid zu werben, mit maximaler Reichweite zu verbreiten. Eine Regionalkonferenz der SPD, von der er zugeschaltet ist, erfüllt die-sen Zweck nur dann, wenn über sie medial entsprechend prominent berichtet wird. Slomka und Gabriel verbindet so gesehen ein gemeinsames Motiv, das ihre Offenheit dafür begründet, eine Kriseneskalation innerhalb der Gesprächsdynamik zuzulassen. Darin zeigt sich ein Muster, das für Nachrichteninterviews bereits expliziert wurde:

> Journalists need access to public figures for their livelihood, while public figures need journalists to gain access to what Margaret Thatcher once called „the oxygen of publicity." Thus an informal and unspoken contract exists between the two parties in which journalists exchange access to publicity for the kind of news content that will keep readers reading and viewers watching. (Clayman und Heritage 2002, S. 28 f.; vgl. auch Huls et al. 2010, S. 49; Ekström 2001)

5.4 Abweichung 3. „Lassen Sie uns diesen Quatsch beenden."

```
T15 S: [Herr Gabriel ich dachte_] Ich dachte eigentlich dass in
       Deutschland alle Staatsgewalt vom Volke ausgeht. Und dass das
       Wahlvolk entscheidet.
T16 G: (. 1) Ja. Aber dann_ was machtn dann die CeDeUuu, äh wie hat
       denn der Wähler nun entschieden. Der hat entschieden Frau
       Merkel is die stell_ vertritt die stärkste Fraktion und die
       stärkste Partei aber der Wähler hat nicht entschieden dass
       sie die absolute Mehrheit hat. Und nun gibt es
       Koalitionsverhandlungen um zu kläären mit wem wird eine
       Mehrheit gebildet. Und in der CDU entscheidet darüber auch
       nich die Wähler? Sondern der Parteivorstand der CDU und der
       Parteivorstand der CSU. Das sind viel weniger Menschen als
       bei der SPD. Tun sie mir ein Gefalln lassen sie uns den
       Quatsch beendn. [Das hat doch mit der Wirklichkeit nix zu
       tun.]
```

Gabriel wiederholt Argumente gegen die Behauptung, die SPD maße sich an, die Wählerentscheidung zu korrigieren, und beendet schließlich seine Gegenrede mit einer metapragmatischen Aussage, die einen Abbruch der Sachdiskussion bzw. einen Themenwechsel nun direkt einfordert. Die Interaktion ist somit in eine so grundsätzliche Krise geraten, dass einer der Teilnehmer seine Bereitschaft zur Fort-setzung insgesamt in Frage stellt. Gabriel verschärft die Interaktionskrise also in zweierlei Hinsicht: Er äußert erneut eine pejorative Bewertung unter Verwendung eines umgangssprachlichen Ausdrucks („Quatsch"), und er entzieht der kooperativen Unterstellung, dass eine Beendigung des Gesprächs in gegenseitigem Einvernehmen erfolgen wird, die Grundlage. Der darin enthaltene *face threat* wird durch „tun sie mir ein Gefallen" abgefedert (*redressive action*). In der öffentlichen Darstellung des Interviews wurde der Satz „Lassen Sie uns den Quatsch beendn" immer wieder zitiert und in den Fokus der Wahrnehmung des Gesprächs als äußerst krisenhaft gerückt. Wörtlich betrachtet kann sich die Aufforderung („Lassen Sie uns ...") nur an die Gesprächsteilnehmer richten, sodass als Referent für „Quatsch" eigentlich das Interaktionsgeschehen festgelegt ist.

Obwohl die Äußerung erkennbar einem Versuch geschuldet ist, sich gegen die avisierte Delegitimierung durch Slomka zur Wehr zu setzen, nimmt Gabriel durch sie die Gefahr eines eigenen Gesichtsverlustes in Kauf, der darin bestünde, als ein Politiker zu erscheinen, der damit überfordert ist, sich kritischen Fragen von Journalisten zu stellen. Dieses Risiko eines Gesichtsverlustes hätte Gabriel vermieden, wenn er seinen *turn* am Ende des Satzes mit „… weniger Menschen als bei der SPD" beendet hätte. Es stellt sich also erneut die Frage, warum Gabriel die Krisendynamik der Interaktion verschärft. Worin besteht eine andere Quelle möglichen Gesichtsverlustes, der Gabriel zu begegnen versucht?

Hier ist ein Vergleich zu dem bereits erwähnten Bush-Rather-Interview sinnvoll, dessen krisenhafte Dynamik sich noch weitaus stärker entwickelte. Clayman und Whalen verweisen auf einen Zeitungsartikel zu dem Interview, in dem dieses für Bush als Erfolg interpretiert wurde, da es ihm gelungen sei, sein Image als „wimp" (Schwächling) zu korrigieren.[12] Eine solche Berichterstattung fehlt bezogen auf das Gabriel-Slomka-Gespräch zwar, gleichwohl verweist diese Interpretation auf ein Potenzial des Gesichtsverlustes, das auch in diesem Interview wirksam ist. Politiker generieren Charisma nicht nur über Deliberationen und Rechtfertigungen der Rationalität ihrer politischen Vorschläge, sondern auch über die Fähigkeit, politische Strategien praktisch durchzusetzen. Ihre Durchsetzungsfähigkeit erweist sich einerseits in Urteilen über den praktischen Erfolg – etwa im Hinblick auf Gesetzesinitiativen –, andererseits bildet ihr öffentliches interaktives Handeln ein nicht zu unterschätzendes Demonstrationsfeld für ihre Durchsetzungsfähigkeit – ob zu Recht oder zu Unrecht sei dahingestellt. Gabriel drohte auch in dieser Hinsicht ein Gesichtsverlust, wenn er die fortwährenden Versuche Slomkas, sein Handeln immer grundsätzlicher zu delegitimieren, ignoriert hätte.

5.5 Abweichung 4. Abweichungen von Normen des *turn-takings*

Im weiteren Verlauf verstärken sich schon vorher bestehende Tendenzen der Abweichung von Normen des *turn-takings*. Es kommt zu Passagen des Parallelsprechens, die sich nicht auf die technischen Voraussetzungen der Übertragung zurückführen lassen:

```
T17 S: [Also Herr Gabriel dieser Quatsch der wird von sehr
        ernsthaften_]
T18 G: [Wir kriegn_ Wir kriegn_ Wir kriegn in zwei Wochen_ Wir
        kriegn_]
T19 S: [dieser Quatsch wird von sehr ernsthaften Verfassungsrechtlern
        diskutiert.] Und dem kann man sich ja dann auch mal stelln.
```

Mit dem Parallelsprechen und den wiederholten Versuchen der Unterbrechung des Gegenübers verschärft sich die Krisenhaftigkeit der Interaktion zusätzlich, da es immer schwieriger erscheint, elementare Bedingungen für die interaktive Klärung von Sachverhalten herzustellen. Slomka impliziert, Gabriel beziehe sich mit dem

---

[12] „Bush had shot down the legendary media gunslinger from Black Rock. It was the new George Bush. Not Bush the perpetual stand-in, but Bush the stand-up guy. Bush unbound. Bush unwimped" (*Time Magazine*, zit. n. Clayman et al. 1988/1989, S. 242).

Ausdruck „Quatsch" auf die verfassungsrechtlichen Gegenargumente, und vollzieht damit eine Deutung, die es ihr erlaubt, die Äußerung als Gesichtsverlust Gabriels darzustellen, der darin besteht, dass er sich einer Anforderung, dessen Erfüllung von ihm erwartet werden darf, entziehe. Gabriel versucht sich gegen die Deutung, er verweigere eine Debatte um den verfassungsrechtlichen Status, zu wehren. Indem Slomka schließlich konstatiert, man könne „sich dem ja auch mal stellen", fokussiert sie auf das Interaktionsverhalten Gabriels und bescheinigt diesem explizit, er weiche einer Debatte um den verfassungsrechtlichen Status seiner politischen Praxis aus.

```
T20 G: Ja. (.) [Ja.]
T21 S: [Aber lassen Sie uns über was anderes redn, wenn Sie_]
T22 G: [Das mach ich doch grade.]
```

Phasen des Parallelsprechens und der Verzögerung in der Übertragungstechnik führen dazu, dass Bezüge nicht wie üblich mit den Sprecherwechseln getaktet sind, sondern auf vorangegangene Äußerungen gerichtet sind: Während Slomka einen Themenwechsel einzuleiten versucht und damit die Aufforderung Gabriels „lassen Sie uns ..." spiegelt, also auf den Vorschlag der Beendigung des als „Quatsch" bezeichneten Vorgangs eigentlich positiv eingeht, kehrt Gabriel seinerseits inhaltlich zurück zu der Aussage, er stelle sich der Debatte nicht, indem er konstatiert genau dieser Anforderung aktuell gerecht zu werden. Die Einleitung des Themenwechsels durch Slomka kann interviewdynamisch auch als ein Versuch gedeutet werden, das Thema mit dem Resümee einer Verweigerung der Debatte durch Gabriel zu beschließen. Widerspräche Gabriel hier nicht explizit, so ließe sich das als diesbezügliches Eingeständnis deuten. Es kommt zu einem für Streitgespräche typischen Kampf um das „letzte Wort",[13] mit dem Interaktanten den Gesamteindruck der Interaktion zu beeinflussen versuchen und zugleich den Eindruck zu vermeiden trachten, als diejenigen zu erscheinen, die auf die Herausforderung des Gegenübers nicht mehr zu reagieren wissen.

```
T23 S: [wenn sie Ihre Partei_] Ja Sie sagen das is Quatsch das is jetz
        ne besondere Form der Argumentation. Aber wenn Sie ihre
        [Parteimitglieder so ernst nehm, warum_]
```

Der Streit um das letzte Wort wird durch Slomka nicht als beigelegt behandelt, sondern sie versucht ihrerseits, ein neues Resümee zu ziehen, indem sie auf einer Problematisierung des Ausdrucks „Quatsch" beharrt und eine ironisch-sarkastische Bemerkung anschließt. Sie tilgt damit erneut die eigentliche Referenz des Ausdrucks und bezeichnet diesen als Bestandteil der inhaltlichen Auseinandersetzung um die Verfassungsmäßigkeit des Mitgliederentscheids.

---

[13] „There's a big crucial thing on having the last word" (Sacks 1996, I, S. 161).

```
T24 G: [Ja ich hab Ihn versucht Frau Slomka es wird ja nich besser],
        wenn wir uns gegenseitich_ ja.
T25 S: Wenn sie ihre Parteimitglieder so ernst[nehmen]
T26 G: [Es wird ja nich besser] wenn wir uns gegenseitich so
        behandeln.
T27 S: Ich behandel Sie gar nich schlecht [ich stell Ihn Fragen die
        hab ich mir auch nich ausgedacht diese Kritik.]
```

Gabriel setzt zur Formulierung einer Rechtfertigung an, bricht den Satz jedoch ab und leitet eine Metaaussage zum Interaktionsverhalten der Gesprächsteilnehmer ein. Indem er von einem gegenseitigen Handeln spricht, gesteht er ein, selbst an der Eskalation beteiligt zu sein. Dadurch, dass er sich selbst nicht lediglich als ein „Opfer", sondern auch als „Täter" thematisiert, versucht er Slomka eine Chance zu geben, ihrerseits eine deeskalierende Äußerung zu tätigen. Slomka ignoriert dies und versucht eine Situationsdefinition zur Geltung zu bringen, der zufolge sie lediglich ihrer Aufgabe als Journalistin gerecht werde. Obwohl die Interaktion nach wie vor von der Verletzung der Kooperationsnormen des geregelten *turn-takings* geprägt ist und daher im Krisenmodus vollzogen wird, kann die Äußerung Gabriels als Versuch gedeutet werden, die Krise zu bewältigen und zur Kooperation zurückzukehren. Die metapragmatischen Aussagen stehen im Dienste der Reparatur der „Entgleisung". Der Gesichtsverlust, der mit der Abweichung von den Kooperationsnormen verbunden war, soll korrigiert und zum Ende der Interaktion hin in eine Gesichtswahrung transformiert werden. Tatsächlich gelingt es den Interaktanten nach einer Fortsetzung der Interaktionskrise, diese zu überwinden und zum Routinemodell eines Fernsehinterviews zurückzukehren.

5.6 Bewältigung der Interaktionskrise

```
T34 G: [Guckn Sie in das Parteien]gesetz. Guckn Sie_[Doch das machen
        Sie hier auch. @. @]
T35 S: [Die Kritik die ich gerade genannt habe] steht in Zeitungen von
        Professoren, die darüber diskutieren das ernst nehm / G: Ja.
        / is das eigentlich Okee.
T36 G: [Na ich doch auch_]
T37 S: [Man muss das ja nich so sehn] aber man kann darüber ja
        zumindest diskutiern.
T40 G: (..) Na aber das würde ja auch bedeuten, dass offensichtlich das
        hab ich ja gesagt, eine kleine Gruppe ein Vorstand einer
        Partei entscheiden darf und eine große Gruppe in einer Partei
        darf nicht entscheiden. Das is ne komische Argumentation und
        deswegen find ich die Quatsch und wir müssn in der Frage ja
        nich einer Meinung sein.
T41 S: Nee überhaupt nich, is ja es geht ja auch überhaupt nicht um
        meine Meinung ich trage ja auch Meinungen von anderen an sie
        heran aber wenn Sie ihre SPD-Mitglieder so ernst nehm warum
        dürfen die nich eigentlich auch über den Ressortzuschnitt und
        die Köpfe der Ministerien entscheiden.
```

Gabriel äußert nun mit dem Imperativ „Guckn Sie ..." eine direkt Aufforderung. Aufforderungen werden neben Fragen in der *politeness-theory* als direkte *face threatening acts* kategorisiert.[14] Die Direktheit impliziert jedoch keineswegs immer

---

14 „Direct imperatives stand out as clear examples of bald-on-record usage" (Brown et al. 1987, S. 95).

einen erhöhten Grad der Gefahr des Gesichtsverlustes, sondern kann im vorliegenden Kontext gerade als ein Versuch der Restitution der Kooperationsnormen gedeutet werden. Dieser Bedeutungsgehalt wird auch außerverbal vollzogen, indem Gabriel lächelt.

Gabriel wiederholt sein Argument und rechtfertigt die Verwendung des Ausdrucks „Quatsch". Implizit erkennt er damit an, dass er dessen Verwendung selbst für rechtfertigungsbedürftig erachtet, und unterstellt somit die Geltung einer Kooperationsnorm, von der er zuvor abgewichen ist. Er markiert den Dissens somit als stabilen Zustand, der den Fortbestand der Sozialbeziehung jedoch nicht gefährdet, weil die Sozialbeziehung nicht als konsensuell definiert ist. Slomka bestätigt schließlich die Aussage Gabriels und beschließt mit einer Rechtfertigung, in der sie sich von der Urheberschaft der vertretenen Gegenthesen distanziert. Auch diese Aussage lässt sich als Versuch der Reparatur interpretieren, indem sie ihr Handeln als Erfüllung einer journalistischen Rollenverpflichtung darstellt. Sie setzt schließlich durch die Äußerung einer neuen Frage, die Gabriel ohne Verletzung von Kooperationsnormen beantwortet, das Interview im Routinemodus fort, und die Krise scheint überwunden zu sein.

6 Resümee

Krisen der Interaktion manifestieren sich in Abweichungen von Kooperationsnormen, haben jedoch in zugrunde liegenden Problemkonstellationen ihre Wurzeln, die für die Beteiligten ebenfalls krisenhaft sind: Die Journalistin versucht politische Überparteilichkeit zu wahren; der Politiker muss einerseits die Fragen inhaltlich beantworten und andererseits auch auf die mit ihnen verbundenen Implikate reagieren.

Gabriel rebelliert im Merton'schen Sinne anomisch gegen Slomka, da er nicht glaubt, dem Ziel der Gesichtswahrung unter Einhaltung von Normen zur Erreichung dieses Zieles, hier: Kooperationsnormen für den aktuellen Vollzug der Interaktion, gerecht werden zu können. Die für Politikerinterviews grundsätzlich geltende konfrontative Dynamik wird durch die von Slomka geäußerten Zweifel an der Verfassungsmäßigkeit des Mitgliederentscheides forciert. In Reaktion darauf lässt sich Gabriel zur Verwendung des umgangssprachlichen Ausdrucks „Blödsinn" hinreißen. Die erste Konfrontation wäre wohl kaum ins Gewicht gefallen, das Gespräch hätte kaum mediale Aufmerksamkeit auf sich gezogen, wenn es bei dieser Abweichung geblieben wäre. Slomka fordert Gabriel jedoch weiterhin heraus, sodass dieser seinerseits immer stärker von Kooperationsnormen abweicht und schließlich einen vorzeitigen Abbruch der Interaktion einfordert („Lassen Sie uns den Quatsch beenden"). Gabriel wählt aus regelgemäß eröffneten Möglichkeiten solche aus, die Normabweichungen bedeuten, wobei er bei den Normverletzungen Regeln folgt, die sich rekonstruieren lassen. So ließe sich etwa eine Regel, der Gabriel folgt, folgendermaßen formulieren: „Lasse keinerlei Zweifel an der Verfassungsmäßigkeit des SPD-Mitgliederentscheids aufkommen, erwecke dabei jedoch keinesfalls den Eindruck, Du würdest Dich einer Debatte um juristische Probleme grundsätzlich entziehen." Gabriels Krise resultiert nicht zuletzt aus dem Widerspruch zwischen der Propagierung des Mitgliederentscheids und der Anerkennung einer öffentlichen

Debatte um dessen verfassungsrechtliche Unbedenklichkeit. Eine Beteiligung an einer solchen Debatte implizierte die Anerkennung der Möglichkeit juristischer Probleme und gefährdete den Erfolg seines politischen Projekts. Da mit dem Scheitern des Mitgliedervotums ein weitreichender Gesichtsverlust verbunden wäre, versucht Gabriel die Krise auf dieser Ebene durch die Erzeugung einer Interaktionskrise zu bewältigen, durch die er zwar unmissverständlich seine Überzeugung von der Rechtmäßigkeit des Mitgliedervotums ausdrückt, dabei aber den Gesichtsverlust in Kauf nimmt, sich innerhalb der Interaktion bald als nicht mehr gesprächsbereit zu zeigen.

Gabriel wird von Slomka unter Zugzwang gesetzt, wobei Slomka hier zunächst einer normativen Rollenvorgabe an den Beruf des Fernsehjournalisten genügt. Auch sie weicht jedoch von Kooperationsnormen ab, indem sie inhaltlich die Aussagen Gabriels weitgehend ignoriert und als Bestätigung der von ihr vorgetragenen Deutung interpretiert, der Mitgliederentscheid sei verfassungsrechtlich problematisch. Auch Slomka folgt in den Normabweichungen Regeln, zum Beispiel der Regel: „Vermeide es, Gabriel die Möglichkeit zu eröffnen, für sein politisches Projekt zu werben, und fordere ihn heraus." Auch die Befolgung dieser Regel sichert Slomka die Gesichtswahrung. Beide Interaktionspartner geben die Einhaltung von Kooperationsnormen des *turn-takings* auf, unterbrechen einander, äußern explizite Urteile über das Verhalten des Gegenübers und versuchen schließlich durch Korrekturoperationen eine weitere Desintegration der Interaktion zu verhindern. Sie restituieren am Ende den Kooperationszusammenhang, sodass es ihnen gelingt, den Krisenmodus zugunsten einer geregelten Beschließung zu überwinden, indem sie den für beide drohenden Gesichtsverlust, der einem vorzeitigen Abbruch, einem „Im-Streit-Auseinandergehen" gleichkäme, zu vermeiden suchen.

Von Normen unterscheiden sich Regelformulierungen, da sie eine Handlungskrise in einer spezifischen Situation bestimmen und nicht fallunabhängig geltende Vorgaben formulieren. Zur Bestimmung solcher Regeln ist eine Rekonstruktion des komplexen Bedeutungszusammenhangs eines Interaktionsverlaufs erforderlich. Interaktionskrisen resultieren daher aus einer spezifischen Spannung zwischen Normen und Regeln, denen die Beteiligten gerecht zu werden versuchen. Die Annahme, dass sich Abweichungen von Kooperationsnormen als regelgeleitete Versuche der Vermeidung von Gesichtsverlusten interpretieren lassen, lässt sich anhand der Fallanalyse bestätigen. Mit Thornborrow lässt sich nachweisen, dass im Krisenfall kein vollständiger Verlust der Interaktionsordnung eintritt:

> [I]nteraction can still be shown to be orderly, even when speakers interrupt each other, vie for the floor or use inappropriate registers, and [...] order is not necessarily determined by underlying background assumptions about 'the way things should be' that are shared by all participants in the talk. Speakers interact within a system of turns and exchange sequences, whether they are engaging in a straightforward conversation, an argument or some form of dispute or disagreement (Thornborrow 2002, S. 39).

Literatur

Bavelas, Janet Beavin, et al. 1988. Political equivocation. A situational explanation. *Journal of Language and Social Psychology* 7:137–145.

Beattie, Geoffrey W. 1982. Turn-taking and interruption in political interviews: Margaret Thatcher and Jim Callaghan compared and contrasted. *Semiotica* 39:93–114.

Brown, Penelope, und Stephen C. Levinson. 1987. *Politeness. Some universals in language usage.* Cambridge: Cambridge University Press.

Bull, Peter. 1994. On identifying questions, replies, and non-replies in political interviews. *Journal of Language and Social Psychology* 13:115–131.

Bull, Peter. 1998. Equivocation theory and news interviews. *Journal of Language and Social Psychology* 17:36–51.

Bull, Peter. 2000. Equivocation and the rhetoric of modernization. An analysis of televised interviews with Tony Blair in the 1997 British general election. *Journal of Language and Social Psychology* 19:222–247.

Bull, Peter, und Judy Elliott. 1998. Level of threat. A means of assessing interviewer toughness and neutrality. *Journal of Language and Social Psychology* 17:220–244.

Bull, Peter, und Kate Mayer. 1988. Interruptions in political interviews. A study of Margaret Thatcher and Neil Kinnock. *Journal of Language and Social Psychology* 7:35–46.

Bull, Peter, und Pam Wells. 2012. Adversarial discourse in prime minister's questions. *Journal of Language and Social Psychology* 31:30–48.

Bull, Peter, Judy Elliott, Derrol Palmer, und Libby Walker. 1996. Why politicians are three-faced: The face model of political interviews. *British Journal of Social Psychology* 35:267–284.

Clayman, Steven E. 1992. Footing in the achievement of neutrality. The case of news interview discourse. In *Talk at work. Interaction in institutional settings*, Hrsg. Paul Drew, und John Heritage, 163–198. Cambridge: Cambridge University Press.

Clayman, Steven E. 2001. Answers and evasions. *Language in Society* 30:403–442.

Clayman, Steven E. 2002. Tribune of the people: Maintaining the legitimacy of aggressive journalism. *Media, Culture & Society* 24:197–216.

Clayman, Steven, und John Heritage. 2002. *The news interview. Journalists and public figures on the air.* Cambridge: Cambridge University Press.

Clayman, Steven E., und Jack Whalen. 1988. When the medium becomes the message: The case of the Rather-Bush encounter. *Research on Language & Social Interaction* 22:242–271.

Clayman, Steven E., Marc N. Elliott, John Heritage, und Megan K. Beckett. 2011. The president's questioners: Consequential attributes of the White House press corps. *International Journal of Press/Politics* 17:100–121.

Deppermann, Arnulf. 2008. *Gespräche analysieren. Eine Einführung.* Wiesbaden: VS.

Ekström, Mats. 2001. Politicians interviewed on television news. *Discourse & Society* 12:563–584.

Gnisci, Augusto, und Marino Bonaiuto. 2003. Grilling politicians: Politicians' answers to questions in television interviews and courtroom examinations. *Journal of Language and Social Psychology* 22:385–413.

Goffman, Erving. 1972. *Interaction ritual. Essays on face-to-face-behavior.* London: Penguin.

Gotsbachner, Emo. 2008. Durchsetzung von Deutungsrahmen in politischen Fernsehdiskussionen. *Gesprächsforschung* 9:269–299.

Greatbatch, David. 1986. Aspects of topical organization in news interviews: The use of agenda-shifting procedures by interviewees. *Media, Culture and Society* 8:441–455.

Greatbatch, David. 1988. A turn-taking system for British news interviews. *Language in Society* 17:401–430.

Grice, Paul. 1975. Logic and conversation. In *Syntax and semantics*, Hrsg. Peter Cole, und Jerry L.Morgan, 41–56. New York: Academic Press.

Haworth, Kate. 2006. The dynamics of power and resistance in police interview discourse. *Discourse & Society* 17:739–759.

Heritage, John. 1985. Analysing news interviews: Aspects of the production of talk for an overhearing audience. In *Handbook of discourse analysis*, Hrsg. Teun van Dijk, 95–117. New York: Academic Press.

Holly, Werner. 2012. *Sprache und Politik. Pragma- und medienlinguistische Grundlagen und Analysen.* Berlin: Frank & Timme.

Huls, Erica, und Jasper Varwijk. 2010. Political bias in TV interviews. *Discourse & Society* 22:48–65.

Jucker, Andreas H. 1986. *News interviews. A pragmalinguistic analysis.* Amsterdam: Benjamins.

Kallmeyer, Werner, und Reinhold Schmitt. 1996. Forcieren oder: Die verschärfte Gangart. Zur Analyse von Kooperationsformen im Gespräch. In *Gesprächsrhetorik. Rhetorische Verfahren im Gesprächsprozess*, Hrsg. Werner Kallmeyer, 19–118. Tübingen: Narr.

Merton, Robert K. 1964. *Social theory and social structure*. New York: Free Press.

Messmer, Heinz. 2003. *Der soziale Konflikt. Kommunikative Emergenz und systemische Reproduktion.* Stuttgart: Lucius & Lucius.

Oevermann, Ulrich. 2003. Regelgeleitetes Handeln, Normativität und Lebenspraxis. Zur Konstitutionstheorie der Sozialwissenschaften. In *„Normalität" im Diskursnetz soziologischer Begriffe*, Hrsg. Jürgen Link, Thomas Loer, und Hartmut Neuendorff, 183–215. Heidelberg: Synchron.

Oevermann, Ulrich. 2013. Objektive Hermeneutik als Methodologie der Erfahrungswissenschaften von der sinnstrukturierten Welt. In *Reflexive Wissensproduktion*, Hrsg. Phil C. Langer, Angela Kühner, und Panja Schweder, 69–98. Wiesbaden: Springer.

Sacks, Harvey. 1996. *Lectures on Conversation*, Hrsg. Gail Jefferson. Oxford: Blackwell.

Sacks, Harvey, Emanuel A. Schegloff, und Gail Jefferson. 1974. A simplest systematics for the organization of turn-taking for conversation. *Language* 50:696–735.

Sidnell, Jack. 2009. *Conversation analysis. An introduction*. Oxford: Wiley-Blackwell.

Thornborrow, Joanna. 2002. *Power talk. Language and interaction in institutional discourse.* Harlow: Longman.

Wernet, Andreas. 2009. *Einführung in die Interpretationstechnik der objektiven Hermeneutik*. Wiesbaden: VS.

Oliver Schmidtke Dr., ist wissenschaftlicher Mitarbeiter am Sonderforschungsbereich 1187 „Medien der Kooperation" an der Universität Siegen. Forschungsschwerpunkte: Qualitative Sozialforschung, Interaktionssoziologie, Verwaltung, politische Soziologie, Kultursoziologie. Ausgewählte Publikationen: Familiales Scheitern – Eine kultur- und familiensoziologische Analyse von Stanley Kubricks »The Shining«, Frankfurt: Campus 2012 (zus. mit Frank Schröder); Architektur als professionalisierte Praxis – Soziologische Fallrekonstruktionen zur Professionalisierungsbedürftigkeit der Architektur. Frankfurt: humanitiesonline 2006; Der ‚arbeitende Staat' als ‚Dienstleistungsunternehmen' revisited: Berufliches Handeln und Selbstdeutungen von Frontline-Beschäftigten nach zwanzig Jahren New Public Management. Zeitschrift für Sozialreform 2014, 60:175–201.

Österreich Z Soziol (2016) (Suppl) 41:153–172
DOI 10.1007/s11614-016-0212-z

Zur programmatischen Qualität von klanglich vermittelter Krisenhaftigkeit in der Noise-Musik

Kai Ginkel

Zusammenfassung Der Artikel diskutiert im Zuge der ethnografisch angeleiteten Auseinandersetzung mit dem Feld der sogenannten „Noise"-Musik eine programmatische, geradezu produktive Qualität von Krisenhaftigkeit: Im Noise korrespondiert spezifische Klangerfahrung mit einer fortwährenden Reproduktion von Irritation und Störung. Angeregt durch den Austausch, den die Szene mit „GegnerInnen" unterhält, thematisiert der Artikel Normalisierungs- respektive Bewältigungsversuche, entlang derer sich einschlägige Interaktionskrisen konstituieren: Klang, der durchaus zielgerichtet besondere Erlebnismodi etabliert, fungiert hier als Katalysator für Interaktionen, die im Rahmen sozialer Praktiken beständiger Reproduktion unterworfen sind. Das Feld bedarf hierzu episodischer Partizipationsformen im Sinne einer konfliktintensiven und doch kooperativen Kollektivität, die hier Aufschluss über einen in paradoxer Weise konstituierenden Charakter von Krisenhaftigkeit in einem Spannungsfeld von Dynamik und Reproduktion gewähren.

Schlüsselwörter Krise · Ethnographie · Sound · Noise · Konflikt

On the programmatic qualities of crisis in Noise music

Abstract Choosing a mainly ethnographic approach, this article addresses the downright programmatic and productive qualities of crisis in the artistic field of Noise music. It shows how interactional crisis is being brought about through specific modes of experience strongly associated with the often harsh and challenging features typical of this particular style of sound production. These modes of experience, then, can be seen as an actual catalyst for social interaction, giving rise to highly conflictual forms of exchange between Noise insiders and fleeting participants ex-

K. Ginkel (✉)
Institut für Musikästhetik, Kunstuniversität Graz, Leonhardstraße 15, 8010 Graz, Österreich
E-Mail: kai.ginkel@gmx.net

pressing their open dismissal through various forms of discourse and performance. It is argued that this very exchange, which is being reproduced continuously within the field at large, may be considered a form of paradoxical cooperation. The specific modes of participation are discussed with regard to the crisis-related practices and classified as indeed programmatic and, in the context of artistic practice in general, even productive.

Keywords Crisis · Ethnography · Sound · Noise · Conflict

1 Zum Gegenstand[1]

Was bedeutet Noise? Rein begrifflich mag man es sich leicht machen: „'Noise' is usually defined as sound that is unwanted" (Sheppard 2012). Als Genre wiederum bezeichnet dieses Schlagwort eine Form der zumeist elektronischen Musik – und auch diese Sorte Klang ist, wie sich zeigen wird, zuweilen unerwünscht. Noise zeichnet sich durch einen geräuschintensiven Klang sowie durch oftmals diffuse, sprichwörtlich verwaschene Kompositions- und Improvisationsstrukturen aus, die sich einer konventionellen Organisiertheit durch Melodie oder klaren Rhythmus in den meisten Fällen verschließen. Gern wird mit dem Stilmittel der zermürbenden Monotonie gespielt, gleichermaßen wie mit dem der abrupten, geradezu unvorhersehbaren Wechsel. Starke Verfremdung und Verzerrung von Klang spielen grundlegend eine übergeordnete Rolle. Noise entsteht mal am Notebook, mal an modularen Synthesizern, oft unter geradezu exzessivem Gebrauch von Effektgeräten oder entsprechenden digitalen Plug-ins. Legitim ist zudem der Einsatz nahezu beliebiger Instrumente oder Alltagsgegenstände, da es in diesem Feld nicht primär auf spezifische Arrangements ankommt, sondern darauf, dem verwendeten Equipment Qualitäten zu entlocken, die im Noise-Kontext Sinn ergeben. Dabei kann es sich um ein schlichtes Feedback zwischen Mikrofon und Lautsprecher handeln: simpel, aber effektiv – und das mit brutaler, gebieterischer, mitunter auch gnadenloser Note.

Für flüchtige TeilnehmerInnen präsentiert sich Noise nicht selten als ein Deutungsproblem. Irritiert sind „Außenstehende" oftmals durch den hochgradig abstrakten und nicht selten als unwillkürliches Störgeräusch von aggressiver Ausprägung wahrgenommenen Klang. Allgemein ist also der Fremdartigkeit zentral verwendeter Klänge eine besondere Stellung beizumessen (vgl. etwa Klett und Gerber 2014, S. 282 f.). Ikoniadou (2014) verweist in einer Auseinandersetzung mit der affektiven Wahrnehmung von *Sound Art* im Allgemeinen auf den schier grenzenlosen Facettenreichtum in den Möglichkeiten zeitgenössischer Klanggenerierung: „Acoustic imagination knows no boundaries: you can hear a wall or a room; you can create spaces that do not exist; sound signals a breakdown, a welcomed turn away from the limitations of language" (S. 141). An dieses Ausschöpfen der Imagination über die Begrenzungen der Sprache hinaus scheint das Musikgenre Noise in

---

[1] Der vorliegende Text basiert auf Material aus der Dissertationsschrift *Noise: Zu einer Praxeologie des Auditiven*, eingereicht an der Geschichts- und Gesellschaftswissenschaftlichen Fakultät der Katholischen Universität Eichstätt-Ingolstadt.

 Springer

überaus barscher, sprichwörtlich verstimmter Weise anzuschließen. Konfrontationen, die wesenstypische Rahmungen auf inhaltlich-thematischer Ebene betreffen, streuen weitere Irritation und evozieren krisenhafte Erlebnismodi. Diskursiv wird dementsprechend in vielen Fällen der tatsächliche musikalische Gehalt des Dargebotenen in Frage gestellt. Das heißt konkret: Ad infinitum wird zwischen Insidern und flüchtigen TeilnehmerInnen mit einer auffälligen Vehemenz die beständig ungeklärte Frage debattiert: *Ist das Musik oder ist das bloßer Krach?*

Überträgt man Burris (2008) Überlegungen zur Kulturbedeutung und Kulturbedingtheit von Bildern auf das Auditive, mag gerade in puncto Noise, wo man das Rauschen, Zischen, Flirren und Fiepen zu einer mit Sinn aufgeladenen Klangerfahrung stilisiert (vgl. Ginkel 2015), die Feststellung ins Auge springen: „[Ein Bild stellt zunächst ‚erst mal gar nichts dar' [...] oder ist ‚missverständlich' [...] und lässt damit Raum für verschiedene mögliche Deutungen" (Burri 2008, S. 352 f.). Vom Aufeinandertreffen solcher Deutungen, die im Noise Gegenstand besonders offener, besonders konflikthafter Verhandlungen sind, zehrt die Erfahrung in ganz erheblichem Ausmaß, und ein Grundsatz aus Garfinkels *Studies in Ethnomethodology* scheint hier überaus anschlussfähig: „Procedurally it is my preference to start with familiar scenes and ask what can be done to make trouble" (1967, S. 37). Im Noise schließlich scheint jenes methodologische Credo eine programmatische Entsprechung in den gängigen Praktiken der Szene zu finden.

2 Desiderat

Es ist nun Ziel der vorliegenden Auseinandersetzung, zu einem Verständnis von programmatischer Krisenhaftigkeit zu gelangen, das – vertieft durch die ethnografische Auseinandersetzung mit Noise – gegenwärtige Fachdebatten um Handlungs- und Interaktionskrisen insbesondere in Hinblick auf folgende Fragestellungen anzuregen vermag: Kann Krise schlechthin nicht nur als Quelle respektive Ausdruck von Ungewissheit, sondern im gleichen Atemzug auch als durchaus konstitutiv agierender Motor durchaus produktiver Praktiken begriffen werden? Hierbei ist in Teilschritten zu ermitteln: Wie gestaltet sich die zugrunde liegende Aushandlung im praktischen Vollzug? In welcher Art korrespondiert die feldspezifische Klangerfahrung mit einer fortwährenden Reproduktion von Irritation und Störung? Wie gestaltet sich das Spannungsfeld von Dynamik und Reproduktion in Hinblick auch auf Bewältigungs- und Normalisierungsversuche, die ihrerseits die programmatischen Interaktionskrisen etablieren? Schließlich ist nach den besonderen Partizipationsformen zu fragen, die soziale Praktiken in der darzustellenden Weise gewährleisten. Freilich gibt es hier entlang der Differenzierung zwischen Szene-Insidern und flüchtigen „Zaungästen" graduelle Unterschiede in Hinsicht auf die Frage, für wen und unter welchen Bedingungen Modi von Krisenhaftigkeit evoziert werden.

Am Beispiel der herangezogenen Szene will ich dazu anregen, unabgeschlossene Normalisierungsprozesse als einen potenziell konstituierenden und hierbei durchaus produktiven Zustand von Dauer zu betrachten: Zu Oevermanns Krisenverständnis (vgl. 2008), das hier gleichsam als Stichwortgeber fungiert, um letztendlich einen

Blick auf routinisierte Modi von Provokation, Störung und Irritation zu erlangen[2], fasst Jäger-Erben (2010) zusammen: „Der fundamentale Unterschied zwischen Krise (kulturelle Dynamik) und Routine (kulturelle Reproduktion) liegt in der Bestimmbarkeit von Erfahrung: Während im Routinefall die aktuellen Erfahrungen mit bereits gemachten identisch sind und Kategorien für deren Bestimmung und Deutung sowie Reaktions- oder Handlungsanleitungen vorliegen, ist bei einer Krise das Gegenteil der Fall" (S. 19). Um die Irritation fortlaufend zu beleben, ist Noise – in Verschränkung mit der performativen und diskursiven Reproduktion typischer Repertoires der Szene – auf die Flüchtigkeit der Teilnahme von „Außenstehenden" angewiesen. Für KünstlerInnen und ein angestammtes Publikum aus KennerInnen ist eine „Bestimmbarkeit von Erfahrung" im Noise-Kontext schließlich anzunehmen. Sobald eine solche Bestimmbarkeit nicht gegeben ist, liegen angemessene „Reaktions- und Handlungsanleitungen" nicht vor, und Noise entfaltet in episodischen Konfrontationen eine Krisenhaftigkeit, die mit den diskursiven und performativen Repertoires der Szene produktiv korrespondiert.

Oevermann (1996) bemerkt zur Erfahrung von Kunst, dass „in einem gelungenen Kunstwerk eine Krise der Abweichung und des Ausgesetzt-Seins enthalten ist, die zugleich in der Erfahrungsartikulation eine Lösung erfährt, so daß uns das Kunstwerk die Lösung für eine Krise bietet, die es selbst erst uns überhaupt zu Bewußtsein bringt" (S. 39). Befasst sich Oevermann mit Krise hinsichtlich ihrer „tatsächlichen" Bewältigung, so will ich in puncto Noise speziell jene Spannungsmomente ins Auge fassen, die einer möglichen Bewältigung sequenziell vorausgehen: Es sind diese Momente, die im Feld Sinn konstituieren und – paradoxerweise – konflikthafte Routinen etablieren, denen zumeist eine auffällige Flüchtigkeit eigen ist: Anomische Zustände (die sich jedenfalls grundlegend in der Nähe des Krisenhaften verorten lassen) werden von Garfinkel (1963) als temporär charakterisiert (S. 189). Dieser Hinweis auf ihre zeitliche Beschränktheit verweist in puncto Noise auf die regelrechte Notwendigkeit einer beständigen praktischen Hervorbringung solcher Irritationen, die ästhetisch im Sinne einer experimentellen Tradition zu begreifen sind; und jene Praxis muss sich durch einen Bezug auf implizite Ordnungen auszeichnen. So wird etwa durch Griffiths (1995, S. 150) die Abhängigkeit einer dezidiert unkonventionellen Musik von anderen, als konventioneller rezipierten Richtungen angedeutet.

Durch Anlehnung an Garfinkel stellt der vorliegende Text im Folgenden einen grundlegenden Erkenntnisgewinn in puncto Krisenhaftigkeit in Aussicht. Die implizit referenzierten Ordnungen, die durch das Werfen entsprechender Schlaglichter offenbar werden, sind hierbei selbstredend keine starren, von übermächtigen TeilnehmerInnen festgeschriebenen: Gerade durch das Kursieren von Krisenhaftigkeit als Impulsgeber von Normalisierungs- und Bewältigungsversuchen in Interaktionen mit dem Außen der Kernszene von KünstlerInnen und Fans wird vielmehr der Blick auf beständige Formen der praktischen Aushandlung eröffnet. Diese Aushandlung ist tendenziell unabgeschlossen, und um Noise als Phänomen zu konstituieren, das

---

[2] Begriffe wie Störung, Dissonanz, Anomie, Irritation und Spannung finden hierbei in augenscheinlich durchaus alternierender Weise Verwendung: Es ist nicht meine Absicht, hier ein einwandfrei kategorisierendes Vokabular einzuführen. Vielmehr erscheint es mir wichtig, episodisch Schlaglichter zu werfen, die relevante Einzelaspekte einer Betrachtung unter spezifischen Foki eröffnen.

als Motor von episodisch auftretenden Interaktionskrisen fungiert, muss sie eben das auch bleiben: unabgeschlossen, offen, beständiger Prozesshaftigkeit unterworfen. Die Dauerhaftigkeit, die der klanglichen Irritation oder Störung ihre krisenartige Qualität verleiht, liegt dabei, so soll gezeigt werden, weniger in fortwährender individueller Betroffenheit, sondern vielmehr in der kontinuierlichen praktischen Hervorbringung, im Zuge derer flüchtige TeilnehmerInnen als Träger sozialer Praktiken (vgl. Shove und Pantzar 2005, S. 61) episodisch „die Bühne betreten" – im übertragenen, aber auch in einem zuweilen ganz direkten Sinn, wie an nachfolgenden Beispielen deutlich wird. Die Goffman'sche Vorstellung von „creating a scene" (vgl. 1956, S. 210) schließlich suggeriert ein Herbeiführen von Regungen wie Scham oder Dissonanz in durchaus planvoller, zumindest aber einkalkulierter Weise. Interessieren muss dabei in puncto Noise freilich die Dissonanz in ihrer Nähe zu Störung, Irritation und Krisenhaftigkeit. Das Feld kennt die performative Hervorbringung von Störungen und Irritationen zuhauf: Es geht hierbei um Noise als fortwährend reproduzierte „nasty surprise" (Garfinkel 1963, S. 188), gleichsam als „‚Ruptur' des Sozialen" (Bergmann 2012, S. 3), mithervorgebracht durch Klang, der nicht angenehme Assoziationen zu wecken scheint, sondern – im Rahmen der praktischen Verstrickung insgesamt – dem klar entgegengesetzt operiert. Sprachlich betrachtet birgt der Ausdruck Noise diesbezüglich ein bemerkenswertes Spezifikum: Übertragen ins Deutsche, kann der Begriff schließlich explizit als „Störgeräusch" übersetzt werden. Ein Anschluss an Überlegungen zu Störung als Sichtbarmachen sozialer Ordnung bietet sich an. So argumentieren Breidenstein et al. (2013) mit Verweis auf die Ethnomethodologie: „Für die ethnografische Forschung sind Krisen ein ‚glücklicher' Moment, denn dann werden Erwartungen, Regeln und praktisches Wissen expliziert, die in der Routine des Vollzugs wie selbstverständlich vollzogen werden" (S. 29). Noise, so lässt sich dementsprechend argumentieren, sorgt mit seinem charakteristischen Hang zur Irritation für ein nahezu permanentes, nahezu systematisches Sichtbarmachen – oder gar: *Hörbarmachen* – von Ordnungen, die gleichsam implizit referenziert werden und im Rahmen konflikthafter Aushandlung und praktischer Hervorbringung im Feld kursieren.

3 Methode

Entstanden ist der vorliegende Text im Rahmen einer drei Jahre währenden ethnografischen Auseinandersetzung mit Noise. Daten wurden vornehmlich im Rahmen von Beobachtungen in Konzertsituationen sowie während der Produktion von Musik in isolierten Aufnahmesettings gesammelt und erhoben. Darüber hinaus wurde dem Hören von Tonträgern, der Analyse von einschlägigen Booklets, Bildern und Texten, dem Führen flüchtiger Gespräche und ethnografischer Interviews sowie dem Verfolgen relevanter Online-Debatten eine zentrale Bedeutung im Forschungsprozess beigemessen. Ich selbst bin dem Feld in eigener künstlerischer Aktivität, die als entscheidender Teil der ethnografischen Erschließung gewertet werden muss, verbunden. Entsprechend einer Typologie von *membership roles* in der qualitativen Feldforschung nach Adler und Adler (1987) kommt meiner Präsenz innerhalb des Feldes der Status einer *complete membership* zu (vgl. ebd., S. 67 ff.), und (nicht

nur) aufgrund dieser spezifischen Vertiefung weist die Vorgehensweise gewichtige Anschlussmöglichkeiten an praxeografische Ansätze (vgl. Bueger 2014) auf: Die Praxeografie, so betonen Beck et al. (2012), lege grundlegend Wert darauf, „dass sie selbst immer notwendig Teil der Praxis ist, in der das zu untersuchende Phänomen produziert wird" (S. 21). Im Sinne einer *beobachtenden Teilnahme* (vgl. Wacquant 2011, S. 87) eröffnet die vertieft involvierte Feldimmersion zudem Anschluss an die Vorzüge der *carnal ethnography* nach Wacquant, die Hegner (2013) zufolge eine Privilegierung von Sinneswahrnehmungen jenseits eines „Okularzentrismus" gestattet: „In besonderer Weise scheint die *leibliche Ethnografie* mit einer Ethnografie der Sinne zusammenzugehen. Empfindungen jenseits des Auges werden hier verstärkt zum Thema." Die Verschriftlichung von Klang- und Hörerfahrung ist ebenso wie die Auseinandersetzung mit Dokumenten, Texten etc. als ein entscheidender Teil ethnografischer Forschungspraxis in Beschreibungen und Analysen aufzufassen.

Aufmerksamkeit zu schenken ist episodisch den kursierenden Selbstbeschreibungen innerhalb des Feldes: So will ich in Anlehnung an Latour (2005) für eine opportunistische Privilegierung von TeilnehmerInnenperspektiven in Hinblick auf die Erschließung spezifischer Benennungen und Relevanzen votieren. Im Rahmen einer kritischen Auseinandersetzung mit der Soziologie konstatiert der Autor:

> Without [the] strong obligation to play the legislating role, sociologists would not have limited the first obvious source of uncertainty, cutting all the links with the explicit and reflexive labor of the actors' own methods. Anthropologists, who had to deal with pre-moderns and were not requested as much to imitate natural sciences, were more fortunate and allowed their actors to deploy a much richer world. In many ways, ANT is simply an attempt to allow the members of contemporary society to have as much leeway in defining themselves as that offered by ethnographers. (Latour 2005, S. 36 f.)

Diese durchaus polemische Forschungsmaxime will ich aufgreifen und das Feld bereits im nachfolgenden Unterkapitel jedenfalls episodisch selbst „zur Sprache kommen lassen", in der Absicht, zentrale Charakteristika des affektiven Erlebens[3] und der praktischen Sinnstiftung von Noise zu benennen, die unter Insidern etwa in Form von Selbstverständlichkeiten, Klischees und philosophischen Herleitungen kursieren. Trotz dieser Anlehnung freilich sollen diskursive Sinnstiftungen des Feldes nicht in Form bloßer Paraphrasierungen Einzug in die Darstellung halten. Ein sorgfältiges Changieren zwischen TeilnehmerInnenperspektiven und analytischen Momenten erscheint unbedingt angemessen.

---

[3] Zu einem praxistheoretisch informierten Affektbegriff, der für meine Auseinandersetzung von zentraler Relevanz ist, vgl. Reckwitz (2012): „Affect is reminiscent of 'to affect' and 'to be affected' and thus of dynamic and interactive dimensions that the term 'emotion' lacks, as it rather implies the static notion of having an emotion 'deep inside'" (S. 250).

4 Erlebnismodi des Noise

In Selbstbeschreibungen betonen KünstlerInnen die Ungewöhnlichkeit der Noise-Erfahrung. Ein Musiker spricht beispielsweise von „a place where I don't know what's going on" – oder offenbart geradezu: „I want to be frothing at the mouth". Ein Journalist beschreibt im Einzelfall begleitende Visuals als „very emotive", „quite disturbing" sowie „quite offensive" (Gibb 2011). HörerInnen scheinen, so jedenfalls ein zirkulierender Blick der Szene auf sich selbst, in einen Strudel tendenziell krisenhafter Ungewissheit zu geraten, wenn sie sich der Noise-Erfahrung aussetzen. Im Feld prahlt man regelrecht mit der offenbar erwünschten Möglichkeit einer affektiven Überforderung: Noise hat eine theatralische Qualität, die sich in vielsagender Art beispielsweise performativ in Konzertsituationen verdichtet, wie die nachfolgende Feldnotiz von einer entsprechenden Situation im kleinen Rahmen unter Szene-Insidern (ebenerdige Bühne, ca. 20 Zuschauer) im Raum Frankfurt illustriert:

> Mit einem Mal, sprichwörtlich aus heiterem Himmel, gewinnt das klangliche Geschehen an Intensität, und nahezu im gleichen Moment schnappt sich der Künstler das Mikrofon und schreit in markerschütternder Weise unverständliche Wortfetzen in einer Art in sein Mikrofon, die sich als veritables Ausrasten, als ein explosionsartiger Anfall beschreiben lässt. Sein Gesicht ist rot, und er scheint vor Energie fast zu platzen. In der allerersten Reihe sitzt ein dünner Typ mit Kapuzenpullover, Brille, Stoppelfrisur und Kinnbart, für den es nun kein Halten mehr gibt: Wie unter Krämpfen springt er zu der spontanen Einlage auf, reckt die Faust zu einer glorreichen Geste, während sein Oberkörper sich wilden Zuckungen hingibt – das wiederholt sich zwei- oder dreimal während der gesamten Zeitspanne, in der die Brüllattacke anhält: nicht mehr als zehn Sekunden, wie ich im Nachhinein schätze. Im Hintergrund ist als begleitendes Visual derweil das majestätische, ebenso aber auch unheimliche Antlitz eines Raubvogels zu sehen. Das Bild verweilt nahezu starr für mehrere Sekunden auf der Videoleinwand, und diese Mischung aus Ausbruch (Musik, Performance) und Stasis (Video) erzeugt für mein Empfinden eine Stimmung, der etwas wirklich Brutales innewohnt, getragen durch die Unvorhersehbarkeit der performativen Ereignisse wie durch das gleichsam synästhetische Verschmelzen des schroffen Geräusch- und Verzerrungsausbruchs mit den satten, erdigen Brauntönen des Filmes.

Um diese – womöglich eigenartig wirkende – Szene hinreichend zu kontextualisieren und somit in einer Art zu integrieren, durch die sich ihr Sinn innerhalb der Szene offenbart, will ich sie feldinternen Beschreibungen des performativen Spektrums von Noise gegenüberstellen. Das Message-Board *Noiseguide* beheimatet einen aufschlussreichen Diskussionsstrang[4], in dem AkteurInnen ein Sammelsurium von einschlägigen „noise cliches" zusammentragen, eine Kollektion von auffälligen Eigentümlichkeiten aus der Perspektive engagierter KünstlerInnen und Fans, die demonstriert, in welcher spezifischen Weise performative und inhaltliche Repertoires von KennerInnen erkannt, reflektiert und „gewusst", schlussendlich auch dargestellt

---

4 http://forum.noiseguide.com/viewtopic.php?t=11975, abgerufen am 10.01.2016.

 Springer

werden. Ausschnitthaft will ich einige besonders vielsagende „Klischees" heraus-
greifen und anhand der verbal artikulierten und doch von praktischer Selbstverständlichkeit beseelten Benennungen relevanter Merkmale punktuelle Deutungen wagen,
die auf eine weitere, nachfolgende Beschreibung einer spezifischen Klangerfahrung
kontextualisierend vorbereiten. Ziel ist es, sich charakteristischen Erlebnismodi der
Szene anzunähern. Die gesammelten Schlagwörter verweisen auf solche Noise-typischen Erlebnisqualitäten im Kontext von Klangerfahrung und Performance, ironi-
siert in einer Art, die dem trockenen, manchmal derben Humor der Szene entspricht.
Der Punkt „'emotional' knob twisting/gear manipulation" verweist auf spezifische
Verkörperungen von Vertiefung, Engagement und Hingabe in der Bühnenperfor-
mance von Noise.[5] Daran gebunden sind, so kann ich aus eigenen Beobachtungen
rekonstruieren, etwa verkrampft oder geradezu entrückt wirkende Haltungen, die in
theatralischer Manier das Erleben intensivierter Spannungszustände suggerieren. Mit
stoischem Halt am Drehknopf werden z. B. Arme gestreckt und Häupter gesenkt,
wird das Gesicht zum ernst versonnenen bis latent grimmigen Pokerface modelliert.
„Tortured/angstsy stage presence" wiederum erinnert an ein Vorexerzieren von Regungen, die beim Publikum durch mimetische Involvierung im Folgenden evoziert
werden sollen: Qual und Angst – im Sinne einer Empfindung, die so etwas wie
eine Lebensangst, eine allumfassende Verunsicherung darstellt – scheinen hier gewichtige Eckpfeiler zu sein, anhand derer Orientierung im Sinne einer affektiven
Sinnstiftung gewährleistet wird, die auf das Erleben einer dauerhaften Irritation von
krisenhafter Qualität verweist, wie die Wörter „tortured" und „angstsy" schließlich
suggerieren. Das im Folgenden benannte Klischee der „severe mental problems" ist
ein allgemeinerer Hinweis, der gleichermaßen ironisch gebrochen erscheint, wie er
zweifellos im gleichen Atemzug ein naheliegendes Bild – ein wirksames „Image" –
referenziert. Durch die ironisch informierte Ambivalenz wird eine besonders span-
nungsreiche Form von Sinn hervorgebracht, die der Vagheit und Unbestimmbarkeit,
die dem Noise eigentümlich ist (s. u.; vgl. Klett und Gerber 2014), Genüge tut.[6]
Schlechthin ist an der ironischen Überspitzung eine durchaus spielerische Pflege des
Krisenhaften innerhalb der Szene zu bemerken, das im flüchtigen „Außenkontakt" in
actu eine performative wie diskursive Rückbindung findet.Der Punkt „pornography
and death" schließlich zeichnet ein karikatureskes Bild des inhaltlichen Repertoires:
Es handelt sich bei Noise um einen Stil, der nicht nur klanglich ein überaus kon-
frontatives Gebaren pflegt (charakteristisch: die Mischung aus besonders hohen und
besonders tiefen Tonfrequenzen), sondern auch im Rahmen von Songtexten (oftmals
mit verfremdeter Stimme in parolenhaftem Sprechgesang rezitiert), Tonträgertiteln

---

[5] Des Weiteren verweist dieser Punkt gewiss auf eine symbiotische Theatralik hinsichtlich der Verbindung
zwischen AkteurIn und Artefakt, der an dieser Stelle leider keine gesonderte Aufmerksamkeit geschenkt
werden kann. Vgl. zum Thema generell Klett und Gerber (2014).

[6] Die Unterstellung einer auch für den Musikgenuss konstitutiven Psychopathologie kursiert innerhalb der
diskursiven Praktiken ebenfalls. So lautet das Urteil eines Users der Tonträger katalogisierenden Plattform
Discogs in Bezug auf das Oeuvre der bedeutsamen britischen Noise-Gruppe *Whitehouse* beispielsweise:
„The Wire magazine recently reviewed one of [their] current affairs saying – this is music for people who
hate themselves. The truth lies there somewhere ... Effective execution but impossible to associate with
unless you're a self-destructive nutter". http://www.discogs.com/artist/58520-Whitehouse, abgerufen am
10.01.2016.

und Artworks an gesellschaftliche Reizthemen rührt, die die Musik für unbedarfte HörerInnen sehr abseitig, roh und durchaus bedrohlich erscheinen lassen. Zu den Themen, auf die rekurriert wird und wurde, gehören Gewaltverbrechen, Krieg, sexuelle Devianz[7], Krankheit und gemeinhin vieles, was sich in gebotener Knappheit alltagssprachlich mit dem Attribut „bizarr" adressieren lässt.[8] Ein Blick in die Diskografie des gegenwärtig umtriebigen wie innerhalb der Szene sehr populären Noise-Musikers Dominick Fernow alias Prurient suggeriert einen ungetrübten Fortbestand der thematischen Schlagseite bereits in einer Aufzählung von Tonträgertiteln, die in konfrontativer Sachlichkeit mit derbem Touch althergebrachte Repertoires der Szene neu beleben: *Cocaine Death (2008)* heißt ein Tonträger, *The History of Aids* (2010) ein anderer – um nur zwei besonders augenfällige Beispiele zu benennen. Das Titelstück von *Cocaine Death*, 4:50 Minuten lang, sei exemplarisch herausgegriffen, um ausschnitthaft einen Bezug zwischen den dargestellten Charakteristika respektive Klischees und einer typischen Erfahrung von Noise in seiner Klanglichkeit zu skizzieren:

Der Mann erhebt seine Stimme gebieterisch. Ein orgelhaft ausgestaltetes, dumpf tösendes Rauschen umspült seinen rezitativen Wortschwall, den die allumfassende Verzerrung in einem homogenisierenden Klangstrudel vereint, aus dem sich mit zischendem Schnitt Wort für Wort aus dem bedrohlichen Dickicht herauszuschälen scheint. Der vokale Vortragsstil birgt in der ersten Konfrontation zunächst geradezu militärische Untertöne. Es ist die Performance einer plakativ inszenierten Maskulinität, die eine schiere Unerbittlichkeit aus jenem zackigen Befehlston speist, der bei längerer Wirkungsdauer schließlich weniger an den tatsächlichen Tonfall des Heeres als vielmehr an jene Formen der organisierten Brutalität erinnert, wie man sie vielleicht im sadomasochistischen Rollenspiel vermutet. Der Aspekt der Organisiertheit muss deshalb so umfassend miteinbezogen werden, da das Rezitieren eine geradezu filigrane Selbstbeherrschung in der Gewährleistung einer Stimmung von Rohheit suggeriert: Auf ganz spezifische Weise werden Vokale gedehnt und ausgehöhlt, wird durch Modi der Phrasierung, die nicht einem expliziten Metrum, wohl aber einer Sinn machenden Ästhetik von „Zerhacktheit", Verzögerung und demgegenüber auch Plötzlichkeit folgen, ein implizit durchschlagender Rhythmus etabliert[9], der offensichtlich für das mitreißende Moment der Klangerfahrung (mit-)verantwortlich zeichnet. Über dem stimmlich vermittelten Ungemach brummt unentwegt ein stumpf prasselnder Stillstand – schürfend, wühlend und doch von erbarmungsloser Monotonie – der die Vokaleinsätze nur noch hereinbrechender erscheinen lässt.

---

[7] Ein „Klassiker" des Genres entleiht vielsagend den Titel *Psychopathia Sexualis* der gleichnamigen „klinisch-forensischen Studie" von Richard von Krafft-Ebing.

[8] Das Themenspektrum im Noise ist beileibe nicht auf solcherlei Inhalte beschränkt und hat sich im Verlauf der zurückliegenden 35 Jahre in verschiedene Richtungen ausdifferenziert, bis hin zum Einsatz durch und durch bildungsbürgerlicher Motive. Dennoch besteht im Noise weiterhin eine zentrale Neigung zum Bizarren, zum Schmerzhaften, zum Irritierenden – ein Fokus, der etwa in den Subgenres *Power Electronics* und *Harsh Noise* weiterhin dominant fortbesteht.

[9] Ikoniadou (2014) eröffnet eine allgemein bemerkenswerte Perspektive auf, wenn man so will, den Rhythmus im Unrhythmischen: „Although our notion of musical time is habitually linked to the ticking clock, microsound techniques, such as digital granular synthesis, carry out direct interventions on time itself" (S. 143).

Variationen stellen sich ein, doch sie spotten geradezu der Vermutung, sie könnten einer tatsächlich musikalischen Dramaturgie folgen.

Das Stück scheint die affektive Erfahrbarkeit einer ganz spezifisch konnotierten „Echtheit" in Aussicht zu stellen: erzeugt und vermittelt zwar durch zeitgemäße Modi von Tonaufnahme, Klangsynthese oder auch ganz grundlegend postmoderner Kunstperformance – und doch in der persuasiven Pose einer impliziten Rhetorik von Authentizität im Sinne von „Unzivilisiertheit" oder jedenfalls von authentischer Übertretung verpflichtet und eine ungewiss ausdefinierte Devianz suggerierend, allgemein einen Erlebnismodus, in dem Sex, Gewalt und Tod nicht tabuisiert werden. Affektiv vermag dieser musikalisch und thematisch ko-konstituierte Erlebnismodus Ungewissheit zu streuen und zu verunsichern. Er fungiert jedoch gleichsam als Wegweiser im Sinne der Evokationen des Krisenhaften. In einer fast lyrischen Darstellung verweist Sangild (2002) im Rahmen einer philosophischen Auseinandersetzung mit dem Noise-typischen Klangerlebnis auf apollinische wie dionysische Elemente, die die Erfahrung ausschlaggebend informieren: Dem dionysischen Aspekt, dem durch den Autor in Hinblick auf die barschesten Spielarten des Noise ein nahezu alleiniges Gewicht zugewiesen wird, komme dabei die Funktion zu, die Hörerin oder den Hörer zu befähigen, eine Konfrontation mit der „dreadfulness of existence" zu wagen (S. 24). Weiter heißt es: „The complexity of noise (in the acoustic sense) overloads the ears and the nervous system and is perceived as an amorphous mass, incomprehensible yet stirring. The delight of the sublime is the satisfaction of confronting the unfathomable" (S. 24 f.). Wie die obigen Beschreibungen aus dem „Inneren" der Szene suggerieren, kennen und reflektieren Insider dieses Spektrum: Von ihnen wird dieses als Noise-typisch gewusst, während flüchtigere Partizipationsformen für jene Modi von Konfrontation sorgen, die das genannte Spektrum mit einer Art performativer wie diskursiver Authentizität im Sinne der Krisenhaftigkeit unterfüttern. Die Rede von Komplexität und Konfrontation, die Aussicht auf eine Begegnung mit der „dreadfulness of existence" verweist auf Sinnkonstruktionen, die mit den Erlebnismodi des Noise in actu korrespondieren und im Feld unter „Eingeweihten" Schlüssigkeit der Klangerfahrung und unter „Zaungästen" tendenziell Unschlüssigkeit herstellen. Das Spannungsfeld zwischen dem evozierten Ungemach einerseits und jenen „spielerischen" Aspekten andererseits, die dem künstlerischen Ausdruck eigentümlich sind, steht im Einklang mit jener typischen Vagheit, mit der das Feld in Selbstdarstellungen operiert.

5 Katalysator für Interaktionen

Innerhalb des Feldes gefällt man sich in einer auffälligen, tendenziell rätselhaften Vagheit, die für Praktiken der Selbstinszenierung überaus wichtig ist und überaus anschlussfähig an die Offenheit von Deutungen (s. o. zu Burri 2008) bezüglich der Noise-Musik erscheint. Sie wird von Klett und Gerber (2014) in ihrer Auseinandersetzung mit Noise mit dem Begriff der Unbestimmbarkeit (*indeterminacy*) bedacht und mit einer adäquat zentralen Anerkennung gewürdigt: „We argue that indeterminacy, rather than an obstacle to meaning-making, serves as the very symbol of openness, creativity, and community in Noise" (S. 2). Des Weiteren betonen die

Autoren diesbezüglich eine Fluidität, die sowohl auf Modi der Interaktion wie auch der Interpretation gewichtige Auswirkungen zeitigt, gewährleistet durch den fortwährend ungewissen, unbestimmten akustischen Gehalt der Musik (vgl. ebd.). Bei fehlender Vertrautheit schürt diese Offenheit – im Kontext der soeben skizzierten Erlebnismodi – affektiv insbesondere unter flüchtigen TeilnehmerInnen eine Ungewissheit, der etwas Unbehagliches innewohnen mag, das sich nicht ignorieren lässt und geradezu nach einer Reaktion, einer „Klärung" – im Sinne der Kunstkonflikte (vgl. Zembylas 2004, S. 70 ff.), aber vielleicht auch im Sinne einer Verunsicherung als Zuspitzung mit ungewissem Ausgang – verlangt.

Liegl (2010) bemerkt in seinen Ausführungen zur *sociology of attachment* nach Gomart und Hennion, dass „der genießende Körper und die Musik als Genussobjekt *gleichzeitig* als aufeinander bezogene Entitäten praktisch hervorgebracht werden", und es wird betont, „dass selbst so etwas scheinbar Passives wie Musik zu genießen ein praktischer Vollzug ist" (S. 160). Interessieren muss hier nun allgemein der von Liegl referenzierte praktische Vollzug. Ich plädiere dafür, die zitierte These zu weiten und ihr ausdrücklich einen Explikationswert über den Aspekt Genuss hinaus zuzusprechen: So spielt Genuss im Noise für Insider zwar auch eine durchaus bemerkenswerte Rolle; zugleich aber geht es doch in entscheidendem Maß um krisenhafte Störung, um sprichwörtliche Provokation – auch im Sinne von Provokation zur Handlung, wie durch die Auffassung von „Kunst als Katalysator sozialer Interaktionen" (Zembylas 2004, S. 65) offenbar wird. Als Voraussetzungen für die Verknüpfung von Kunst und Konflikt, die sich allemal gut auf die Frage „Musik oder Lärm?" anwenden lässt, ist auf zweierlei zu verweisen: „Erstens müssen Menschen den Unterschied zwischen Kunst und Nichtkunst als signifikant erachten und ästhetischen Urteilen einen besonderen Wert beimessen. Zweitens scheint das Vorhandensein eines klaren Ziels bzw. materieller, politischer oder immaterieller Interessen, die durchzusetzen sind, notwendig zu sein, denn sonst würde die Motivation fehlen, um über Kunstangelegenheiten zu streiten" (ebd., S. 66).

In einer künstlerischen Selbstdarstellung des amerikanischen Noise-Performers Mike Dando alias *Con-Dom* – eine Abkürzung für die vielsagende Kombination *control-dominance* – lässt sich nachvollziehen, dass die Rolle des Katalysators in der Szene erwünscht ist und mitunter gar von einem regelrecht pädagogischen Gestus begleitet wird:

> Confrontation is the chosen method of education. Con-Dom generates brutality, pain, fear, hate (the instruments of control), so that the existence of the forces of control may be acutely felt, experienced and recognised. The aim is to provoke resentment/confusion/ambivalence, to upset and challenge conditioned expectation, to shatter preconceptions. [...] Con-Dom invariably provokes a positive (or positive negative) reaction. In both cases, misunderstanding or misinterpretation is often at the root.[10]

Sowohl der künstlerischen wiewohl auch der sozialwissenschaftlichen Perspektive mag eine dementsprechend hervorgebrachte Konfrontation zu einem regelrechten Glücksfall gereichen. Garfinkel (1963) argumentiert: „On the occasions of discrepan-

---

[10] http://media.hyperreal.org/zines/est/intervs/con-dom.html, abgerufen am 10.01.2016.

cies between expected and actual events, persons engage in assorted perceptual and judgmental work whereby such discrepancies are 'normalized'. By 'normalized' I mean that perceivedly normal values of typicality, comparability, likelihood, casual texture, instrumental efficacy, and moral requiredness are restored" (S. 188). Der Verweis auf die praktische Wiederherstellung nun eröffnet den differenzierten Blick auf die Besonderheiten der konfliktintensiven Reibungen, die die Rezeption von Noise – durchaus entlang der von *Con-Dom* geäußerten Erwartungspalette, aber sich nicht darin erschöpfend – in tragender Weise begleiten. Hier offenbart sich die Organisiertheit und insbesondere zudem der suggestive Charakter der programmatischen Provokation.

5.1 Normalisierungsversuche

Ein assoziatives Beispiel für charakteristische Interaktionsarten liefert abermals ein Text aus der Szene selbst. Der Künstler Masami Akita, unter dem Projektnamen *Merzbow* seit vielen Jahren bekanntester Vertreter des *Japanoise*, beschreibt im Booklet des Albums *Music for Bondage Performance* seine sicherlich vielsagende Deutung der japanischen Bondage-Kultur, der man kontextuell eine symbiotische Beziehung mit der von Akita verwendeten Klangpalette unterstellen mag. Der Musiker schreibt: „Japanese bondage has succeeded the tradition of seme (sadism), and now creates a rather calm and passionate atmosphere of an aesthetic, supported by an unmistakable craft. [...] in Japanese bondage, the exchange of passion between the active and passive subjects is an axis upon which the act revolves."[11]. Man kommt nicht umhin, in diesem knappen Zitat eine Art Miniatur eines als sinnvoll rezipierten „Funktionierens" der interaktiven Praktiken des Noise zu vermuten: Der Austausch von Leidenschaft zwischen als aktiv und passiv konnotierten TeilnehmerInnen mag hierbei besonders stark hervorstechen und wird im Fall des Begleittextes zu *Music for Bondage Performance* gerahmt von einem Verweis auf eine diffuse Kunstfertigkeit, die an die paradox anmutende Wahrnehmung subtiler Variationen im Klanggeschehen (siehe Prurient) erinnert. Von dieser Kunstfertigkeit mag man nun in einer sozialwissenschaftlichen Betrachtung den individuellen Akteur als alleinige Schöpferfigur entheben und stattdessen auf eine dezidiert kollektiv ausgestaltete Praxis verweisen, in der der Akteur aufs Äußerste angewiesen ist auf ein in widersprüchlich erscheinender Art kooperatives Gegenüber. Die Klärung der Frage nach Dominanz und Kontrolle ist also nicht vollumfänglich den Selbstthematisierungen der KünstlerInnen zu überlassen. Schließlich lebt Noise auch ganz erheblich von der Gegenprovokation: Anekdotenhaft kursieren Erzählungen über heftige Publikumsreaktionen. Performances im Noise finden oftmals in relativ kleinen Räumen und auf gleicher Höhe mit dem Publikum statt. Wenn die klassische Struktur von erhobener Bühne und – wortwörtlich – erniedrigtem Publikum innenarchitektonisch jedoch gegeben ist, ist es möglich, dass es im Noise-Kontext zu erheblichen Spannungsphänomenen zwischen den Ebenen kommt: Es ranken sich Geschichten um Mitglieder namhafter Noise-Gruppen, die von der Bühne ins Publikum hinabsteigen, um dort „Ärger zu machen" durch Provokationen, vom Anschreien bis zum körperlichen

---

[11] http://www.discogs.com/viewimages?release=183696, abgerufen am 10.01.2016.

Übergriff. Solcherlei Situationen werden in der Szene mit Begeisterung, teils gar legendenhaft tradiert. In umgekehrter Weise gibt es derartige Grenzüberschreitungen ebenfalls, und sie suggerieren ein praktisches Funktionieren der beschriebenen Kunstfertigkeit im Arrangieren von Spannungssituationen. Die Rolle des Publikums ist hier überaus bemerkenswert. In ihr wird schließlich die Verzahnung von Evokationen des Krisenhaften, die sich einer gezielten Vagheit bedienen, mit praktisch fassbaren, in situ erfahrbaren Interaktionskrisen offenbar: Klangerfahrung und Evokation(en) des Krisenhaften scheinen in der Konzertpraxis symbiotisch vereint.

Im Folgenden will ich das Geschehen in einem Club, Fassungsvermögen ca. 200 Personen, beschreiben. Es handelt sich um ein Konzert, das im stilistischen Spannungsfeld zwischen Noise und vergleichsweise „konventionell" ausgestalteten Formen einer Art experimenteller Rock-Improvisation stattfindet und dementsprechend ein partiell „unvorbereitetes" Publikum anzieht. Die Band stammt aus den USA und setzt sich aus vier MusikerInnen zusammen (drei männliche Mitglieder, ein weibliches), davon einer an der E-Gitarre, zwei an diversen Synthesizern und Keyboards und einer schließlich als Sänger. Es wird über einen Zeitraum von etwas über einer Stunde durchgängig ein weitgehend homogener Klangbrei gespielt: geräuschintensiv, verzerrt und trotz perkussiver Elemente viel eher klanglich enervierend als rhythmisch mitreißend.

Am rechten Bühnenrand hat sich eine Gruppe junger Frauen versammelt, die das Geschehen auf der Bühne mit Argwohn wahrzunehmen scheinen. Eine von ihnen, mit mittellangen Haaren und einem dunkelblauen Wintermantel, konfrontiert die MusikerInnen lautstark: „Play some music!" Eine weitere Frau mit auffälligem Outfit springt darauf an und scheint vom Bühnenrand aus den Sänger zu beschimpfen. Dieser reagiert nicht oder gibt jedenfalls mit sichtbarer Anstrengung vor, sie nicht wahrzunehmen – das heizt die Stimmung erst recht weiter an, und die Frau stellt sich nun frontal vor die Bühne, schreit den Sänger förmlich an. Als weiterhin nicht die offenbar erhoffte Reaktion erfolgt, stellt sie ein Bein auf die Bühne und stemmt die Hände in die Hüften, legt den Kopf als provozierende Geste zur Seite. Sie ist nun sicht- und spürbar zum Mittelpunkt der Veranstaltung geworden. Das „Passiv-Aggressive", das für Musik und Performance der Band sehr zentral ist, scheint soeben einen spürbaren, direkten, unvermittelten Niederschlag zu finden: Die Anspannung entlädt sich. Die Frau vor der Bühne bedeutet nun dem Sänger mit einer „lockenden" Fingergeste, dass er doch mal von der Bühne zu ihr herunterkommen solle. Keyboarderin und Sänger reagieren mit einem modifizierten Text, den sie singen respektive vortragen – sie wirken nervös, und die Frau vor der Bühne erhält sukzessive mehr Aufmerksamkeit. Mit ihren Gesten hört sie nicht auf, hat es nun offenbar auf die Keyboarderin abgesehen, die sie fixiert und mit abschätzigen Gesten überhäuft. Dann überschreitet sie eine Grenze und betritt mit einem beherzten Schritt die Bühne. Sie stellt sich vor die Keyboarderin und beschimpft diese lautstark als „bitch". Die Musikerin dreht ihr Mikrofon weg, so dass der Eingriff ins Bühnengeschehen nicht verstärkt wird – das gelingt jedoch nur bedingt. Die Stimmung ist aufgeheizt. Die Frau stellt sich nun frontal vor die Keyboarderin, greift von unten an ihr T-Shirt und zieht es mit einer beherzten Bewegung nach oben, so dass sie ihren freien Oberkörper vor der Musikerin entblößt. Aus dem Publikum vernimmt man daraufhin kurz ein lautes Johlen. Daraufhin verlässt die Person die Bühne wieder,

begibt sich zurück zu ihrer Clique. Die Band indes spielt noch ein paar Minuten, doch dann ist der Auftritt im Großen und Ganzen vorüber. Als die letzten Töne der Performance verklingen und die Band offensichtlich das Konzert beendet, schreit eine Frau aus der besagten Clique erneut: „Play some music! Where's the fucking music?".

5.2 Die „Szene" im doppelten Wortsinn

Zu klären ist im Sinne einer Differenzierung zwischen unterschiedlichen Graden der Evokation von Krisenhaftigkeit: Für welche AkteurInnen finden Konflikt und Krise unter welchen spezifischen Voraussetzungen statt? Besondere Formen der Partizipation müssen im Sinne einer Klärung differenziert werden, wobei klare Grenzziehungen in der Gleichzeitigkeit des Vollzugs schwerfallen. Es greift nun in einer konstruktiven Zweideutigkeit Goffmans Auffassung von *creating a scene*. Die „Szene" schließlich wird in gewichtiger Weise vom schlichten Fauxpas unterschieden, der grundlegend stets dem versehentlichen „Schnitzer", dem peinlichen Missgeschick nahesteht: Goffman versteht unter einer „Szene" jene Situationen, in denen der höfliche Anschein von Konsens entweder zerstört oder zumindest bedroht wird. Er unterstellt dem jeweiligen Akteur dabei nicht zwangsläufig eine Absicht, die einzig auf eine solche Hervorbringung von Dissonanz abzielt. Sehr wohl aber wird ein Wissen um den Umstand vorausgesetzt, dass diese Form der Unstimmigkeit hervorgerufen werden könnte (vgl. Goffman 1956, S. 133 ff.). Die Dissonanz wird mindestens in Kauf genommen, vielleicht intendiert – und mit Gewissheit ist sie kein Missgeschick. Dieses (nicht-)intentionale Spannungsfeld erscheint angemessen gerade in Hinblick auf die ausgewiesene Vagheit, mit der Noise-KünstlerInnen oftmals operieren. Sie wirkt schlüssig in einem künstlerischen Kontext, in dem unter KennerInnen Anerkennung gestiftet und unter flüchtigen TeilnehmerInnen Störung, Spannung und Irritationen gestreut wird – durchaus zielgerichtet, durchaus genusshaft, wie man auch in Hinblick auf vorangegangene Beispiele feststellen mag.

Das klangliche und performative Geschehen in der zuletzt beschriebenen Feldepisode scheint aufgrund seiner schieren Unbestimmbarkeit zu reizen: Wir sind auf einem Konzert, und doch wird von Akteurinnen im Publikum behauptet und beklagt, dass hier gar keine Musik, sondern irgendetwas anderes gespielt werde. Ein Normalisierungsversuch wird provokant nicht nur artikuliert, sondern zur Performance gebracht. Offenbar wird an diesem Punkt die praktische Verzahnung von klanglicher Evokation des Krisenhaften und einer Interaktionskrise zwischen den sich nun deutlich aufspaltenden Parteien, zwischen denen es zur offenen Konfrontation kommt (vgl. hierzu Goffman 1956, S. 134). Ebenso wie die Musik Artikulationsformen abseits gefälliger, schmerzlos nachvollziehbarer Strukturen und Ästhetiken wählt, so verfällt auch der begleitende interaktive Austausch in ein von Barschheit getragenes Gebaren: Man schreit einander an; man beleidigt bzw. muss Beleidigungen hinnehmen; man begegnet einander provokativ, zum einen durch die Klangdarbietung und zum anderen dadurch, dass das „Territorium" der Bühne, bezüglich dessen die Band den Anspruch erhebt, sich (allenfalls gemeinsam mit TechnikerInnen etc.) allein darin aufhalten zu dürfen (vgl. Miebach 1991, S. 119), mutwillige Verletzung samt verbaler und performativer Beleidigung erfährt. Krisenhaftigkeit wird hier er-

lebt und performiert – auf einer realen Bühne zudem –, ihre Bewältigung aber tritt zurück gegenüber einer vorrangigen Reproduktion von Krise, von der Sinnstiftungen im Sinne einer spezifischen, dauerhaften Form der Vagheit zehren. Das Eindringen in das Territorium der MusikerInnen ist performativer Ausdruck eines irritierten Infragestellens entlang des Dauerkonflikts um „Musik oder Lärm?". Diese Frage freilich bleibt im Angesicht verhärteter Fronten situativ ungeklärt. Das Krisenhafte, so scheint es, ist präsent und zentral, erfährt aber keine hinreichende Klärung, keine Bewältigung im eigentlichen Sinne. Das Geschehen zehrt offenbar davon, dass es von beiden „Teams" (um in der Goffman'schen Terminologie zu bleiben) *gemeinsam* konfrontativ konstituiert und erfahren wird. Es entsteht eine paradoxe Form der Kollektivität, die vertiefter Aufmerksamkeit bedarf.

In seinem kunstsoziologischen Standardwerk *Art Worlds* verweist Becker (2008) auf einen potenziell überaus weit gefassten Kooperationsrahmen künstlerischer Praktiken: „The discussion of art as collective action reflects a general approach to the analysis of social organization. We can focus on any event [...] and look for the network of people, however large or extended, whose collective activity made it possible for the event to occur as it did" (S. 369 f.). Im Folgenden erwähnt der Autor den Aspekt der Konventionen, dem auch in puncto Noise eine gewisse Aufmerksamkeit geschenkt werden muss: Erinnert sei an die Tradition experimenteller Musik, die selbst schon eine erhebliche Routinisierbarkeit der zugrunde liegenden sozialen Praktiken suggeriert – im Verständnis einer Praktik als „Nexus von wissensabhängigen Verhaltensroutinen" (Reckwitz 2003, S. 291). Essenziell aber scheint darüber hinaus, Formen von Gemeinschaftlichkeit oder jedenfalls Kollektivität in puncto Noise zu thematisieren, hinaus über Gesellungsformen, die sich im konventionellen Sinn als kooperativ charakterisieren lassen. Als Bindeglied, das dieser paradoxen Note gerecht wird, mag eine hinreichend offene Anlehnung an den Szenebegriff fungieren: Hitzler und Niederbacher (2010) schreiben beispielsweise von „Zaungästen" oder sporadischen TeilnehmerInnen, die unterhalb jener Gruppe von Szenegängern, die als „Elite" benannt wird, eine marginale Integration in die Struktur der Szene aufweisen (vgl. S. 184). Beteiligung an den Aktivitäten der Szene findet unter jenen Partizipationstypen episodisch statt, ist im Folgenden aber ausbaufähig: „Je regelmäßiger und intensiver [...] Teilnahmen stattfinden, desto näher rückt die jeweilige Person typischerweise an den Szenekern" (S. 184 f.). Im Sinne einer solchen Dynamik respektive Labilität (vgl. S. 195) mag man Szenen als permeabel für die flüchtige Teilnahme begreifen. Im Noise scheinen sich sinnstiftende Praktiken einer unter bestimmten Bedingungen gewährleisteten Durchlässigkeit zu bedienen. In paradox anmutender Weise werden solche AkteurInnen kurzzeitig „integriert", die eine erboste Ablehnung der klanglichen Konfrontationen artikulieren – sei es diskursiv oder performativ. *Creating a scene* nun ist schlussendlich – mit bewusst spielerischer Note, zugegeben – im doppelten Wortsinn zu begreifen und referenziert, angewendet auf Noise, in der Tat die Bildung von konflikthaft interagierender Kollektivität: Im Sinne einer kulturellen Dynamik wird ein krisenhafter Erlebnismodus evoziert. Für „Insider" handelt es sich um einen schlüssigen Bestandteil des Feldrepertoires – wie Sangild schließlich festhält (s. o.), ist Konfrontation im Noise-Kontext erwartbar. Angewiesen ist Noise darüber hinaus auf Formen flüchtiger Partizipation, die eine

tendenzielle Konflikthaftigkeit im Sinne des Unerwarteten, im Sinne der kulturellen Dynamik hervorbringen.

Shove und Pantzar (2005) suggerieren, dass Praktiken – ob alt oder neu – kontinuierlicher Reproduktion bedürfen (S. 61): Noise ist oder bleibt in diesem Sinn nicht irritativ oder (ver)störend „aus sich selbst heraus". Vielmehr ist es notwendig, dass Ablehnung – zumeist durch „Zaungäste" – artikuliert oder anderweitig in einer Art „gezeigt" (vgl. Schmidt 2012, S. 58) wird, die zum Feld in schlüssiger Weise beiträgt. Die Praktiken rekrutieren Träger (Shove und Pantzar 2005, S. 61) in Form flüchtiger, dabei allerdings spezifischer Partizipation. Im Sinne Garfinkels leben Krisen ohnehin von einer ihnen immanenten Flüchtigkeit: So sollte etwa im Krisenexperiment, nach Miebach (1991), „durch die Manipulation der Situation die Versuchsperson gezwungen werden, die natürlichen sozialen Tatsachen zu rekonstruieren bzw. normalisieren, andererseits sollte die verfügbare Zeit zu kurz sein, um die Normalisierung erfolgreich beenden zu können" (S. 166). Mag Gehorcht das Feld freilich nicht den strengen Vorgaben der Versuchsanleitung gehorchen, so mag man in der Kombination aus Knappheit und Verwirrung als Grundvoraussetzung für ein Offenbarwerden von Sinn und Ordnung doch eine gewichtige Parallele erkennen: Die produktive Krisenhaftigkeit von Noise scheint von einem Überraschungsmoment zu profitieren, das Insider der Szene „unter sich" nicht hinreichend stiften können: Die irritativen Praktiken der Szene zehren von einer Flüchtigkeit der Teilnahme, kurzum davon, dass TeilnehmerInnen das Feld in einer Art Drehtürdynamik betreten, rasch zu TrägerInnen sozialer Praktiken werden, indem sie ihrer ästhetischen Entrüstung Luft machen, und daraufhin wieder aus dem Fokus verschwinden.

Wie aber werden TeilnehmerInnen im Sinn der Drehtürdynamik im Einzelnen „rekrutiert"? Noise trifft in einer meiner Beobachtungen z. B. auf ein weithin unvorbereitetes Publikum, als sich ein Konzert unzusammenhängend an eine vorherige Buchpräsentation anschließt – ein Teil des Publikums war nicht wegen Noise gekommen. Die Rekrutierung zehrt also von Irritationen von Kontexterwartungen; ein anderes Beispiel sind Noise-Konzerte, die in eher Tanz-affinen Clubräumen oder Konzertreihen stattfinden. Das Aufeinandertreffen ist einerseits für Noise essenziell, und andererseits findet es situativ nicht so häufig statt, wie es sich einige TeilnehmerInnen vielleicht wünschen würden. Dieser Umstand freilich hat einen aufschlussreichen Effekt: Mitunter nimmt das Feld seinen routinierten Zyklus aus Provokation und Gegenirritation schlicht selbst in die Hand. Die folgenden Beispiele zeigen, dass sichtbare, effektiv funktionierende Provokationen im Noise so wichtig sind, dass sie von Insidern zuweilen kurzerhand im Alleingang inszeniert werden, inklusive einer hier fiktiven Gegenseite. „We are here to stop the menace known as Noise Music": Das war z. B. das Motto des offenkundig von Insidern der Szene initiierten Twitter-Accounts *Mothers Against Noise*.[12] Die opponierenden TeilnehmerInnen werden im Bedarfsfall als imaginierte AkteurInnen hergestellt.

Im Übrigen ist es im Sinne der flüchtigen Partizipation nicht erheblich, ob bei realen TeilnehmerInnen das Deutungsproblem von Bestand ist: Denkbar ist schließlich allemal, dass sich vorübergehende Irritation und daraus resultierende Ablehnung für

---

[12] https://web.archive.org/web/20131204111146/https://twitter.com/MothersAgainst1, zugegriffen am 28.02.2016.

einzelne TeilnehmerInnen kontinuierlich in Anerkennung und Genuss übersetzen lässt lassen. Es ist – ganz im Sinne der Kürze anomischer Zustände – vollkommen ausreichend, ja sogar günstig, wenn die Teilnahme einer gewissen Flüchtigkeit unterliegt. Die praktische „Rekrutierung" erfolgt in voraussetzungsvoller Weise entlang teildurchlässiger Außengrenzen einer Gemeinschaft, die ästhetischen Wert und Geschlossenheit ihrer Produktionen aus ihrem vermeintlichen „Außen" gewinnt: Die MusikerInnen fungieren als Provokateure im Rahmen eines quasi-kooperativen Wechselspiels. Für „Insider" – Fans wie KünstlerInnen gleichermaßen – fungiert Krisenhaftigkeit als entscheidender Teil eines performativen wie diskursiven Repertoires. Nur im tendenziell „authentischen" Konflikt mit einem tendenziell flüchtig in Erscheinung tretenden Außen erfährt dieses Repertoire eine Entsprechung im Sinne der kulturellen Dynamik, einer Unbestimmbarkeit von Erfahrung, die sich routinierten Reaktions- oder Handlungsanleitungen entzieht und in diesem Sinn für das gleichsam ephemer-situative „Außen" einen typischen Modus von Krisenhaftigkeit stiftet.

6 Diskussion

Im Noise werden durch das flüchtig, episodisch interagierende „Außen" der Szene Normalisierungsversuche diskursiv wie performativ in Gang gesetzt und bilden per se das Zentrum einer programmatisch organisierten Aushandlungspraxis, in der gespaltene Lager sich augenscheinlich zu temporären „Krisengemeinschaften" zusammenfinden: Man teilt sich die Bühne mitunter ganz buchstäblich, während man als Gruppe Spaltung entlang ästhetischer Unstimmigkeit demonstriert, die als – durch KünstlerInnen durchaus erwünschter – Katalysator fungiert. Krisentheoretisch besonders relevant erscheint, inwiefern Normalisierungs- und Bewältigungsversuche nicht lediglich als konfliktintensive Zwischenschritte in einer zielgerichteten Sequenz, sondern als durch und durch konstituierendes Moment verstanden werden können. Der Bewältigungsversuch nimmt in seiner fortwährenden Reproduktion kein Ende, wobei dies erfordert, dass soziale Praktiken kontinuierlich „Zaungäste" rekrutieren, aus denen später womöglich gar „Connaisseure" werden mögen, deren gewichtiger Beitrag zunächst aber ist, die konflikthaft ausgestaltete Routine der Evokation von Krisenhaftigkeit mit ihrer aktiven episodenhaften Präsenz – und somit mit ihrem diskursiven wie performativen Aufbegehren – zu speisen: Durch ihre Partizipation wird die Evokation von Konfrontation und Konflikt im Sinne einer kulturellen Dynamik für das Feld routiniert wiederholbar. Ohne diese spezifische Partizipationsform bliebe es gegebenenfalls bei einer reinen „Theatralik", die sich in sich selbst erschöpft.

Schäfer (2008) konstatiert in einer punktuell anschlussfähigen Auseinandersetzung mit der Strukturlogik der Pornografie: „[Die Pornografie] verheißt die Erregung bzw. das Krisenhafte, das diese bedingt, und bietet die Routine" (S. 215). Es erscheint nicht unangemessen, diese Aussage mit einer gewissen Vorsicht assoziativ auf das Spektrum der Irritationen zu übertragen, die im Noise gleichsam „experimentell erzeugt" werden können: Es handelt sich womöglich in der Tat um ein Feld, das sich in einer paradox erscheinenden Kunstform zwischen Störung (tendenziell

auf Seite der „Zaungäste") und Beständigkeit (tendenziell auf Seite der Insider und KünstlerInnen) ergeht – klanglich repräsentiert in der einschlägigen Mixtur aus Monotonie und böser Überraschung: zwischen Ausbruch und Stasis, zwischen Plötzlichkeit und erbarmungsloser Monotonie (um ein letztes Mal die Feldnotizen aus dem Vorangegangenen sprechen zu lassen). Noise als Musik oder Form der Klangkunst mag man hier begreifen als ephemere Materialisierung von konfliktintensiver sozialer Praxis im Sinne der von Liegl skizzierten gleichzeitigen Hervorbringung – gleichsam als fortwährende „Klangkrise". In der Tat ist hier „der Weg das Ziel", der Prozess demnach im Fokus des Interesses. Zur grundlegenden „Handlungstradition" dieser Krise gehört die assoziativ schwer zu fassende und dadurch Ungewissheit streuende Klanglichkeit, die an Oevermanns Verständnis der Abweichung und des Ausgeliefert-Seins erinnert (s. o.) und solcherlei Zustände in praktischer Hervorbringung wieder und wieder gegenüber KennerInnen wiewohl auch den – in ihrer konstituierenden Rolle keinesfalls zu unterschätzenden – flüchtigen „Zaungästen" und sporadischen TeilnehmerInnen evoziert.

Im dargestellten Fall wirkt das Krisenhafte unbedingt und in bemerkenswertem Umfang konstitutiv, und die zugrunde liegenden Konflikte bleiben dabei offenbar weithin ungelöst, sorgen in facettenreichen Variationen für immer neue und doch auch althergebrachte Konfrontationen. Noise, so scheint es schlussendlich, ist in einer impliziten Sinngebung gleichsam mit dem Imperativ betraut, angefeuert durch den avantgardistischen Touch der künstlerischen Vorgehensweise sowie durch die routiniert entflammenden Konflikte fortwährend Situationen zu reproduzieren, in denen Irritation im Sinne von Ungewissheit, vielleicht sogar bedrohlicher Gefahr gestiftet wird. Garfinkel (1963) spricht von „[situations] in which [a person] is unable to 'grasp' what is going on" (S. 189) – im vorliegenden Fall: für flüchtig Partizipierende, für „Zaungäste" neuartig, fremdartig, dabei der experimentellen Tradition verbunden und somit in fortlaufender Bindung eng vereint mit implizit referenzierten Modi von Normalität, von Ordnungen, deren Irritation für Insider schlüssig mit dem klanglichen Arrangement und den inhaltlichen wie performativen Repertoires korrespondiert, die ethnografisch beobachtbar sind und in Form von „noise cliches" in zugespitzter Art durchaus reflektiert (und somit zunächst hervorgebracht und gewusst) werden. Konstituierung von Krisenhaftigkeit findet somit – im Rahmen gradueller Unterschiede, die entlang der vertieften oder aber flüchtigen Formen der Teilnahme nachvollziehbar sind – im Sinne einer künstlerisch wiewohl ästhetisch konstruktiven, in jedem Fall produktiven Programmatik statt. Zu unterscheiden ist hier analytisch zwischen der tendenziell inhaltlichen bis „theatralischen" Reproduktion des Krisenhaften im Inneren der Szene durch etwa Selbstbeschreibungen und performative Repertoires einerseits sowie konfliktintensiven, dabei sinnstiftenden Konfrontationen mit dem Außen andererseits. Im Sinne der Programmatik müssen beide Aspekte – zwischen Bestimmbarkeit und Unbestimmbarkeit von Erfahrung – als praktisch miteinander verschränkt betrachtet werden.

Literatur

Adler, Patricia A., und Peter Adler. 1987. *Membership roles in field research*. London: Sage Publications.

Beck, Stefan, Jörg Niewöhner, und Estrid Sörensen. 2012. *Science and technology studies. Eine sozialanthropologische Einführung*. Bielefeld: transcript.

Becker, Howard. 2008. *Art worlds*. Berkeley: University of California Press.

Bergmann, Jörg. 2012. *Irritationen, Brüche, Katastrophen – Über soziale Praktiken des Umgangs mit „Störungen" in der Interaktion*. Abschiedsvorlesung am 25.01.2012.

Breidenstein, Georg, Stefan Hirschauer, Herbert Kalthoff, und Boris Nieswand. 2013. *Ethnografie. Die Praxis der Feldforschung*. Stuttgart: UTB.

Bueger, Christian. 2014. Pathways to practice: Praxiography and international politics. *European Political Science Review* 6:383–406.

Burri, Regula Valérie. 2008. Bilder als soziale Praxis: Grundlegungen einer Soziologie des Visuellen. *Zeitschrift für Soziologie* 37:342–358.

Garfinkel, Harold. 1963. A conception of, and experiments with, „trust" as a condition of stable concerted actions. In *Motivation and social interaction: Cognitive determinants*, Hrsg. O.J. Harvey, 187–238. New York: Ronald.

Garfinkel, Harold. 1967. *Studies in ethnomethodology*. London: Prentice-Hall.

Gibb, Rory. 2011. More than the mind can take: An interview with Cut Hands. http://thequietus.com/articles/07199-william-bennett-cut-hands-whitehouse-interview (Erstellt: 18. Oktober). Zugegriffen: 10. Jan. 2016.

Ginkel, Kai. 2015. May cause damage to equipment and eardrums. Erkenntnisanregungen zur Klangforschung aus einer Ethnografie des Noise. In *Von akustischen Medien zur auditiven Kultur*. Sonderheft Navigationen, Bd. 15, Hrsg. Bettina Schlüter, und Axel Volmar, 145–159.

Goffman, Erving. 1956. *The presentation of self in everyday life*. New York: Doubleday.

Griffiths, Paul. 1995. *Enciclopédia da música do sec. XX*. São Paulo: Martins Fontes.

Hegner, Victoria. 2013. Vom Feld verführt. Methodische Gratwanderungen in der Ethnografie. *Forum Qualitative Sozialforschung* 14(3), Art. 19. http://www.qualitative-research.net/index.php/fqs/article/view/1957/3596. Zugegriffen: 10. Jan. 2016.

Hitzler, Roland, und Arne Niederbacher. 2010. *Leben in Szenen. Formen juveniler Vergemeinschaftung heute*. Wiesbaden: VS.

Ikoniadou, Eleni. 2014. Abstract time and affective perception in the sonic work of art. *Body & Society* 20:140–161.

Jäger-Erben, Melanie. 2010. *Zwischen Routine, Reflektion und Transformation – die Veränderung von alltäglichem Konsum durch Lebensereignisse und die Rolle von Nachhaltigkeit. Eine empirische Untersuchung unter Berücksichtigung praxistheoretischer Konzepte*. Diss., Technische Universität Berlin.

Klett, Joseph und Alison Gerber. 2014. The meaning of indeterminacy: Noise music as performance. *Cultural Sociology* 8:275–290.

Latour, Bruno. 2005. *Reassembling the social. An introduction to actor-network-theory*. Oxford: Oxford University Press.

Liegl, Michael. 2010. *Digital cornerville. Technologische Leidenschaft und musikalische Gemeinschaft in New York*. Stuttgart: Lucius & Lucius.

Miebach, Bernhard. 1991. *Soziologische Handlungstheorie. Eine Einführung*. Wiesbaden: VS.

Oevermann, Ulrich. 1996. Krise und Muße. Struktureigenschaften ästhetischer Erfahrung aus soziologischer Sicht. Vortrag. 19.06.1996. http://www.publikationen.ub.uni-frankfurt.de/files/4953/Krise-und-Musse-1996.pdf. Zugegriffen: 10. Jan. 2016.

Oevermann, Ulrich. 2008. *„Krise und Routine" als analytisches Paradigma in den Sozialwissenschaften*. Abschiedsvorlesung. 28.04.2008. https://archive.org/details/AbschiedsvorlesungOevermannVideo. Zugegriffen: 10. Jan. 2016.

Reckwitz, Andreas. 2003. Grundelemente einer Theorie sozialer Praktiken. *Zeitschrift für Soziologie* 32:282–301.

Reckwitz, Andreas. 2012. Affective spaces. A praxeological outlook. *Rethinking History* 16:241–258.

Sangild, Torben. 2002. The aesthetics of noise. http://www.ubu.com/papers/noise.html. Zugegriffen: 10. Jan. 2016.

Schäfer, Robert. 2008. Zur Strukturlogik der Pornografie. *Sozialer Sinn* 9:197–219.

Schmidt, Robert. 2012. *Soziologie der Praktiken. Konzeptionelle Studien und empirische Analysen*. Frankfurt: Suhrkamp.

Sheppard, Oliver. 2012. A brief history of noise, part I. http://souciant.com/2012/07/a-brief-history-of-noise-part-i/. Zugegriffen: 10. Jan. 2016.

Shove, Elizabeth und Mika Pantzar. 2005. Consumers, producers and practices. Understanding the invention and reinvention of nordic walking. *Journal of Consumer Culture* 5:43–64.
Wacquant, Loïc 2011. Habitus as topic and tool: Reflections on becoming a prizefighter. *Qualitative Research in Psychology* 8:81–92.
Zembylas, Tasos. 2004. Das Legitime und das Deviante – eine kunstsoziologische Untersuchung. *SWS-Rundschau* 44:65–86.

Kai Ginkel Dipl.-Soz., ist Mitarbeiter im Forschungsprojekt *TransCoding* an der Kunstuniversität Graz. Von 2012 bis 2015 war er PhD-Scholar im postgradualen Lehrgang *Sociology of Social Practices* am Institut für Höhere Studien, Wien. Er studierte Soziologie, Psychologie und Politikwissenschaft an der Technischen Universität Darmstadt und ist Doktorand an der Katholischen Universität Eichstätt-Ingolstadt. Aktuelle Veröffentlichung: „May Cause Damage to Equipment and Eardrums": Erkenntnisanregungen zur Klangforschung aus einer Ethnografie des Noise. In: Von akustischen Medien zur auditiven Kultur, Hrsg. Bettina Schlüter und Axel Volmar. Sonderheft *Navigationen* 2015, 15:145–159.

Österreich Z Soziol (2016) (Suppl) 41:173–190
DOI 10.1007/s11614-016-0213-y

Die Bewältigung von Handlungskrisen mit Hilfe psychiatrischer Psychotherapie

Ulrike E. Schröder

Zusammenfassung Dieser Artikel beschreibt Ergebnisse einer mikrosoziologischen Studie über Struktur und Prozessverlauf bei der Bewältigung von Handlungskrisen. Er stellt Möglichkeiten zur Beobachtung der Veränderung von Denk- und Handlungsmustern sowie interaktive Krisenkategorisierungen bei der Bewältigung einer Krise dar. Individuelle Denk- und Handlungsmuster werden aufgebrochen, aber auch soziale Deutungsmuster werden modifiziert. Während des Bewältigungsprozesses werden viele kleine und größere Entscheidungen getroffen, die schließlich zu einer veränderten Denk- und Lebensweise führen. Solche Vorgänge sind im Alltagsgeschehen kaum zu beobachten, deshalb wurde der Zugang zum Thema über ethnographische Beobachtungen und die Analyse psychiatrischer Therapiegespräche gewählt.

Schlüsselwörter Handlungskrisen · Konversationsanalyse · Krisenbewältigungsprozesse · Psychotherapie

The overcoming of action crises with the help of psychiatric psychotherapy

Abstract This article describes results of a microsociological study about structure and process in the management of action crises. It presents ways of monitoring changes in interpretative and behavioral patterns as well as interactive crisis management methods based on the classification of crisis. Individual as well as larger, social interpretative and behavioral patterns are broken in this process. Many small and larger decisions are made, which finally leads to cognitive change and a different way of life. Because it is nearly impossible to track such processes in everyday

U. E. Schröder (✉)
Hanfstraße 28, 33607 Bielefeld, Deutschland
E-Mail: ulrike.schroeder@gmx.net

life, they are being accessed here via ethnographic observations and the analysis of psychiatric therapeutic talk.

Keywords Action crises · Conversation analysis · Crisis management · ·Psychotherapy

1 Projektgrundlagen

Plötzliche unerwartete Ereignisse und der damit einhergehende Einbruch althergebrachter Ansichten über sich oder andere führen zu Kontrollverlust und Handlungsunsicherheit. Fehlende Routinelösungen für solche Krisensituationen zwingen zur Entwicklung neuer Handlungsweisen, werden aber häufig von Depressionen und Handlungsunfähigkeit begleitet. Die Handlungskrisen wirken sich auch auf die Interaktion des Betroffenen mit anderen Akteuren[1] aus und werden schnell zum Problem für die ganze Familie oder zu Interaktionskrisen. Die von Ärzten und Psychologen als „Depression" kategorisierte Krankheit umfasst, wie unten deutlich wird, mehr als nur eine einzelne Handlungskrise. Je nach Ausprägung erfordert eine Depression die Unterstützung durch Ärzte und Therapeuten oder auch die Behandlung in einer Klinik. Zur Überwindung solcher Krisen wurden von der Psychiatrie spezielle Therapien entwickelt, die als eine Art „natürliches Labor" zur Beobachtung des Veränderungsprozesses im Rahmen dieser Handlungskrisen dienen können. Von den Therapeuten werden die Veränderung von Denk- und Handlungsschemata sowie das Aufbrechen subjektiver negativer Erfahrungsschemata angestrebt. Dabei können auch soziale Deutungsmuster[2] modifiziert werden.

Ziel dieses Artikels ist es, als Beitrag zu einer soziologischen Auseinandersetzung mit Handlungskrisen, Ergebnisse einer empirischen Studie vorzustellen, welche die Vorgänge bei der Bewältigung von Handlungskrisen im Rahmen einer psychiatrischen Psychotherapie erläutern. Da die Krisenbewältigung vor dem Hintergrund der interaktiven Produktion von Wirklichkeit im Rahmen des medizinischen Systems stattfindet, werden zunächst die Handlungs- und Interaktionskrisen in ein von der Medizin definiertes Krankheitsbild (die Depression) und seine Behandlung transformiert.

Wie und durch wen werden in diesem Rahmen die Krisen definiert? Die Einschätzung der Krisenhaftigkeit der Situation wird, wie unten gezeigt wird, von den behandelnden Ärzten und Psychiatern vorgenommen. Sie orientieren sich dabei an

---

[1] Im Text wird aus pragmatischen Gründen für alle Akteure durchgängig die männliche Form verwandt. Die Beispiele weiter unten dagegen sind Teil von Gesprächen zwischen zwei Frauen, einer Therapeutin und ihrer Patientin, weshalb hier die weibliche Form zum Zuge kommt.

[2] Schütz leitet die allgemeinen interpretativen Schemata oder sozialen Deutungsmuster aus den Typisierungen von Subjekten ab. Er spricht von „Mustern typischer Motive und Ziele, typischer Einstellungen und typischer Persönlichkeiten, die als invariant angenommen werden und dann als eine Funktion oder als eine Struktur des sozialen Systems selbst interpretiert werden" (1971, S. 71). Oevermann bezeichnet sie als krisenbewältigende Routinen und feststehende Interpretationsmuster oder auch als Weltbilder, die sich durch lange Bewährung eingeschliffen haben; sie gelten situationsübergreifend und haben sich verselbstständigt (2001, S. 38-51).

 Springer

in der Medizin und Psychologie gültigen Definitionen. Im Anschluss daran widmet sich der Artikel den Fragen nach dem Verlauf des Bewältigungsprozesses und nach Möglichkeiten zur Vermeidung zukünftiger Krisen.

Die abschließende Darstellung von verschiedenen Kategorisierungen der Auslösesituation am Beispiel einer Patientin verdeutlicht die unterschiedliche Wahrnehmung der Krise durch verschiedene Akteure, die Interaktivität im Krankheitsgeschehen, im Krisenverlauf und im Heilungsprozess sowie die interaktive Produktion von Wissen und Wirklichkeit. Es wird deutlich, wie sich durch Einbezug unterschiedlicher Sichtweisen die Bewertung der Auslösesituation für die Patientin verändert. Unterschiedliche Sichtweisen und Bewertungen spielen auch bei der Antwort auf die Frage nach Normalisierungsstrategien eine Rolle.

Die Daten[3] bestehen aus achtzehn Einzeltherapiegesprächen mit depressiven Patienten, die in einer Psychiatrie in Deutschland aufgezeichnet wurden. Alle Patienten haben ihr Einverständnis zur Teilnahme an der Studie und der Aufzeichnung ihrer Therapiegespräche schriftlich dokumentiert. Fünfzehn Gespräche verteilen sich auf fünf Patienten, von denen jeweils drei Therapiegespräche aufgenommen wurden: eines zu Beginn der Therapie, eines in der Mitte und eines zum Schluss. Die übrigen drei Gespräche stammen von verschiedenen Patienten, deren Therapie nach dem ersten aufgezeichneten Gespräch beendet wurde.

Anders als bei McCabe et al. (2002) beginnen die Gespräche nicht immer mit den gleichen Fragen nach dem Befinden des Patienten, da dieses in der Ganztagestherapie auf der Station schon an anderer Stelle abgefragt wird. Jede Therapie orientiert sich ganz individuell an den Bedürfnissen des Patienten und dem Verlauf des letzten Gespräches, aber auch am therapeutischen Wissen je nach Stand der Ausbildung des Therapeuten sowie an den Strukturen der Organisation, in welche die Therapie eingebettet ist. In den ersten Gesprächen wird regelmäßig nach der Auslösesituation gefragt, welche die Patienten in die Therapie geführt hat. Sie wird dann von ihnen beschrieben, die Auseinandersetzung damit kann sich aber durchaus über einen längeren Zeitraum erstrecken.

Die Gespräche wurden nach GAT (Selting et al. 1998) transkribiert und vermittels Konversationsanalyse untersucht. Neben den Gesprächen wurden ethnographische Beobachtungen auf der behandelnden Station durchgeführt, und es wurde ein ethnomethodologischer Zugang nach Garfinkel gewählt:

> I use the term 'ethnomethodology' to refer to the investigation of the rational properties of indexical expressions and other practical actions as contingent ongoing accomplishments of organized artful practices of everyday life. (1967, S. 11).

Die Ethnomethodologie untersucht also die Methoden einer Gruppe oder Kultur, die ihre Mitglieder dazu benutzen, sich ihre Art des Zusammenlebens erklärbar zu machen. Kategorien, die Wissen und Regeln beinhalten, kommen vor allem in vom Forscher unbeeinflussten Daten zum Vorschein, deshalb werden „natürliche"

---

[3] Die Aufzeichnung der Gespräche wurde unter besonderen Anonymisierungsvorkehrungen durchgeführt. Das bedeutet, dass die Aufzeichnungen nicht im Beisein des Forschers stattfanden und der jeweilige Beginn der Aufnahme nicht immer unmittelbar dem Beginn des Gespräches entsprechen muss.

Gespräche analysiert. Damit sind Gespräche gemeint, die unabhängig vom Zutun des Forschers im untersuchten Umfeld stattfinden, hier Therapiegespräche (vgl. dazu Bergmann 1988). Dass die ethnomethodologische Konversationsanalyse eine gute Methode zur Erforschung psychotherapeutischer Prozesse ist, wird inzwischen auch von mehreren Psychiatern anerkannt, wie z. B. Streeck (2008, S. 178) oder Buchholz und Kächele (2013).

Die Beobachtung der Veränderung durch die Therapie ist nicht nur für unbeteiligte Forscher ein Problem, sondern auch für die Therapeuten, denn Wissen an sich ist unbeobachtbar. Die Therapeuten beobachten die individuellen Veränderungsprozesse am Verhalten der Patienten auf der Station, anhand ihrer Kontakte zu Mitpatienten und Pflegepersonal sowie an den thematischen Entwicklungen in den Einzelgesprächen. Dabei spielt die Verfolgung von Themensträngen, wie aktuelle Themen des Aufenthaltes auf der Station, die Annäherung an die anfangs gesetzten Therapieziele, biographische Bilanzen, Themen der Tiefenpsychologie, der Religion und der Philosophie eine Rolle, genauso aber auch sprachliche Komponenten wie Kategorisierungen der Krise oder der Identität von Patienten innerhalb der Therapiegespräche.

2 Handlungskrisen und psychiatrische Psychotherapie

Nach Alfred Schütz besteht eine Handlung aus abgelaufenem Handeln, das reflexiv betrachtet wird (1932, S. 63). In einer Krise werden die gewohnten erlernten Handlungsmuster unbrauchbar, die aktuell wirksamen Relevanzsysteme werden umgestürzt und das „Denken-wie-üblich" unwirksam: „Die Zivilisationsmuster fungieren nicht mehr als ein System erprobter und vorhandener Rezepte; es zeigt sich, daß ihre Anwendbarkeit auf eine spezifische historische Situation beschränkt ist" (Schütz 1972, S. 59).

Die bisher als selbstverständlich angenommenen Dinge[4] werden also problematisch. „Dies ist z. B. der Fall", schreibt Schütz,

> wenn im individuellen oder sozialen Leben ein Ereignis oder eine Situation vorkommt, wo man mit den traditionellen und habituellen Mustern des Verhaltens und der Auslegung zu keinem Ergebnis gelangt. Eine solche Situation nennen wir Krisis – eine partielle Krisis, wenn nur einige Elemente der als selbstverständlich angenommenen Welt fragwürdig werden, eine totale Krisis, wenn das ganze Bezugssystem, das Auslegeschema selbst, ungültig wird. (1972: 209)

In der Psychologie gelten Handlungskrisen als eine „kritische Phase". Sie sind charakterisiert „durch den Entscheidungskonflikt zwischen weiterer Zielverfolgung

---

[4] Die als selbstverständlich angenommenen Dinge der Welt werden nach Schütz von in-groups definiert. Die Mitglieder solcher in-groups oder Kulturen deuten ihre Umwelt und haben ihr jeweiliges Wissen über die Situationen, über die Erwartungen der Gruppe und Verhaltensregeln in der gedeuteten Situation. Diese Deutungsmuster werden an die Mitglieder der Gruppe von einer Generation zur nächsten weitergegeben, weshalb sie nicht hinterfragt und als selbstverständlich hingenommen werden. Auf diese Weise kommen Denk- und Handlungs-, Kultur- und Zivilisationsmuster zustande.

und Zielablösung [...] Das Erleben einer Handlungskrise in einem persönlich relevanten Ziel geht einher mit einem Wechsel in der kognitiven Orientierung [...] und einer Abnahme im psychischen und physischen Wohlbefinden" (Brandstätter 2016). Der österreichische Arzt und Psychotherapeut Gernot Sonneck definiert eine Krise in Anlehnung an die Psychiater Caplan (1964) und Cullberg (1978):

> Krise beschreibt den Verlust des seelischen Gleichgewichts, den ein Mensch verspürt, wenn er mit Ereignissen und Lebensumständen konfrontiert wird, die er im Augenblick nicht bewältigen kann, weil sie von der Art und vom Ausmaß her seine durch frühere Erfahrungen erwachsenen Fähigkeiten und erprobten Hilfsmittel zur Erreichung wichtiger Lebensziele oder zur Bewältigung seiner Lebenssituation überfordern. (2000, S. 16)

Sowohl die soziologische Definition von Schütz als auch die psychologische von Sonneck beinhalten den Ausfall bewährter Handlungsweisen, wobei die Psychologie den Verlust des seelischen Gleichgewichts einbezieht, die Soziologie sozialisierte Relevanzsysteme und Zivilisationsmuster.

Laut der Internationalen statistischen Klassifikation der Krankheiten und verwandter Gesundheitsprobleme der WHO (ICD-10) leidet der depressive Patient

> unter einer gedrückten Stimmung und einer Verminderung von Antrieb und Aktivität. Die Fähigkeit zu Freude, das Interesse und die Konzentration sind vermindert. Ausgeprägte Müdigkeit kann nach jeder kleinsten Anstrengung auftreten. Der Schlaf ist meist gestört, der Appetit vermindert. Selbstwertgefühl und Selbstvertrauen sind fast immer beeinträchtigt. Sogar bei der leichten Form kommen Schuldgefühle oder Gedanken über die eigene Wertlosigkeit vor. Die gedrückte Stimmung verändert sich von Tag zu Tag wenig, reagiert nicht auf Lebensumstände und kann von sogenannten „somatischen" Symptomen begleitet werden, wie Interessenverlust oder Verlust der Freude, Früherwachen, Morgentief, deutliche psychomotorische Hemmung, Agitiertheit, Appetitverlust, Gewichtsverlust und Libidoverlust. Abhängig von Anzahl und Schwere der Symptome ist eine depressive Episode als leicht, mittelgradig oder schwer zu bezeichnen (DIMDI 1999, S. 344, F32).

Der Verlust des seelischen Gleichgewichts ist in den beschriebenen Symptomen eindeutig enthalten und die Agitiertheit oder die psychomotorische Hemmung können auch als Handlungs- und Interaktionskrisen gedeutet werden. Bisherige Handlungsmuster oder Relevanzsysteme verlieren dabei ihre Bedeutung oder sind zeitweise außer Kraft gesetzt. Im Sinne von Schütz würde die Krankheit „Depression" demnach eher eine große oder sogar „totale Krisis" beinhalten.

Heutzutage haben viele Psychiatrien spezielle Stationen zur Behandlung von Depressionen. Auch die psychiatrische Station, auf der die Gespräche aufgezeichnet wurden, ist auf die Behandlung von Depressionen spezialisiert und nimmt nur Patienten mit dieser Diagnose auf. Das Behandlungsteam besteht aus Psychiatern, verschiedenen Therapeuten sowie dem Pflegepersonal. Die Therapie eines Patienten in der klinischen Psychotherapie setzt sich – anders als bei einer ambulanten Therapie

– aus unterschiedlichen Gruppentherapien (hier die Psychoedukation, eine speziell interpersonelle Therapiegruppe (IPT) nach Schramm (2003)[5], sowie eine hochfrequente analytisch-interaktionelle Gruppentherapie) und Einzelgesprächen zusammen. Dazu gehören aber auch die Bewegungs-, Ergo[6]-, Kunst- und Musiktherapie, physiotherapeutische Anwendungen sowie Psychopharmakotherapie. Der strukturierte Stationsablauf, die Kommunikation mit dem Pflegepersonal sowie der Austausch unter Mitpatienten spielen eine wichtige Rolle und wirken sich auf Befinden und Verhalten der Patienten aus.

Der Einzeltherapeut ist für die Therapie seines Patienten verantwortlich, er organisiert den Ablauf, bestimmt gemeinsam mit dem Patienten die verschiedenen Therapieformen, an denen er teilnimmt, und führt die Einzeltherapiegespräche durch. Zudem arbeitet er eng zusammen mit einem Bezugspfleger. Es gibt psychotherapeutische und bezugspflegerische Einzelgespräche mit verhaltenstherapeutischer sowie tiefenpsychologischer Ausrichtung. In den Einzeltherapiegesprächen werden unter anderem auch die Erlebnisse und Geschehnisse in den therapeutischen Gruppen und auf der Station reflektiert sowie Denkmuster und Verhalten analysiert. Dabei unterstützt der Therapeut die Reflexionsfähigkeit des Patienten und gibt Anregungen und Hilfestellungen im Veränderungsprozess. Durch die Reflexion und die Therapie in unterschiedlichen therapeutischen Angeboten sollen die Patienten ihre Krisen bewältigen und neue Impulse bekommen.

Die Teilnahme an der Therapie ist freiwillig, das Einverständnis zur Therapie beinhaltet aber ein Zugeständnis an das medizinische System: Nur wer offiziell krank ist, kann an der Therapie teilnehmen, denn diese findet im Krankenhaus statt und wird von Krankenkassen finanziert. Luhmann spricht vom „medizinischen Code": „Erst die eigene binäre Codierung ermöglicht es einem Funktionssystem, sich das gesamte eigene Verhalten als kontingent vorzustellen und es den Konditionen der eigenen Programme zu unterwerfen" (2005, S. 178). Für den Patienten, der an dieser Therapie teilnehmen möchte, bedeutet das, dass er sich selbst als krank bezeichnen bzw. zumindest die Krankheitsdiagnose „Depression" für den Zeitraum der Therapie akzeptieren muss.

Die Auslösesituation für den Psychiatrieaufenthalt beinhaltet immer den Verlust des seelischen Gleichgewichts und das Versagen der üblichen Handlungsmuster. Sie stellt einen Höhe- und Wendepunkt sich zuspitzender Ereignisse dar, an dem die Entscheidung für den Klinikaufenthalt fällt, und ist somit eine kritische Situation. Die Bewertung der Situation als Krise wird jedoch nicht immer durch die betroffen Individuen selbst geleistet, sondern vor allem durch die Ärzte und Psychologen, die die Einweisung in eine Klinik für erforderlich halten. Manche Patienten werden erst

---

[5] Bei der IPT nach Schramm geht es nicht um die Aufarbeitung früher Erlebnisse, sondern der „Fokus der IPT liegt darauf, beeinträchtigte interpersonelle Beziehungen zu bearbeiten. Intrapsychische Phänomene und Konflikte oder Objektbeziehungen wie bei psychodynamisch oder psychoanalytisch ausgerichteten Therapien stehen bei der IPT nicht im Mittelpunkt des Geschehens. Dieser liegt auch nicht auf depressiv-verzerrten Denkmustern wie bei der kognitiven Therapie, auch wenn bei der IPT versucht wird, die Wahrnehmungen und Kognitionen des Patienten zu verändern. Dies gilt vor allem für die Kognitionen über seine Beziehungen und sein psychosoziales Umfeld. Jedoch geschieht dies weitaus weniger strukturiert als in der kognitiven Therapie" (Schramm 2003, S. 122 f.).

[6] Ergotherapie = Beschäftigungs- und Arbeitstherapie.

 Springer

durch die Therapie darauf aufmerksam, dass sie sich in einer kritischen Situation befanden.

Auf Grundlage der empirischen Daten konnte eine sich wiederholende Struktur im Krisenbewältigungs- und Veränderungsprozess mit bestimmten Komponenten identifiziert werden, die im Folgenden dargestellt wird.

3 Der Krisenbewältigungsprozess

Die hier vorgestellte Struktur differenziert und ergänzt die frühen Einteilungen der Psychiater Caplan und Cullberg. Der Sozialpsychiater Gerald Caplan (1964) beschrieb als erster vier Phasen eines Krisenbewältigungsprozesses: 1. die Phase angepasster, routinierter Reaktionen; 2. eine Phase der Unsicherheit und Überforderung; dann die 3. Phase der Abwehr und schließlich die 4. Phase der Erschöpfung, in der auch die Entscheidung für die weitere Entwicklung mit positivem oder negativem Ausgang fällt. Der schwedische Psychiater Johan Cullberg (1978) definierte ebenfalls vier Phasen: 1. eine Schockphase; 2. die Reaktionsphase; 3. die Bearbeitungsphase, in der auch eine Ablösung von alten Bedürfnissen und Vorstellungen stattfinden kann, und schließlich 4. die Neuorientierungsphase. Hier wird im Idealfall der vorangegangene Verlust durch neue Sinnfindung und veränderte Zielvorstellungen kompensiert.

In der vorliegenden Ausführung ist absichtlich von Komponenten und nicht von Phasen im Krisenbewältigungsprozess die Rede, denn ihr Vorkommen verläuft nicht nur linear und ist dann abgeschlossen, sondern sie können sich mehrfach wiederholen und überschneiden. So sind zum Beispiel der Bedarf nach Aufarbeitung, Offenheit sowie das Herstellen einer gemeinsamen Wissensbasis während des ganzen Bewältigungsprozesses notwendig. Zunächst abgeschlossene Komponenten können auch später wieder aufgegriffen werden. Sie können jeweils weitere, bisher unerkannte Teilkomponenten enthalten, bilden aber dennoch die Grundlage des gesamten Krisenbewältigungsprozesses ab:

1. Bedarf: Voraussetzung für die Einleitung von verändertem Denken und Handeln ist ein Bedarf oder Interesse, das sich aus einer subjektiven Relevanz- oder Werteverschiebung oder durch äußere Ereignisse ergeben hat, die zu einer unbefriedigenden oder negativ bewerteten (Ausgangs-)Situation führten. Auslöser können auch negative Zukunftsperspektiven oder tiefe Krisen nach persönlichen Verlusten sein. Manche Krisen treten plötzlich und unerwartet auf (vgl. Phase 1: Schock bei Cullberg), andere haben einen längeren Vorlauf mit kumulierenden ungelösten Problematiken (vgl. Phasen 1 und 2: Routinereaktionen, Unsicherheit und Überforderung bei Caplan). Die negativ bewertete Ausgangssituation ist vermutlich die grundlegende Voraussetzung für Veränderung, denn inmitten einer gänzlich positiv bewerteten Situation gibt es keinen Anlass, nach Veränderung zu streben.

2. Offenheit: Eine gewisse Offenheit für die Einführung von Veränderungen erhöht den möglichen Erfolg der Therapie. Dass nicht alle Patienten der psychiatrischen Station zur Teilnahme an der Therapie bereit sind, wird durch die Therapieabbrüche deutlich. Nicht immer besteht Offenheit für Veränderung, auch wenn die Situation problematisch und krisenhaft erscheint (3 Abwehr, Caplan). So könnten sich zum Beispiel Verlustängste bremsend auswirken. Besonders tief sitzende Verhaltensroutinen vor dem Hintergrund größerer oder sehr fester Deutungsmuster sowie in der Kindheit tief eingeprägte Deutungsschemata oder „Botschaften der Eltern an ihr Kind" erschweren den Veränderungsprozess. Ein sicherer Rahmen, hier durch Klinik und therapeutische Beziehung hergestellt, begünstigt die Offenheit für Neuerungen (2 Reaktion, Cullberg; 4 Erschöpfung, Caplan).

3. Die Produktion von Wissen und einer (gemeinsamen) Wissensbasis: Das wird zum einen durch Psychoedukation der Patienten erreicht, zum anderen durch die Rekonstruktion der biographischen Erfahrungen des Patienten. Bei der Psychoedukation wird im Gespräch und in Gruppen wissenschaftliches bzw. professionelles Wissen an die Patienten vermittelt. Auf der Basis dieses Wissens können sie die Einordnung und Diagnostik der Therapeuten teilweise verstehen oder sich selbst einordnen. Die Rekonstruktion der Ereignisse wird interaktiv vorgenommen, sie ist Voraussetzung für die Reflexion der Geschehnisse und die Neubewertung des eigenen Verhaltens. Rekonstruktion, Reflexion und Umdeutung gehen ineinander über, denn bei der Erinnerung an zusätzliche und dadurch neue Aspekte aus der Vergangenheit laufen Umdeutungen schon implizit mit. Die rekonstruierten Vorgänge gehen in das gemeinsame Wissen ein, sie werden konsolidiert und dienen nunmehr als „Common Ground"[7] und damit als Ressource und Basis für das weitere Geschehen in der Therapie (3 Bearbeitung, Cullberg).

4. Die Deutung, Bewertung und Neubewertung steht mit der Rekonstruktion und dem Wissen über die Vergangenheit in enger Verbindung. Typisierte Erfahrungen, die sich in Denkmustern äußern, wie zum Beispiel: „Ich mache sowieso alles falsch", werden auf spezifische Einzelereignisse zurückgeführt, in denen dieses Denken auftaucht. Sie werden genau beschrieben und vor dem jeweiligen Hintergrund der damaligen und heutigen Perspektive neu bewertet. Dies ist ein längerer Prozess, der Zeit erfordert. Während ein Deutungsmuster oder Schema langsam einer Veränderung zugeführt wird, können andere wieder verankert werden. Zum Beispiel verändert Frau Bauer (siehe unten) ihr Bild über ihr Frausein und ihre Ehe in der Therapie, festigt aber ihr religiöses Denken und Empfinden, welches ihr Frauenbild geprägt und Verhalten bisher in bestimmter Weise festgelegt hatte.

5. Die Wahrnehmung von Wünschen sowie die Entwicklung von Ideen und Plänen: Schon das Zulassen der Wahrnehmung von Wünschen kann Probleme bereiten, z. B. wenn der Betroffene sich aufgrund eines religiösen Weltbildes solche Wünsche verbietet. Vor dem Hintergrund der analysierten Gefühle und Gedanken können Wünsche leichter wahrgenommen, Ideen entwickelt, Strategien und Pläne entworfen werden. In der Therapie kann der Therapeut Ideen und Strategien

---

[7] Clark unterscheidet drei Aspekte von Common Ground: ursprünglich von den Akteuren vorausgesetzte Übereinstimmungen im Denken, durch gemeinsame Aktivitäten hergestellter Common Ground und öffentliche Ereignisse, die die Voraussetzung für den aktuellen Stand bilden (2007, S. 43).

vorschlagen, Pläne können gemeinsam entworfen und bewertet werden (4 Neuorientierung, Cullberg).

6. Entscheidungen treffen: Wichtige Entscheidungen werden gemeinsam von Therapeut und Patient vorbereitet und im Vorfeld bewertet. Außerhalb von Therapie können Wünsche, Ideen und Pläne in der Interaktion mit anderen Subjekten auftauchen und (gemeinsam) überdacht werden. Durch Projektion in die Zukunft und Imagination werden mögliche Folgen abgeschätzt (worst case scenario) oder rechtliche Grundlagen geprüft: Was geschieht bei einer Scheidung, wie kann ein Wiedereinstieg ins Berufsleben aussehen? etc. Eine Entscheidung beinhaltet eine Trennung, einen Schnitt, das Loslassen von überholtem Denken und Verhalten.

7. Die Umsetzung der getroffenen Entscheidung in die Realität: Dabei werden Handlungsweisen neuen Bedingungen angepasst und verändert. Mögliche Pläne können in der Sicherheit des therapeutischen Rahmens ausprobiert und eingeleitet und ihre Wirksamkeit überprüft werden, z. B. erste Kontaktaufnahmen zu bestimmten Menschen oder Arbeitgebern oder selbstbewussteres Auftreten als bisher gegenüber einer Bezugsperson. Hier spielen rekursives Lernen, Versuch und Irrtum eine Rolle. War das neue Verhalten erfolgreich, kann es verankert und auch außerhalb der Therapie wiederholt werden, bis es selbstverständlich in die Routine des Alltagshandelns eingeht.

Zur Vermeidung zukünftiger Krisen müssen die Patienten vor dem Hintergrund ihrer Erkrankung Verantwortung für ihr Leben übernehmen. Dazu lernen sie einige Strategien, die ihnen helfen sollen. Zum Teil sind es Selbstbeobachtungsstrategien mithilfe eines Verhaltensplans, die gemeinsam mit den Therapeuten erarbeitet werden. Dabei kann es darum gehen, sich selbst mehr Freiraum einzuräumen und sich Pausen zu erlauben, Stopp-Karten zu benutzen oder regelmäßig die eigenen Gefühle in Verbindung mit dem jeweiligen situativen Zusammenhang aufzuzeichnen. So wird reflexives Denken eingeübt und für die Zukunft nutzbar gemacht. Dazu gehören auch verschiedene Stressbewältigungstechniken und ein individuell erarbeiteter „Notfallkoffer", der Hilfestellung zur Überbrückung schwieriger Situationen leisten soll. Er umfasst Aktivitäten wie zum Beispiel Musik hören, spazieren gehen, Kissen knautschen, mit Freunden sprechen – oder auch einen Arzt aufzusuchen. Die Patienten sollen lernen, sich selbst und die jeweilige Situation besser einzuschätzen sowie Ängste und Überforderungen zu erkennen. Vor allem sollen sie sich rechtzeitig Hilfe holen können, damit das Ausmaß einer drohenden weiteren Krise beschränkt bleibt.

4 Ein Beispiel interaktiver Krisenkategorisierungen

Die interaktiven Krisenkategorisierungen zeigen die gemeinsame Reflexionstätigkeit und die interaktive Herstellung von Wissen durch Therapeut und Patient sowie den Deutungs- und Umdeutungsprozess. Diese Tätigkeit ist den Komponenten drei und vier im Bewältigungsprozess zuzuordnen: der gemeinsamen Herstellung von Wissen und der Deutung, Bewertung und Neubewertung der analysierten Erlebnisse. Therapeuten brauchen Wissen über das Erleben der Patienten für ihre Diagnosestel-

lung. Gleichzeitig ist die Aufarbeitung der Vergangenheit aber auch schon Therapie für die Patienten, sie werden sich ihrer Gefühle und Handlungen bewusst. Zudem finden zeitgleich Umdeutungen statt, die eine Zukunft auf dem Boden der erlebten Vergangenheit möglich machen.

Ein Beispiel: Frau Bauer als Betroffene lehnt den Begriff *Krise* ab und will ihn nicht benutzen. Die Therapeutin arbeitet darauf hin, dass die Patientin die Problematik und den Ernst der Lage erkennt, damit sie später solchen Situationen vorbeugen kann. Sie leitet das Gespräch und hat aufgrund ihrer Position eine gewisse Deutungshoheit über die Ereignisse.[8] Zudem benutzen Therapeuten verschiedene Verfahren zur Explikation sowie spezifische Fragetechniken (vgl. Schröder 2013, S. 232–236). Dennoch übernehmen die Patienten nicht immer die Deutung der Therapeuten, weshalb nur eine explizite Zustimmung Sicherheit über ihr Einverständnis gibt (siehe Schröder 2014).

4.1 Streit, Krise, Streitigkeiten: Kategorisierungen der Patientin (B1, Zeile 46–58)

```
1      P:    ((papiergeräusch)) ähhf (.) das ganz akute (.)
2            ãm der auslöser war (.) ãm ein streit mit meinem mann
3      T:    ja
4      P:    dazu muss ich sagen (.) dass er sehr oft (.) ã:m (-)
5            zu mir sacht (.) also in kri (.)
6            was heißt in krisensituationen (.) wir hatten streitigkeiten
7      T:    hmhm
8      P:    JA und man merkt dass du krank bist
9            oder du hast einen an der klATsche (.) und das (.)
10           wissense=wenn sich das so wiederHOLt auch bei klEInigkeiten (-)
11           irgendwo (.) setzt sich im inneren was fest (.)
12           man möchte dagegen AUFbegehrn (.)
13           aber schluckt (.) schluckt (.) schluckt.
14     T:    das heißt, sie könn in DEm moment nichts dagEgen halten
15     P:    nein.
```

Auf die Frage der Therapeutin nach dem Auslöser für ihren Suizidversuch kategorisiert die Patientin diesen als einen Streit mit ihrem Mann. Sie verallgemeinert die Streitsituation [*sehr oft*] und wechselt dabei in die Kategorie Krise [*kri(.)*] über, was ihr aber zu stark ausgedrückt ist, denn sie revidiert diese Kategorie sofort wieder [*was heißt in krisensituationen*] und wechselt zurück zur Kategorie [*streit*], den sie aber mit [*wir hatten streitigkeiten*] nun in der Mehrzahl wiedergibt. Es geht offensichtlich nicht um eine einmalige Sache, sondern um etwas, worüber schon mehrfach gestritten wurde. Anschließend beschreibt sie die kategorien-gebundenen Aktivitäten (Sacks 1992) ihres Mannes, nämlich ihr gegenüber im Streit Beleidigungen auszusprechen. Das scheint für sie zu solchen Situationen zu gehören und wird in wörtlicher Rede wiedergegeben [*JA und man merkt dass du krank bist oder du hast einen an der klATsche*]. Sie erklärt die Wirkung dieser Aktivität, die durch ständige Wiederholungen [*auch bei klEInigkeiten*] auftritt, nämlich [*irgendwo (.) setzt sich im inneren was fest*]. Durch die Verallgemeinerung schreibt sie die Wirkung allen Menschen in solchen Situationen zu, was durch die generalisierte Wiederga-

---

[8] Wegen der Länge der Redebeiträge wird die ursprüngliche Frage der Therapeutin in den Gesprächen nicht immer einbezogen.

be der Anschlussreaktion deutlich wird [*man möchte dagegen AUFbegehrn (.) aber schluckt (.) schluckt (.) schluckt*]. Die Therapeutin will sich aber nicht auf die allgemeine Deutungsebene einlassen, bezieht das Erleben in ihrer „formulation" (Antaki 2008)[9] [*das heißt, sie könn in DEm moment nichts dagEgen halten*] auf die Patientin zurück und deutet die Aussage dabei als ein momentanes Geschehen, welches andere Handlungsmöglichkeiten in der Zukunft impliziert. Diese Umdeutung durch die Therapeutin wird von der Patientin bestätigt. Ob sie hier schon die Möglichkeit neuer Handlungsoptionen erkennt oder die Aussage zunächst unterschwellig in ihrem Bewusstsein wirkt, bleibt unklar. Damit hat die Therapeutin einen zunächst festgefahrenen Denkprozess für die Öffnung vorbereitet. Es gibt andere Verhaltensmöglichkeiten, die vielleicht später in der Therapie angesprochen und eingeübt werden können.

4.2 Der Koller: Kategorisierung durch den Ehemann (B1, Zeile 180–187)

```
1     P:     jedenfalls kam dann (.) ich hab nur gemerkt,
2            also ich konnte nichts mehr SAgen,
3            und man sieht mir das dann wahrscheinlich auch an,
4            meine finger fingen leicht an zu beben.
5            dann hat er nur auf diese hände geschaut
6            und hat zu mir gesagt, kriegste wieder deinen KOLLer,
7            also ganz ToTAL ABwertend!
8     T:     ja=a
9     P:     und ä (.) da fing das an da war (.)
10           eine kälte war da auf einmal die stieg hoch.
11           ich wollte mich auch gar nicht mehr WEHren,
```

Frau Bauer beschreibt zunächst ihre körperliche Reaktion auf die Beleidigungen und verallgemeinert die Sichtbarkeit der Reaktion als Außenwirkung [*man sieht mir das dann wahrscheinlich auch an*]: ihre [*finger fingen leicht an zu beben*]. Diese Reaktion wiederum ist dem Mann bekannt, denn er schaut auf [*diese hände*] und ordnet das Händezittern beim Streiten mittels der Worte [*kriegste wieder deinen KOLLer*] als übliche Reaktion seiner Frau ein. Was genau dieser umgangssprachliche Begriff für die Akteure beinhaltet, wird nicht deutlich. Klar ist aber, dass er eine Abwertung ihrer Reaktion auf seine Beleidigungen beinhaltet und diese damit als unberechtigt oder im Ausmaß übertrieben darstellt. Frau Bauer empfindet diese sich wiederholende Kategorisierung des Mannes jedenfalls als [*ganz ToTAL ABwertend!*]. Mit dem zögerlichen [*ja=a*] zeigt die Therapeutin, dass sie zuhört, ohne zu unterbrechen oder eine eigene Meinung abzugeben. Anschließend beschreibt Frau Bauer eine weitere Körperreaktion, die aufsteigende [*kälte*], mit der bei ihr jeder Widerstand verschwunden ist. Hier wird auch die enge Verknüpfung von Wahr-

---

[9] Antaki bezieht sich auf die von Heritage und Watson (1979, 1980) vorgeschlagene begriffliche Auslegung von „formulations" mit den drei Komponenten „delete, select, transform", die durch ihre sequenzielle Macht eine „projection of agreement" entfaltet (Antaki 2008, S. 31). Solche Formulierungen kommen nach der Erklärung des Sprechers und hören sich an wie eine Zusammenfassung in eine Kernaussage oder ein sich natürlich ergebendes Ergebnis aus der Aussage. Tatsächlich löschen sie aber einen Teil der ursprünglichen Aussage, wählen einen anderen Teil aus und verschieben bzw. verändern damit die Aussage – dabei setzen sie zugleich Einverständnis voraus. Die Vorteile dieser Definition liegen in der engen Beziehung zwischen dem, was jemand gerade gesagt hat, und der Erklärung des „formulaters" für das Gesagte.

nehmung, Erleben und Denken in Zusammenhang mit einer körperlichen Reaktion
sichtbar. Es wird gemeinsames Wissen über typische Streitverläufe in ihrer Ehe und
deren Auswirkungen hergestellt. Nur indem Frau Bauer berichtet, kann die Therapeutin Wissen über die Empfindungen und körperlichen Reaktionen erlangen. Das
gemeinsame Herstellen von Wissen kann in einem außertherapeutischen Krisenbewältigungsprozess auch im Gespräch und Meinungsaustausch mit Freunden und
anderen Vertrauenspersonen geschehen.

4.3 Ausnahmesituation: Kategorisierung der Therapeutin (B1, Zeile 321–336)

```
1     T:    ich betON denn ich glaub auch, [sie sollten es ERNst nehmen
2     P:                                    [hm
3     T:    in was fürner AUSnahmesituation sie dort gewesen sind.
4     P:    hmm
5     T:    wie werden da SICHerlich nochmal drauf kommen,
6           aber dass SIE spÜ:ren, wie ernst es war
7           und dass sie auch an der reaktionen ihrer mitmenschen merken,
8           wie ERNst das war
9     P:    hmm
10    T:    jetzt grade find=ich, es ist ganz wichtig, das wahrzunehmen
11    P:    hmhm
12    T:    nicht abzutun, also=s (.)
13          war halt auch ne schwierige situation= [sondern ä sie
14    P:                                            [hm
15    T:    sie haben da sone grEnze erreicht, die wirklich (.)
16          äm ernstzunEhmen ist.
17    P:    ja
```

Die Therapeutin betont ausdrücklich, dass sie die zuvor von der Patientin beschriebene Situation des geplanten Suizids als Ausnahmesituation kategorisiert. Sie
tue dies, damit Frau Bauer die Situation ernst nehme. Dabei beginnt sie mit der Formulierung [*sie sollten es ERNst nehmen in was fürner AUSnahmesituation sie dort
gewesen sind*]. Dann kündigt sie vorausschauend an, sie werde bestimmt noch mal
darauf zurückkommen, dennoch aber soll Frau Bauer selbst jetzt schon [*spÜ:ren,
wie ernst es war*]. Damit paraphrasiert sie ihre erste Äußerung vom aktuellen [*ERNst
nehmen*] auf die Vergangenheit [*wie ernst es war*]. Dann kehrt sie in die Gegenwart
zurück, denn Frau Bauer soll an der Reaktion der Mitmenschen aktuell merken [*wie
ERNst das war*]. Zuerst spricht sie von [*spÜ:ren*], dann von [*merken*] und schließlich davon, [*das wahrzunehmen*]. Damit hat die Therapeutin zweimal eine Dreierliste
benutzt, einmal zur Bezeichnung des Ernstes der Lage und zum anderen, um die
Wahrnehmung dafür zu steigern. Wie Jefferson gezeigt hat, orientieren sich Sprecher
bei der Listenbildung an einer dreiteiligen Struktur. Eine komplette Liste konstruiert
einen Turn und der Hörer kann deshalb die dritte Komponente als Turn-Ende hören.
Eine unvollständige Liste aus nur zwei Komponenten kann als schwach oder unzureichend empfunden werden (Jefferson 1990, S. 63). Hier hört die Therapeutin nach
dem dreimaligen Hinweis aber nicht auf, sondern geht mit [*nicht abzutun*] über die
Dreierliste hinaus. Sie beginnt mit einer Umkategorisierung der [*AUSnahmesituation*] in [*schwierige situation=*] und formuliert einen Gegensatz zum abtun [*sondern*].
Nun wird die schwierige Situation auf [*sone grEnze erreicht*] spezifiziert, die jetzt

zum vierten Mal und damit in der dritten Reformulierung nun [*wirklich (.) äm ernst-zunEhmen ist*]. Damit greift die Therapeutin ihre erste Formulierung wieder auf und rahmt die Situation als eine begrenzte, die dennoch grenzwertig und zugleich grenzüberschreitend war und deshalb in ihrer Bedeutung nicht zu unterschätzen ist. Sie inszeniert zugleich den grenzüberschreitenden Inhalt ihrer Aussage, betont durch mehrfachen Zeitwechsel und eng gedrängte Paraphrasierungen ihren Hinweis als [*ganz wichtig*]. Gleichzeitig setzt die Therapeutin ihre eigene Deutung gegen die Situationsbewertung der Patientin und stellt damit deren Deutung in Frage. Dabei setzt sie viermal das Wort [*ERNst*] ein, bis die Patientin mit [*ja*] ihre Akzeptanz und Bestätigung kundtut. Auch durch die Vermittlung der Ernsthaftigkeit der Situation wird gemeinsames Wissen aufgebaut. Die Patientin begreift, dass die Situation aus Sicht der Therapeutin die normale Grenze überschritten hat. Sie hat ein Versagen „erprobter Hilfsmittel" (Sonneck 2000, S. 16) zur Lebensbewältigung erlebt und deshalb ihren Suizidplan entworfen. Damit ist die Umdeutung der Situation als Krisensituation vollzogen, obwohl der Begriff *Krise* von der Therapeutin in den aufgezeichneten Gesprächen nicht benutzt wird.

4.4 Die ganz große Katastrophe: Kontrollverlust: Kategorisierung der Patientin (B1, Zeile 1097–1103)

```
1    P:    oder ich halt wenn wenn (.) ne GAnz große katastrophe ist
2          dass ä (.) dass ich fang WIrklich an zu zittern
3          und habe das nicht mehr unter kontrolle
4    T:    okay
5    P:    ne
6    T:    wenn solche katastrophen sind,
7          dann melden sie sich aber bei uns
8    P:    <<hauchend> ja>.
```

Zum Ende des Gespräches hat die Patientin den Ernst der Situation erkannt und auch die Dimension, die sie für sie hat, denn nun kategorisiert sie diese als [*ne GAnz große katastrophe*]. Obwohl der Suizidplan eine einmalige Ausnahme im Streitgeschehen war, kennt sie offensichtlich die Wirkung solcher Katastrophen, die sie in der kategorischen wenn-dann-Formulierung vorbringt und damit einen Zusammenhang von eintretender Katastrophe und ihrer körperlichen Reaktion, dem Kontrollverlust, beschreibt [*ich fang WIrklich an zu zittern und habe das nicht mehr unter kontrolle*]. Diesen Zusammenhang in der Formulierung akzeptiert die Therapeutin. Sie nimmt die Patientin ebenfalls ernst und sichert sich zudem vor möglichen Suizidversuchen auf der Station ab, indem sie die Kategorisierung der Patientin aufgreift und fragt [*wenn solche katastrophen sind, dann melden sie sich aber bei uns*], was Frau Bauer bestätigt. Hier wird deutlich, dass die Therapeuten auch für die Sicherheit der Patienten verantwortlich sind. Sie müssen Kontrollverluste unter Beobachtung halten, damit die Krise ohne (weitere) Suizidversuche überstanden werden kann.

Der folgende Beitrag erfolgt erst etwa sechs Wochen später, im zweiten aufgezeichneten Gespräch. Frau Bauer hat in der Kunsttherapie ein Bild mit Wolke gemalt, welches hier in der Einzeltherapie nun teilweise ausgedeutet wird.

4.5 Das Böse umfasst auch den geplanten Suizid: Kategorisierung der Patientin (B2, Zeile 105–110)

```
1    T:    ich wollte grad sagen was (.) ä:: wofür stEht diese wolke.
2    P:    mm die steht dafür (.)
3          dass ich das (.) böse nicht nochmal alles miterleben möchte,
4          was ich in letzter zeit erlebt hab. bis zum äm
5          ich ging ja soweit bis zum geplanten (.) suizid (.)
6          und auch ä der weg (.)
7          den hatt= ich mir ja ganz klar vorgezeichnet.
8          das möchte ich auf KEInen fall mal mehr erleben,
```

In der Diskussion über das Bild kategorisiert Frau Bauer die Wolke als Symbol für das Böse, die Krise, die sie erlebt hat. Hier beinhaltet das [böse] die ganze Krisensituation, sowohl die Streitereien mit den Beleidigungen als auch die Ausnahmesituation des einen Streites mit der Folge des Suizidplans. Während „das Böse" eine allgemeine moralische Bewertung darstellt, enthält die folgende Einordnung als „Sünde" im dritten aufgezeichneten und die Therapie abschließenden Gespräch auch ein religiöses Deutungsmuster.

4.6 Sünde: Für Frau Bauer die höchste Steigerung der Krisenkategorien (B3, Zeile 794–807)

```
1    T:    was steckt denn eigentlich in dem satz,
2          das hätte ich ich von dir nicht erwArtet?
3    P:    hm (3)
4    P:    vielleicht n bisschen kummer? oder dieses (.)
5          nee kummer würd ich nicht sagen, äm (.)
6          doch wieder ganz schnell (.)
7          jetzt dieser versuch einfach ausm wEg zu scheiden
8    T:    ja[ja <<f> mir ist das natürlich weil sies ja auch als sünde
9    P:       [und
10   T:    betrach[ten, ä:m ganz
11   P:           [((lacht))
12   T:    klar äm (.) also (.) nein. für sie ist
13         sie haben ja mal gesacht,
14         sie betrachten es als sünde und von daher
15   P:    ja
```

Hier bezieht sich die Therapeutin mit ihrer Frage auf eine Äußerung des Ehemannes, von der die Patientin ihr erzählt hat. Frau Bauer überlegt, ob diese Reaktion sich auf ihren Suizidplan bezieht, den sie hier als [versuch einfach ausm wEg zu scheiden] bezeichnet. Doch die Therapeutin will auf etwas anderes hinaus, das ihr [ganz klar] ist und wofür sie als Erklärung angibt [weil sies ja auch als sünde betrach[ten]. Auf das Lachen der Patientin hin formuliert sie ihre Äußerung um in [sie haben ja mal gesacht, sie betrachten es als sÜnde] und wechselt damit das Thema. Sie bezieht sich dabei auf eine frühere Kategorisierung der Patientin, in der diese ihren Suizidversuch als Sünde bezeichnet hat. Dies lässt für Frau Bauer keine Steigerung mehr zu, denn sie ist sehr gläubig. Der Kontakt zu Gott ist für sie so wichtig, dass sie professionelle Hilfe in Anspruch nimmt, um ihn wieder herzustellen. Worauf die Therapeutin ursprünglich hinaus wollte, wird in dem Gespräch nicht mehr spezifiziert.

Die in den drei Therapiegesprächen aufgetauchten Kategorisierungen beginnen in der Vorphase der Krise mit einem Ehestreit, führen vom Streit mit dem Ehemann

über dessen Abtun des Problems als „Koller" seiner Frau bis zum konkreten Suizidplan, der den Höhepunkt der Krise markiert und Frau Bauer in die Klinik führt. Dennoch wird der Begriff *Krise* von der Patientin abgelehnt und bleibt in der Folge in den aufgezeichneten Gesprächen unerwähnt. Der vorübergehend auftretende Kontrollverlust wird von der Patientin als „ganz große Katastrophe" empfunden. Es ist der Verlust ihrer Selbstbeherrschung, der schließlich zum Suizidversuch führt. Während die Therapeutin von Ausnahmesituation spricht und die Ernsthaftigkeit betont, empfindet Frau Bauer den entgleisten Streit und ihren Suizidplan als moralisches Problem, nämlich als „das Böse" und als „Sünde". Dabei bleibt etwas unklar, wo genau das Böse beginnt, das in der Sünde endet. Jede zusätzlich in die Therapie eingeführte Kategorie beleuchtet die Auslösesituation unter einem anderen Aspekt und bereichert das gemeinsame Wissen über ihr Bedeutungsausmaß für das Leben der Patientin. Gleichzeitig wird damit die erlebte Wirklichkeit verändert. Dies gilt sowohl für die Therapeutin als auch für Frau Bauer.

5 Fazit

Eine soziologische Auseinandersetzung mit Handlungs- und Interaktionskrisen braucht auch Überlegungen zum Verlauf von Krisenbewältigungsprozessen. Da die Bewältigung von Handlungskrisen in diesem Artikel anhand psychiatrischer Therapiegespräche analysiert wurde, wird auch auf die in der Psychiatrie geläufige Definition von Krisen zurückgegriffen. Die Krisendefinitionen von Schütz und Sonneck überschneiden sich teilweise: einerseits das Versagen von Verhaltens- und Zivilisationsmustern, andererseits das Versagen der durch frühere Erfahrungen erwachsenen Fähigkeiten und erprobten Hilfsmittel. Während die psychologische Definition den Verlust des emotionalen Gleichgewichts einbezieht, und damit die individuelle Gefühlswelt des Betroffenen, beinhaltet die soziologische mit dem Umsturz der aktuell wirksamen Relevanzsysteme und dem Versagen von Zivilisationsmustern auch die Gesellschaft und ihre Werte.

Die Einschätzung einer Situation als Krise oder kritische Phase, die eine klinische Therapie erforderlich macht, wird von den Ärzten und Psychologen vorgenommen, die die Einweisung durchführen. Sie beziehen sich dabei auf die psychologische Definition von Krise und sind rechtlich verpflichtet, Selbst- oder Fremdgefährdung durch die Betroffenen zu vermeiden. Dass die Wahrnehmung der von der Krise Betroffenen nicht immer der Wahrnehmung von anderen Akteuren (Ehepartner, Freunde, Außenstehende, Ärzte, Psychiater, Therapeuten) entspricht, wird am Beispiel Frau Bauer deutlich. Ihr wird die Krisenhaftigkeit der Situation mit Suizidplan erst in der Therapie deutlich. Nach Mergel (2012) werden auch (gesellschaftliche) Umbruchprozesse oft erst im Nachhinein als Krisen beschreibbar, und Kohring et al. (1996, S. 285) schreiben: „Bei Krisen handelt es sich um beobachterabhängige Zuschreibungen, die als solche kontingent, d. h. auch anders möglich sind." Die Aufarbeitung der Ereignisse der individuellen Krise soll eine Zukunft auf dem Boden der Vergangenheit möglich machen. Dies hat Kämper (2012, S. 253) auch für gesellschaftliche Krisen beschrieben. Es wird deutlich, dass es Ähnlichkeiten zwi-

schen individuellen und gesellschaftlichen Krisen gibt, die bei der Erarbeitung einer Theorie über Krisen einbezogen werden können.

Der Krisenbewältigungsprozess beinhaltet oben beschriebene Komponenten bzw. Phasen, in deren Verlauf Erlebnisse der Vergangenheit aufgearbeitet sowie verschiedene praktische Hilfestellungen angeboten und eingesetzt werden. Der beschriebene Verlauf differenziert und ergänzt die von Caplan und Cullberg identifizierten Phasen. Zur Vorbeugung und Vermeidung zukünftiger Krisen wird die Analyse von Erlebnissen durchgeführt und neue Verhaltensweisen werden eingeübt. Die Patienten erarbeiten sich zudem individuelle „Notfallkoffer", neue Verhaltensweisen, die ihnen bei einer drohenden Krise helfen sollen. Der Patient soll Warnsignale von Überforderung erkennen und sich rechtzeitig Hilfe holen können.

Wie Krisen, so sind auch Normalisierungsstrategien häufig nur Zuschreibungen von Beobachtern. Das Nichterkennen einer Krise muss nicht Verleugnung als Strategie beinhalten, denn Krisen werden oft erst im Nachhinein für die Betroffenen erkennbar. Eine schwierige Situation wird häufig von Betroffenen solange als irgendwie-normal bewertet, bis ein Zusammenbruch erfolgt oder bis die kritische Situation selbst sich verändert hat und der Betroffene wieder aktiv eingreifen kann. Ob die Akteure selbst ihr Handeln als Strategie betrachten, bleibt fraglich.

Danksagung Ich danke Frank Adloff, Gerd Sebald und Alexander Antony sowie den anonymen Gutachtern einer früheren Version dieses Artikels für ihre wertvollen Anregungen.

Transkriptzeichen (nach Selting et al., 1998)

T   TherapeutIn
P   PatientIn

GAT Transkriptionskonventionen

[ ]	Überlappungen und Simultansprechen
=	Direkter Anschluss
(.), (-)	Mikropause
(2)	Gemessene Pause in Sek.
:; ::::;	Dehnung, Längung, je nach Dauer
AkZENT	Primär- bzw. Hauptakzent
!	Ausruf, Emphase
?	Hoch steigende Intonation
,	Mittel steigende Intonation
.	Fallende Intonation
<<lächelnd> na ja>	Interpretierende Kommentare mit Reichweite
((schnauft))	Para- und außersprachliche Handlungen/Ereignisse

Lautstärke und Sprechgeschwindigkeiten mit Reichweite

<<f> >/<<ff> Forte, laut/fortissimo, sehr laut

Literatur

Antaki, Charles. 2008. Formulations in psychotherapy. In *Conversation analysis and psychotherapy*, Hrsg. Anssi Peräkylä, et al., 26–42. Cambridge: Cambridge University Press.

Bergmann, Jörg R. 1988. *Ethnomethodologie und Konversationsanalyse*. Hagen: Fernuniversität GHS Hagen.

Brandstätter, Veronika. 2016. Die Handlungskrise – Vorauslaufende Bedingungen, mediierende Prozesse, Konsequenzen und Interventionen. Projektbeschreibung. Psychologisches Institut der Universität Zürich. http://www.psychologie.uzh.ch/de/fachrichtungen/motivation/forschung/projekt1.html. Zugegriffen: 19. Februar 2016.

Buchholz, Michael B., und Horst Kächele. 2013. Conversation analysis – a powerful tool for psychoanalytic practice and psychotherapy research. *Language and Psychoanalysis* 2:4–30.

Caplan, Gerald. 1964. *Principles of preventive psychiatry*. New York: Basic Books.

Clark, Herbert H. 2007. *Using language*, 7. Aufl., Cambridge: Cambridge University Press.

Cullberg, Johan. 1978. Krisen und Krisentherapie. *Psychiatrische Praxis* 5:25–34.

DIMDI. 1999. *Internationale statistische Klassifikation der Krankheiten und verwandter Gesundheitsprobleme*. 10. Revision, German Modification, Hrsg. World Health Organization. Bern: Huber.

Garfinkel, Harold. 1967. *Studies in Ethnomethodology*. Englewood Cliffs: Prentice-Hall.

Heritage, John, und Rod Watson. 1979. Formulations as conversational objects. In *Everyday language. Studies in Ethnomethodology*, Hrsg. George Psathas, 123–162. New York: Irvington.

Heritage, John, und Rod Watson. 1980. Aspects of the properties of formulations. *Semiotica* 30:245–262.

Jefferson, Gail. 1990. List-construction as a task of resource. In *Interaction competence*, Hrsg. George Psathas, 63–92. Washington: International Institute for Ethnomethodology and Conversation Analysis & University Press of America.

Kämper, Heidrun. 2012. Krise und Sprache. Theoretische Anmerkungen. In *Krisen verstehen. Historische und kulturwissenschaftliche Annäherungen*, Hrsg. Thomas Mergel, 241–255. Frankfurt: Campus.

Kohring, Matthias, Alexander Görke, und Georg Ruhrmann. 1996. Konflikte, Kriege, Katastrophen. Zur Funktion internationaler Krisenkommunikation. In *Internationale Kommunikation. Eine Einführung*, Hrsg. Miriam Meckel, und Markus Kriener, 283–298. Opladen: Westdeutscher Verlag.

Luhmann, Niklas. 2005. Der medizinische Code. In *Soziologische Aufklärung 5. Konstruktivistische Perspektiven*, 3. Aufl., 176–188. Wiesbaden: VS.

McCabe, Rosemary, Christian Heath, Tom Burns, und Stefan Priebe. 2002. Engagement of patients with psychosis in the medical consultation. A conversation analytic study. *British Medical Journal* 325:1148–1151.

Mergel, Thomas. 2012. Einleitung. Krisen als Wahrnehmungsphänomene. In *Krisen verstehen. Historische und kulturwissenschaftliche Annäherungen*, Hrsg. Thomas Mergel, 9–22. Frankfurt: Campus.

Oevermann, Ulrich. 2001. Die Struktur sozialer Deutungsmuster – Versuch einer Aktualisierung. *sozialer sinn* 2:35–81.

Sacks, Harvey. 1992. *Lectures on conversation*. Hrsg. Gail Jefferson. Oxford: Blackwell.

Schramm, Elisabeth. 2003. *Interpersonelle Psychotherapie bei Depressionen und anderen psychischen Störungen*. Stuttgart: Schattauer.

Schröder, Ulrike E. 2013. *Veränderung von Deutungsmustern und Schemata der Erfahrung. Depressive Patienten in der Interaktion klinischer Psychotherapie*. Wiesbaden: VS.

Schröder, Ulrike E. 2014. Fallpräparation in der klinischen Psychotherapie. In *Der Fall – Studien zur epistemischen Praxis professionellen Handelns*, Hrsg. Jörg Bergmann, Ulrich Dausendschön-Gay, und Frank Oberzaucher, 201–221. Bielefeld: transcript.

Schütz, Alfred. 1932. *Der sinnhafte Aufbau der sozialen Welt*. Wien: Springer.

Schütz, Alfred. 1971. *Das Problem der sozialen Wirklichkeit*. Gesammelte Aufsätze, Bd. 1. Den Haag: Nijhoff.

Schütz, Alfred. 1972. *Studien zur soziologischen Theorie*. Gesammelte Aufsätze, Bd. 2. Den Haag: Nijhoff.

Selting, Margret et al. 1998. Gesprächsanalytisches Transkriptionssystem (GAT). *Linguistische Berichte* 173:91–122.

Sonneck, Gernot. 2000. *Krisenintervention und Suizidverhütung*. Wien: Facultas.
Streeck, Ulrich. 2008. A psychotherapist's view of conversation analysis. In *Conversation analysis and psychotherapy*, Hrsg. Anssi Peräkylä et al., 173–187. Cambridge: Cambridge University Press.

Ulrike E. Schröder Dr., ist freiberufliche Wissens- und Kultursoziologin. Sie hat 2011 an der Bielefeld Graduate School in History and Sociology, Universität Bielefeld promoviert. Forschungsschwerpunkte: Wissen und Interaktion in alltäglichen und institutionellen Kontexten, Krisen- und Veränderungsprozesse. Ausgewählte Veröffentlichungen: Veränderung von Deutungsmustern und Schemata der Erfahrung. Depressive Patienten in der Interaktion klinischer Psychotherapie. Wiesbaden. Springer VS 2013; Ein Fall in Psychiatrie und Psychotherapie. In: Der Fall. Studien zur epistemischen Praxis professionellen Handelns, hrsg. Jörg R. Bergmann, Ulrich Dausendschön-Gay und Frank Oberzaucher, 201–221. Bielefeld: Transcript 2014; Fall-Präparation in der klinischen Psychotherapie. In: Der Fall. Studien zur epistemischen Praxis professionellen Handelns, hrsg. Jörg R. Bergmann, Ulrich Dausendschön-Gay und Frank Oberzaucher, 249–285. Bielefeld: Transcript 2014.

Österreich Z Soziol (2016) (Suppl) 41:191–212
DOI 10.1007/s11614-016-0214-x

Krise des politischen Alltags?

Eine ethnografische Parlamentsstudie zur gesellschaftlichen Entfremdung des Politischen

Jenni Brichzin

Zusammenfassung Wie kommt es, dass sich Politik gemäß der öffentlichen Wahrnehmung in einem permanenten Krisenzustand zu befinden scheint? Auf der Basis einer ethnografischen Studie auf vier parlamentarischen Ebenen geht dieser Beitrag zwei Erklärungsansätzen nach: zum einen der These einer durch insuffizientes politisches Personal hervorgerufenen Krise, zum anderen der These der kriseninduzierenden Überlastung des politischen Alltags in inhaltlicher, zeitlicher und normativer Hinsicht. Anhand des empirischen Materials lässt sich zeigen, dass beide Thesen so nicht zutreffen. Stattdessen tritt das Verhältnis von Politik und Öffentlichkeit selbst als Krisenmoment in den Fokus: Erkennbar wird die Diskordanz der Strukturen alltäglicher gegenüber parlamentarischer Lebenswelt, die sich insbesondere in Bezug auf Zeit-, Relevanz- und Interaktionsordnung drastisch unterscheiden. Nicht zuletzt, weil von politischen RepräsentantInnen demokratienormativ genuin Gleichheit erwartet wird, führt diese Diskordanz zu Entfremdungserfahrungen auf Seiten der politisch nicht aktiven Öffentlichkeit, die das Potential für eine Krise der Demokratie besitzen.

Schlüsselwörter Politik · Öffentlichkeit · Parlament · Politischer Alltag · Krise · Ethnographie

Crisis of political everyday life?
An ethnographic study on the societal alienation of politics

Abstract Politics seems to be in a permanent state of crisis, at least according to public discourse. But why? Based on an ethnographic study on four parliamentary

J. Brichzin (✉)
Institut für Politikwissenschaft und Soziologie, JMU Würzburg,
Wittelsbacherplatz 1, 97074 Würzburg, Deutschland
E-Mail: Jennifer.brichzin@uni-wuerzburg.de

levels, this article evaluates two assumptions: Are contemporary politicians simply not up to the task, are they incapable and incompetent? Or is their task so very difficult, do they suffer from an overload with respect to content, time and idealistic norms to an extent that it induces crisis? The empiric data presented here suggest that neither explanation is appropriate. Instead, the potential for crisis seems to lay in the relation of politics and public itself: the structures of everyday and parliamentarian lifeworlds are drastically discordant. This especially applies to the structuring of time, content relevance and interaction. As a consequence, a major degree of discordance is discernable where there is supposed to be congruence between the public and its representatives. Alienation is the result and may hold the potential for a true democratic crisis.

Keywords Politics · The public · Parliament · Political everyday life · Crisis · Ethnography

1 Welche Krise?

Politik und Krise – diese beiden Phänomene scheinen schon seit geraumer Zeit untrennbar verbunden zu sein: Seit den 1970er Jahren zeigen Umfragen, dass die Akzeptanz der politischen Akteure erkennbaren Schwankungen unterliegt (Schüttemeyer 1986), das Ansehen des Politikerberufs ist dauerhaft niedrig (Institut für Demoskopie Allensbach 2003). Zunehmend zeichnet sich Skepsis gegenüber dem politischen Prozess ab, was in den 90er Jahren zu einer – von der Parteienkritik des damaligen Bundespräsidenten angestoßenen (Weizsäcker 1992) – ausgedehnten Debatte um Politikverdrossenheit führte (siehe Thierse 1993). Diese wurde weiter befeuert durch offen parteien- und politikerkritische Beiträge aus den Reihen der Wissenschaft (Scheuch und Scheuch 1993; Arnim 1997; vgl. auch Arnim 2013). Diagnose ist hier, herausgearbeitet an Beispielen skandalöser politischer Praxis, vor allem Machtversessenheit, Korruption und Abgehobenheit der politischen Praktiker-Innen (Maier 2000, S. 47). Während jedoch die öffentliche Diskussion um Ursache, Beschaffenheit und Konsequenzen von Phänomenen der Politikverdrossenheit Ende der 90er Jahre, Anfang des neuen Jahrtausends in der Frage um die mediale Konstruktion von Verdrossenheit verebbt (Schedlar 1993; Arzheimer 2002), bleiben die aufgeworfenen Vorwürfe auch dann noch relevant, als sich Kritik an der Politik im nächsten Jahrzehnt nicht mehr primär allgemein und diskursiv, sondern praktisch und projektspezifisch äußerte: Bei unliebsamen Großprojekten – Paradebeispiel ist sicherlich das Bauprojekt „Stuttgart 21" – formierte sich Kritik an der Art und Weise der politischen Entscheidungsfindung, die als intransparent und undemokratisch erlebt wird. Der Eindruck entsteht: Es herrscht Befremden im Umgang mit dem Politischen.

Zu einer ganz anderen Diagnose gelangt hingegen die Parlamentarismusforschung, die sich seit den 90er Jahren verstärkt mit der Struktur des politischen Alltags auseinandersetzt. Nicht die Anhäufung schlechten bzw. unpassenden Personals und die ungenügend demokratische Prozessierung gesellschaftlicher Problemlagen stellen demgemäß das Problem dar, sondern vielmehr die extreme Beanspruchung

der politischen Akteure. Insbesondere Werner Patzelt stellt in seinen umfassenden Untersuchungen zum Alltag deutscher Abgeordneter heraus, in welchem Ausmaß diese in zeitlicher – bei 50–80 Wochenarbeitsstunden (Patzelt 1996, S. 480; Best et al. 2011, S. 174) –, inhaltlicher – erkennbar beispielsweise an den Unmengen an Texten, mit denen sie tagtäglich konfrontiert sind (Wodak 2009, S. 72) –, und auch sozialer Hinsicht – Vereinbarkeit mit Privatleben scheint nur bedingt gegeben (Best et al. 2011, S. 182; Patzelt 1996, S. 475) – beansprucht sind. Dem wissenschaftlichen Tenor nach sind die Anforderungen an die politische Praxis darüber hinaus in den vergangenen Jahren noch weiter gestiegen (Patzelt und Edinger 2011, S. 11). Mehr noch als zur Kritik fühlt man sich nach solchen Diagnosen vielleicht zur Frage veranlasst: „Why would rational and educated people apply for such a job?" (Wodak 2009, S. 74). Im Gegensatz zur öffentlichen Krisenwahrnehmung der allgemeinen Insuffizienz der gängigen politischen Praxis wird unter wissenschaftlicher Analyse derselben die krisenhaft erscheinende Struktur des politischen Alltags hervorgehoben.

Auf diese Weise wird also eine markante Diskrepanz deutlich zwischen öffentlicher Wahrnehmung und wissenschaftlicher Analyse politischer Praxis. Die folgende Untersuchung setzt, in Anschluss an differenzierungstheoretische Überlegungen, genau bei dieser Diagnose an: Anhand der Ergebnisse einer ethnografischen Parlamentsstudie auf vier parlamentarischen Ebenen in Deutschland – Bundestag, Landtag, Stadtrat, Stadtteilparlamente – wird mikroanalytisch herausgearbeitet, wie es zu einer solchen Diskrepanz kommen kann und vor allem, was sich denn nun als die eigentliche Krise des politischen Alltags beschreiben lässt: Insuffizienz oder Überlastung? Die Parlamente, als zentrale Institutionen der Demokratie und Sammelstelle eines großen Teils des politischen Personals, dienen hierbei als Untersuchungsfeld einer Frage, auf die demokratische Gesellschaften der Gegenwart immer wieder Antworten suchen müssen: Inwiefern ist Politik unter den spezifischen Bedingungen der Moderne überhaupt noch möglich?

2 Bedingungen des politischen Alltags

Möchte man eine bestimmte soziale Praxis verstehen, so muss man sich zunächst einmal die Bedingungen näher ansehen, unter denen sie operiert. In einem ersten Zugriff ist Politik, differenzierungstheoretisch verstanden als jene gesellschaftliche Sphäre, die mit der Selbstgestaltung der Ordnung von Gesellschaft befasst ist (vgl. Habermas 1998), dabei ebenso den klassischen Entwicklungen der Moderne – insbesondere Tendenzen der Rationalisierung (Habermas 1995a, S. 332 ff.) und Optionensteigerung (Beck 1994, S. 48) – ausgesetzt wie andere gesellschaftliche Teilbereiche auch. Denkt man von ihrer Genese her, so offenbart sich jedoch eine besondere Verbindung zwischen Politik und Moderne: Begreift man Politik als Modus der aktiven Gestaltung gesellschaftlicher Ordnung, so ist die Infragestellung der Naturgegebenheit aller Formen sozialer Ordnungsbildung Bedingung der Möglichkeit von Politik überhaupt (Bourdieu 2010, S. 11) – erst, wenn die gegebenen Verhältnisse nicht mehr als selbstverständlich erscheinen, tritt ja die Möglichkeit zur Beeinflussung derselben an den Horizont. Der Geburtsgedanke der Moderne, näm-

lich die Delegitimierung auf historischer Gewordenheit beruhender Gegebenheiten, ist damit zugleich die Grundbedingung der Entfesselung politischer Gestaltungsmöglichkeiten.

Dieser Zusammenhang äußert sich vor allem innerhalb der politischen Sphäre, nämlich in den Bedingungen politischer Praxis (vgl. Wodak 2009, S. 75), die von einer uneingeschränkten Freisetzung aus gesellschaftlichen Zwängen auf sachlicher, zeitlicher und sozialer Ebene zeugen (Brichzin 2016) und damit zu einer Situation der extremen Entscheidungsintensität und -kontingenz führen. So sind die politischen Akteure auf sachlicher Ebene mit einem immer weiter gestiegenen Repertoire an politisch zu bearbeitenden Sachverhalten konfrontiert (Patzelt und Edinger 2011, S. 11). Insbesondere zwei Entwicklungen sind dabei klassisch hervorzuheben (Lessenich 2008, S. 12 ff.): Zum Ersten die Ausbreitung der Wohlfahrtsstaatlichkeit, die zunehmend den Verantwortungsbereich des Staates von der bloßen Gewährleistung von Sicherheit und staatlicher Integrität auf die so viel subtilere Wohlfahrt seiner BürgerInnen ausgeweitet hat. Zum Zweiten die neuen sozialen und Umweltbewegungen der 1970er Jahre, die auch das ursprünglich nur Private (Arendt 1993, S. 36) und das ursprünglich nur Natürliche (Beck 1996, S. 20) – zwei der Politik bisher als Abgrenzung dienende Gegenbegriffe – in den Gestaltungsbereich der Politik delegieren. Damit bleibt praktisch keine Insel der sozusagen sozialen Naturwüchsigkeit mehr, die vor dem regulierenden Zugriff der Politik gefeit wäre (vgl. Beck et al. 1996, S. 9). Materiell manifestiert sich die inhaltliche Überfrachtung in einer „mass production of paper and documents" (Wodak 2009, S. 72; vgl. Freudenburg 1986, S. 319), was unmittelbar sichtbar macht: Die politische Sphäre ist durch prinzipielle thematische Allzuständigkeit gekennzeichnet. Dadurch werden die politischen Akteure mit beträchtlichen Bewältigungserfordernissen konfrontiert.

Unter anderem jene Flut an politischen Inhalten macht Zeit zum kritischen Faktor im politischen Alltag. Denn in der Folge ist der Alltag durchsetzt von Terminen unterschiedlichster Art: Von regulären Sitzungen – insbesondere Fraktions-, Ausschuss-, Arbeitskreis- und Plenarsitzungen –, über vielfältigste informelle Zusammenkünfte, persönliche Beratungen, Bürger- sowie Mitarbeitergespräche (Patzelt 1996, S. 480; Holtenkamp 2011, S. 110) bis zu öffentlichen Veranstaltungen wie etwa Diskussionsrunden, aber auch Jahreshauptversammlungen und Feierlichkeiten in Vereinen und sonstigen Zusammenschlüssen (Patzelt 1995, S. 82). Die tatsächliche inhaltliche Auseinandersetzung, etwa das Lesen von Texten, hat dann häufig nur noch abends, am Wochenende und in Transitsituationen (beim Zugfahren zum Beispiel) Platz. Jene Kombination aus dem Umfang inhaltlicher Beschäftigungserfordernis und der Vielfalt an parlamentsinternen und -externen Verpflichtungen zeigt vor allem Auswirkungen auf die Flexibilität der PolitikerInnen: In schneller Folge ist ein Sprung von Termin zu Termin notwendig – politische Akteure sind „always on the go" (Wodak 2009, S. 73).

Besondere Herausforderungen hält die politische Sphäre schließlich auch in sozialer, genauer eigentlich in normativer Hinsicht, bereit. Zwar spricht Ulrich Beck allgemein von einem „Anspruchsfeuerwerk von Allgemeinheiten und Universalismen" (1993, S. 94), welches mit der Moderne entzündet wurde. Doch während jene normativen Ansprüche im Alltag nicht selten als diffuse Zumutung erlebt werden, die mal mehr, mal weniger berücksichtigt werden müssen, ist das politische System

einer Demokratie konstitutiv an einer solchen universalistischen Idee, nämlich der Idee der Herrschaft des Volkes, orientiert. Die politischen Akteure sind daher in ihrem eigenen Alltag unausweichlich permanent mit hohen normativen Anforderungen konfrontiert (Borchert 2003, S. 164; vgl. Hitzler 1997, S. 281), zu denen sie sich verhalten müssen. Dabei haben die Akteure jedoch mit dem Umstand zu kämpfen, dass demokratische Grundkonzepte wie Volkswille und Gemeinwohl immer amorph und empirisch nie auffindbar bleiben (vgl. Schmitt 1926). Sie leiten daher allenfalls als „regulative Ideen" (Oberreuter 1979, S. 24) politische Tätigkeiten an. Öffentlich werden PolitikerInnen jedoch ganz konkret auf diese Konzepte verpflichtet, und gefühlte Nichtberücksichtigung kann dann zur Skandalisierung politischer Praxis führen.

In einem gesellschaftlichen Teilbereich also, in dem öffentlich nicht selten Verkrustung und Rückwärtsgewandtheit vermutet wird, findet die Entfesselung moderner Kontingenzlagen in ausgeprägtester Form statt. Auch an den Berufsmerkmalen, die sich durchaus als prekär bezeichnen lassen – immerhin bildet die Möglichkeit der Abwahl den latenten Horizont vieler politischer Positionen (Marschall 2005, S. 106 f.) – bestätigt sich diese Diagnose nochmals. Geht man nun davon aus, dass diese Verhältnisse die ihnen gemäßen Individuen hervorbringen, korrespondiert also die politische mit der individuellen Disposition, so gelangt man zu einer Annahme, die ganz im Gegensatz steht zu jener ersten Intuition: PolitikerInnen lassen sich als Extremtypen moderner Individuen betrachten. Wohlgemerkt: Modern ist hier keinesfalls im alltagssprachlich häufig insinuierten Sinne von „gut" zu verstehen, sondern im Sinne der enormen Unsicherheits- und Entscheidungserprobtheit, wie sie sich bei politischen Akteuren findet.

3 Lebenswelt vs. System oder Lebenswelt im systemischen Kontext?

Warum aber sollte man den Blick überhaupt auf die Individuen und ihre Handlungsbedingungen richten, wie sie in der politischen Sphäre der Gesellschaft herrschen? Wird nicht gerade die Politik von einer systemischen Eigenlogik bestimmt, die den Wirkungsraum der einzelnen politischen Akteure so weit beschränkt, dass von individuellem Einfluss nicht die Rede sein kann? Bei Niklas Luhmann wird Politik diesem Gedanken entsprechend zu einem – durch das politische Leitmedium Macht integrierten – kommunikativen Wechselwirkungsprozess, in dessen Folge sich durch Bewährung systemische Wechselwirkungsroutinen herausbilden (1987, 60 ff.). Und auch bei Jürgen Habermas verlieren Individuen, die in der Lebenswelt und den dort stattfindenden interaktiven Verständigungsprozessen nach wie vor verankert sind (1995b, S. 182 ff.), in solchen Systemen ihre Stellung, die sich durch ihre (einseitig Rationalitätspotentiale erschließende) Ausdifferenzierung von lebensweltlichen Verständigungsbedingungen auszeichnen (ebd., S. 230). Im durch administrative Macht verfahrensförmig strukturierten politischen System treten die einzelnen Akteure als relevante Faktoren nicht mehr in Erscheinung. Lebenswelt und System werden einander als grundsätzlich verschiedene Sozialitätsformen gegenüber gestellt (Strecker 2009, S. 226; vgl. Hitzler und Honer 1984, S. 57).

Geht man von einer derart strikten Gegenüberstellung aus, so kann man darin mit Habermas auch das größte Potential für Krisen – im Sinne der Bestandsgefährdung (Habermas 1973) von Demokratie – erkennen: Der eigenlogische politisch-administrative Prozess muss durch die kontinuierliche Rückbindung an deliberative Verständigungsprozesse, insbesondere im Rahmen funktionierender Öffentlichkeiten, gezähmt und als Volksherrschaft legitimiert werden (Habermas 1998, S. 225). Diese Rückbindung soll dabei durch geeignete rechtsstaatliche Verfahren gewährleistet werden (ebd., S. 169), die entsprechend die Hauptlast der Vermeidung einer „Kolonialisierung der Lebenswelt" tragen. Blickt man jedoch allein auf Verfahren – die im Übrigen auch im Zentrum politischer Reformbemühungen stehen (vgl. Marschall 2002) –, um die Stellung des Politischen in der Gesellschaft zu justieren, so abstrahiert man stark von den praktischen Bedingungen von Politik: Man überschätzt auf der einen Seite die Leistungsfähigkeit von Verfahren, die soziale Prozesse nicht programmieren können. Auf der anderen Seite aber unterschätzt man vor allem den Beitrag der politischen Akteure und ihrer Praxis. Der gegenwärtig größte blinde Fleck systemischer Perspektiven auf Politik – ebenso wie klassischer institutionentheoretischer Zugänge aus der Politikwissenschaft – findet sich aus meiner Sicht genau an diesem Punkt: in der Abstrahierung von der Bedeutung politischer Akteure für den politischen Prozess.

Menschliche Akteure sind Träger sozialer Prozesse – auch dann, wenn diese systemisch strukturiert sind. Ohne dass damit die Vorstellung einer irgendwie intentionalen Steuerbarkeit impliziert wäre, steht dahinter die schlichte Feststellung: Menschen müssen etwas tun, sonst tut auch das System nichts. Die Lebenswelt – verstanden als basale Ausdeutung der Welt, als Handlungshintergrund und „unbefragter Boden der natürlichen Weltanschauung" (Schütz und Luckmann 2003 [1975], S. 29) – stellt dabei die unabdingbare Voraussetzung menschlichen Handelns dar. Dieser lebensweltliche Hintergrund bildet also die Bedingung der Möglichkeit menschlicher Aktivität, er stattet die Akteure mit (impliziten) Wissensressourcen aus und befähigt sie so, sich in den sozialen Prozess einzubringen. Geht man hingegen analytisch von einer Trennung von Lebenswelt und System aus, so führt diese Vorstellung zur Einnahme eines mechanistischen Blicks auf systemische Prozesse. Entweder sieht man dann komplett von der Beteiligung der Akteure ab (was zu einem deutlich unterkomplexen Bild von Politik führen würde) oder aber man unterstellt, dass sich das lebensweltlich angeleitete Tun durch das Einsetzen von Verfahren aushebeln lässt. Vor dem Hintergrund des Wissens um die spezifische Beschaffenheit der parlamentarischen Handlungsbedingungen – mit ihren wie dargestellt extremtypisch modernen Überfrachtungslagen in sachlicher, zeitlicher und sozialer Hinsicht –, welche die permanente Reaktion der ParlamentarierInnen erfordert und zugleich eine enorme Quelle sozialer Unberechenbarkeit darstellt, erscheint dies als wenig plausibel. Plausibler wird demgegenüber die Vorstellung, dass sich die Wirkungsweise von Verfahren erst dann tatsächlich adäquat verstehen lässt, wenn man ihre Einbettung in die konkreten lebensweltlichen Bedingungen nachvollzogen hat. Ich gehe daher im Folgenden von der Annahme aus, dass es einen signifikanten Einfluss auf den politischen Prozess hat, unter welchen Bedingungen das politische Personal agiert. Die These lautet: Nicht (nur) die Diskrepanz zwischen System und Lebenswelt ist

Entstehungsgrund demokratischer Krisen, auch die lebensweltlichen Bedingungen politischer Tätigkeit können deren Quelle sein.

Dabei gehe ich mit Benita Luckmann (1970) davon aus, dass sich die Lebenswelt der Moderne in vielfältige lebensweltliche Bereiche – „small life-worlds" – aufspaltet, in denen es gelingt, jene handlungserforderliche Selbstverständlichkeit herzustellen, welche außerhalb von ihnen abhandengekommen ist. Die Ausbildung solcher distinkten Bereiche erscheint gerade dort als wahrscheinlich, wo das Soziale in einer Weise organisiert ist, die vom Alltagsgeschehen stark abweicht. Folgt man Habermas, so müsste dies in systemischen Kontexten der Fall sein. Dabei geht die Idee eines differenten lebensweltlichen Hintergrundes der politischen Sphäre gegenüber der Alltagswelt noch über die Vorstellung der Koexistenz unterschiedlicher Sinnwelten hinaus: Mit dem Übergang von einer Sphäre in die andere ändert sich dann nicht nur die Bedeutungsordnung der (materiellen wie ideellen) Gegenstände, mit denen man es dort zu tun hat. Es ändern sich vor allem die Grundstrukturen gesellschaftlicher Wahrnehmung, und dies insbesondere in zeitlicher (Schütz und Luckmann 2003 [1975], S. 81 ff.), sozialer (ebd., S. 98 ff.), räumlicher (ebd., 2003, S. 71 ff.; die räumliche Dimension muss in der weiteren Ausarbeitung leider weitgehend unberücksichtigt bleiben) und sachlicher Hinsicht (ebd., S. 147 ff.). Auf dieser Ebene müssen sich also empirisch Differenzen erkennen lassen, hält man die spezifische Gestalt der politischen Lebenswelt für einen Erklärungsgrund demokratischer Krisenphänomenen.

Der Fokus auf die lebensweltlichen Bedingungen der politischen Akteure bedeutet also letztlich eine Erweiterung des analytischen Gesichtsfeldes: Statt hauptsächlich die Wirkungskarriere politischer Ereignisse im Blick zu haben wie unter systemischer Perspektive, oder vor allem die normativ adäquaten Genesebedingungen wie im Habermas'schen Ansatz, lässt sich damit auch die praktische Genese solcher Ereignisse in die Betrachtung mit einbeziehen und prüfen, ob sich nicht genau in jenen lebensweltlichen Bedingungen unerwartete Probleme verbergen, die von außen kaum einsehbar sind.

4 Das Potential ethnografischer Politikforschung

Bisher gibt es nur wenige empirische Studien, die instruktiv über die lebensweltliche Struktur des politischen Kontexts Auskunft geben können. Am ehesten ist dies noch im Bereich der Parlamentsforschung der Fall (Busby 2013, S. 95), an die ich mit meiner Studie anschließe. Bereits die speziellen Bedingungen des politischen Alltags gehen besonders aus den bisher zahlenmäßig noch überschaubaren ethnografischen Parlamentsstudien hervor (Fenno 1978; Schöne 2010; Wodak 2009; Nullmeier et al. 2003; Scheffer 2015), da diese sich explizit für die alltagsweltlichen Routinen und die praktischen Deutungen der Akteure interessieren (Schöne 2010, S. 15). Im Allgemeinen herrschen jedoch in der Beforschung des Parlaments Zugänge vor, welche den Beitrag der sich im Parlament bewegenden Menschen ausblenden. Dies ist, wie oben dargestellt, bei systemischen Zugängen der Fall, in der Konsequenz ganz ähnlich zeigt sich dies aber auch bei den verbreiteten institutionentheoretischen Ansätzen, bei denen die parlamentarischen Akteure allenfalls

in der Rolle als demokratische RepräsentantInnen (vgl. Pitkin 1967) – also sozusagen als PlatzhalterInnen eines nie völlig zu materialisierenden Volkswillens – ins
Bild bzw. eigentlich gerade nicht ins Bild treten (vgl. Patzelt 1993). Und selbst
dort, wo das Forschungsinteresse praktischer wird, geraten die parlamentarischen
Akteure mit ihrer spezifischen lebensweltlichen Situiertheit aus dem Blickfeld: Im
Zentrum des Interesses stehen dann entweder prominente Entscheidungsarenen wie
etwa das Plenum oder aber besonders aufsehenerregende Themen, die große gesellschaftliche Kreise gezogen haben – das politische „business as usual" bleibt außen
vor. Man könnte in der Betrachtung politischer Prozesse von einem „Big Decision-Bias" sprechen (Brichzin 2016), der im Zusammenspiel mit der theoretischen
Abschaffung des politischen Individuums zu einer drastischen Vereinseitigung des
wissenschaftlichen Bildes von Politik führt. Gerade die ethnografische Beforschung
der Parlamente kann hier Abhilfe schaffen.

In der ethnografischen Untersuchung deutscher Parlamente in den Jahren 2012 bis
2014, auf der die im Folgenden präsentierten Ergebnisse beruhen, wurde versucht,
diese Verkürzungen zu vermeiden: Hier wurden Abgeordnete auf unterschiedlichen
parlamentarischen Ebenen (siehe Tabelle) jeweils über eine Arbeitswoche hinweg
beim gesamten Spektrum ihrer Arbeitstätigkeit begleitet. Aus Beobachtungsgele-
genheiten verschiedenster Art – in Plenarsitzungen, Ausschüssen, Fraktionen, Ar-
beitsgruppen, Partei- und Öffentlichkeitsveranstaltungen, bei informellen Abspra-
chen und Beratungsgesprächen etc. – sind Beobachtungs- und Gesprächsprotokolle
entstanden sowie darüber hinaus Interviews mit den begleiteten Abgeordneten, in
denen sie ihren politischen Alltag aus ihrer Sicht schildern.

Abgeordnete/r (anonym.)	Parlament	Politischer Status	Interviews	Protokolle (Beob.)	Protokolle (Gespräch)	Dokumente
Herr Adam	Kommunal	Regierung	2	8	–	5
Herr Bertram	Kommunal	Opposition	2	8	4	6
Frau Christl	Stadtrat	Regierung	2	15	2	9
Herr Decker	Landtag	Opposition	2	19	3	18
Frau Eck	Landtag	Regierung	2	14	1	3
Herr Fischer	Stadtrat	Regierung	1	5	–	7
Herr Günther	Bundestag	Opposition	–	19	3	8

Das Material wurde unter pragmatischer Anwendung der dokumentarischen Methode (Bohnsack 2008) ausgewertet[1]. Die so hervorgebrachten qualitativen Ergebnisse ermöglichen Theoriebildung in einem Bereich, der theoretisch bisher noch
wenig erschlossen ist: der Frage nach der Gestalt parlamentarischer Lebenswelt.

---

[1] Das gesamte Datenmaterial wurde nach Maßgabe des § 40 Bundesdatenschutzgesetz anonymisiert. Im
Sinne der Verhinderung einer Rückverfolgbarkeit personaler Identitäten wurden Namen geändert, Gremien
anonymisiert, die Inhalte parlamentarisch behandelter Themen abstrahiert und zufällig die Geschlechtszu-
schreibung agierender Personen gewechselt.

5 Die parlamentarische Lebenswelt

Empirisch geht es nun also darum, die einleitend aufgeworfene Frage zu erörtern: Sind es die politischen Akteure im Parlament, die sich in einer Weise demokratisch insuffizient verhalten, dass sie Fehlsteuerungen eines an sich funktionsfähigen Systems erwirken? Oder ist es gerade die Überlastung eben jenes Systems – in inhaltlicher, zeitlicher und sozialer Hinsicht – welches die politischen Akteure in der Moderne vor kaum mehr bewältigbare Aufgaben stellt? Die Ergebnisse der Datenanalyse vor dem Hintergrund dieses Erkenntnisinteresses stelle ich nun folgend dar.

5.1 Jetzt empirisch: Welche Krise?

Zunächst einmal stellt sich überhaupt die Frage: Wo im politischen Alltag begegnen uns Krisen? Die erste Krise, die sich ausmachen lässt, ist die Krise der den parlamentarischen Alltag ethnografisch Beforschenden. Zwar ist dies natürlich ein nicht untypischer Effekt des ethnografischen Forschungsstils: Die Notwendigkeit zur Selektion aus der Fülle der unmittelbaren Eindrücke wirkt zunächst einmal immer überfordernd. Im Falle der Begleitung von parlamentarischen Abgeordneten steigert sich dies jedoch bis zu einem Punkt, wo man mitunter auch an körperliche Grenzen gelangt:

> Indem ich Herr Günther begleite, fällt mir vor allem eines auf: Ich muss mir wirklich Mühe geben, um mit seinem Tempo mithalten zu können. Erwische ich ihn nicht genau dann, wenn er gerade einen Sitzungsraum verlässt, um zu einem anderen Termin zu gelangen, so droht mir, den Anschluss zu verlieren. Da die Termine Schlag auf Schlag folgen bzw. nicht selten auch überlappend gelegt sind, wartet der Abgeordnete nicht. [...] Ich hetze also immer hinter seinen ausladenden Schritten her. [...] Abends, wenn der Tag nicht selten nach einem fast durchgängigen Pensum an Terminen, Sitzungen, Besprechungen um 22, 23 Uhr endet, kann ich nur noch ins Bett fallen und hoffen, dass ich vielleicht am nächsten Tag dazu kommen werde, noch die ein oder andere besondere Beobachtung des Tages zu notieren – sofern ich sie im zu erwartenden Trubel des kommenden Tages nicht sowieso wieder vergesse. (Günther Beob16)

Für jemanden, der diesen Alltag mit seinen schnellen Sprüngen zwischen Themen, Orten und Beteiligten nicht gewohnt ist, ist kaum nachvollziehbar, wie man sich dieser Situation tagtäglich aussetzen kann und wie es darüber hinaus gelingt, diese auch tagtäglich mehr oder weniger gut zu bewältigen. Denn: Dass sich die parlamentarischen Akteure mehrheitlich um eine gute Bewältigung ihrer Aufgaben zumindest bemühen, steht nach den mehrwöchigen Begleitungen und der damit einhergehenden Beobachtung unterschiedlichster Akteure außer Frage. Anders lassen sich die routinisierte Selbstüberforderung durch permanente Aktivität sowie das reflektierte Bemühen um Auseinandersetzung mit BürgerInnen, wie es häufig anzu-

Springer

treffen ist (z. B. Adam Inf5[2]; Bertram Ver8; Decker OV2; Eck Inf6; Fischer Ver4; Günther Ver8), schwerlich begreifen. Und auch die emphatische Beschreibung der Berufung zur eigenen Aufgabe ist auffällig. So meint etwa Herr Decker auf die Frage, wie er seine Arbeit versteht:

> Ich habe es eigentlich immer verglichen mit jemandem, der irgendwas Neues entwickeln möchte, also eine neue Entwicklung machen möchte. Sei es jetzt, man braucht eine bessere Maschine irgendwas: Der ist ja mit irgendwas nicht zufrieden und forscht dran das besser zu machen (Decker Int1 Z143 ff.).

Herr Adam begeistert sich gleichermaßen für seine politische Aktivität als Tätigkeit, mit der *„man wirklich bisschen auch etwas gestalten kann"* (Adam Int2 Z1604 ff.). So kann Frau Eck letztlich zu dem Schluss kommen:

> [...] also ich gebe zu, als ich in [das Parlament] reingekommen bin, hatte ich da ein bisschen ein anderes Bild davon, wie viele da wirklich fleißig sind, und kann heute sagen, quer über alle Parteien, dass da Massen an sehr, sehr fleißigen Abgeordneten [sind] (Eck Int1 Z1075 ff.).

An dieser Stelle bestätigen sich die Einschätzungen aus den Reihen der Parlamentsforschung: „Die Abgeordneten sind zweifellos um vieles besser als ihr Ruf" (Patzelt 1996, S. 499; vgl. Palonen 2011, S. 67).

Aus der Perspektive der Praxisbeobachtung lässt sich also die These der insuffizienten, durch untätiges und unfähiges Personal angeleiteten Praxis in dieser Form kaum aufrechterhalten. Doch auch die zweite These, dass nämlich der Alltag aufgrund von Überforderungslagen von einer Krise in die nächste schliddert, lässt sich anhand des Datenmaterials kaum bestätigen. Natürlich gibt es Hinweise darauf, dass ihr politischer Alltag für parlamentarische Abgeordnete mitunter zum Bestandsproblem wird: Gerüchte um hohe AlkoholikerInnenquoten halten sich beständig, und auch während der Studie bestätigt sich, dass das Privatleben der Abgeordneten leidet. Herr Adam meint dazu lapidar: *„Das heißt, Familienleben oder so etwas ist dann im Prinzip nicht"* (Adam Int1 Z82). Dennoch gestalten sich die Interviews mit den Abgeordneten keinesfalls als Krisenerzählungen – im Gegenteil, die meisten der Befragten sprechen Probleme ihres Alltags von sich aus kaum an. Und auch bei der Begleitung sind wirklich kritische Momente Mangelware. Dass Abgeordnete mit ihrem Alltag kämpfen, deutet sich allenfalls indirekt an – etwa wenn Herr Decker ins Nachdenken kommt:

> Ich habe mir oft überlegt, also wenn man so die letzten drei Jahre zurückschaut, was so läuft, was auch nicht so gut läuft – mir fällt ehrlich keine bessere Form ein, wie man sozusagen ein Land so ... das muss man auch dazu sagen. Also es ist die praktikabelste Form, die wir kennen, bis jetzt. Und hat sich ja auch in vielen Sachen gut bewährt, das muss ich auch sagen (Decker Int1 Z165 ff.).

---

[2] Zur leichteren Zuordnung haben die einzelnen Beobachtungsprotokolle Kürzel erhalten, die auf den Kontext ihrer Entstehung hindeuten. So steht „Inf" für ein informelles Treffen des begleiteten Abgeordneten, „Ver" steht für eine größere Öffentlichkeitsveranstaltung, „OV" steht für ein Treffen eines lokalen Parteiverbands. Weiter unten tauchen noch auf: „Ple", was für Plenarsitzung, „Fra", was für Fraktionssitzung, „Ort", was für Ortstermin und „Aus", was für Ausschusssitzung steht.

Wenn die Abgeordneten auf Probleme zu sprechen kommen, so dreht es sich – viel häufiger als um den anspruchsvollen Alltag selbst – um BürgerInnen und deren fehlendes Verständnis für eben diesen Alltag. Frau Eck reflektiert folgendermaßen: *„Und ich denke, genau das ist das Problem: dass man weder weiß was die Leute tun, noch wer das alles ist, der da was tut, ja?"* (Eck Int1 Z1083 f.). Sie illustriert anhand des Beispiels eines ihrer ehemaligen Praktikanten:

> Und der hat, als er dann das Praktikum mitgemacht hat, gesagt, er hätte sich niemals vorstellen können, dass das Politik ist. Weil ihm der Alltag so gar nicht klar war. Und das ist das, was aber auch zeigt, wieso, wieso die Brücke zum Bürger oft nicht so gelingt, weil das, was wir tun, schon nicht mal dem Politologiestudenten bekannt ist, ja? (Eck Int1 Z622 ff.).

Dieser Problematisierung des Kontakts mit BürgerInnen entsprechend finden sich in den Beobachtungsdaten tatsächlich vor allem dort Sequenzen, die als Krisenszenen gedeutet werden können, wo PolitikerInnen und BürgerInnen aufeinandertreffen. Erkennbar wird dies etwa bei einer typischen öffentlichen Informationsveranstaltung zu einem örtlichen Bauvorhaben:

> Es sind viele BürgerInnen gekommen – zu größeren Teilen sind darunter AnwohnerInnen der Straße, um deren Umbau es heute geht. Zunächst verläuft die Veranstaltung ruhig, die VertreterInnen aus Politik und Verwaltung schildern den aktuellen Stand des Projekts, seine Probleme und die Zeitschiene. Als dann die Möglichkeit zu Rückfragen von Seiten der BürgerInnen besteht und einer der FragestellerInnen sich erkundigt, ob denn nun aufgrund der Umbauten die für den Autoverkehr befürchteten Nachteile entstünden, hebt bei einem größeren Teil des Publikums lautstarkes Klatschen an – es handelt sich um eine Frage, die bereits im Vorfeld heiß diskutiert worden war. Darauf meint eine für das Projekt verantwortliche höhere Verwaltungsbeamtin, das sei eben immer eine Frage der Interessensabwägung (in diesem Fall zwischen AutofahrerInnen und Naherholungssuchenden), sie sehe momentan keine Veranlassung, an der getroffenen Entscheidung zugunsten der Beeinträchtigung des Autoverkehrs zu rütteln. Im Publikum kommt es daraufhin zu Aufruhr, Pfiffe ertönen, vereinzelt wird gebuht, vereinzelt aber auch geklatscht. In einem weiteren Wortbeitrag, diesmal von einem Oppositionspolitiker, wird dramatisch appelliert, man könne nicht einem ganzen Viertel die „Lebensader" kappen. Als der Sitzungsleiter, selbst Politiker, daraufhin zu schlichten versucht, ertönt der Zwischenruf einer Bürgerin: „Das funktioniert nicht!". Der Sitzungsleiter greift diesen Zwischenruf auf, er betont, dass man nach einem gangbaren Kompromiss suche und dazu auch die Anregungen der BürgerInnen mit einbeziehen wolle. Erneut ein Zwischenruf von Bürgerseite: „Dann nehmen Sie uns auch ernst!". Daraufhin erwidert der Sitzungsleiter mit leiser, ruhiger Stimme: „Das tun wir, das tun wir." Die Diskussion läuft im Anschluss vergleichsweise ruhig weiter. (Adam Inf5).

Letztlich eskaliert die hier geschilderte Situation nicht, den politischen und administrativen VertreterInnen gelingt es am Ende glaubhaft zu versichern, dass sie sich erneut ernsthaft mit dem für einen Teil der BürgerInnen offenbar gewichtigen

Problem befassen werden. An anderen Stellen ist dies mitunter weniger der Fall, trotz Einhaltung vorgeschriebener Verfahrenswege. Herr Fischer erzählt von einem weiteren Bauvorhaben:

> Als da die Bauarbeiten [...] beginnen sollten, haben sich Anwohner in einem Ton zu Wort gemeldet, das gibt's einfach gar nicht, ja (Fischer Int1 Z286 ff.).

Die Bürgerinterventionen werden hier als völlig unverhältnismäßig dargestellt:

> Also da geht's dann wirklich um einen Hinterhof, in dem drei Bäume stehen oder so, und die haben geschrien, die haben Flugblätter verteilt mit Beschimpfungen des [Parlaments] und sonstwas, ja (Fischer Int1 Z287 ff.).

Hier prallen Politik und Öffentlichkeit in einer Weise aufeinander, die durchaus als kritisch beschrieben werden kann – kritisch insbesondere im Hinblick auf den Bestand von Demokratie, welche, wie Habermas betont, auf eine vitale Verbindung politischer und öffentlicher Prozesse angewiesen ist. Aber was ist hier das Problem? Geht man wie oben davon aus, dass PolitikerInnen im Allgemeinen weder unwillig (was in der vorangegangenen Beobachtungsszene ja durch die BürgerInnen unterstellt wird) noch unfähig sind, mit einem solchen Sachverhalt adäquat umzugehen – warum prallen dann Öffentlichkeit und Politik immer wieder in dieser Weise aufeinander? Handelt es sich tatsächlich vor allem um ein Problem des Verfahrens, welches den Kontakt zwischen PolitikerInnen und BürgerInnen nicht in geeigneter Weise regelt? Auf der Basis meiner Daten komme ich zu einem anderen Ergebnis: Die Vermutung ist, dass an solchen Stellen des Kontakts zwischen Politik und Öffentlichkeit die Diskordanz der alltäglichen und der politischen Lebenswelt sichtbar wird, die für die BürgerInnen jedoch außerhalb ihrer Erfahrungsgrenzen liegt. Jene Diskordanz zeige ich nun folgend, wiederum in Hinsicht auf die zeitliche, die sachliche und die soziale Dimension der Lebenswelt, auf.

5.2 Die Zeitordnung im Parlament

Eine der zentralen Bedingungen des politischen Alltags ist, wie oben dargestellt, dessen Überflutung mit Themen ganz beliebigen Zuschnitts – die ParlamentarierInnen können als generalisierte gesellschaftliche AnsprechpartnerInnen betrachtet werden. Dieser Umstand bestimmt in massiver Weise die Gestalt der parlamentarischen Lebenswelt in zeitlicher Hinsicht, denn hier bewegt man sich ganz im Takt jener mitunter vollständig disparaten Themen:

> Wenn ich mir so einen Tag anschaue, dann gehe ich in eine Schule, rede mit den Lehrern. Eine Stunde später sitze ich bei einem Großkonsortium Unternehmen X, keine Ahnung. Danach gehe ich in einen Wald und schaue mir den neuen Waldweg an. Fahr danach zur Umgehungsstraße, und dann gehe ich zu Herrn Jöpp, weil er die Besprechung der Frauen hat, wo es darum geht, wie wir mehr Frauen gewinnen. Also, ja? Die Themen, also – schwierig finde ich [...] die Schnelligkeit, wie wir umschalten müssen, ein komplett anderes

Thema. Das ist das Schöne. Also es ist das Schöne, es macht das – genau deswegen macht es so viel Spaß. Und das ist das Anstrengende, sich sofort zu switchen (Eck Int1 Z561 ff.).

Diese Primärerfahrung der Notwendigkeit zum ständigen, nicht selten übergangslosen Umschalten zwischen Sachverhalten, Personen, Orten und mitunter auch Arbeitsweisen bleibt in den meisten Untersuchungen aufgrund des gewählten Studiendesigns – orientiert an einem gewichtigen Thema oder einer bestimmten Arena – verdeckt, obwohl sie sich schon bei der Betrachtung der meisten Plenartagesordnungen, verstanden als Leitdokument des parlamentarischen Alltags, erahnen lässt (TO DePle11; TO FiPle3; TO AdPle7). Die politischen Themen treten hier also als Taktgeber eines von schnellen Wechseln gekennzeichneten Tätigkeitsrhythmus in Erscheinung. Bereits an dieser Stelle wird eine Verkehrung von alltäglicher und parlamentarischer Zeitordnung erkennbar: Während man sich in der Alltagseinstellung an der zur Verfügung stehenden Zeit orientiert, um die Anzahl der bewältigbaren Themen (oder Termine oder Ereignisse) zu bestimmen, richtet man sich im Parlament vom Prinzip her nach der Anzahl der Themen, um die dafür aufzuwendende Zeit zu bestimmen.

Daraus folgt, dass für die große Menge an für die Gestaltung der Lebensverhältnisse (bzw. die eigene Positionierung) momentan als weniger wichtig erachteten Themen – ich nenne sie Marginal- gegenüber Resonanzthemen – Zeit zum absolut kritischen Faktor avanciert. Das geht so weit, dass sich bezüglich des Zeitbedarfs bei Marginalthemen regelrecht Normen herausbilden, deren Einhaltung eingefordert wird:

Beim nächsten Tagesordnungspunkt der Fraktionssitzung gibt es einige Wortmeldungen, woraufhin die Vorsitzende mit schmerzverzerrtem Blick sagt, nein, also zu diesem Punkt gebe es doch jetzt keine 6 Wortmeldungen! (Eck Fra14 Z214 ff.)

Bei der Berichterstattung zu einem Tagesordnungspunkt der Ausschusssitzung betont die zuständige Abgeordnete nicht nur eingangs, dass sie ihren Vortrag kurz machen werde, sie meint auch im Anschluss: Sie glaube, sie habe es wirklich kurz gemacht. (Eck Aus15 Z48 ff.)

Dies umfasst auch die Norm der Ideologievermeidung, denn ideologisch-konfrontative Auseinandersetzungen sind immer zeitintensiv, und hohen Zeitaufwand gilt es ja bei Marginalthemen gerade zu vermeiden:

Es geht um ein Thema der regionalen Wirtschaftsförderung, das nun bereits seit einigen Minuten im Ausschuss diskutiert wird. Zwei regionale Abgeordnete unterschiedlicher Parteien sind sich in die Haare geraten – der Vorsitzende schaltet sich jedoch ein: Man wolle keinen Streit darum, wer in der Sache mehr unternommen habe als die anderen. Diese Diskussion „tut uns nicht gut". (Decker Aus14 Z214 ff.)

So bewahren sich die Abgeordneten bezüglich der inhaltlichen Behandlung eines Themas ein beträchtliches Maß an Offenheit, das durch die meist nur wenig intensive innerfraktionelle Diskussion weiter begünstigt wird. Diese Offenheit ermöglicht es den Abgeordneten – an jenen Stellen, an denen nicht von vornherein Konsens oder unproblematischer Dissens herrscht –, sich in der gemeinsamen Beschäftigung mit den jeweiligen Themen spontan-induktiv auf eine Verfahrensweise festzulegen:

> Es geht um eine Petitionssache: Ein Landwirt hat ohne Genehmigung ein Gebäude auf seinem Grund errichtet, das sowohl landwirtschaftlich als auch gewerblich genutzt wird. Gemäß einem Behördenbescheid soll er das Gebäude nun abreißen, denn der genehmigungsfreie Bau bei vorrangig gewerblicher Nutzung ist illegal. Dagegen wendet sich der Landwirt nun an das Gremium. Hier muss man nun im Endeffekt entscheiden: Wird das Gebäude vorrangig gewerblich genutzt oder vorrangig landwirtschaftlich? Darf es stehen bleiben oder nicht? Durch induktives Einfühlen in die Themengeschichte (statt akten-basierter Einarbeitung) und in Absprache mit ebenfalls mit dem Fall betrauten KollegInnen spitzt die Berichterstatterin den Fall auf die – nun entscheidbare – Frage zu: Kann das auf dem Hof vorhandene große landwirtschaftliche Fahrzeug auch anderweitig untergestellt werden oder nicht? Im zuständigen Ausschuss werden ad hoc noch weitere Argumente generiert: Der Abriss des Vorhandenen könne den Gewerbetreibenden möglicherweise in den Ruin treiben, außerdem sei dessen Gewerbe doch prinzipiell förderungswürdig. Auch wenn diese Argumente in eine andere Entscheidungsrichtung weisen als die Zuspitzung der Berichterstatterin – ein mittlerweile vorliegendes Gutachten kommt zu dem Urteil, dass sich das besagte Fahrzeug auch anderweitig unterstellen lässt – werden sie nicht weiter verfolgt. Die Abstimmung erfolgt in einer Situation nach wie vor herrschender beträchtlicher Unklarheit, aber mit einem funktionierenden Argumentationsgang und einer abgelaufenen Diskussion im Rücken. (Eck Ort1, Aus16)

Die Befassung mit Marginalthemen zeichnet sich also durch den ad-hoc-Stil der Generierung von Argumenten, selektive Bezugnahme auf Informationsquellen und die spontane Zuspitzung auf Entscheidungsalternativen aus. Nicht kleinteiliges Wissen (etwa im Stil eines mit der Sache betrauten Verwaltungsmitarbeiters), sondern prinzipielle thematische Vertrautheit ist Ergebnis der Auseinandersetzung, deren eigentliches Ziel die möglichst schnelle und reibungslose, aber doch durch nachvollziehbare Diskussion legitimierte Entfernung eines Themas von der Tagesordnung ist. Die Themenabfertigung gehört damit wie selbstverständlich zum Repertoire parlamentarischer Tätigkeiten und wird weder hinterfragt noch viel thematisiert. Während also in der Alltagshaltung derart systematisch an möglichst minimalem Zeitverbrauch orientierte Beschäftigungsweisen maßgeblich wohl nur in Situationen sich anbahnender Krisen angewandt werden, ist sie für die parlamentarischen Akteure zur permanenten, routinemäßig eingesetzten Strategie der Krisenvermeidung geworden. Dies wird in folgender Beobachtungssequenz nochmals sichtbar:

> Bisher ist es hoch hergegangen in der Ausschusssitzung, es wurden sehr kontroverse Themen verhandelt und ganz ähnlich gelagerte Themen stehen noch

auf der Tagesordnung. Doch die Zeit ist weit fortgeschritten, es nähert sich das veranschlagte Ende der Sitzung, und alle Abgeordneten haben Anschlusstermine. Dennoch möchte man noch schnell einen extra zum Thema angereisten Bürgermeister zu Wort kommen lassen. Als dieser sich jedoch anschickt, ausschweifend das bisherige Vorgehen der Regierung zu kritisieren, wird er vom Vorsitzenden, einem Angehörigen der Oppositionspartei, sofort unterbrochen: „STOPP!". Ab diesem Zeitpunkt fallen nur noch die nötigsten Worte, Konflikt entsteht nicht mehr, schnell wird abgestimmt. Auch zu den letzten (durchaus ebenfalls kontrovers angelegten) Tagesordnungspunkten äußert das Gremium nur noch die allernötigsten Informationen, sie werden im „Schnelldurchlauf" abgestimmt. (Eck Aus15)

Die im Laufe der politischen Erfahrung zu erwerbende Fähigkeit, Themenabfertigungen möglichst erfolgreich zu bewerkstelligen, dürfte damit der zentrale Grund sein, warum für die parlamentarischen Akteure ihr herausfordernder Alltag nicht zur permanenten Krisenerfahrung wird. Aufgrund des oben bereits angesprochenen „Big Decision-Bias" bleibt diese Strategie in den meisten Untersuchungen des parlamentarischen Geschehens allerdings trotz ihrer immensen Bedeutung unsichtbar.

Die Zeitordnung der parlamentarischen Lebenswelt ist also gegenüber der alltäglichen Lebenswelt durch eine Verkehrung des Verhältnisses von Zeit und Sache gekennzeichnet: Wo sonst in der Regel die Themen der Zeit folgen, geben hier die Themen den Takt an, an den dann die zeitlichen Verhältnisse mittels des Befassungsstils der Themenabfertigung angepasst werden müssen. Von den Akteuren ist damit die von außen kaum nachvollziehbare Flexibilität gefordert, sich von einem Moment zum anderen auf einen komplett neuen Sachverhalt einzustellen – und dies nicht selten, ohne Gelegenheit zur Vorbereitung zu haben.

5.3 Die Relevanzordnung im Parlament

Als generalisierte gesellschaftliche AnsprechpartnerInnen sind die politischen Akteure im Parlament also zuständig für all jene Sachverhalte, mit denen sie eben im Sinne der Gestaltung gemeinsamer Lebensverhältnisse betraut sind. Relevant werden können damit beliebig viele und beliebig unterschiedlich gelagerte Themen, denen zumindest ein gewisses Maß an Aufmerksamkeit gewidmet werden muss. Entsprechend lässt sich die generalisierte Relevanzhaltung der parlamentarischen Akteure von der involviert-singularisierten Relevanzhaltung der Alltagseinstellung unterscheiden.

Dies wird vor allem im direkten Vergleich der Relevanzhaltungen von BürgerInnen und ParlamentarierInnen erkennbar. So verlassen etwa BürgerInnen nach Behandlung ihres eigenen Anliegens meist recht schnell die von ihnen besuchte Sitzung (Eck Aus15). Mitunter kommt es auch vor, dass BürgerInnen unleidig werden, wenn ihr Thema erst spät diskutiert wird oder wenn andere Tagesordnungspunkte viel ausführlicher diskutiert werden als das eigene Anliegen. Während also ParlamentarierInnen notwendigerweise für möglichst viele Themen aus ihrem breiten Spektrum zumindest ein mildes Interesse aufbringen müssen, besitzen BürgerInnen meist nur wenige Relevanzschwerpunkte. Anderes lassen sie daneben häufig kaum mehr zu,

zumindest aber können sie die generalisierte (und dadurch mitunter auch die emotionale Involviertheit puffernde) Relevanzordnung der sie vertretenden Abgeordneten nicht verstehen:

Eine Ausschusssitzung schreitet voran, nach Abhandlung einiger Tagesordnungspunkte kommt man zu den Petitionsfällen. Es entsteht nun einige Bewegung: Es strömen viele BürgerInnen in den Raum, wohingegen einige MitarbeiterInnen der Ministerialabteilungen aufbrechen. Eine Bürgerin, die dies sieht, wendet sich mit erhobener [empört wirkender] Stimme an die neben ihr sitzende Forscherin: „Warum gehen die?" Ihr wird erklärt, dass es sich um MitarbeiterInnen, nicht um Abgeordnete handelt, was die Bürgerin zu besänftigen scheint. (Eck Aus15 Z247 ff.)

Aus der in dieser Weise geäußerten Empörung der Bürgerin lässt sich die Divergenz der Relevanzordnungen ablesen: Auf der einen Seite herrscht Unverständnis darüber, dass der für einen selbst möglicherweise so existentielle Sachverhalt nicht allgemein für gleichermaßen relevant gehalten wird. Auf der anderen Seite können sich Abgeordnete derartige Relevanzspitzen selten leisten, denn diese brauchen vor allem eines: Zeit. Von Betroffenen wird dies häufig nicht bedacht – selbst wenn sie ebenfalls politisch aktiv sind wie im obigen Beispiel der Bürgermeister, der in der Ausschusssitzung in Situation hoher Zeitknappheit zu einem ausladenden Vortrag ansetzen möchte (Eck Aus15 Z410 ff.). Im Kontrast zur eigenen Sache erscheinen die anderen Themen – insbesondere, wenn sie vom eigenen weit entfernt sind – als äußerst langweilig. Das schlägt sich auch bereits in den zu den Sitzungen verfügbaren Vorlagen nieder: „[...] wer liest denn schon diese langweilig öden Sitzungsvorlagen und schaut sich vorher an, was kommt denn da im Ausschuss und so, ja" (Christl Int1 Z606). Langeweile ist in diesem Sinne schlicht eine Funktion des Relevanzempfindens.

Auf diese Weise stehen sich also zwei stark sich unterscheidende Relevanzordnungen gegenüber: die von der Unterstellung der Verallgemeinerungsnotwendigkeit der eigenen involvierten Bewertungen geleitete Ordnung der alltäglichen Lebenswelt gegenüber der professionellen Relativierung jeglicher Relevanzen, wie sie routinemäßig in der Lebenswelt im Parlament anzutreffen ist.

5.4 Die Interaktionsordnung im Parlament

Die Interaktionsordnung der parlamentarischen Lebenswelt lässt sich als Konsequenz sowohl der normativen Befrachtung der politischen Tätigkeit als auch der schnellen thematischen Wechsel, die mit dem Wechsel der Befassungsstile zwischen Marginal- und Resonanzthema einhergehen, lesen. Denn zum einen leitet die Verpflichtung auf den Volkswillen konkurrenzdemokratisch verstanden politische Positionskämpfe an, die stark konfrontativ ausgetragen werden. Zum anderen aber ist nicht die gesamte Tätigkeit der parlamentarischen Akteure durch solche Konfrontativität geprägt, denn die mengenmäßig im Allgemeinen dominanten Vorgänge der Themenabfertigung zeichnen sich nicht selten durch eine ausgesprochen kollegiale (auch interfraktionelle) Kooperation aus. Davon hier ein Eindruck:

Bei der Behandlung eines Tagesordnungspunktes, der sich aus einhelliger Sicht der Abgeordneten ungünstig entwickelt hat, kommt die Berichterstatterin zu dem Schluss: Wenn „wir" (gemeint ist der Ausschuss) die Sache behandelt hätten, dann wäre die Sache besser abgelaufen. (Eck Aus 11 Z56 ff.)

Bei einem Tagesordnungspunkt der Ausschusssitzung meint der Mitberichterstatter (von der Regierungspartei): Er könne seinen Beitrag jetzt kürzer halten, die Berichterstatterin (von der Oppositionspartei) habe bereits einiges vorweggenommen. (Fischer Aus6 Z147 f.)

Vor dem Hintergrund des gemeinsamen Zieles, nämlich der möglichst zügigen Bearbeitung der betreffenden Tagesordnungspunkte, gelingt es so, die zu anderen Gelegenheiten häufig konfrontative Bezugnahme zu suspendieren. Die parlamentarische Interaktionsordnung ist folglich ebenso vom thematischen Wechsel gekennzeichnet wie die anderen Ebenen lebensweltlicher Ordnung, denn mit dem raschen Wechsel zwischen Marginal- und Resonanzthemen geht die Notwendigkeit zum Umschalten zwischen konfrontativer und kooperativer Bezugnahme auf parlamentarische Gegenüber einher.

Gegenüber der alltäglichen Welterfahrung zeichnet sich die parlamentarische Interaktionsordnung neben dem Routinecharakter solcher Wechselereignisse vor allem durch ihre erstaunliche Robustheit in Bezug auf potentiell stark interaktionsschädigende Konfrontativität aus. Vor dem Hintergrund der alltäglichen, stark von Kontinuitäts- und Taktvorstellungen geprägten Gegenseitigkeitsorientierung kann solche Konfrontationsverträglichkeit für politisch Außenstehende stark befremdlich wirken. Takt lässt sich dabei verstehen als „ein Satz von Verhaltensnormen für Kommunikationspartner, der darauf zielt, die Selbstdarstellung des anderen nicht zu durchbrechen und ihn auch dort noch zu schonen, wo er unglaubhaft wird [...]. Takt, zumal gegenseitiger, vermag Interaktionen in ihrem regulären Gang zu halten und Brüche sowie Konfliktbelastungen der Interaktion zu umgehen" (Treiber und Lautmann 2007, S. 655). Damit handelt es sich bei dem Phänomen Takt also um einen wichtigen Sicherheitsmechanismus der Interaktion, der verhindert, dass die Situation gewalttätig oder anderweitig folgenreich eskaliert. Davon ist im Parlament generell nur wenig zu spüren: Man sieht nicht nur nicht mehr über interaktive Brüche, fehlende Logik in der Argumentation oder momentane Unglaubwürdigkeit hinweg, vielmehr spürt man sogar regelrecht detektivisch derartige Widersprüche und Ungereimtheiten in den – aktuellen und weiter zurückliegenden – Aussagen des politischen Gegners auf. Gerade wenn es um Resonanzthemen geht, wird Unangenehmes nicht selten explizit angesprochen (Decker VA 9.5 Z21 ff.). Auch solche Unstimmigkeiten kommen zur Sprache, die unter Bedingungen der Alltagskommunikation größtenteils wohl nie überhaupt auch nur aufgefallen wären. Die Abgeordneten agieren also nicht taktlos, sondern sie invertieren vielmehr Takt eigentlich in sein Gegenteil. Zum Aufspüren solcher kritisierbarer Widersprüche eignet sich beispielsweise gut der Vergleich von früheren Aussagen einer Partei bzw. einer Abgeordneten, wie sie etwa in Protokollen oder in der Zeitung dokumentiert sind, mit aktuellen Verlautbarungen – dabei wird mit ziemlich großer Sicherheit irgendein verwertbarer Widerspruch herauskommen:

Eine Abgeordnete begegnet den Argumenten des politischen Gegners mit dem Verweis auf einen Zeitungsartikel aus dem vorigen Jahr, in dem ein wichtiger Vertreter der anderen Partei von einer Gefahr spricht, die nun vom Gegner negiert wird, während die vortragende Abgeordnete selbst diese Gefahr betont. (Fischer Ple4 Z3915 ff.)

Werden Widersprüche und Ungereimtheiten in einem solchen Ausmaß an die Oberfläche der Interaktion gebracht, würde man unter normalen Bedingungen mit massiven Beeinträchtigungen der Interaktion bis zur Auflösung bzw. gewaltsamen Eskalation rechnen. Dies geschieht jedoch nicht, im Gegenteil, alles geht seinen sehr geordneten Gang: Man hält sich an die Redereihenfolge, die Abgeordneten verharren (meist) ruhig auf ihrem Platz. Allenfalls erlaubt sich der eine oder andere einen lautstarken verbalen Einwurf. Solche Einwürfe sind allerdings in der Regel kurz genug, um die Redenden nicht länger als einen Moment zu stören (FiPle3 Z2153). Es ist also erstaunlich, dass die Debatte unter diesen Bedingungen weiter läuft, und dieser Umstand lässt sich vermutlich vor allem durch eine hohe (erworbene) Toleranz der Abgeordneten gegenüber einem solchen nicht den alltäglichen Regeln des interaktiven Austauschs entsprechenden, bei Resonanzthemen sehr konfrontativen Kommunikationsstil erklären. Nur gelegentlich beginnt es im Saal zu brodeln – dann, wenn selbst die Grenzen des politisch Sagbaren erreicht sind (die sich meist im Bereich persönlicher Beleidigungen oder der Unterstellung mangelnder demokratischer Rechtsstaatlichkeit befinden; FiPle3 Z4179; FiPle3 Z4384), kommt es zu Aufruhr, der im offiziellen Wortprotokoll lapidar als „Unruhe" (FiPle3 Z1353) notiert wird. An diesen Stellen wird offenbar, in was für einer interaktiv riskanten Situation man sich befindet. Während für die ParlamentarierInnen genau solche Szenen zum Alltag gehören, werden von Außenstehenden bereits viel mildere Formen der außeralltäglichen Interaktion – etwa das Hantieren mit Unterlagen, Smartphones, Computern während eines Redebeitrags, die Bewegung durch und das Verlassen des Raumes inmitten eines Vortrags – als unhöflich oder respektlos erlebt.[3] Möglicherweise besteht so in Bezug auf die Taktverkehrung der politischen Interaktionsordnung sogar die größte der Divergenzen zwischen parlamentarischer und alltäglicher Lebenswelt.

Auf der Basis der ethnografischen Untersuchung in Parlamenten lässt sich also tatsächlich zu dem Ergebnis kommen, dass sich in diesen zentralen politischen Institutionen ein eigener lebensweltlicher Kontext herausgebildet hat, der sich in zentralen Strukturierungsmerkmalen von der alltäglichen Lebenswelt unterscheidet. Allerdings lässt die Analyse von Krisenmomenten keinen unmittelbaren Rückschluss darauf zu, dass die Gestalt der parlamentarischen Lebenswelt an sich problematisch ist. Erst die Konfrontation von parlamentarischer und alltäglicher Lebenswelt – die im parlamentarischen Prozess nur an bestimmten Stellen (Öffentlichkeits- und Informationsveranstaltungen, öffentliche Sitzungen etc.) auftritt – führen zu mikrosozialen Krisenszenen. Die Untersuchung legt die Divergenz der Strukturen parlamen-

---

[3] So der recht einhellige Tenor einer Studierendengruppe, mit der ich gemeinsam im Rahmen eines Seminars die (vergleichsweise wirklich sehr unspektakuläre, sehr unkontroverse und sehr kurze) Sitzung eines Ausschusses im Stadtrat besucht habe.

tarischer und alltäglicher Lebenswelt, wie sie hier rekonstruiert wurde, als Ursache derselben nahe.

6 Politik – Fremdkörper der eigenen Gesellschaft

Geht man davon aus, dass die hier gefundenen Spezifika der Lebenswelt im Parlament die Spezifika der politischen (hier speziell deutschen, demokratischen) Lebenswelt allgemein repräsentieren, so lässt sich noch über die bloße Divergenz hinaus eine deutliche Diskordanz der alltäglichen und der politischen Lebenswelt feststellen. Mit Diskordanz ist dabei auf eine Gegenläufigkeit im Bereich zentraler lebensweltlicher Dimensionen verwiesen: Der – durch die extremtypisch modernen Bedingungen innerhalb der politischen Sphäre geprägten – politischen Lebenswelt mit ihrer themengetakteten Zeit-, generalisierten Relevanz- und taktverkehrten Interaktionsordnung steht die alltägliche Lebenswelt gegenüber, die maßgeblich geprägt ist von involvierten, Ausschließlichkeit implizierenden Intensitätsansprüchen und einer Selbstverständnis stiftenden Unmittelbarkeit der Befassung mit gesellschaftlich relevanten Sachverhalten. Im Verhältnis von Politik und Öffentlichkeit wird jene lebensweltliche Diskordanz zum Problem, da die Lebenswelt nicht nur den unbefragten Handlungshintergrund, sondern auch den Hintergrund der Handlungsbeurteilung bildet. In dieser Situation kann es zum Bruch zwischen der politischen Praxis und dem Urteil über eben jene Praxis kommen – ohne, dass dies notwendigerweise auf fehlendes politisches Wissen zurückgeführt werden muss (vgl. aber Patzelt 1996, S. 499; Maier et al. 2009, S. 572). Denn der eigene lebensweltliche Hintergrund stellt eine Deutungsfolie für ablaufende Ereignisse bereit, die hauptsächlich auf der Basis eigener praktischer Erfahrung hintergehbar ist. Wo diese fehlt, kann auch kein Verständnis entstehen für Praxisformen, die den alltäglichen Bewertungsmustern zuwiderlaufen, eigentlich aber als Bewältigungsweisen der spezifischen Bedingungen des politischen Alltags begriffen und als solche beurteilt werden müssten. Die Inkommensurabilität der alltäglichen und der politischen Lebenswelt tritt auf diese Weise voll zutage. Statt in Insuffizienz oder Überforderung liegt die größte Krise des politischen Alltags in der Diskordanz der alltäglichen und der politischen Lebenswelt begründet.

Zur Krise einer demokratischen Gesellschaft wird lebensweltliche Diskordanz, da sie zum Befremden der politisch Außenstehenden führt, wie es typischerweise kulturellen Differenzen entgegengebracht wird. Nun versteht eine pluralistische Gesellschaft (mehr oder weniger gut), mit solchen Differenzen umzugehen, lassen sie sich auf ethnische Unterschiede oder divergierende Interessenslagen zurückführen. Was aber tun mit der sichtbaren Differenz einer Gruppe, die doch die Gesellschaft als Ganze repräsentieren soll, also ihr Wesen in verdichteter Form abzubilden und so genuin gleich zu sein hat? Das Unverständliche wird – der Politik gegenüber ebenso leicht wie sonst auch – in kategoriale Zuordnungen übersetzt: Die politischen Akteure werden als *„Die Politiker"* (vgl. Decker Int1 Z1200) kollektiviert und die Konstruktion der Fremdartigkeit wird durch die Zuordnung eines bestimmten politischen Menschentypus (häufig des „Machtmenschen") vervollständigt. Auf diese Weise wird das Politische von einer Gesellschaft entfremdet, die zwar mit einer Un-

gleichheit der Ungleichen umzugehen gelernt hat, aber nichts mit der Ungleichheit der eigentlich Gleichen anzufangen weiß. Letztlich wird Politik damit in gewisser Weise mehr zum gesellschaftlichen Fremdkörper, als dies für „den Fremden" mitunter der Fall ist.

Diese Diagnose heißt aber natürlich nicht, dass die Bewältigungsweisen der politischen Akteure nicht einer permanenten Reflexion unterzogen werden müssten: Vor allem die Allgegenwart des politischen Modus der Themenabfertigung erscheint als Kapitulation vor dem überwältigenden (gesellschaftlich begründeten) Druck zur ständigen politischen Entscheidung. Dem könnte man sich (zumindest ein Stück weit) dadurch entziehen, indem die politische Aufgabe weniger darin gesehen wird, möglichst viele der herangetragenen Themen zu bearbeiten, sondern vielmehr im Diskurs darüber, welche dieser Themen denn momentan tatsächlich auf ein bedeutsames gesellschaftliches Handlungsfeld verweisen. Vor allem diese würden dann für politische Gestaltung relevant, der pauschalen Verantwortungsübertragung an das politische System wäre so begründet begegnet. Andernfalls verhindert der permanent präsente Themenbehandlungsimperativ die tatsächliche politische Gestaltung im Sinne der autonomen Entscheidung darüber, an welchen Stellen Gesellschaft tatsächlich transformiert werden sollte.

So richtet sich auf der einen Seite die oberste Anforderung an die politischen Akteure, sich über die zentralen Gestaltungserfordernisse klar zu werden, denen sie in Bezug auf ihre eigene Wirkungssphäre absoluten Vorrang geben. Vor allem ist es aber auf der anderen Seite zugleich oberstes Erfordernis moderner Gesellschaft, sich darüber klar zu werden, wo die tatsächlich problematischen Stellen des Politischen – welche potentiell zur Krise des demokratischen Bestands führen können – verortet sind. Diese Studie legt nahe: Solche Problemstellen finden sich weit weniger in der Praxis der Abgeordneten als vielmehr im gesellschaftlichen Verhältnis zur Politik selbst.

Literatur

Arendt, Hannah. 1993. *Was ist Politik? Fragmente aus dem Nachlaß*. München: Piper.
Arnim, Hans Herbert von. 1997. *Fetter Bauch regiert nicht gern. Die politische Klasse – selbstbezogen und abgehoben*. München: Kindler.
Arnim, Hans Herbert von. 2013. *Die Selbstbediener. Wie bayerische Politiker sich den Staat zur Beute machen*. München: Heyne.
Arzheimer, Kai. 2002. *Politikverdrossenheit. Bedeutung, Verwendung und empirische Relevanz eines politikwissenschaftlichen Begriffs*. Wiesbaden: Westdeutscher Verlag.
Beck, Ulrich. 1993. *Die Erfindung des Politischen*. Frankfurt: Suhrkamp.
Beck, Ulrich. 1994. Jenseits von Stand und Klasse? In *Riskante Freiheiten. Individualisierung in modernen Gesellschaften*, Hrsg. Ulrich Beck, und Elisabeth Beck-Gernsheim, 43–60. Frankfurt: Suhrkamp.
Beck, Ulrich. 1996. Das Zeitalter der Nebenfolgen und die Politisierung der Moderne. In *Reflexive Modernisierung. Eine Kontroverse*, Hrsg. Ulrich Beck, Anthony Giddens, und Scott Lash, 19–112. Frankfurt: Suhrkamp.
Beck, Ulrich, Anthony Giddens, und Scott Lash. 1996. *Reflexive Modernisierung. Eine Kontroverse*. Frankfurt: Suhrkamp.
Best, Heinrich, Stefan Jahr, und Lars Vogel. 2011. Karrieremuster und Karrierekalküle deutscher Parlamentarier. In *Politik als Beruf* Sonderheft Politische Vierteljahresschrift, Bd. 44, Hrsg. Werner Patzelt, und Michael Edinger, 168–191.
Bohnsack, Ralf. 2008. *Rekonstruktive Sozialforschung. Einführung in qualitative Methoden*. Opladen: Budrich.

Borchert, Jens. 2003. *Die Professionalisierung der Politik. Zur Notwendigkeit eines Ärgernisses.* Frankfurt: Campus.

Bourdieu, Pierre. 2010. Beschreiben und Vorschreiben. Die Bedingungen der Möglichkeit politischer Wirkung und ihre Grenzen. In *Politik. Schriften zur Politischen Ökonomie.* Bd. 2, Hrsg. Franz Schultheis, und Stephan Egger, 11–22. Konstanz: UVK.

Brichzin, Jennifer. 2016. Parlamentarische Praxis – der Stand der Forschung zur zentralen Institution der Demokratie. *Soziale Welt* 67 (im Erscheinen).

Busby, Amy. 2013. Normal parliament: Exploring the organisation of everyday political life in an MEP's office. *Journal of Contemporary European Research* 9:94–115.

Fenno, Richard. 1978. *Home style: House members and their districts.* Boston: Little Brown.

Freudenburg, William. 1986. Sociology in legis-land: An ethnographic report on congressional culture. *Sociological Quarterly* 27:313–326.

Habermas, Jürgen. 1973. *Legitimationsprobleme im Spätkapitalismus.* Frankfurt: Suhrkamp.

Habermas, Jürgen. 1995a. *Handlungsrationalität und gesellschaftliche Rationalisierung, Bd. 1. Theorie des kommunikativen Handelns.* Frankfurt: Suhrkamp.

Habermas, Jürgen. 1995b. *Zur Kritik der funktionalistischen Vernunft, Bd. 2. Theorie des kommunikativen Handelns.* Frankfurt: Suhrkamp.

Habermas, Jürgen. 1998. *Faktizität und Geltung. Beiträge zur Diskurstheorie des Rechts und des demokratischen Rechtsstaats.* Frankfurt: Suhrkamp.

Hitzler, Ronald. 1994. Die banale Seite der Macht. Politik als Beruf heute – und morgen. In *Politikertypen in Europa,* Hrsg. Helmuth Berking, Ronald Hitzler, Sighard Neckel, 380–292. Frankfurt: Fischer Taschenbuch.

Hitzler, Ronald. 1997. Politisches Wissen und politisches Handeln. Einige phänomenologische Bemerkungen zur Begriffsklärung. In *Soziologie und politische Bildung,* Hrsg. Siegfried Lamnek, 115–132. Opladen: Leske + Budrich.

Hitzler, Ronald, und Anne Honer. 1984. Lebenswelt – Milieu – Situation. Terminologische Vorschläge zur theoretischen Verständigung. *Kölner Zeitschrift für Soziologie und Sozialpsychologie* 36:56–74.

Holtenkamp, Lars. 2011. Professionalisierung der Kommunalpolitik? Empirische und normative Befunde. In *Politik als Beruf* Sonderheft Politische Vierteljahresschrift, Bd. 44, Hrsg. Werner Patzelt, und Michael Edinger, 103–120.

Institut für Demoskopie Allensbach. 2003. *Ärzte weiterhin vorn. Die Allensbacher Berufsprestige-Skala 2003.* Allensbacher Berichte, Bd. 7. Allensbach: Institut für Demoskopie Allensbach.

Lessenich, Stephan. 2008. *Die Neuerfindung des Sozialen. Der Sozialstaat im flexiblen Kapitalismus.* Bielefeld: transcript.

Luckmann, Benita. 1970. The small life-worlds of modern man. *Social Research* 37:580–596.

Luhmann, Niklas. 1987. *Soziale Systeme. Grundriß einer allgemeinen Theorie.* Frankfurt: Suhrkamp.

Maier, Jürgen. 2000. *Politikverdrossenheit in der Bundesrepublik Deutschland. Dimensionen – Determinanten – Konsequenzen.* Opladen: Leske + Budrich.

Maier, Jürgen, Alexander Glantz, und Severin Bathelt. 2009. Was wissen die Bürger über Politik? Zur Erforschung der politischen Kenntnisse in der Bundesrepublik Deutschland 1949 bis 2008. *Zeitschrift für Parlamentsfragen* 40:561–579.

Marschall, Stefan. 2002. Deutscher Bundestag und Parlamentsreform. *Aus Politik und Zeitgeschichte* B28:13–27.

Marschall, Stefan. 2005. *Parlamentarismus. Eine Einführung.* Baden-Baden: Nomos.

Nullmeier, Frank, Tanja Pritzlaff, und Achim Wiesner. 2003. *Mikro-Policy-Analyse. Ethnographische Politikforschung am Beispiel Hochschulpolitik.* Frankfurt: Campus.

Oberreuter, Heinrich. 1979. Pluralismus und Antipluralismus. Eine Einführung. In *Pluralismus. Grundlegung und Diskussion,* Hrsg. Heinrich Oberreuter, 11–29. München: Bayerische Landeszentrale für politische Bildung.

Palonen, Kari. 2011. Zur Rhetorik des Berufspolitikers. Historische und idealtypische Betrachtungen im Anschluss an Max Weber. In *Politik als Beruf* Sonderheft Politische Vierteljahresschrift, Bd. 44, Hrsg. Werner Patzelt, und Michael Edinger, 52–69.

Patzelt, Werner. 1993. *Abgeordnete und Repräsentation. Amtsverständnis und Wahlkreisarbeit.* Passau: Rothe.

Patzelt, Werner. 1995. *Abgeordnete und ihr Beruf. Interviews – Umfragen – Analysen.* Berlin: Akademie.

Patzelt, Werner. 1996. Deutschlands Abgeordnete: Profil eines Berufsstands, der weit besser ist als sein Ruf. *Zeitschrift für Parlamentsfragen* 27:462–502.

Patzelt, Werner, und Michael Edinger. 2011. Zum politischen Führungspersonal in der modernen Demokratie. In *Politik als Beruf* Sonderheft Politische Viertelsjahresschrift, Bd. 44, Hrsg. Werner Patzelt, und Michael Edinger, 9–32.

Pitkin, Hanna. 1967. *The concept of representation.* Berkeley: University of California Press.

Schedlar, Andreas. 1993. Die demoskopische Konstruktion von „Politikverdrossenheit". *Politische Vierteljahresschrift* 34:414–435.

Scheffer, Thomas. 2015. Die Arbeit an den Positionen. Zur Mikrofundierung von Politik in Abgeordnetenbüros des Deutschen Bundestages. In *Interaktion – Organisation – Gesellschaft revisited. Anwendungen, Erweiterungen, Alternativen* Sonderband der Zeitschrift für Soziologie, Bd. 44, Hrsg. Bettina Heintze, und Hartmann Tyrell, 369–389.

Scheuch, Erwin, und Ute Scheuch. 1993. *Cliquen, Klüngel und Karrieren. Über den Verfall der politischen Parteien – eine Studie.* Reinbek: Rowohlt.

Schmitt, Carl. 1926. *Die geistesgeschichtliche Lage des heutigen Parlamentarismus.* München: Duncker & Humblot.

Schöne, Helmar. 2010. *Alltag im Parlament. Parlamentskultur in Theorie und Empirie.* Baden-Baden: Nomos.

Schüttemeyer, Suzanne. 1986. *Bundestag und Bürger im Spiegel der Demoskopie. Eine Sekundäranalyse zur Parlamentarismusperzeption in der Bundesrepublik.* Opladen: Westdeutscher Verlag.

Schütz, Alfred, und Thomas Luckmann. 2003. *Strukturen der Lebenswelt.* Konstanz: UVK.

Strecker, David. 2009. Theorie der Gesellschaft. In *Habermas-Handbuch*, Hrsg. Hauke Brunkhorst, Regina Kreide, und Cristina Lafont, 220–233. Stuttgart: Metzler.

Thierse, Wolfgang. 1993. Politik- und Parteienverdrossenheit. Modeworte behindern berechtigte Kritik: Zur Notwendigkeit gesellschaftspolitischer Reformen. *Aus Politik und Zeitgeschichte* B31:19–25.

Treiber, Hubert, und Rüdiger Laumann. 2007. Takt. In *Lexikon zur Soziologie*, Hrsg. Werner Fuchs-Heinritz, Rüdiger Laumann, Otthein Rammstedt, und Hanns Wienold. Wiesbaden: VS.

Weizsäcker, Richard von. 1992. Wo bleibt der Wille des politischen Volkes? *Die Zeit* 19.6.1992:3–4.

Wodak, Ruth. 2009. *The discourse of politics in action. Politics as usual.* Basingstoke: Palgrave Macmillan.

Jenni Brichzin Dr., hat gerade ihre Promotion abgeschlossen und arbeitet derzeit als Postdoktorandin an der Julius-Maximilians-Universität Würzburg. Ihre Forschungsschwerpunkte liegen im Bereich Politische Soziologie und Demokratieforschung, Soziologische Theorie, Relationale Soziologie und Ethnografie. Zum Thema erscheinen in Kürze folgende Beiträge: Parlamentarische Praxis – der Stand der Forschung zur zentralen Institution der Demokratie. Soziale Welt 67; Demokratie bewältigen. Politische Akteure zwischen Repräsentationsanforderungen und Gestaltungsautonomie. In: Praktiken der Selbstbestimmung. Zwischen subjektivem Anspruch und institutionellem Funktionserfordernis, Hrsg. Stefanie Börner et al.

Österreich Z Soziol (2016) (Suppl) 41:213–237
DOI 10.1007/s11614-016-0215-9

Väter zwischen Beruf und Familie

Handlungskrisen, Bewältigungsstrategien und gesellschaftliche Transformationsprozesse

Mechtild Oechsle · Thordis Reimer

Zusammenfassung Der Beitrag analysiert Handlungskrisen von Vätern im Kontext von Erwerbsarbeit, familialer Lebensführung und Wohlfahrtsstaat. Ausgehend von einer Diskrepanz zwischen kulturellen Leitbildern und Einstellungen einerseits und den Praktiken von Vätern andererseits wird untersucht, wie Väter diese Diskrepanz wahrnehmen, wie sie sich in den institutionellen und kulturellen Rahmenbedingungen verorten und welche Handlungsstrategien sie entwickeln. Als theoretische Folie dient das pragmatistische Handlungsmodell, das makrosoziologisch erweitert wird. Empirische Grundlage des Beitrags sind 102 Interviews mit berufstätigen Vätern mit kleinen Kindern. Es wird gezeigt, wie Väter in ihrer Lebensführung zwischen Beruf und Familie mit strukturell induzierten Handlungskrisen konfrontiert sind, eingebettet in ungleichzeitige gesellschaftliche Transformationsprozesse, im Spannungsfeld von ambivalenten Leitbildern, widersprüchlichen Geschlechterarrangements und entgrenzten Beschäftigungsverhältnissen. Ein Ende der Handlungskrisen von Vätern scheint vorerst nicht in Sicht, sie werden vielmehr zur neuen Normalität.

Schlüsselwörter Väter · Vaterschaft · Handlungskrisen · Vereinbarung von Beruf und Familie · Arbeitsbedingungen

M. Oechsle (✉)
Universität Bielefeld, Universitätsstraße 25, 33615 Bielefeld, Deutschland
E-Mail: mechtild.oechsle@uni-bielefeld.de

T. Reimer (✉)
Universität Hamburg, Allende-Platz 1, 20146 Hamburg, Deutschland
E-Mail: thordis.reimer@wiso.uni-hamburg.de

Fathers between work and family
Action crises, coping strategies, and societal transformation

Abstract This paper examines action crises of German fathers caught between work, family life and the welfare state. Based on the diagnosis of a general discrepancy between fathers' guiding images regarding fatherhood and their actual practices we analyze how individual fathers perceive this discrepancy, how they define their situation within the institutional and cultural framework and which strategies they employ in response. The theoretical basis of the analysis is the action model of pragmatism, which is extended by a macro-sociological perspective. We build on data from qualitative interviews with 102 employed fathers with small children. The results reveal how fathers find themselves in action crises in their daily attempts to reconcile work and family since they are embedded in societal transformation processes where they have to make sense of sometimes contradictory cultural models, conflicting ideas of gender arrangements and 24/7 working conditions. Fathers' action crises appear to be becoming the new normal.

Keywords Fathers · Fatherhood · Action crises · Work and family · Working conditions

1 Einleitung

„Auch Männer haben ein Vereinbarkeitsproblem" – so lautet der Titel einer Studie (Döge und Behnke 2005). Väter können und wollen sich nicht mehr ausschließlich über ihre Rolle als Familienernährer definieren; sie möchten zunehmend auch Erzieher ihrer Kinder sein (Fthenakis und Minsel 2002; Forsa 2013). Gleichzeitig propagieren kulturelle Leitbilder und öffentliche Diskurse den aktiven, involvierten Vater, der sich auch innerhalb der Arbeitswoche um seine Kinder kümmert. Dennoch entspricht dieses Leitbild eines involvierten Vaters nur bedingt der gelebten Realität. Zwei Drittel aller Väter nehmen überhaupt keine Elternzeit (Statistisches Bundesamt 2015), ihre Arbeitszeiten sind nach der Familiengründung im Durchschnitt länger als vorher (Pollmann-Schult 2008) und Arbeit in Teilzeit ist nur für eine Minderheit überhaupt eine Option (vgl. Klenner und Lillemeier 2015; Reimer 2015). Offensichtlich gelingt es vielen Vätern nicht oder nur mit Einschränkungen, dieses neue Vaterbild auch im Alltag zu leben (Meuser 2009).

Die Diskrepanz zwischen Leitbildern und Einstellungen auf der einen Seite und den Praktiken der Väter auf der anderen Seite ist ein zentrales Thema in der aktuellen Väterforschung (Cyprian 2007). LaRossa hat bereits 1988 auf die Notwendigkeit einer Unterscheidung zwischen „culture and conduct of fatherhood" (LaRossa 1988) hingewiesen und in historischen Analysen gezeigt, dass es auch in der Vergangenheit eine Asynchronizität zwischen der Kultur von Vaterschaft und dem alltäglichen Handeln von Vätern gab (LaRossa 1997). Er betont, dass für die Analyse des Wandels von Vaterschaft *beide* Dimensionen in ihrer Differenz, in ihrem Zusammenwirken und in ihrer Einbettung in den sozialen und kulturellen Wandel einer Gesellschaft betrachtet werden müssen (vgl. ebd.). Aktuelle Erklärungen für die genannten Dis-

 Springer

krepanzen fokussieren auf verschiedene Faktoren gesellschaftlichen Wandels: Genannt werden sich ungleichzeitig wandelnde Leitbilder von Familie (Schneider et al. 2015), Vaterschaft und Männlichkeit (Volz und Zulehner 2009), die in ihrer teilweisen Inkohärenz mit Ambivalenzen und Widersprüchen einhergehen (Jurczyk und Lange 2009). Aber auch institutionelle Barrieren wie die Anforderungen an Väter im Rahmen ihrer Erwerbstätigkeit (Born und Krüger 2002; Puchert et al. 2010) und die spezifischen Bedingungen des Wohlfahrtsstaates (Smith 2007) gelten als Einflussfaktoren für die Beteiligung von Vätern an Familie (Hobson 2002). Als weitere Ursachen für eine wenig veränderte alltägliche Praxis von Vätern wird auch die Persistenz eingespielter Routinen und Praktiken in der alltäglichen Lebensführung diskutiert (Kaufmann 1995) und dabei insbesondere das Beharrungsvermögen traditioneller Geschlechternormen betont (Schulz und Blossfeld 2006).

Diese Erklärungsansätze benennen wichtige Faktoren des Wandels von Vaterschaft und zeigen mögliche Ursachen für das Beharrungsvermögen traditioneller Verhaltensweisen und Praxen von Vätern auf unterschiedlichen Ebenen von Gesellschaft. Sie leisten damit einen wichtigen Beitrag zur Analyse der Kontextbedingungen aktuellen väterlichen Handelns, vernachlässigen jedoch den Blick auf Väter als kreative Subjekte, die im Kontext widersprüchlicher Bedingungen und Signale ihr alltägliches Vater-Sein gestalten. Es fehlen ein theoretischer Rahmen, der die verschiedenen Aspekte und Dimensionen des Väterhandelns integriert, und eine theoretische Perspektive, die die Ungleichzeitigkeit zwischen den Leitbildern und Einstellungen einerseits und den Praktiken der Väter andererseits aus der Binnensicht der Väter analysiert. Wir setzen hier mit unserer Analyse an und fragen danach, ob und wie Väter diese Diskrepanz wahrnehmen, welche Deutungen und Handlungsstrategien sie in diesem Zusammenhang entwickeln und wie sie sich selbst in den institutionellen und kulturellen Rahmenbedingungen ihrer Lebensführung zwischen Beruf und Familie verorten. Das Konzept der Handlungskrise, wie es sich im pragmatistischen Handlungsmodell findet, scheint uns in diesem Zusammenhang eine ertragreiche theoretische Perspektive zu bieten, die geeignet ist, die komplexen Relationen zwischen dem sozialen Wandel von Vaterschaft und dem alltäglichen Handeln von Vätern zu analysieren, ohne die dichotome Unterscheidung zwischen Mikro- und Makroebene fortzuschreiben. Es benennt den Ort, an dem sozialer Wandel und gesellschaftliche Transformationsprozesse im alltäglichen Handeln sichtbar werden, und es kann zeigen, wie die Subjekte sich aktiv und kreativ mit Handlungsproblemen in der alltäglichen Lebensführung auseinandersetzen und damit den Wandel von Vaterschaft mitgestalten.

Im folgenden Abschnitt geben wir einen Überblick über die Diskussion des Einflusses verschiedener Faktoren auf das alltägliche Handeln von Vätern (Abschn. 2). Daran anschließend skizzieren wir unser handlungstheoretisches Konzept und diskutieren einige Erweiterungen des pragmatistischen Handlungsmodells (Abschn. 3). Danach erläutern wir das methodische Vorgehen und die empirische Datengrundlage unseres Beitrags (Abschn. 4). Abschn. 5 analysiert Handlungskrisen von Vätern in Familie und Beruf und in Abschn. 6 diskutieren wir die Relevanz unserer Befunde für ein erweitertes Konzept von Handlungskrisen und skizzieren mögliche Entwicklungstendenzen und Dynamiken aktueller Handlungskrisen von Vätern.

 Springer

2 Handlungskrisen von Vätern im Kontext von Wohlfahrtsstaaten, Erwerbsarbeit und familialer Arbeitsteilung

Die Kluft zwischen Einstellungen und Praxen von Vätern ist das beherrschende Thema in der neueren Väterforschung. Widersprüche, Ungleichzeitigkeiten und Ambivalenzen sind die Kerndiagnosen, mit denen die Situation von Vätern innerhalb eines
gesellschaftlichen Wandels von Vaterschaft beschrieben wird. Normative Konzepte
von Arbeitsteilung, moderne Leitbilder von Familie und institutionelle Bedingungen – sei es durch familienpolitische Regelungen oder durch die Erwerbssituation
von Vätern – werden dabei als Kernfaktoren für den Wandel (und die Persistenz)
väterlichen Handelns genannt.

2.1 Leitbilder von Familie, Vaterschaft und Männlichkeit

Mit dem Wandel der Vorstellungen zu aktiver Vaterschaft geht auch die Pluralisie-
rung normativer Konzepte von Familie und familialer Arbeitsteilung einher. Diese
finden sich im Rahmen eines gleichzeitigen Nebeneinanders vielfältiger Ideen von
einem „guten Leben" (Nussbaum und Sen 1993) als Familie wieder. Dieses Geflecht
normativer Orientierungsfolien verknüpft verschiedene Dimensionen väterlicher Lebensführung und setzt sich aus Leitbildern zu Familie, Geschlecht und Erwerbsarbeit
zusammen, die sich bei dem Versuch der Vereinbarung als widersprüchlich erweisen
können. So steht zum Beispiel das Leitbild des alltäglich involvierten Vaters im Konflikt zu dem Leitbild des *„unencumbered worker"* (Acker 2006), und geschlechtlich
konnotierte Leitbilder von Männlichkeit und Weiblichkeit widersprechen zum Teil
den Vorstellungen eines partnerschaftlichen Miteinanders in der Familie. Auch wird
die These vertreten, dass engagierte Vaterschaft im Widerspruch zum Leitbild der
hegemonialen Männlichkeit stehe (Meuser 2009; Marsiglio und Pleck 2005; Metz-
Göckel und Müller 1986) und deshalb mit Ambivalenzen und inneren Widersprüchen bei Vätern einhergehen kann (Jurczyk und Lange 2009).

2.2 Einstellungen von Vätern und väterliche Praxen

In der empirischen Väterforschung war der Fokus zunächst auf den Wandel von väterlichen Einstellungen, Wünschen und subjektiven Vaterschaftskonzepten gerichtet
(Matzner 2004; BMFSFJ 2006; Volz und Zulehner 2009), gefolgt von Studien zu
den Praxen von Vätern. Zahlreiche empirische Studien zeigen die Ausdifferenzierung der sozialen Praxen von Vätern in Abhängigkeit von sozialer Herkunft, sozialen Milieus, institutionellen Rahmenbedingungen, Arbeitssituationen, aber auch
von subjektiven Vaterschaftskonzepten, Partnerschaftskontexten, Erfahrungen in der
Herkunftsfamilie sowie bisheriger Erwerbsbiografie (Pleck 1997; Tölke und Hank
2005; Brandth und Kvande 2001; Koppetsch und Burkart 1999; Hatten et al. 2002;
Mühling und Rost 2007). Hier wurde zudem oftmals versucht, die Bandbreite von
väterlichen Einstellungen und Praxen in Form von Väter-Typologien zu erfassen
(Gumbinger und Bambey 2009; Volz und Zulehner 2009). Für die Beschreibung
väterlicher Praxen und daraus resultierender Geschlechterverhältnisse gewinnt die
Analyse der Zeitverwendung von Vätern immer mehr an Bedeutung: Hier wird das

 Springer

Maß väterlichen Engagements teilweise durch die Quantität väterlicher Zeit mit Kindern (vgl. Hook 2006; Kühhirt 2012), aber auch mit der Analyse der Qualität der mit Kindern verbrachten Zeit (vgl. Hook und Wolfe 2012; Craig und Mullan 2011; Craig 2006) beschrieben.

2.3 Familie, Vaterschaft und Wohlfahrtsstaat

Im Rahmen der geschlechtersensiblen vergleichenden Wohlfahrtsstaatsforschung werden Einflüsse wohlfahrtsstaatlicher Regulierungen auf familiale Arbeitsteilung und väterliches Engagement analysiert (Lewis 2009; Ostner und Schmitt 2008; Ellingsæter und Leira 2006; Grunow et al. 2007). Hier werden einerseits nationale Differenzen im Umfang väterlicher Beteiligung an Familie (Hobson 2002, 2014; Hofäcker 2007) festgestellt, andererseits aber auch übergreifende Gemeinsamkeiten in der familialen Arbeitsteilung (Eurostat 2005). Bislang galt Deutschland als konservativ-korporatistischer Wohlfahrtsstaat als entscheidender Strukturgeber für eine auf die separaten Sphären von Familie oder Beruf bezogene Lebensführung im Rahmen eines „männlichen Ernährermodells" (Pfau-Effinger 2004). Dieses Modell ist auf dem Hintergrund einer Modernisierung weiblicher Lebensläufe und einem Paradigmenwechsel in der Familienpolitik (vgl. Ostner 2006; Pfau-Effinger und Smidt 2011) in die Krise geraten. Derzeit ist die aktuelle deutsche Familienpolitik in ihren Zielen und politischen Ausrichtungen noch sehr widersprüchlich: Zum Teil bietet sie nach wie vor Anreize für eine Lebensführung im Rahmen traditioneller Modelle der geschlechtlichen Arbeitsteilung, zum anderen orientiert sie sich in ihrer aktuellen Programmatik und Gesetzgebung sehr stark am Modell skandinavischer Wohlfahrtsstaaten mit der Betonung von Geschlechtergleichheit und der Integration beider Geschlechter in Beruf und Familie. Mit dem in 2007 eingeführten „Elternzeit- und Elterngeldgesetz" werden im Rahmen exklusiver Nutzungsrechte von zwei Elternmonaten für den zweiten Elternteil einerseits neue Anspruchsberechtigungen für Väter geschaffen, zugleich aber auch neue Erwartungen an sie formuliert.

2.4 Arbeitsorganisationen und väterliches Engagement

Neben dem Einfluss wohlfahrtsstaatlicher Regulierungen auf die Ausgestaltung von Vaterschaft werden in der aktuellen Väterforschung insbesondere auch Probleme von Vätern bei der Vereinbarung von Familie und Beruf im Kontext von Arbeitsorganisationen analysiert. Hier werden sowohl alltägliche Vereinbarkeitskonflikte auf der Ebene von Arbeitsprozessen und Arbeitszeiten als auch biografisch bedeutsame Entscheidungen über Elternzeitnutzung thematisiert. Zwar nimmt die Implementation von Programmen zur besseren Vereinbarkeit von Beruf und Familie auch für Väter zu, allerdings stellen viele Studien Probleme der Nutzung entsprechender Programme fest (Kodz et al. 2002; Gärtner 2012). Väter scheinen die Inanspruchnahme vorhandener Programme in Antizipation negativer Reaktionen durch Vorgesetzte oft gar nicht erst zu versuchen (OECD 2007). Eine zentrale Einflussgröße stellt die jeweilige Organisationskultur dar, die in hohem Maße die Praxis der Unternehmen im Umgang mit Vereinbarkeitsproblemen und -ansprüchen der Beschäftigten zu beeinflussen scheint (Pfahl und Reuyß 2009; Haas et al. 2002). Vor allem Arbeitszeit- und

Leistungskulturen als zentrale Elemente einer Organisationskultur erlauben oder behindern die Nutzung von familienfreundlichen Programmen durch Väter (Haas und Hwang 2007). In vielen Arbeitsorganisationen dominiert zusammen mit dem männlich konnotierten Leitbild eines *„unencumbered worker"* (Acker 2006) eine Kultur der langen Anwesenheit, die männliche Arbeitnehmer weiterhin unhinterfragt als Familienernährer ohne elterliche Sorgeverpflichtungen jenseits des Wochenendes festschreibt. Das heißt, dass Arbeitszeit- und Verfügbarkeitsnormen immer noch geschlechtlich konnotiert sind und weiterhin auf traditionellen Männlichkeitskonstruktionen basieren (Cooper 2000; Collinson und Hearn 2004).

Neben Barrieren, die sich aus traditionellen Arbeitskulturen ergeben können, werden auch postmoderne Arbeitswelten als konträr zu alltäglich involvierter Vaterschaft beschrieben. Mit dem „shift from clock to task time" (Van Echtelt et al. 2008, S. 194) im Rahmen entgrenzter Arbeitsverhältnisse (Gottschall und Voß 2003; Kvande 2009) zeigen sich Arbeitsorganisationen als „time greedy organizations" (Coser 1974) noch über den Feierabend oder das Wochenende hinaus. Väter sehen sich im Rahmen solcher Arbeitsbedingungen einem Entscheidungszwang zwischen mehr Zeit mit Kindern oder mehr Zeit im Beruf ausgesetzt. Wenn sie sich dem Ideal einer unbegrenzten Verfügbarkeit am Arbeitsplatz entgegenstellen, müssen sie oft mit eingeschränkten Karrierechancen rechnen (Heitkötter et al. 2009; Possinger 2013).

2.5 Familiale Lebensführung als Herstellungsleistung

Die aktuellen Strukturveränderungen in der Organisation von Arbeit und der Nutzung menschlicher Arbeitskraft führen zu einer Aufweichung herkömmlicher Grenzziehungen zwischen Erwerbssystem und privatem Lebensbereich (Jurczyk und Oechsle 2008) und tragen dazu bei, dass die Vereinbarkeit der Anforderungen aus beiden Lebensbereichen zu einer komplexen Anforderung für *beide* Geschlechter wird (Gottschall und Voß 2003). Auf der Ebene familialer Lebensführung ergeben sich daher Konflikte und krisenhafte Erfahrungen nicht nur für Mütter, sondern zunehmend auch für Väter. Die Anforderungen an die alltägliche Herstellungsleistung von Familie (Jurczyk 2014) sind gestiegen, und auch wenn immer noch Frauen den größeren Anteil an dieser Arbeit leisten, so sind doch Väter zunehmend in dieses alltägliche *doing family* involviert. Die Arbeitsteilung in der Familie und die Art und Weise des familialen Zusammenlebens sind nicht mehr selbstverständlich und besitzen keine unhinterfragte Geltung mehr. Familie ist auch für Väter nicht mehr uneingeschränkt der „sichere Hafen" (Hochschild 2002, S. 46) und der Ort der Reproduktion, sondern ein Ort der Aushandlung von Prioritäten, der Verteilung von (zeitlichen) Ressourcen und der Durchsetzung von Geltungsansprüchen.

3 Handlungsroutinen, Handlungskrisen und die Kreativität des Handelns

Im folgenden Abschnitt stellen wir den theoretischen Rahmen vor, mit dem wir die Handlungskrisen heutiger Väter konzeptionell fassen. Wir beginnen mit dem pragmatistischen Handlungsmodell und skizzieren zunächst die verschiedenen Stufen des

Handelns und die Bedeutung von Handlungskrisen in diesem Modell. Wir wollen zeigen, dass dieses Modell eine durchaus geeignete Folie für die Beschreibung und Analyse aktueller Handlungsprobleme von Vätern und ihrer Dynamik im Kontext von Erwerbsarbeit und privater Lebensführung bietet, wenn man es aus seiner mikrosoziologischen Engführung löst. Wir erweitern deshalb dieses Handlungsmodell in zwei Richtungen: Mit Giddens unterstreichen wir die Bedeutung reflexiven Wissens und biografischer Selbststeuerung in der reflexiven Moderne; im Rückgriff auf praxistheoretische Konzepte diskutieren wir die Bedeutung von Kontextualität, Körperlichkeit und Unbewusstheit der Praktiken und orientieren uns hierbei an einem breiter gefassten Konzept von Praxistheorie, wie es etwa Reckwitz (2003) formuliert hat.

Das pragmatistische Handlungsmodell (Strauss 1993; Joas 1996; Schubert 2009) fasst den Prozess menschlichen Handelns als eine sich zyklisch wiederholende Struktur in der Abfolge verschiedener Stufen des Handelns. Ausgangspunkt jeden Handelns sind Handlungsgewohnheiten, „habits", auf dem Hintergrund kultureller Leitbilder, institutionalisierter sozialer Normen, impliziten Wissens und inkorporierter Praktiken (praktisches Bewusstsein). Diese Handlungsgewohnheiten brechen sich an kontingenten Situationen, an veränderten sozialen Strukturen oder werden irritiert durch sich wandelnde Orientierungen und Wünsche der beteiligten Akteure. Handlungsroutinen werden gestört durch problematische Situationen, Widersprüche, Konflikte – es entwickeln sich alltägliche oder auch biografische Handlungskrisen und ein entsprechendes Krisenbewusstsein. In der Auseinandersetzung mit diesen Handlungsblockierungen werden Handlungsroutinen und das ihnen zugrunde liegende (implizite) Wissen bewusst, ihre Geltung wird in Frage gestellt und nach neuen Lösungsmöglichkeiten gesucht. In dieser Phase des Experiments, der Erfindung neuer Handlungsmuster, „entsteht das experimentelle Bewusstsein darüber, Bedeutungen verändern zu können" (Schubert 2009, S. 349). Um alte Routinen abzulösen, bedürfen neue Handlungsmuster der Begründung und der Rechtfertigung. Diese Phase lässt sich als Legitimation fassen und ist von diskursivem Bewusstsein bestimmt. Der Handlungsprozess kommt zu einem, wenn auch immer nur temporärem Abschluss durch die Institutionalisierung und Habitualisierung der neuen Handlungsmuster; es entstehen neue Handlungsgewohnheiten.

Betrachtet man den aktuellen Forschungsstand zu den Einstellungen, Wünschen und Lebenszielen, den alltäglichen Vereinbarkeitskonflikten und ambivalenten Orientierungen von Vätern sowie die vielfältigen Diskurse über involvierte Vaterschaft, dann lassen sich unschwer die verschiedenen Stufen des Handelns identifizieren. Es gibt sowohl im Bereich der Erwerbsarbeit wie in der Familie eingeschliffene Handlungsroutinen von Vätern, institutionalisiert und normativ abgestützt, aber auch Probleme, Konflikte und Handlungsblockierungen bei den Versuchen sich stärker am alltäglichen Familienleben zu beteiligen. Kreatives Handeln wird sichtbar in der Konstruktion neuer Praktiken involvierter Vaterschaft und wir finden zahlreiche Diskurse mit vielfältigen Begründungen, Rechtfertigungen und Legitimationen aktiver Vaterschaft. Was wir nicht beobachten können, ist die Habitualisierung und Institutionalisierung dieses neuen Modells von Vaterschaft, wir können aber sehr wohl eine Gleichzeitigkeit der verschiedenen Stufen des Handelns, und zwar über einen längeren Zeitraum, feststellen.

Das pragmatistische Handlungsmodell greift offensichtlich zu kurz, wenn es darum geht, langfristige Wandlungsprozesse in den Handlungsmustern heutiger Väter in ihrer Gleichzeitigkeit von Routine, Krise, Experiment, Legitimation und möglicher Institutionalisierung zu fassen, denn es ist zu stark auf kleine, alltägliche Handlungssequenzen beschränkt. Joas kritisiert die mikrosoziologische Engführung des pragmatistischen Handlungsmodells und stellt fest, dass es „häufig an Gegenständen geringer makrosoziologischer Relevanz entwickelt [wird] und der analytische Reichtum des symbolischen Interaktionismus für eine historisch reflektierte und politisch orientierte Gegenwartsdiagnose ungenutzt [bleibt]" (Joas 1992, S. 60). Um die aktuellen Handlungskrisen von Vätern zu verstehen, bedarf es deshalb einer makrosoziologischen Kontextuierung des pragmatistischen Handlungsmodells: Bei den hier diskutierten Handlungskrisen von Vätern geht es nicht nur um kleine alltägliche Handlungssequenzen von kurzer Reichweite, sondern auch um langfristige, in sozialen Transformationsprozessen situierte Handlungskrisen, die nur in diesem Kontext angemessen analysiert werden können.

Auf dem Hintergrund dieser Kritik erweitern wir im Folgenden das pragmatistische Handlungsmodell um Giddens' Modell des handelnden Selbst. Zentral für das Giddens'sche Handlungsmodell ist die Theorie der Strukturierung, die Vorstellung einer Dualität von Struktur. Soziale Strukturen werden hierbei zugleich als Ermöglichung und Begrenzung des Handelns, als Medium und als Resultat der Praxis gefasst. Giddens unterscheidet, ähnlich wie das pragmatistische Handlungsmodell, vor allem zwei Handlungsmodi: die „Handlungsrationalisierung" und die „reflexive Handlungssteuerung" (Giddens 1992, S. 54 ff.). Handlungsrationalisierung bezieht sich auf einen Handlungsmodus, der von Handlungsroutinen bestimmt und an ein vorbewusstes praktisches Wissen gekoppelt ist. Die Vergegenwärtigung von Handlungsgründen ist keine Voraussetzung für das alltägliche Handeln, gleichwohl können auf Nachfrage Begründungen für diese Handlungen gegeben und kann das implizit vorhandene (praktische) Wissen expliziert werden. Dieser Modus der Handlungsrationalisierung entspricht weitgehend den Handlungsroutinen im pragmatistischen Modell; Giddens betont v. a. seine Bedeutung für die Reproduktion sozialer Strukturen. Reflexive Handlungssteuerung bedeutet, dass die Akteure ihre Handlungsabsichten bereits vor der Handlung reflektieren und sich hierbei auf vergangene eigene Erfahrungen sowie auf Erfahrungen Anderer und auf Wissen über soziale Strukturen beziehen. Dieses Wissen nennt Giddens diskursives Wissen. Er geht davon aus, dass im Zuge fortschreitender Modernisierung die reflexive Steuerung des biografischen Handelns zunehmend zu einer Anforderung für alle Gesellschaftsmitglieder wird (Giddens 1991, S. 70 ff.). Auch im pragmatistischen Handlungsmodell findet sich das diskursive Bewusstsein, allerdings wird es erst nach der Phase der Erfindung und des experimentellen Bewusstseins relevant. Es dient der Begründung und Rechtfertigung neuer Handlungsmuster und mündet in neue, institutionalisierte Handlungsgewohnheiten.

Für Giddens ist das diskursive Bewusstsein keine temporäre Phase in einem rekursiven Prozess; reflexive Handlungssteuerung und diskursives Bewusstsein sind vielmehr dominante Merkmale der reflexiven Moderne. Offen bleibt bei Giddens allerdings, wie das Verhältnis von Handlungsrationalisierung und reflexiver Handlungssteuerung, von praktischem und diskursivem Wissen konkret zu fassen ist.

Giddens fokussiert vor allem auf die reflexive und diskursive Dimension des Handelns, kreatives Handeln in seiner experimentellen Qualität bleibt bei ihm ebenso unterschätzt wie das Gewicht und die Macht eingespielter Handlungsroutinen.

Das Beharrungsvermögen und die Stabilität sozialer Praktiken sind zentrale Grundannahmen praxistheoretischer Ansätze (Bourdieu 2009; Reckwitz 2003). Ungeachtet der großen Heterogenität praxistheoretischer Konzepte (Schäfer 2013) lassen sich gemeinsame Grundelemente skizzieren (vgl. Reckwitz 2003), die auch für die Analyse der Lebensführung von Vätern und ihrer Handlungskrisen relevant sind. Wichtig ist in diesem Zusammenhang die Kontextualität von Praktiken: Handlungen können nicht isoliert betrachtet werden, sie sind stets in einen Kontext eingebettet und stehen in Relation zu anderen Praktiken (Schäfer 2013). Auch die Nicht-Bewusstheit und Körperlichkeit von Praktiken ist ein wichtiges Element praxistheoretischer Ansätze. Alle drei Momente – Kontextualität, Nicht-Bewusstheit und Körperlichkeit – betonen das Beharrungsvermögen sozialer Praktiken und stellen ein wichtiges Korrektiv für die Überschätzung diskursiven Wissens und reflexiver Handlungssteuerung dar, wie wir sie etwa bei Giddens finden.

Auch praxistheoretische Ansätze thematisieren zunehmend die Offenheit und Veränderbarkeit sozialer Praktiken und die „Instabilität der Praxis" (Schäfer 2013). Die Logik der Praxis impliziert eine prinzipielle Veränderbarkeit und somit eine Offenheit kulturellen Wandels (Reckwitz 2003). Wesentliche Elemente sieht Reckwitz in den Überraschungen des Kontextes, der Zeitlichkeit des Vollzugs und der lose gekoppelten Komplexe von Praktiken der sozialen Welt, die häufig nur bedingt und widerspruchsvoll aufeinander abgestimmt oder gegeneinander abgegrenzt sind und damit eine Konkurrenz unterschiedlicher sozialer Logiken in sozialen Feldern und eine interpretative Mehrdeutigkeit implizieren (ebd.). Beide Aspekte, die Kontextualität und Körperlichkeit von Praktiken und ihre Offenheit und Veränderbarkeit, sind wichtige Elemente, weil sie das Spannungsverhältnis von „Reproduktion und Transformation des Sozialen in der Praxistheorie" (ebd.) deutlich machen. Die aktuelle Debatte über wechselseitige Anschlussmöglichkeiten von Pragmatismus und Praxistheorie (Bogusz 2012; Schäfer 2012; Adloff und Jörke 2013; Dalton 2004) kann hier Impulse für ein tieferes Verständnis des Wechselspiels von Handlungsgewohnheiten auf der einen Seite und kreativem Handeln sowie Reflexionen auf der anderen Seite geben.

Auf dem Hintergrund des skizzierten pragmatistischen Handlungsmodells und der vorgeschlagenen Erweiterungen werden wir im Abschn. 5 Handlungsprobleme und Handlungskrisen von Vätern in ihrer alltäglichen Lebensführung zwischen Beruf und Familie beispielhaft darstellen und analysieren und danach fragen, welchen Beitrag das vorgestellte Handlungsmodell und seine Erweiterungen zum Verständnis und zur Erklärung der verschiedenen Aspekte von Handlungskrisen leisten können. Zunächst jedoch geben wir in Abschn. 4 einen Überblick über das methodische Design unserer Studie und über die in diesem Beitrag verwendeten Daten.

4 Projektdesign und Samplebeschreibung

Empirische Grundlage unserer Analysen sind Interviews mit Vätern aus sieben deutschen Unternehmen unterschiedlicher Größe aus verschiedenen Branchen und Regionen, je zur Hälfte aus dem privaten und aus dem öffentlichen Sektor (vgl. Alemann, von et al. 2012). Die Daten wurden im Forschungsprojekt „Arbeitsorganisationen und väterliche Lebensführung"[1] im Rahmen des von der Deutschen Forschungsgemeinschaft geförderten Sonderforschungsbereiches (SFB) 882 „Von Heterogenitäten zu Ungleichheiten" erhoben. Bei den Interviews handelt es sich um problemzentrierte Interviews nach Witzel (2000), die durch einen Kurzfragebogen zur Erfassung sozioökonomischer Daten der Väter und ihrer Familien ergänzt wurden. Im Mittelpunkt der Interviews standen die Erfahrungen, Wahrnehmungen und Reflexionen der befragten Väter bezüglich ihrer Vereinbarung von Beruf und Familie und ihrer Verwirklichungschancen in beiden Lebensbereichen. Der Leitfaden enthält Fragen zur ersten Phase der Vaterschaft, zum Zustandekommen der familialen Arbeitsteilung, zum eigenen Bild von Vaterschaft und der Vereinbarkeit von Familie und Beruf sowie zur Bewertung der Familienfreundlichkeit des Unternehmens. Zusätzlich wurde nach den subjektiven Einschätzungen der gesellschaftlichen Entwicklungstendenzen von Vaterschaft gefragt.

Die Auswertung der Interviewdaten erfolgte in einem mehrstufigen Verfahren: Zunächst wurden alle Interviews mit den Vätern (und einer kleineren Vergleichsgruppe von Müttern) nach einem induktiv-deduktiv gewonnenen Kodierschema mit MAXQDA kodiert; auf dieser Grundlage wurden sowohl strukturierte Kurzportraits aller Väter erstellt als auch thematische Querschnittsauswertungen zu bestimmten Themen (z. B. Vereinbarkeitskonflikte, Leitbilder von Vaterschaft, Beurteilung der Familienfreundlichkeit des Unternehmens) durchgeführt. Auf der Grundlage der Väterportraits wurde eine Typisierung der befragten Väter anhand ihres väterlichen Selbstverständnisses und dem Grad ihrer Verwirklichungschancen vorgenommen. Neben dieser Auswertung der Väterinterviews wurden Portraits aller untersuchten Organisationen auf der Grundlage von Dokumentenanalysen, Experteninterviews und thematischer Querschnittsauswertungen der Väter- und Mütterinterviews zu Aspekten der Unternehmenskultur und der Familienfreundlichkeit des Unternehmens erstellt. Für den vorliegenden Beitrag beziehen wir uns auf die Auswertung von 102 Väterinterviews; in der Darstellung der alltäglichen Handlungskrisen auf beruflicher Ebene greifen wir auf Kontextinformationen aus den Unternehmensportraits zurück.

Die befragten Väter haben alle mindestens ein Kind von unter sieben Jahren im Haushalt. Für unsere Frage nach Handlungsproblemen und Handlungskrisen von Vätern haben wir die Analyse auf jene Gruppe der Väter konzentriert, die, mehr als alle anderen Väter, in den Interviews von Ambivalenzen und Konflikten in ihrer alltäglichen Lebensführung und von limitierten Verwirklichungschancen für ihr väterliches Selbstverständnis berichtet haben. Grundlage der Auswahl ist eine Typisierung der Väter entlang zweier Auswertungsdimensionen. Die befragten Väter lassen sich zum einen nach ihrem väterlichen Selbstverständnis unterscheiden: Wir

---

[1] Homepage des Projektes: https://sfb882.uni-bielefeld.de/de/projects/b5.

Tab. 1 Typologie Väterliches Selbstverständnis und Verwirklichungschancen

Väterliches Selbstverständnis	Verwirklichungschancen	Realisiertes väterliches Selbstverständnis	Typ
Involvierte Vaterschaft	Hoch	Gelingende involvierte Vaterschaft	1a
	Gering	Limitierte Verwirklichungschancen als involvierter Vater	1b
Vater als Begleiter	Hoch	Vater als Begleiter	2a
	Gering	Limitierte Verwirklichungschancen als begleitender Vater	2b
Vater als Ernährer und Ansprechpartner	Hoch	Vater als Ernährer und Ansprechpartner	3a
	Gering	Randständiger Vater	3b

finden den Vater als „Ernährer und Ansprechpartner", den Vater als „Begleiter" und den „involvierten Vater". Der involvierte Vater unterscheidet sich vom „Vater als Begleiter" nach dem Ausmaß der alltäglichen Involviertheit, der größeren Relevanz von Care im väterlichen Selbstverständnis und dem Anspruch auf eine egalitäre Arbeitsteilung. Darüber hinaus lassen sich die befragten Väter nach dem Grad der Verwirklichungschancen für ihr väterliches Selbstverständnis differenzieren; zentral sind hierbei die subjektive Einschätzung der gegebenen Verwirklichungschancen für das eigene väterliche Selbstverständnis, die Zufriedenheit bzw. Unzufriedenheit mit der Vereinbarkeitssituation und die Intensität der berichteten Konflikte. Aus diesen zwei Auswertungsdimensionen ergibt sich folgende Typologie von Vätern und ihren Verwirklichungschancen (siehe Tab. 1).

Von den insgesamt 102 interviewten Vätern lassen sich 67 Väter den Typen 1a, 2a und 3a (hohe Verwirklichungschancen für das jeweilige väterliche Selbstverständnis) zuordnen; 35 Väter sind den Typen 1b, 2b und 3b (eingeschränkte Verwirklichungschancen für das jeweilige väterliche Selbstverständnis) zugeordnet. Diese 35 Fälle bilden das Sample unserer Analysen zu den Handlungskrisen von Vätern (siehe Tab. 2 im Anhang).

Väter mit eingeschränkten Verwirklichungschancen finden wir in allen untersuchten Arbeitsorganisationen, ihr Anteil differiert allerdings je nach Unternehmen erheblich und reicht von 12 Prozent bis 57 Prozent. Dies verweist auf relevante Organisationskontexte (Sektor, Branche, Region und insbesondere die Organisationskultur) als wichtige Einflussfaktoren für die Verwirklichungschancen von Vätern in den untersuchten Unternehmen.

Inwieweit entspricht unser Gesamtsample der befragten Väter (mit mindestens einem Kind unter 7 Jahren) dem Durchschnitt aller erwerbstätigen Väter in Deutschland? Zur Beantwortung dieser Frage haben wir die gewichteten Daten des Soziooekonomischen Panels (SOEP, Welle BD) herangezogen (siehe Tab. 3 im Anhang) und finden, dass das Haushaltseinkommen des hier vorgestellten Samples im Durchschnitt nur minimal höher als das der Vergleichsgruppe liegt. Auch bei den vertraglichen und tatsächlichen Arbeitsstunden und dem Alter des Vaters zeigen sich kaum Unterschiede; allerdings haben die Väter unseres Samples einen deutlich höheren mittleren Bildungsstand. Auch ihre Partnerinnen sind im Durchschnitt gebildeter, zudem etwas älter und arbeiten im Durchschnitt etwas weniger als die Partnerinnen aller in Deutschland erwerbstätigen Väter.

 Springer

5 Berufstätige Väter – Handlungskrisen in Familie und Beruf

Im Folgenden fokussieren wir anhand des ausgewählten Samples auf die Väter, die ihr väterliches Selbstverständnis nur eingeschränkt leben können. In ihren Erzählungen und Reflexionen finden wir mehr als in den anderen Interviews Beschreibungen von krisenhaften Situationen und Interaktionen, Thematisierungen von Unsicherheit, Zweifel und Irritationen sowie eine deutlich zum Ausdruck gebrachte Unzufriedenheit mit der aktuellen Vereinbarkeitssituation und den familiären Arrangements. Wir konzentrieren uns auf die Ebene alltäglicher Lebensführung und rekonstruieren Handlungskrisen von Vätern im Kontext familialer Lebensführung und im Rahmen alltäglicher Arbeits(zeit)routinen.

5.1 Väter im Familienalltag – Wunsch nach familialer Bedeutung und fehlende Routinen

Väter wollen aktive Väter und als solche stärker in den familialen Alltag integriert sein; sie wollen nicht nur Ernährer sein, sondern auch Erzieher, und ihre Kinder beim Aufwachsen begleiten – und sie möchten entsprechend wahrgenommen und wertgeschätzt werden. Eine für die Väter zentrale Frage bezieht sich auf die emotionale Bedeutung, die sie für ihre Kinder haben. Nicht wenige Väter thematisieren ein Gefühl von Randständigkeit in der Familie: Sie fühlen sich überflüssig, erleben sich als „*Bezugspersonen zweiter Klasse*" *(CH-V05-215)* und sind unsicher über den Stellenwert, den sie im emotionalen Gefüge der Familie haben. Ein Vater bringt diese Erfahrung treffend auf den Punkt:

> Ich habe manchmal das Gefühl, dass, dass ich einfach über bin. Ob ich nach Hause komme oder nicht, das spielt keine Rolle. (RG-V13-194)

Die befragten Väter registrieren sehr genau Differenzen in der alltäglichen Bedeutung der beiden Elternteile für die Kinder. Dies gilt sowohl für die Gruppe der Väter, die sich als Familienernährer eher als randständig in der Familie erleben, als auch für die Väter, die für sich selbst nur limitierte Verwirklichungschancen als Begleiter ihrer Kinder sehen. Selbst wenn sie versuchen, sich stärker in den familialen Alltag zu integrieren, wird dies von den Kindern nicht unbedingt honoriert. Wenn der Sohn morgens weint, wenn die Mutter zur Arbeit geht und vor dem Vater das Haus verlässt, löst dies bei dem Vater Irritationen und Zweifel über seinen Stellenwert in der Beziehung zum Sohn aus:

> Da muss man schon gucken, dass man als Vater noch den Stellenwert bei ihm bekommt. Dann tut einem das zwar nicht weh, aber man denkt sich auch, hallo, du bist hier nicht allein, ich bin auch noch da, warum heulst du jetzt der Mama hinterher, lass uns doch jetzt miteinander spielen, da brauchst du die Mama nicht dazu. (AM-V10-119)

Gerade Väter mit langen Arbeitszeiten wären im Alltag ihrer Kinder gerne stärker präsent und wünschen sich mehr Zeit für sie. Mit den Folgen ihrer langen Abwesenheit von der Familie werden sie manchmal auf irritierende und schmerzhafte Weise

konfrontiert. So berichtet ein Vater, wie schockiert er war, als sein kleiner Sohn das Telefon „Papa" nennt.

Also was mich wirklich schockiert hat neulich zum Beispiel, also seit ungefähr einem Monat oder so nennt mein Kind das Telefon „Papa". Also er nimmt das Telefon in die Hand und sagt: Papa. Irgendwie, wenn er zu Hause rumläuft. Dann habe ich am Anfang immer gar nicht verstanden, was er meinte, weil er mich gar nicht angeguckt hat. [...] Und ich meine, er meint das ja nicht böse, aber weil das dann immer so ist: „Da ist Papa dran", „Papa ist am Telefon", dann nennt er halt mich Papa und das Telefon Papa. Und das ist schon so ein bisschen schockierend, wenn man das mal so weitererzählt. (AM-V01-44)

In solchen Alltagssituationen werden dem Vater die Folgen seiner häufigen Abwesenheit bewusst und er fragt sich, ob er sich genügend Zeit für seinen Sohn nimmt, welche Folgen dies in Zukunft haben könnte und ob er die Prioritäten zwischen Beruf und Familie richtig gesetzt hat. Die Irritationen und das Unbehagen, die in den Interviews mit den Vätern zum Ausdruck kommen, machen die Krisenhaftigkeit ihrer affektiven Verortung in der Familie deutlich. Hintergrund sind vor allem veränderte Leitbilder von Vaterschaft und generell höhere Erwartungen an die Eltern-Kind-Beziehung. Die einzig unkündbaren Beziehungen, die es heute noch gibt, sind die Beziehungen zwischen Eltern und Kindern (Bude 2014, S. 28 ff.). Deshalb sind die Erwartungen von Väter an ihre emotionale Integration in die Familie gestiegen: Väter möchten spüren, dass sie wichtig für ihre Kinder sind, und sie wollen, dass dies im familialen Alltag auch sichtbar wird. Allerdings fehlt diesem Wunsch nach emotionaler Nähe und Bedeutsamkeit in der Beziehung zu den Kindern die Fundierung in den alltäglichen Abläufen der Familie, dem *doing family* (vgl. Jurzcyk 2014). Dass Väter sich selbst als „Bezugspersonen zweiter Klasse" sehen, liegt nicht zuletzt an den eingespielten Routinen und Praktiken einer geschlechtlichen Arbeitsteilung, bei der viele Mütter sehr viel stärker im Alltag der Kinder präsent und in der Tat die primären Bezugspersonen ihrer Kinder sind. Gerade Väter, die gerne die Begleiter ihrer Kinder wären, nehmen dies wahr und versuchen, andere Praktiken dagegenzusetzen und neue Routinen im Rahmen alltäglicher familialer Lebensführung zu entwickeln.

Wichtig für die Orientierung und die Handlungsstrategien dieser Väter ist die gedankliche Abgrenzung von anderen Modellen des Vaterseins. In ihren Erzählungen greifen Väter auf Vergleiche mit dem eigenen Vater und vor allem auf medial vermittelte Bilder von immer zu spät kommenden oder gar nicht erscheinenden Vätern zurück. Dieses Bild des „abwesenden Vaters" erscheint fast als Klischee, es beschreibt nur noch bedingt die alltägliche Realität dieser Väter, ist aber als Gegenhorizont (Bohnsack 2003, S. 136) nach wie vor wichtig. In der eigenen Abgrenzung zum Bild des „Wochenendvaters" zeigen viele der befragten Väter, dass sie auch während der Woche in der Familie präsent sein möchten. Viele Väter wären gerne „*ein Vater mit mehr Zeit"* und sie sind davon überzeugt, dass es wichtig ist, *„dass man Zeit investiert"*.

In ihrem Familienalltag ringen Väter um die Etablierung alltäglicher oder wöchentlicher Routinen und Praktiken. Sie bemühen sich, den Badetag am Mittwoch als *jour fixe* auch gegenüber den Arbeitskollegen zu etablieren oder Tage festzulegen,

an denen sie die Kinder zu Bett bringen können. Sie vereinbaren bestimmte Tage in der Woche, an denen sie ihre Kinder in den Kindergarten bringen beziehungsweise pünktlich wieder abholen und sie berichten von den alltäglichen Krisen, die diese Versuche am Arbeitsplatz, manchmal auch zu Hause, auslösen. Viele Väter versuchen, sich so kontinuierlich wie möglich am Alltag ihrer Familien zu beteiligen, und sie erleben es als schmerzhaft, wenn sie die Entwicklungsschritte ihrer Kinder verpassen. Auch hier ist Zeit und vor allem verpasste Zeit ein wichtiger Topos, der in vielen Interviews auftaucht. Für einige Väter in unserer Studie führte die Erfahrung, wichtige Zeit mit den Kindern verpasst zu haben, zum Umdenken und einer grundlegenden Veränderung ihrer alltäglichen Lebensführung. Ein Vater erzählt von dieser Veränderung in seinem Alltag als Vater:

> Und nach dem [ersten Lebens-] Jahr habe ich irgendwann so 'n Flash gehabt und gedacht: Jetzt ist die ein Jahr alt, fängt das Reden und das Laufen, und ich habe von dem Jahr nichts mitgekriegt. Ich, so will ich das nicht. So gefällt mir das nicht. Ich will da irgendwie was anders. Und dann haben wir angefangen darüber nachzudenken, wie es denn wäre, wenn ich ein Jahr zu Hause bleibe [...] Und dann habe ich da halt mal hier bei der – bei der Firma, habe mich informiert und habe das dann, hab eigentlich die Firma dann vor vollendete Tatsachen gestellt mehr oder weniger. Und gesagt, nee, das ist – das ist mir es jetzt wert, ich will das einfach auch mal, ein Jahr zu Hause. (UE-V15-146)

Dieser Vater steht exemplarisch für eine Gruppe von Vätern, denen es gelingt, individuelle Lösungen für die als defizitär erlebte Teilhabe am Familienleben zu finden. Sie ziehen Grenzen gegenüber den zeitlichen Anforderungen der Erwerbsarbeit und erhöhen ihre Präsenzzeit zu Hause, sei es durch die Reduzierung von Überstunden oder eine längerfristige Reduktion der vertraglichen Arbeitszeit, durch die Nutzung von Home Office oder die Inanspruchnahme einer längeren Elternzeit. Diese Väter fordern Vereinbarkeit aktiv am Arbeitsplatz ein und nutzen die angebotenen Programme und Angebote sehr viel offensiver als andere Väter.

In einigen Fällen führt die stärkere Präsenz der Väter im Familienalltag allerdings zu Konflikten mit der Partnerin. Dies gilt insbesondere für Väter, die sich als involvierte Väter sehen und die Betreuungs- und Erziehungsarbeit gleichberechtigt aufteilen möchten. Sie berichten von Handlungs- und Interaktionskrisen mit ihren Partnerinnen, die eine wichtige Rolle als *gatekeeper* des Kinderalltags spielen. Auch hier geht es um die Zeit mit den Kindern und nicht selten um die Konkurrenz *zwischen* den Partnern um die Zeit mit ihren Kindern. Ein Vater, der mehrere Monate Elternzeit genommen hat (beide Partner arbeiten je 32 Stunden in der Woche), erzählt von solchen Konflikten:

> Aber die Eifersucht kam dann eben [von meiner Frau]: „Ich habe so wenig Zeit mit den Kindern". Und dieses Klammern an die Kinder und das ist ja völlig normal und die Frau kümmert sich um die Kinder und die Mutter ist eigentlich für die Kinder da und die Oma: „Ich wundere mich, dass du so viel mit den Kindern machst, weil so was kenne ich gar nicht, das ist ja toll". Solche Reaktionen kamen immer. Aber man merkte, das ist nicht normal. Also dass Väter sich um Kinder kümmern, ist selten. [...] Und da sind wir in

Konflikte geraten. [...] Dieses Abgeben hat nicht funktioniert. Ich habe einen Hoheitsbereich verletzt damit und da hatten wir Diskussionen. [...] „Man kann ihn doch nicht alleine mit einem Kind zu Hause lassen". Je näher meine Elternzeit rückte, umso unsicherer wurde sie. Umso mehr wurde ich auch auf den Prüfstand gestellt. „Kannst du denn das auch alles mit dem Kind oder mit zwei Kindern? Nimmst du denn auch was zum Trinken mit?" (ER-V17-24)

Das Zitat macht deutlich, wie stark tief sitzende kulturelle Leitbilder und inkorporierte alltägliche Routinen und Praktiken die Gestaltung des Familienalltags prägen. Gegen wirkmächtige Normalitätsunterstellungen nicht nur der Partnerin, sondern auch des persönlichen Umfeldes fällt es schwer, neue Praktiken im familialen Alltag zu etablieren. Die Handlungs- und Interaktionskrisen der befragten Väter resultieren hier vor allem aus dem Zusammenspiel von gestiegenen Wünschen nach emotionaler Bedeutsamkeit im Beziehungsgeflecht der Familie einerseits und fehlenden Routinen und Praktiken der alltäglichen Teilhabe von Vätern an Familie andererseits. Eine aktuelle Publikation zweier Journalisten (und Väter) thematisiert genau diese fehlenden alltäglichen Routinen als wesentliche Ursache für die ungelösten Vereinbarkeitskonflikte heutiger Väter: „Es gibt kaum Routinen, es gibt viel zu wenige Standardabläufe, die wir ohne großes Nachdenken abspulen könnten. [...] uns fehlen die Selbstverständlichkeiten, das Verlässliche und Entlastende fester Strukturen" (Brost und Wefing 2015, S. 53 f.). Die fehlende Normalität involvierter Vaterschaft, die hier beklagt wird, gilt nicht nur für den Bereich der Familie, sondern auch, und vielleicht noch mehr, für die Sphäre der Erwerbsarbeit.

5.2 Väter im Kontext von Arbeitsorganisationen – fehlende Normalität involvierter Vaterschaft

Im Kontext von Arbeitsorganisationen sind zwei Handlungsprobleme für Väter aktuell von besonderer Relevanz: die Inanspruchnahme von Elternzeit und die Nutzung flexibler Arbeitszeitmodelle. Mit dem 2007 eingeführten Elterngeld haben Väter in Deutschland erstmals einen exklusiven Anspruch auf Nutzung von zwei Elternmonaten. Väter-Zeit ist damit vom Staat vorverhandelt (Brandth und Kvande 2009), was neue Grundlagen für Verhandlungen von männlichen Beschäftigten mit ihrem Arbeitgeber bietet. Während bislang etablierte Handlungsroutinen beim Übergang in Vaterschaft dadurch charakterisiert waren, dass Väter wenige Tage Urlaub nahmen, um die Partnerin in den ersten Tagen zu unterstützen, gibt es nun neue Regelungen und Rechte für Väter, die ihre Handlungssituation neu definieren. Die Vätermonate eröffnen zum einen Handlungsspielräume, etablieren gleichzeitig aber auch neue Erwartungen und Normen für Väter und setzen Abwägungsprozesse in Gang, die für Väter in dieser Form neu sind. Vor dem Hintergrund einer nach wie vor ungleichen geschlechtlichen Arbeitsteilung gilt die Nutzung der zwei Vätermonate zu Recht als unzureichend und defizitär, aus der Perspektive der handelnden Väter wird die neue Handlungssituation als verunsichernd und riskant erlebt. Für Väter geht es auf dem Hintergrund divergenter Erwartungen des beruflichen und privaten Umfeldes um das Abwägen zwischen den Chancen und Risiken von Elternzeitnutzung. Viele Väter äußern große Unsicherheit darüber, wie das unmittelbare berufliche Umfeld,

die Kollegen und direkten Chefs, auf die Nutzung von Elternzeit reagieren und welche Karrierenachteile damit verbunden sein könnten. Sie beschreiben, wie sie versuchen, subtile Signale und ungeschriebene Regeln in den Arbeitsorganisationen zu interpretieren.

> Ich habe lange mit mir gerungen [...]. Wie wird so ein Signal aufgenommen, wie ticken denn diese Menschen da, mein Geschäftsführer, mein neuer Chef? [...] Es gibt Menschen, die die Entscheidung eines Mannes, Elternzeit zu nehmen – und sei es auch nur für zweimal einen Monat, wie bei mir – dahingehend interpretieren, dass derjenige weniger Wille hat, sich beruflich zu engagieren, als man sich das so wünscht. Das war meine Befürchtung an der Stelle. (AM-V02-68)

Die Sorge der Väter, bei der Inanspruchnahme von Elternzeit als Beschäftigter mit limitiertem beruflichem Engagement wahrgenommen zu werden, ist groß. Auch wenn die befragten Väter tatsächlich nicht wissen, wie ihr berufliches Umfeld reagieren wird (und manchmal auch positiv überrascht werden), so dominiert doch die Erwartung einer negativen Reaktion.

Neben der Inanspruchnahme von Elternzeit erleben viele der befragten Väter auch die Nutzung flexibler Arbeitszeiten für familiäre Belange als krisenhaften Prozess. Flexible Arbeitszeitmodelle werden derzeit von vielen Unternehmen als ein zentrales Instrument für eine bessere Vereinbarkeit betrachtet und als Ausweis der eigenen Familienfreundlichkeit kommuniziert. Wenn Väter ihre Arbeitszeit flexibel einzuteilen versuchen, werden sie – neben der Herausforderung, familiale und berufliche Anforderungen zeitlich überhaupt zusammenzubringen – mit impliziten Erwartungen und Reaktionen von Vorgesetzten und Kollegen konfrontiert. So würde einer der befragten Väter gerne von den Möglichkeiten der Gleitzeit Gebrauch machen, hat jedoch den Eindruck, dass dies im Rahmen der ungeschriebenen Regeln des Unternehmens nicht möglich ist. Obwohl er sich immer wieder vornimmt, die Möglichkeit des gleitenden Arbeitsbeginns zu nutzen, um morgens etwas länger mit der Familie frühstücken zu können, gelingt ihm dies meist nicht. Er hat das Gefühl, er sei

> wie so eine Marionette an so einer Schnur gezogen und müsste also jede Minute mich möglichst beeilen, dass ich dann möglichst früh auf der Arbeit bin. Also das ist eigentlich ganz komisch, weil das möchte ich eigentlich gar nicht haben. (OC-V16-66)

Ein anderer Vater berichtet von seinen inneren Konflikten bei der Nutzung flexibler Arbeitszeit. Wenn tagsüber familiäre Termine anstehen, wäre es für ihn durchaus möglich, sich dafür frei zu nehmen. Vereinzelt hat er dies auch schon gemacht und bislang keine negativen Auswirkungen im Unternehmen erfahren. Trotzdem befindet er sich in einem „Gewissenskonflikt", er fragt sich

> wie wichtig ist Arbeit, und wie wichtig ist wirklich so eine Schulveranstaltung oder Kindergartenveranstaltung? Oftmals sage ich dann: „Nee, ich kann jetzt ja nicht früher Feierabend machen, weil im Kindergarten Laternensingen ist." Aber streng genommen kann man es machen. (RG-V01-123)

Dieser Vater bekommt zwar Unterstützung durch seinen direkten Vorgesetzten, aber er ist unsicher, was Kolleginnen, Kollegen und andere Vorgesetzte im Unternehmen darüber denken. Auch wenn er die Erfahrung macht, dass es für ihn, seine Kinder und für die Beziehung zu ihnen wichtig ist, als Vater bei den besonderen Momenten der Kinder dabei zu sein, bleibt für ihn die Entscheidung zwischen den Anforderungen des Arbeitsplatzes und der Teilhabe an Familie konflikthaft. Die Frage, was in der jeweiligen Situation „wirklich" wichtig ist, wird von diesem Vater ganz offensichtlich öfter zu Gunsten der Arbeit entschieden. Die Unterordnung des Familienlebens unter die Imperative der Erwerbsarbeit macht die strukturelle wie normative Hierarchie der Lebensbereiche deutlich.

Mit ihren Handlungsstrategien versuchen Väter, die tatsächlich vorhandenen oder auch nur befürchteten Risiken zu minimieren. Sie beobachten sehr sorgfältig ihr berufliches Umfeld, suchen nach Referenzen und Beispielen und bemühen sich um Anschlüsse an etablierte Praktiken und Routinen in der Organisation. Die Elternzeit von Vätern beschränkt sich meist auf die zwei „Vätermonate" und selbst diese werden häufig nicht am Stück genommen, sondern gesplittet und den betrieblichen Arbeitsrhythmen und Zeitstrukturen angepasst. Ähnliche Strategien zeigen sich bei der Nutzung flexibler Arbeitszeitregelungen. Auch hier verhalten sich die Väter bedeckt, vermeiden es, Rechte einzufordern, und setzen auf ein gegenseitiges „Geben und Nehmen" zwischen Arbeitgeber und Arbeitnehmer im Rahmen von Ausnahmeregelungen jenseits alltäglicher Routinen. Mit einer solchen Handlungsstrategie vermeiden Väter es, als aktive Väter am Arbeitsplatz sichtbar zu werden. Individuell mag dies die Risiken reduzieren; es führt aber auch dazu, dass sich neue Handlungsroutinen aktiver Vaterschaft in den Unternehmen kaum oder nur sehr langsam etablieren können.

Für die betroffenen Väter – vor allem für Väter mit limitierten Verwirklichungschancen als Begleiter ihrer Kinder – führt dies dazu, dass die Konflikte zwischen Beruf und Familie auf Dauer gestellt werden. Sie bleiben virulent, in besonderen Situationen verdichten sie sich und manifestieren sich als Handlungskrisen, führen aber nicht zu neuen Handlungsmustern im Alltag oder bei biografischen Entscheidungen. Ein Vater reflektiert diese Situation: Wenn er wieder einmal feststellt, was er an Entwicklungsschritten bei seinem kleinen Sohn verpasst hat, dann zweifelt er

schon halt öfters mal, ob das jetzt so die richtige Prioritätensetzung ist, die man da hat. Aber wenn man auf der Arbeit ist, ist man auch in seinem kleinen Mikrokosmos hier und hat so viel Stress, bis in den Abend hinein, dass man das gut verdrängen kann einfach. Das fällt einem immer nur zu Hause auf und deswegen ändert man wahrscheinlich auch nicht so richtig was dran. (AM-V01-42)

Dieser Vater beschreibt das Oszillieren zwischen dem Mikrokosmos der Arbeit und der Familie, die Infragestellung des eigenen Handelns einerseits und den Sog der Routinen am Arbeitsplatz andererseits. Mit dieser Darstellung bringt er die immanente Handlungskrise ebenso wie die immer wieder sich vollziehende Stillstellung des Konflikts auf den Punkt.

Die in diesem Beitrag beschriebenen Väter nehmen sich selbst nur wenig als Handelnde wahr. Häufig finden wir Narrationen, dass sich die Dinge einfach so

entwickelt haben, dass das praktizierte Erwerbsmodell und die Arbeitsteilung in der Familie „*einfach nur so aus den Gegebenheiten entstanden*" *(AM-V01-66)* seien, ohne eigenes Zutun und fast wie hinter dem Rücken der Beteiligten. Die befragten Väter scheinen in Situationen und Konstellationen geraten zu sein, die sie sich so nicht vorgestellt haben und so nicht gewollt haben. Man könnte in diesem Zusammenhang von einer Krise der Selbstwirksamkeit sprechen (vgl. Bandura 1997). In der Gestaltung des Familienlebens und der Vereinbarkeit von beruflichem und privatem Lebensbereich sehen sich diese Väter eher als Spielball der Bedürfnisse und Erwartungen der Familie und ihres Unternehmens denn als handelnde und selbstwirksame Subjekte, was nicht nur in den alltäglichen Handlungskrisen, sondern auch in ihren biografischen Bilanzierungen deutlich wird.

Gerade weil es offensichtlich so schwierig ist, eine neue Normalität von involvierter Vaterschaft zu etablieren, ist der Wunsch der Väter nach *gesellschaftlicher* Normalisierung groß. Als wichtigsten Akteur in diesem (langfristigen) Transformationsprozess sehen die befragten Väter den Staat, dem sie über Regelungen zur Familienpolitik eine zentrale Rolle zuschreiben. In den Interviews finden wir vielfältige Bezüge auf aktuelle familienpolitische Diskurse und soziale Vergleiche mit anderen Ländern, in denen involvierte Vaterschaft als Normalität verstanden und nicht als Abweichung markiert wird. Auf die Frage, wie er die Zukunft von Vätern in 20 Jahren hier in Deutschland sehe, formuliert ein Vater seine Hoffnungen wie folgt:

> Ich hoffe, dass das gesellschaftliche Verständnis dafür gewachsen ist, vertieft ist. Dass das dann ganz normal ist, wie in anderen Ländern, wo das ganz normal ist, dass Väter, ich glaube sogar in Schweden ist es sogar so, die müssen sogar zwei Monate Urlaub nehmen. [...] Also das ist ein ganz anderes Verhältnis zu Familie überhaupt da vom Gesetzgeber. [...] Und dass dann überhaupt die Möglichkeit für mehr Väter ist, das in Anspruch zu nehmen. Ohne vielleicht Angst zu haben, dass sie ihren Job danach verlieren. (AN-V11-268)

Bezogen auf das pragmatistische Handlungsmodell können wir hier von einem Wunsch nach Legitimation und Institutionalisierung neuer Handlungsmuster sprechen; in den Interviews finden wir viele Beispiele für ein entsprechendes diskursives Bewusstsein.

6 Handlungskrisen von Vätern – individuelle Handlungsstrategien und gesellschaftlicher Wandel

Die Handlungs- und Interaktionskrisen heutiger Väter in Familie und Beruf, wie wir sie in Abschn. 5 skizziert haben, sind eingebettet in widersprüchliche und ungleichzeitige gesellschaftliche Transformationsprozesse und sind nur in diesem Kontext angemessen zu verstehen. In den alltäglichen Handlungskrisen wird eine komplexe Konfiguration von Einflussfaktoren sichtbar, die das Handeln heutiger Väter prägt, Handlungsspielräume eröffnet und zugleich limitiert und Väter zwingt, sich handelnd mit diesen strukturellen, institutionellen und kulturellen Kontexten auseinanderzusetzen. Die alltäglichen Handlungskrisen von Vätern zeigen, dass das institutio-

nelle Gefüge von Erwerbsarbeit, familialer Lebensführung und wohlfahrtsstaatlicher Geschlechterpolitik in vieler Hinsicht nicht mehr zusammenpasst und zudem quer zu den kulturellen Leitbildern liegt. In diesem Sinne könnte man durchaus von einem *institutional lag* sprechen, einem Hinterherhinken der Institutionen hinter gewandelten Vorstellungen von aktiver Vaterschaft und egalitären Geschlechterarrangements[2]. Gleichzeitig beobachten wir aber auch einen *cultural lag*, ein Beharrungsvermögen kultureller Leitbilder von Familie, Kindheit und Geschlecht gegenüber dem Wandel von Erwerbsarbeit und Familie. Wir haben es deshalb mit multiplen und simultanen Ungleichzeitigkeiten im Institutionengefüge, aber auch zwischen Institutionen und kulturellen Leitbildern sowie zwischen verschiedenen kulturellen Leitbildern zu tun. Der mikrosoziologische und handlungstheoretisch inspirierte Blick auf die alltäglichen Handlungskrisen heutiger Väter zeigt die Dynamik, die in diesen ungleichzeitigen und widersprüchlichen Transformationsprozessen steckt. Die befragten Väter zeigen uns, wie sie in ihrem alltäglichen Handeln Antworten auf die strukturellen Widersprüche und inkohärenten Orientierungsmuster suchen und wie sie damit auch die institutionellen und kulturellen Kontexte ihres Handelns verändern.

In den Erzählungen und Reflexionen der befragten Väter finden wir unschwer die verschiedenen Stufen des Handelns, wie sie im pragmatistischen Handlungsmodell beschrieben sind. Wir sehen etablierte und eingeschliffene Handlungsgewohnheiten in der Familie und am Arbeitsplatz; wir verstehen den Sog dieser alltäglichen Routinen und inkorporierten Praktiken, die Sicherheit, die sie vermitteln, und das Beharrungsvermögen, das sie entfalten. Wir hören aber auch vom Unbehagen der Väter an diesen Handlungsgewohnheiten, von ihrer Unzufriedenheit im Alltag und den Zweifeln, die sie ihre alltäglichen Praxen hinterfragen lassen, und gewinnen so eine Vorstellung von den Handlungs- und Interaktionskrisen am Arbeitsplatz und in der Familie. Wir beobachten die vielfältigen Versuche der Väter, neue Handlungsmuster zu entwickeln und damit zu experimentieren, neue Praktiken zu erfinden und zu etablieren; wir hören von den Konflikten, in die sie damit geraten, aber auch von überraschenden und bereichernden Erfahrungen, die sie in der Familie, manchmal auch am Arbeitsplatz machen. Ihr kreatives Handeln speist sich aus verschiedenen Quellen: Leitbilder von involvierter Väterlichkeit versprechen Bindung und emotionale Nähe; neue institutionalisierte Zeiten der Sorge für Kinder (Elternzeit) oder neue Formen der Arbeitsorganisation wie etwa Telearbeit schaffen neue Möglichkeitsräume für Väter, die zu neuen Erfahrungen und Handlungsgewohnheiten führen können. Neue Handlungsmuster bedürfen der Begründung und Rechtfertigung – in den Interviews finden wir vielfältige Diskurse dazu. Viele Väter wünschen sich eine sehr viel weitergehende Normalisierung involvierter Vaterschaft, aber es gibt nur wenige Beispiele für die Institutionalisierung neuer Handlungsgewohnheiten; sie bleiben eher punktuell und verdichten sich noch nicht zu kohärenten Handlungsmustern.

In den Erzählungen und Reflexionen der befragten Väter finden wir aber nicht nur die verschiedenen Stufen des Handelns aus dem pragmatistischen Handlungsmodell. Die Reflexivität, mit der viele der befragten Väter krisenhafte Momente in ihrem alltäglichen Handeln als Väter, Partner und Arbeitnehmer beschreiben, könnte

---

[2] Vgl. zur Theorie der Geschlechterarrangements Pfau-Effinger (2004).

im Sinne von Giddens als Beleg für die zunehmende Bedeutung reflexiver Handlungssteuerung und diskursiven Wissens interpretiert werden. Väter beziehen sich auf Erfahrungen anderer Väter in anderen Beschäftigungsverhältnissen und anderen Branchen, sie diskutieren die Historizität von Leitbildern und vergleichen ihre eigene Lebenspraxis mit der Generation ihrer Väter. Die sozialen Vergleiche beschränken sich nicht auf den eigenen nationalen Kontext, sondern beziehen sich auf andere Gesellschaften mit differenten wohlfahrtsstaatlichen Regulierungen und Institutionen. Damit wird ein diskursiver Raum eröffnet, in dem soziale Vergleiche möglich sind und andere Lebensmodelle denkbar werden.[3]

Der Wunsch der Väter nach einer Normalisierung involvierter Vaterschaft macht aber auch deutlich, dass es mehr als eines diskursiven Raumes bedarf, um ihre Vorstellungen von aktiver Vaterschaft auch zu leben. Der Topos der (nicht vorhandenen) Normalität, der sich wie ein roter Faden durch die Interviews zieht, verweist auf die Bedeutung eingespielter Routinen und Praktiken für die alltägliche Lebensführung. In den Interviews wird deutlich, wie schwierig es für die befragten Väter ist, einzelne Handlungssequenzen zu verändern und gegen den Sog der Routinen am Arbeitsplatz oder einer im Familienalltag verankerten Arbeitsteilung neue Praktiken als involvierter Vater zu etablieren. Eine praxistheoretische Perspektive, die die Kontextualität von Praktiken, ihre Unbewusstheit und Körperlichkeit betont, erlaubt es, das Beharrungsvermögen von (alten) Handlungsroutinen und die Schwierigkeiten, neue Handlungsgewohnheiten zu institutionalisieren, auch theoretisch zu fassen. Die Interviews zeigen aber auch ein Potential an interpretativer Mehrdeutigkeit (Reckwitz 2003), das in der Konkurrenz unterschiedlicher sozialer Logiken in Beruf und Familie liegt und zu kulturellem Wandel und einer Veränderung sozialer Praktiken führen kann.

Insgesamt finden wir in der Gruppe der hier dargestellten Väter jedoch weniger eine Etablierung neuer Handlungsroutinen, sondern eher eine auf Dauer gestellte Handlungskrise, die aber nicht immer in den Horizont der eigenen Sinndeutung gerät. Wir beobachten ein Oszillieren zwischen der Thematisierung krisenhafter Momente, der partiellen Entwicklung neuer Handlungsmuster und dem Abtauchen in alte Handlungsroutinen, die nach wie vor durch machtvolle Institutionalisierungen abgestützt werden. Begleitet wird dieses Handeln von vielfältigen Reflexionen und Selbstreflexionen der eigenen Lebensentwürfe, der Erwartungen relevanter Anderer, der Bedingungen und Möglichkeiten, vor allem aber der Hindernisse für eine Lebensführung als involvierter Vater. Die Handlungskrisen von Vätern, wie wir sie nachgezeichnet haben, sind mehr als individuelle Krisen der Vereinbarkeit von Beruf und Familie, sie erweisen sich als strukturell induzierte Krisen der Lebensführung von Vätern im Spannungsfeld von ambivalenten Leitbildern, widersprüchlichen Geschlechterarrangements und entgrenzten Beschäftigungsverhältnissen. Ein Ende der Handlungskrisen von Vätern scheint vorerst nicht in Sicht, sie werden vielmehr zur neuen Normalität.

---

[3] Die sozialen Vergleiche mit anderen Ländern und der Bezug auf die Familienpolitik skandinavischer Wohlfahrtsstaaten waren keine Themen in unserem Leitfaden. Sie wurden von den Vätern selbst vorgenommen und verdeutlichen die Ausweitung des (nationalstaatlichen) Kontexts, in dem Vergleiche gezogen und Anspruchshaltungen entwickelt werden.

Danksagung Wir danken Annette von Alemann, Sandra Beaufays, Johann Schülein sowie den beiden Gutachter/innen für kritische Kommentare, hilfreiche Hinweise und anregende Diskussionen zu den Handlungskrisen von Vätern.

Anhang

Tab. 2 Verteilung der Typen

Typ	Beschreibung	Zuordnung der Väter zu Typen (Anzahl)	Typengruppe Fallzahl
1a	Gelingende involvierte Vaterschaft	15	Typ A
2a	Vater als Begleiter	23	67
3a	Vater als Ernährer und Ansprechpartner	29	
1b	Limitierte Verwirklichungschancen als involvierter Vater	6	Typ B
2b	Limitierte Verwirklichungschancen als begleitender Vater	15	35
3b	Randständiger Vater	14	
Gesamt		102	102

Tab. 3 Sozioökonomische Merkmale (Mittelwerte und Prozente) des Samples im Vergleich mit allen interviewten Vätern und erwerbstätigen Vätern in Deutschland

Väter	Alter	Geboren in Westdeutschland	Bildungslevel (Skala 1–6)	Vertragliche Wochenarbeitsstunden	Tatsächliche Wochenarbeitsstunden
Sample Typ B	38	80 %	4,7	39,8	42,9
Interviewte Väter (alle)	39	84 %	4,9	39,3	42,1
Berufstätige Väter in Deutschland[a]	38	–	3,2	39,2	43,2
Partnerinnen	**Alter**	**Geboren in Westdeutschland**	**Bildungslevel (Skala 1–6)**	**Vertragliche Wochenarbeitsstunden**	**Tatsächliche Wochenarbeitsstunden**
Sample Typ B	38	77 %	3,7	10,2	9,2
Interviewte Väter (alle)	37	79 %	4,3	17,9	17,6
Berufstätige Väter in Deutschland[a]	35	–	3,2	12,5	–
Haushalt	**Haushaltseinkommen (netto, monatlich, 3 = bis €4000/4 = bis €5000)**	**Anzahl eigene Kinder**	**Anzahl Kinder im Haushalt**	**Alter des jüngsten Kindes**	
Sample Typ B	3,1	2,1	2,0	1,4	
Interviewte Väter (alle)	3,5	1,9	1,9	1,7	
Berufstätige Väter in Deutschland[a]	2,9	1,9	1,9	3,1	

[a]Quelle: SOEP (2013), gewichtet, nur berufstätige Väter mit einem jüngsten Kind unter 7 Jahren

 Springer

Literatur

Acker, Joan. 2006. Inequality regimes. Gender, class, and race in organizations. *Gender & Society* 20:441–464.

Adloff, Frank, und Dirk Jörke. 2013. Gewohnheiten, Affekte und Reflexivität. Ein pragmatistisches Modell sozialer Kooperation im Anschluss an Dewey und Mead. *Österreichische Zeitschrift für Soziologie* 38(1):21–41.

Alemann, Annette von, Sandra Beaufays, und Thordis Reimer. 2012. *Gaining access to the field of work organizations with the issue of "work-family-life balance" for fathers.* SFB 882 Working Paper Series 7. Bielefeld: DFG Research Center (SFB) 882 From Heterogeneities to Inequalities.

Bandura, Albert. 1997. *Self-efficacy: The exercise of control.* New York: Freeman.

BMFSFJ. 2006. Facetten der Vaterschaft – Perspektiven einer innovativen Väterpolitik. http://www.bmfsfj.de/BMFSFJ/Service/Publikationen/publikationsliste,did=70116.html. Zugegriffen: 11. Dez. 2011.

Bogusz, Tanja. 2012. Experiencing practical knowledge. Emerging convergences between pragmatism and sociological practice theory. *European Journal of Pragmatism and American Philosophy* 4(1):32–54.

Bohnsack, Ralf. 2003. *Rekonstruktive Sozialforschung – Einführung in qualitative Methoden.* Opladen: Leske + Budrich.

Born, Claudia, und Helga Krüger. 2002. Vaterschaft und Väter im Kontext sozialen Wandels. Über die Notwendigkeit der Differenzierung zwischen strukturellen Gegebenheiten und kulturellen Wünschen. In *Männer als Väter. Sozialwissenschaftliche Theorie und Empirie*, Hrsg. Heinz Walter, 117–143. Gießen: Psychosozial-Verlag.

Bourdieu, Pierre. 2009. *Entwurf einer Theorie der Praxis auf der ethnologischen Grundlage der kabylischen Gesellschaft.* Frankfurt: Suhrkamp. Übers. Pialoux, Cordula, und Schwibs, Bernd.

Brandth, Berit, und Elin Kvande. 2001. Flexible work and flexible fathers. *Work, Employment and Society* 15:251–267.

Brandth, Berit, und Elin Kvande. 2009. Gendered or gender-neutral care politics for fathers? *The ANNALS of the American Academy of Political and Social Science* 624(1):177–189.

Brost, Marc, und Heinrich Wefing. 2015. *Geht alles gar nicht. Warum wir Kinder, Liebe und Karriere nicht vereinbaren können.* Reinbek: Rowohlt.

Bude, Heinz. 2014. *Gesellschaft der Angst.* Hamburg: Hamburger Edition.

Collinson, David L., und Jeff Hearn. 2004. Men and masculinities in work, organizations, and management. In *Handbook of studies on men and masculinities*, Hrsg. Michael S. Kimmel, Jeff Hearn, und Raewyn Connell, 289–310. Thousand Oaks: Sage.

Cooper, Marianne. 2000. Being the "go-to guy": fatherhood, masculinity and the organization of work in silicon valley. *Qualitative Sociology* 23:379–405.

Coser, Lewis A. 1974. *Greedy institutions. Patterns of undivided commitment.* New York: The Free Press.

Craig, Lyn. 2006. Does father care mean fathers share? A comparison of how mothers and fathers in intact families spend time with children. *Gender & Society* 20(2):259–281.

Craig, Lyn, und Killian Mullan. 2011. How mothers and fathers share childcare: A cross-national time-use comparison. *American Sociological Review* 76(6):834–861.

Cyprian, Gudrun. 2007. Väterforschung im deutschsprachigen Raum – ein Überblick über die Methoden, Ergebnisse und offene Fragen. In *Väter im Blickpunkt*, Hrsg. Tanja Mühling, und Harald Rost, 23–48. Opladen: Barbara Budrich.

Dalton, Benjamin. 2004. Creativity, habit, and the social products of creative action: Revising Joas, incorporating Bourdieu. *Sociological Theory* 22:603–622.

Döge, Peter, und Cornelia Behnke. 2005. *Auch Männer haben ein Vereinbarkeitsproblem: Ansätze zur Unterstützung familienorientierter Männer auf betrieblicher Ebene.* Pilotstudie-Endbericht. Schriftenreihe IAIZ Berlin. Berlin: Institut für anwendungsorientierte Innovations- und Zukunftsforschung.

Ellingsæter, Anne Lise, und Arnlaug Leira. 2006. *Politicising parenthood in scandinavia. Gender relations in welfare states.* Bristol: Policy Press.

Eurostat. 2005. *Reconciling work and family life in the EU25 in 2003.* News Release 49/2005. Luxembourg. http://europa.eu/rapid/press-release_STAT-05-49_de.htm. Zugegriffen: 30. Oktober 2015.

Forsa. 2013. Meinungen und Einstellungen der Väter in Deutschland. http://www.eltern.de/public/mediabrowserplus_root_folder/PDFs/Ergebnisbericht_Vaeterumfrage_2013.pdf. Zugegriffen: 30. Juni 2015.

Fthenakis, Wassilios E., und Beate Minsel. 2002. *Die Rolle des Vaters in der Familie.* Stuttgart: Kohlhammer.

Gärtner, Marc. 2012. *Männer und Familienvereinbarkeit: Betriebliche Personalpolitik, Akteurskonstellationen und Organisationskullturen.* Opladen, Berlin & Toronto: Budrich UniPress.

Giddens, Anthony. 1991. *Modernity and self-identity.* Stanford: Stanford University Press.

Giddens, Anthony. 1992. *Die Konstitution der Gesellschaft. Grundzüge einer Theorie der Strukturierung.* Frankfurt: Campus. Übers. Krauth, Wolf-Hagen, und Spohn, Wilfried.

Gottschall, K., und G. Günter. Voß (Hrsg.). 2003. *Entgrenzung von Arbeit und Leben. Zum Wandel der Beziehung von Erwerbstätigkeit und Privatsphäre im Alltag.* München: Hampp.

Grunow, Daniela, Florian Schulz, und Hans-Peter Blossfeld. 2007. Was erklärt die Traditionalisierungsprozesse häuslicher Arbeitsteilung im Eheverlauf: Soziale Normen oder ökonomische Ressourcen? *Zeitschrift für Soziologie* 36(3):162–181.

Gumbinger, Hans-Walter, und Andrea Bambey. 2009. Zwischen „traditionellen" und „neuen" Vätern. Zur Vielgestaltigkeit eines Wandlungsprozesses. In *Vaterwerden und Vatersein heute*, Hrsg. Karin Jurczyk, und Andreas Lange, 195–216. Gütersloh: Bertelsmann Stiftung.

Haas, Linda, und C. Philip Hwang. 2007. Gender and organizational culture: correlates of companies' responsiveness to fathers in Sweden. *Gender & Society* 21(1):52–79.

Haas, Linda, Karin Allard, und C. Philip Hwang. 2002. The impact of organizational culture on men's use of parental leave in Sweden. *Community, Work & Family* 5(3):319–342.

Hatten, Warren, Louise Vinter, und Rachel Williams. 2002. *Dads on dads. Needs and expectations at home and at work.* Manchester: EOC.

Heitkötter, Martina, Karin Jurczyk, Andreas Lange, und Uta Meier-Gräwe. 2009. Einführung: Familien – ein zeitpolitisches Entwicklungsland. In *Zeit für Beziehungen? Zeit und Zeitpolitik für Familien*, Hrsg. Martina Heitkötter, Karin Jurczyk, Andreas Lange, und Uta Meier-Gräwe, 9–34. Opladen: Barbara Budrich.

Hobson, Barbara (Hrsg.). 2002. *Making men into fathers. Men, masculinities, and the social politics of fatherhood.* Cambridge: Cambridge University Press.

Hobson, Barbara. 2014. Introduction: Capabilities and agency for worklife balance – a multidimensional framework. In *Worklife balance. The agency and capabilities gap*, Hrsg. Barbara Hobson, 1–34. Oxford: Oxford University Press.

Hochschild, Arlie Russel. 2002. *Keine Zeit. Wenn die Firma zum Zuhause wird und zu Hause nur Arbeit wartet.* Opladen: Leske + Budrich.

Hofäcker, Dirk. 2007. Väter im internationalen Vergleich. In *Väter im Blickpunkt. Perspektiven der Familienforschung*, Hrsg. Tanja Mühling, und Harald Rost, 161–204. Opladen: Barbara Budrich.

Hook, Jennifer L. 2006. Care in context: Men's unpaid work in 20 countries, 1965–2003. *American Sociological Review* 71(4):639–660.

Hook, Jennifer L., und Christina M. Wolfe. 2012. New fathers? Residential fathers' time with children in four countries. *Journal of Family Issues* 33(4):415–450.

Joas, Hans. 1992. Von der Philosophie des Pragmatismus zu einer soziologischen Forschungstradition. In *Pragmatismus und Gesellschaftstheorie*, 23–65. Frankfurt: Suhrkamp.

Joas, Hans. 1996. *Die Kreativität des Handelns.* Frankfurt: Suhrkamp.

Jurczyk, Karin. 2014. Familie als Herstellungsleistung. Hintergründe und Konturen einer neuen Perspektive auf Familie. In *Doing Family – Familienalltag heute. Warum Familienleben nicht mehr selbstverständlich ist*, Hrsg. Karin Jurczyk, Andreas Lange, und Barbara Thiessen, 50–70. Weinheim: Beltz Juventa.

Jurczyk, Karin, und Andreas Lange. 2009. Vom „ewigen Praktikanten" zum „reflexiven Vater"? Eine Einführung in aktuelle Debatten um Väter. In *Vaterwerden und Vatersein heute*, Hrsg. Karin Jurczyk, und Andreas Lange, 13–43. Gütersloh: Bertelsmann Stiftung.

Jurczyk, Karin, und Mechtild Oechsle. 2008. Privatheit. Interdisziplinarität und Grenzverschiebungen: Eine Einführung. In *Das Private neu denken: Erosionen, Ambivalenzen, Leistungen*, Hrsg. Karin Jurczyk, und Mechtild Oechsle, 8–47. Münster: Westfälisches Dampfboot.

Kaufmann, Jean-Claude. 1995. *Schmutzige Wäsche. Zur ehelichen Konstruktion von Alltag.* Konstanz: UVK.

Klenner, Christina, und Sarah Lillemeier. 2015. *Gender News. Große Unterschiede in den Arbeitszeiten von Frauen und Männern: Ergebnisse aus dem WSI GenderDatenPortal.* WSI Report 22. Düsseldorf: Hans-Böckler-Stiftung.

Kodz, Jenny, Heather Harper, und Sally Dench. 2002. *Work-life-balance: Beyond the rhetoric.* Brighton: Institute for Employment Studies.

Koppetsch, Cornelia, und Günter Burkart. 1999. *Die Illusion der Emanzipation: Zur Wirksamkeit latenter Geschlechtsnormen im Milieuvergleich.* Konstanz: UVK.

Kühhirt, Michael. 2012. Childbirth and the long-term division of labour within couples. How do substitution, bargaining power, and norms affect parents' time allocation in West Germany? *European Sociological Review* 28(5):565–582.

Kvande, Elin. 2009. Work-life balance for fathers in globalized knowledge work: Some insights from the Norwegian context. *Gender, Work & Organization* 16(1):58–72.

LaRossa, Ralph. 1988. Fatherhood and social change. *Family Relations* 37:451–457.

LaRossa, Ralph. 1997. *The modernization of fatherhood: A social and political history.* Chicago: University of Chicago Press.

Lewis, Jane (Hrsg.). 2009. *Work-Family Balance, Gender and Policy.* Cheltenham: Edward Elgar.

Marsiglio, William, und Joseph H. Pleck. 2005. Fatherhood and masculinities. In *Handbook of studies on men and masculinities*, Hrsg. Michael S. Kimmel, Jeff Hearn, und Raewyn Connell, 249–269. Thousand Oaks: Sage.

Matzner, Michael. 2004. *Vaterschaft aus der Sicht von Vätern. Subjektive Vaterschaftskonzepte und die soziale Praxis der Vaterschaft.* Wiesbaden: VS.

Metz-Göckel, Sigrid, und Ursula Müller. 1986. *Der Mann. Die Brigitte-Studie.* Weinheim: Beltz.

Meuser, Michael. 2009. Vaterschaft und Männlichkeit. (Neue) Väterlichkeit in geschlechtersoziologischer Perspektive. In *Vaterwerden und Vatersein heute*, Hrsg. Karin Jurczyk, und Andreas Lange, 79–93. Gütersloh: Bertelsmann Stiftung.

Mühling, Tanja, und Harald Rost (Hrsg.). 2007. *Väter im Blickpunkt. Perspektiven der Familienforschung.* Opladen: Barbara Budrich.

Nussbaum, Martha C., und Amartya K. Sen. 1993. *The Quality of Life.* Oxford: Oxford University Press.

OECD. 2007. *Babies and bosses. Reconciling work and family life. A synthesis of findings for OECD countries.* Paris: OECD.

Ostner, Ilona. 2006. Paradigmenwechsel in der (west)deutschen Familienpolitik. In *Der demographische Wandel. Chancen für die Neuordnung der Geschlechterverhältnisse*, Hrsg. Peter A. Berger, und Heike Kahlert, 165–199. Frankfurt: Campus.

Ostner, Ilona, und Christoph Schmitt (Hrsg.). 2008. *Family policies in the context of family change. The nordic countries in comparative perspective.* Wiesbaden: VS.

Pfahl, Svenja, und Stefan Reuyß. 2009. *Das neue Elterngeld. Erfahrungen und betriebliche Nutzungsbedingungen von Vätern.* Düsseldorf: Hans-Böckler-Stiftung.

Pfau-Effinger, Birgit. 2004. Historical paths of the male breadwinner family model – explanation for cross-national differences. *British Journal for Sociology* 55(3):177–199.

Pfau-Effinger, Birgit, und Maike Smidt. 2011. Differences in women's employment patterns and family policies: Eastern and Western Germany. *Community, Work & Family* 14(2):217–232.

Pleck, Joseph H. 1997. Paternal involvement: Levels, sources, and consequences. In *The Role of the Father in Child Development*, Hrsg. Michael E. Lamb, 66–103. New York: Wiley.

Pollmann-Schult, Matthias. 2008. Familiengründung und gewünschter Erwerbsumfang von Männern – Eine Längsschnittanalyse für die alten Bundesländer. *Zeitschrift für Soziologie* 37(6):498–515.

Possinger, Johanna. 2013. *Vaterschaft im Spannungsfeld von Erwerbs- und Familienleben. „Neuen Vätern" auf der Spur.* Wiesbaden: VS.

Puchert, Ralf, Marc Gärtner, und Stephan Höyng (Hrsg.). 2010. *Work changes gender. Men and equality in the transition of labour forms.* Opladen: Barbara Budrich.

Reckwitz, Andreas. 2003. Grundelemente einer Theorie sozialer Praktiken. Eine sozialtheoretische Perspektive. *Zeitschrift für Soziologie* 32(4):282–301.

Reimer, Thordis. 2015. Working time arrangements and family time of fathers: How work organization(s) shape fathers' opportunities to engage in childcare. *Management Revue* 26(3):227–252.

Schäfer, Hilmar. 2012. Kreativität und Gewohnheit. Ein Vergleich zwischen Praxistheorie und Pragmatismus. In *Kreativität und Improvisation*, Hrsg. Udo Göttlich, und Ronald Kurt, 17–43. Wiesbaden: Springer.

Schäfer, Hilmar. 2013. *Die Instabilität der Praxis. Reproduktion und Transformation des Sozialen in der Praxistheorie.* Weilerswist: Velbrück.

Schneider, Norbert F., Sabine Diabaté, und Kerstin Ruckdeschel (Hrsg.). 2015. *Familienleitbilder in Deutschland. Kulturelle Vorstellungen zur Partnerschaft, Elternschaft und Familienleben . Beiträge zur Bevölkerungswissenschaft.* Bd. 48. Opladen: Barbara Budrich.

Schubert, Hans-Joachim. 2009. Pragmatismus und Symbolischer Interaktionismus. In *Handbuch Soziologische Theorien*, Hrsg. Georg Kneer, und Markus Schroer, 345–367. Wiesbaden: VS.

Schulz, Florian, und Hans-Peter Blossfeld. 2006. Wie verändert sich die häusliche Arbeitsteilung im Eheverlauf? Eine Längsschnittstudie der ersten 14 Ehejahre in Westdeutschland. *Kölner Zeitschrift für Soziologie und Sozialpsychologie* 28(1):23–49.

Smith, Alison K. 2007. Working Fathers in Europe: Earning and Caring? CRFR Research Briefing 30. https://www.era.lib.ed.ac.uk/bitstream/handle/1842/2783/rb30.pdf; jsessionid=1FD6627408C072C318B07947229F23F8?sequence=1. Zugegriffen: 30. Juli 2014.

Statistisches Bundesamt. 2015. Elterngeld – Beendete Leistungsbezüge für Geburtszeiträume – Länder, Geburten, Väterbeteiligung am Elterngeld für im 1. Quartal 2013 geborene Kinder. https://www.destatis.de/DE/ZahlenFakten/GesellschaftStaat/Soziales/Sozialleistungen/Elterngeld/Tabellen/Tabellen_ElterngeldBeendeteLeistungsbezuegeGeburtenVaeterbeteiligungQuartal2013.html. Zugegriffen: 30. Juli 2014.

Strauss, Anselm. 1993. *Continual permutations of action.* New York: Aldine de Gruyter.

Tölke, Angelika, und Karsten Hank. 2005. *Männer – Das „vernachlässigte" Geschlecht in der Familienforschung.* Sonderheft 4 der Zeitschrift für Familienforschung. Wiesbaden: VS.

Van Echtelt, Patricia, Arie Glebbeek, Suzan Lewis, und Siegwart Lindenberg. 2008. Post-Fordist work: A man's world? Gender and working overtime in the netherlands. *Gender & Society* 23(2):188–214.

Volz, Rainer, und Paul M. Zulehner. 2009. *Männer in Bewegung. Zehn Jahre Männerentwicklung in Deutschland: Ein Forschungsprojekt der Gemeinschaft der Katholischen Männer Deutschlands und der Männerarbeit der Evangelischen Kirche in Deutschland.* Baden-Baden: Nomos.

Witzel, Andreas. 2000. Das problemzentrierte Interview. *Forum Qualitative Sozialforschung* 1(1):Art. 22.

Mechtild Oechsle Dr. phil., Professorin (i. R.) für Sozialwissenschaften an der Fakultät für Soziologie der Universität Bielefeld. Forschungsschwerpunkte: Sozialer Wandel und Modernisierung der Geschlechterverhältnisse, Lebensplanung von Frauen, Vereinbarkeit und Work-Life-Balance, Berufsorientierung und Übergang Schule/Arbeitsmarkt; zuletzt Teilprojekt „Arbeitsorganisationen und väterliche Lebensführung" im SFB 882.

Thordis Reimer MA, ist Wissenschaftliche Mitarbeiterin an der Universität Hamburg, Lehrstuhl Sozialstrukturanalyse. Zuvor war sie Wissenschaftliche Mitarbeiterin im SFB 882 B5 Projekt „Arbeitsorganisationen und väterliche Lebensführung" an der Universität Bielefeld. Sie lehrt und forscht zu den Themen Elternzeitnutzung von Vätern, Zeitverwendung von Vätern und Familienpolitik im internationalen Vergleich (insbesondere Elternzeiten).

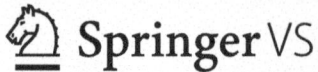

The manufacturer's authorised representative in the EU is Springer
Nature Customer Service Centre GmbH, Europaplatz 3, 69115 Heidelberg,
Germany. If you have any concerns regarding our products, please
contact ProductSafety@springernature.com

Printed and bound by CPI Group (UK) Ltd, Croydon, CR0 4YY
27/04/2026
02097619-0006